D1747853

Fußballweltmeisterschaft 1974
Deutschland

Folke Havekost / Volker Stahl

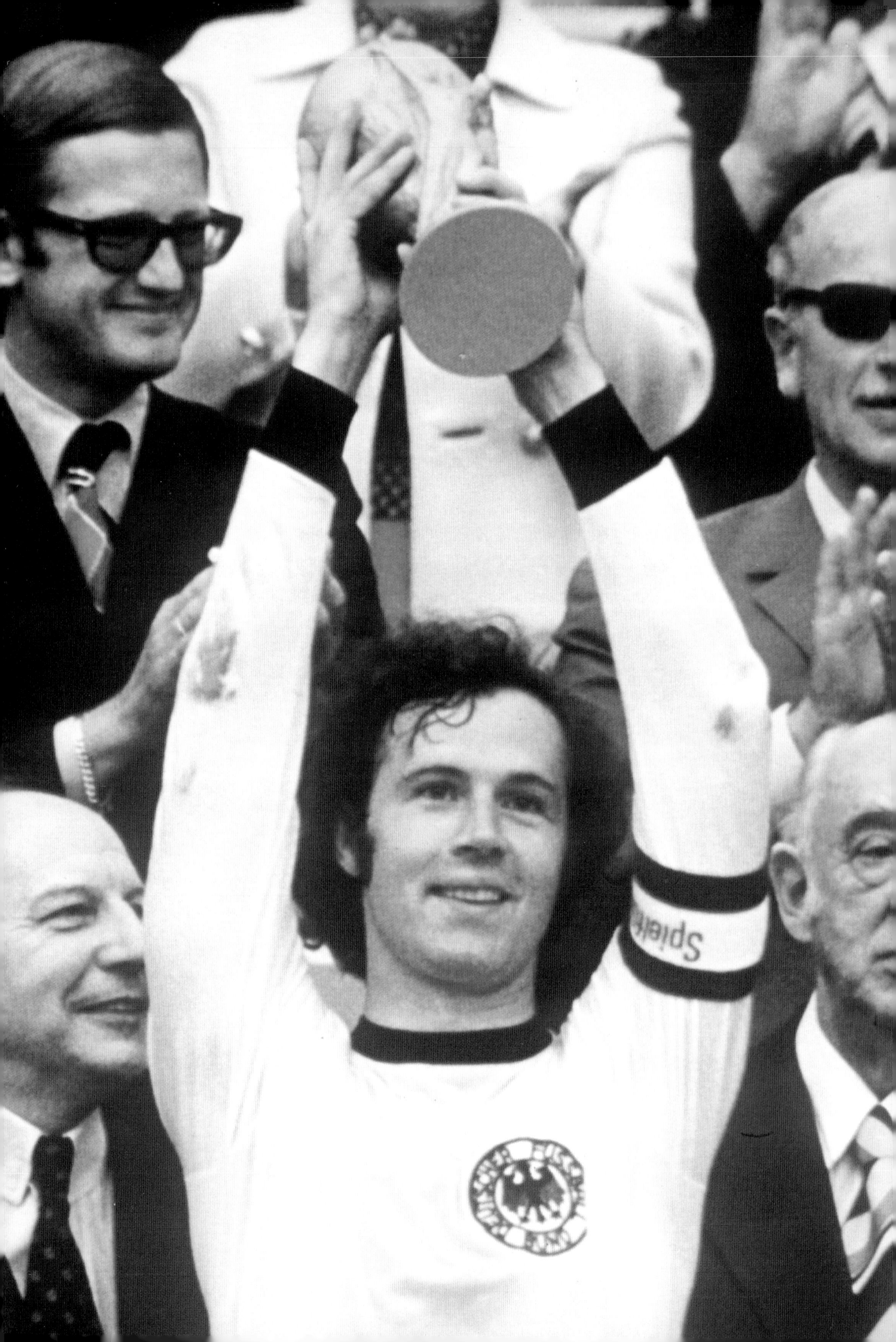

Fußballweltmeisterschaft 1974
Deutschland

Folke Havekost / Volker Stahl

EINLEITUNG	7
GASTGEBERLAND DEUTSCHLAND	10
DIE WM-THEMEN	
Vermarktung: Geld regiert die Welt(meisterschaft)	14
Zottelfaktor zehn: Fußballer-Mode 1974	16
Machtwechsel: Havelange wird FIFA-Präsident	17
Trainingslager: Hormonstau in Malente	18
Nicht dabei: Erwin Kremers sieht rot	19
Sensation: WM ohne England	20
„Oranje" strahlt: Hollands Glanzzeit	21
Chile: Mord im Stadion	22
Brasilien: Absturz des Weltmeisters	23
Außenseiter: Parade der Exoten	24
Terrorangst: Spiele hinter Stacheldraht	25
DIE QUALIFIKATION	26
DAS ENDTURNIER	
WM-Vergabe und neue Trophäe	34
Modus und Auslosung	35
Fußball anno 1974	36
Zwei Fans im Porträt	38
Die Wochen vor dem Start	40
Die Stadien	43
Erste Finalrunde	48
Zweite Finalrunde	72
Spiel um Platz 3	86
Das Finale	88
Interviews: Bernd Hölzenbein, Sepp Maier	96
Weltmeister BRD	98
Warum Holland verlor	101
Interview: Auke Kok, holländischer Fußball-Historiker	102
Vizeweltmeister Holland	104

Anhang
Mannschaftsaufgebote 107
Stars und Sternchen 121

Deutschland
Das bundesdeutsche Team 127
Interview: Jupp Derwall 130
Die Tragödie des Günter Netzer 132
Das deutsch-deutsche Duell 134
Interview: Dr. Klaus Huhn, ND-Reporter 136
Das DDR-Team 138
Interview: Jürgen Sparwasser 140
DDR-Fußball in den Siebzigern 142

Der Zweite Titel
1954 / 1974 / 1990 145
Interview: Ror Wolf, Literat am Ball 148
Der Mann mit der Mütze 150
Beckenbauer wird Bundestrainer 151
Interview: Horst-Dieter Höttges 152

Statistik
153

Satz:	Agon Sportverlag, Martina Backes
Lektorat:	Lorenz Knierim, Göttingen
Fotos:	soweit nicht anders erwähnt:
	Pressebilderdienst Horst Müller, Düsseldorf
	Hans-Dietrich Kaiser, Hamburg
Einband:	Werkstatt für creative Computeranwendungen Bringmann, Lohfelden
Druck:	Westermann Druck, Zwickau

© 2004 by Agon Sportverlag
Frankfurter Straße 92a
D – 34121 Kassel
info@agon-sportverlag.de
Alle Rechte vorbehalten

ISBN 3-89784-236-X

Vier Wochen war Deutschland balla-balla

Es hat seit Stunden geregnet. Der Fußballplatz steht unter Wasser. Dennoch soll die Partie angepfiffen werden. Nach der Seitenwahl meint der Kapitän der einen Mannschaft: „Ihr habt Anstoß, aber dafür spielen wir mit der Strömung."

Zugegeben – es ist nur ein Witz! Bezogen auf die WM 1974 allerdings einer mit einem wahren Kern. Keine der neun Weltmeisterschaften zuvor war so verregnet wie das Turnier in Deutschland, fast bei der Hälfte aller Spiele öffnete der Himmel seine Schleusen. Ein Jahr nach der WM fragte der holländische Klamaukmacher Rudi Carrell, dessen Landsleute am Ende des Turniers wie begossene Pudel dagestanden hatten: „Wann wird's mal wieder richtig Sommer?" – auf die Idee, Steve Goodmans „City of New Orleans" mit einem Sonnenanbeter-Text zu versehen, musste der Showmaster, der Wochen vor WM-Beginn erstmals „Am laufenden Band" auf Sendung gegangen war, spätestens beim Frankfurter Quasi-Halbfinale zwischen der Bundesrepublik und Polen gekommen sein. Bereits am frühen Morgen des 3. Juli fielen in der Mainmetropole die ersten Tropfen vom Himmel. Im Laufe des Tages steigerten sich die Schauer zur reinsten Sintflut, und die Schwere des Unwetters überraschte sogar die Wetterfrösche vom Deutschen Hydrographischen Institut: Donner, Blitz und Wolkenbruch tobten sich unerwartet heftig aus und verwandelten das Spielfeld binnen weniger Stunden in eine Seenplatte.

Als die Akteure eine Dreiviertelstunde vor dem Anstoßtermin über das Terrain wateten, versanken sie knöcheltief in den Pfützen. Die vergeblichen Versuche der barfüßigen Helfer, die den Platz mit zwei Schöpfwalzen beackerten, bestärkten den österreichischen Unparteiischen Erich Linemayr darin, den Anstoß hinauszuschieben. Ein zeitgenössischer Berichterstatter feixte: „Mit zwei Wasserwalzen bemühte sich die drittstärkste Industriemacht der Welt, die Pfützen auf dem Spielfeld auszutrocknen. Doch eher hätte es gelingen können, den Main mit einer Schöpfkelle zu leeren." Punkt 16 Uhr verkündete der Stadionsprecher die Spielverschiebung um 30 Minuten. Die Blaskapelle verschwand wieder in den Katakomben des Stadions, die Spieler taten es dem mobilen Musikantenstadl gleich. Erst nachdem die eiligst alarmierte Frankfurter Feuerwehr ihre Schläuche ausgepackt und die größten Sümpfe trockengelegt hatte, rollte der Ball – jedenfalls manchmal. Das Ende vom Lied: Polen sank im Morast, Deutschland sang im Regen.

Während der 25 WM-Tage war die Republik insgesamt ein bisschen balla-balla und die Fußballbegeisterung nahezu grenzenlos. Bei Nachmittagsspielen der BRD-Auswahl setzte die Rushhour deutlich früher ein, die Partien selbst waren echte Straßenfeger wie weiland die „Stahlnetz"-TV-Krimis von Jürgen Roland. In vielen Betrieben wurde der normale Arbeitsablauf auf die Bedürfnisse von König Fußball zugeschnitten: In Firmen mit Gleitzeit fingen die Beschäftigten früher an, damit sie pünktlich zum Anpfiff um 15.30 Uhr im heimischen Fernsehsessel oder auf der Holzbank in der Eckkneipe vor der Flimmerkiste sitzen konnten, und wo durchgearbeitet werden musste, zeigten sich Firmenchefs nachsichtig und erlaubten das Mitbringen tragbarer TV-Geräte. Doch nicht ganz Deutschland war vom Ausbruch des Fußballfiebers restlos begeistert. Der Einzelhandel beklagte bei den Nachmittagsspielen massive Umsatzeinbußen von bis zu 50 Prozent. Betroffen waren vor allem Fachgeschäfte. Einige Ladenbesitzer zogen daraus Konsequenzen und verriegelten um 14 Uhr ihre Türen – auch ein Zeichen für den Ausnahmezustand, der zumindest an wichtigen Spieltagen im einstigen Wirtschaftswunderland herrschte.

Die WM brachte sogar die deutsche Ärzteschaft auf Trab. Es hagelte Expertentipps, wie die tollen Tage am besten zu überstehen seien. „Wenig Alkohol, wenig Zigaretten, keine Aufputschmittel", lautete der gute Rat von Dr. Bernhard Lingnau vom Deutschen Kassenarztverband. Und wer ein schwaches Herz habe, der möge doch bitte vorher eine „Beruhigungstablette" einwerfen.

Am Tag, als der Regen kam: BR Deutschland – Polen im Frankfurter Wald- und Wasserstadion

Die Düsseldorfer Funkenmariechen trotzen vor dem deutschen Spiel gegen Schweden Wind und Wetter

Die Pharmaindustrie dürfte angesichts derartiger Schleichwerbung ein Fass aufgemacht haben… Immerhin wurde neben Chemie-Cocktails bisweilen auch der Gang an die „frische Luft" empfohlen.

Ob dank Frischluft oder Tranquilizern – vor der WM herrschte in Deutschland großer Optimismus, frei nach dem Motto: „Unsere Jungs werden das schon schaffen." Fünf Tage vor Turnierbeginn veröffentlichte das «Hamburger Abendblatt» das Ergebnis einer Leserbefragung: Sagenhafte zwei Drittel der Fans erklärten die Beckenbauer-Elf zum heißesten Anwärter auf den Titel. Auf den Plätzen folgten Italien und Brasilien. Mit Schottland rechneten immerhin 5,7 Prozent der selbst ernannten Experten, der spätere Vizeweltmeister Holland landete mit schlappen 3,5 Prozent abgeschlagen auf Platz fünf.

Bei den professionellen Kommentatoren gab es im WM-Vorfeld einen Außenseitersieg: Nicht der favorisierte Sportschau-Moderator Ernst Huberty erhielt den Zuschlag fürs Finale, sondern Rudi Michel, Sportchef des Südwestfunks Baden-Baden. Der in der Öffentlichkeit beliebte Huberty war „not amused" und sprach abfällig und ohne falsche Bescheidenheit vom „größten Coup, der je gelandet wurde". ARD-Sportkoordinator Hans-Heinrich Isenbart hatte Michel bei den von ihm festgezurrten Kriterien „Fachkunde, Übersicht, knappe Erläuterung, Zurückhaltung" vorn gesehen – Dampfplauderer der Marke Werner Hansch wären bei Isenbart ohne Chance gewesen.

Die Stimmung unter den Moderatoren-Diven war frostig. Intern hatte Michel die forsche Art der Selbstdarstellung einiger Kollegen bereits scharf kritisiert: „Ich halte das, was Moderatoren tun, für übertrieben. Es führt zur Personality-Show." Gemeint war besonders Rivale Huberty. Der Mann mit der Beton-Frisur glänzte gern mit Sätzen à la „Es steht viel auf dem Spiel" und anmoderierte Bundesliga-Begegnungen mit „Sie werden sehen, wessen Träume in Erfüllung gehen." Derartige rhetorische Höchstleistungen verleiteten die gehässigen Kollegen von den Printmedien – das konkurrierende Fernsehen war erstmals bei einer WM rundum live dabei – zu fiesen Kommentaren: „Überhaupt ist die Sprache Hubertys bis zum Überdruss (für den Zuhörer) konventionell." Und: „Ein Mann des Maßes und über weite Strecken eben des Mittelmaßes."

Ihren Floskelpeter hatten allerdings – wie heute, so auch vor 30 Jahren – auch bzw. hauptsächlich die so genannten „Experten" in der Tasche: Ob Horst Blankenburg oder Karl-Heinz Schnellinger, ob Hennes Weisweiler oder Uwe Seeler, sie alle brachten zumeist nur altbekannte Weisheiten, Standard-Sätze und sprachliche Peinlichkeiten zustande. Seeler ließ sich seine rhetorisch-analytischen Spitzenleistungen mit fürstlichen 5.000 Mark honorieren. Kostprobe: „Wenn sich die Jugoslawen hinten etwas weiter entblößen, wird es für unsere Mannschaft leichter." Danke, Uwe!

Das Interesse an – nicht nur solchen – Kommentaren war unterdessen riesengroß. Aus 72 Ländern reisten Berichterstatter zur WM an. 1.691 Print-Journalisten schrieben für fast 700 Zeitungen, Zeitschriften und Agenturen. Außerdem waren 295 Fotoreporter akkreditiert, 399 Radio- und 841 Fernsehreporter informierten das Publikum über die Geschehnisse in Fußball-Deutschland. Hinter dem Gastgeber (529 Reporter / 109 Fotografen) besaßen die beiden WM-Finalisten von 1970, Brasilien (124 / 28) und Italien (104 / 14), den größten Medien-Tross.

Nicht nur ein Großteil der Reporter, auch der Fußball sprach deutsch. Baby-Bälle, so schien es, pressten ein freudiges „Papa" aus ihren Nähten, wenn sie erst das Flutlicht der Welt und dann Günter Netzer erblickten – 1974 war das deutsche Element stark wie nie zuvor bei einer WM vertreten. Nicht nur, dass sich beide deutschen Teilstaaten qualifiziert hatten und am Ende die Plätze eins und sechs bekleideten, es waren weitere Teilnehmer mit „Germanenblut" am Ball, wie das «kicker»-Sonderheft in tümelndem Taumel zur WM feststellte: Neben dem deutschstämmigen argentinischen Kapitän Enrique Wolff waren es Australiens Vorstopper, der hauptberufliche Milchmann Manfred Schaefer (im ostpreußischen Königsberg geboren), Schottlands Eric Schaedler (vom Niederrhein stammender Vater) und Chiles Torhüter Adolfo Nef (entstammte einer badischen Familie, die in der dritten Generation im Andenland lebte). Der Vater des chilenischen Konditionstrainers, des perfekt Deutsch parlierenden Gustavo Gräf, war 1921 aus dem hohen Norden nach Südamerika ausgewandert. Haiti begnügte sich derweil mit einem gewissen Anton Negele, der für die Turnierdauer als Masseur angeheuert hatte und sonst bayerische Amateurkicker knetete.

Was sonst geschah im Sommer 1974, als Liz Taylor noch strahlend schön war und sich mal wieder mit Mehrfach-Ehemann Richard Burton stritt, Gracia Patricia von Monaco noch lebte und der Welt ihr weiß-blau gemustertes Hemdblusenkleid vorführte sowie FDP-Leadsänger Walter Scheel vom gelben Wagen hinabstieg, um Bundespräsident zu werden? Im Fußball siegte vorerst das Kreativ-Gute über die bösen Mächte der 0:0-Ideologie. Allenthalben wurde der „Tod des Defensivfußballs" gefeiert. Die ersten Drei des Turniers, allen voran die Holländer und Polen, kannten nur die Vorwärtsbewegung, auch die Deutschen mauerten in keinem Spiel und wurden nur in der zweiten Halbzeit des Finales in die Defensive gedrängt.

Aus der Maurerbrigade verabschiedete sich Lehrmeister Italien schon in der Vorrunde. Allein der Begriff „Catenaccio" versetzte in der Aufbruchzeit der siebziger Jahre die weltweite Fußballgemeinde in Entsetzen. Auch das defensive Brasilien enttäuschte mit Platz vier – und empörte seine Anhänger: Nach dem 0:2 gegen Holland bebte der Zuckerhut. Das Haus des Trainers wurde mit Steinen beworfen, auf Fackelzügen durch die Straßen Rio de Janeiros trug der Mob Särge für den Coach und seine Versager... Ein junger Fan schüttete frustriert zwei Liter Rum in sich hinein, eine Frau schnitt sich die Pulsadern auf – nach dem zweiten Gegentor versank das ganze Land in einem tropischen Tränenwald.

Der selbst ernannte „Fußball-Muffel" Horst Krüger feierte dagegen in der «Süddeutschen Zeitung» die befriedende Wirkung des „großen kleineren Übels" Fußball: „Ich sah das alles: Diesen Rausch, diesen Jubel, diese wütende Aggression, und dachte: lieber lebenslänglich täglich WM, als nur einen einzigen Tag des Zweiten Weltkrieges noch einmal. Der Sport ist ein ehrbarer Stellvertreter."

Und Uschi Müller verkündete nach dem Endspiel den Nationalmannschafts-Rücktritt ihres Gerd, des „Bombers der Nation".

Folke Havekost / Volker Stahl

Milchmann mit Königsberger Wurzeln: Australiens Manfred Schaefer (r.) gibt Autogramme im Land seiner Vorfahren

Die sportbewegte Nation
Öl und Spiele: Der Sport boomte, während die gastgebende Bundesrepublik das Wort Krise buchstabieren lernte

„Joggen geh'n, Bee Gees seh'n, Geller lässt die Gabeln dreh'n, Hosenanzug, Tiefkühlkost, Ostverträge tauen Frost, Politik ganz entspannt, Spion im Bundeskanzleramt, Willy Brandt, Helmut Schmidt, zieht die Konjunktur auch mit? Öl wird rar, Aufschwung war, Günter Netzers langes Haar, Trimm-dich-Pfade, Dauerlauf, Ikea macht Filiale auf, Arbeitslose, Fahrverbote, Baader-Meinhof, Olympia-Tote, Bauspar-Pläne für das Kind, AKWs, die sicher sind, saurer Regen, Schmutzgewässer, der Umwelt geht es nicht besser..."

Deutsche Wertarbeit: Ein VW Käfer der Polizei sichert die Sportschule Malente

Vielleicht hätte Billy Joel sein fulminantes Panorama zur US-Geschichte „We didn't start the fire" so begonnen, wenn er über die erste Hälfte der westdeutschen siebziger Jahre gesungen hätte. Die bundesrepublikanische Nach-68er-Gesellschaft befand sich im Wandel, gleichzeitig waren nach zweieinhalb Jahrzehnten Risse in der herausgeputzten Fassade des Erfolgsmodells Bundesrepublik zu erkennen, als der Deutsche Fußball-Bund (DFB) im Sommer 1974 zwischen Hamburg und München zur X. Fußball-Weltmeisterschaft lud.

Ihren politischen Paukenschlag erlebte die Republik kurz vor ihrem 25. Geburtstag am 6. Mai 1974. Bundeskanzler Willy Brandt trat zurück, nachdem sein Referent Günter Guillaume als DDR-Spion enttarnt worden war. Im Gegensatz zur richtungsweisenden Ostpolitik, für die Brandt 1972 mit dem Friedens-Nobelpreis geehrt worden war, begannen die innenpolitischen Reformprojekte („Mehr Demokratie wagen") im Sande zu verlaufen. Amtsmüde übergab die Leitfigur der seit fünf Jahren bestehenden SPD/FDP-Koalition seinen Platz auf der Kommandobrücke an den Hamburger Helmut Schmidt. Der erwärmte mit seinen Aussagen („Wer Visionen hat, sollte zum Arzt gehen") allenfalls die Herzen von Pragmatikern und Technokraten.

Ohnehin waren die ökonomischen Voraussetzungen zur Fortführung der sozialliberalen Reformpolitik ungünstig geworden: Seit einigen Monaten befand sich die Weltwirtschaft in einer Rezessionsphase. Der Jom-Kippur-Krieg hatte auch in der Bundesrepublik das Ende einer über Jahre anhaltenden Hochkonjunkturphase eingeleitet. Am 6. Oktober 1973, dem Tag des israelischen Versöhnungsfestes Jom Kippur, griffen ägyptische und syrische Truppen Israel an. Fünf Tage später endete der Krieg mit einem Waffenstillstand. Israel hatte in einer erfolgreichen Gegenoffensive Gebiete in Ägypten und Jordanien besetzt.

Um die westlichen Industriestaaten zu einer Revision ihrer Israel-freundlichen Haltung zu bewegen, beschlossen die arabischen Ausfuhrstaaten am 17. Oktober, ihre Erdölförderung drastisch zu drosseln. Binnen kürzester Zeit explodierten die Preise für Rohöl, den Lebenssaft der Industriestaaten, der zuvor wegen des Verfalls der Handelswährung US-Dollar immer günstiger geworden war. Von der Ölkrise war die Bundesrepublik besonders betroffen, da sie ihren Energiebedarf zu über 40 Prozent mit Erdöl-Importen aus den arabischen Staaten deckte. Statt zuvor 82 Mark mussten hier zu Lande 1974 durchschnittlich 224 Mark pro Tonne Rohöl bezahlt werden, die Gesamtausgaben stiegen um dramatische 17 Milliarden Mark.

Am 9. November 1973 reagierte der Bundestag mit der Verabschiedung des Energiesicherungsgesetzes, dessen markanteste Folge an vier Sonntagen zu beobachten war: Ihren für 8.000 Mark erstandenen Golf mit Heckklappe mussten die stolzen Neubesitzer des angesagten Volkswagens in der Garage stehen lassen – am siebten Tage sollte er ruhen. Das verhängte Sonntagsfahrverbot ließ die Autobahn, artifizielles Gegenstück zur deutschen Eiche, verwaist. Dennoch hatte die langsam einsetzende Fortschrittsskepsis gerade im technologischen Bereich noch einen schweren Stand. Der „Club of Rome" diagnostiziert den rapiden Abbau der weltweiten Energie-Ressourcen? – Fangen wir also an,

Atomkraftwerke zu bauen! Wolfgang Menges Film „Smog" mochte dem Fernseh-Publikum 1973 die ökologischen Folgekosten des Wirtschaftswachstums angedeutet haben, doch gegen die vermeintlich saubere Stromproduktion in den Atomkraftwerken erhoben sich nur leise Stimmen – die Zeit von Bürgerinitiativen und der Gründung der Grünen sollte erst noch kommen.

Eine Rezession konnten alle Maßnahmen nicht verhindern. War das Bruttosozialprodukt 1973 gegenüber dem Vorjahr noch um 5,3 Prozent gestiegen, stagnierte es 1974 mit 0,4 Prozent Wachstum und ging 1975 sogar um 1,8 Prozent zurück. Parallel dazu stieg die Zahl der Arbeitslosen im einstigen „Vollbeschäftigungs-Paradies" von 273.000 (1972) auf 1.047.000 (1975) an – Dimensionen, wie sie seit gut zwei Jahrzehnten unbekannt waren, als auf den Trümmern des NS-Systems die Bundesrepublik Mitte der fünziger Jahre ökonomisch zu blühen begonnen hatte. Nun schritt die Automatisierung voran, die Inflation galoppierte und auch die Freunde des runden Leders blieben nicht verschont: Um Energie zu sparen, untersagte der DFB kurzzeitig die Austragung von Flutlichtspielen.

Taugte der Fußball inmitten der Krise als „emotionale Entwicklungshilfe", wie der «Spiegel» anlässlich der Weltmeisterschaft 1974 mutmaßte? Nach einer Umfrage des Wickert-Instituts interessierten sich 73 Prozent der Männer und 21 Prozent der Frauen für die WM im eigenen Land. Die Deutsche Bundesbahn stellte 131 Sonderzüge bereit, um den Mobilitäts-Anforderungen der Fans gerecht zu werden. Die Elektronik-Industrie bewarb derweil eine noch relativ junge Schöpfung: den Farbfernseher. 93 Prozent der bundesdeutschen Haushalte besaßen bereits einen Guckkasten, doch bei vielen flimmerte es noch schwarz-weiß aus der Röhre. Das 1967 vom damaligen Vizekanzler Brandt höchstpersönlich auf der internationalen Funkausstellung gestartete Color-TV versprach die Eroberung noch nicht gesättigter Märkte.

Auch der Fußball entdeckte neue Geldquellen. 1968 waren die – nie gänzlich wirksamen – Gehaltsobergrenzen aus der Anfangsphase der Bundesliga ersatzlos gestrichen worden. Der 1971 aufgedeckte „Bundesliga-Skandal" – es waren insgesamt 14 Vereine in die Bestechungsversuche verwickelt – warf zwar einen ersten Schatten auf die Professionalisierung des westdeutschen Fußballs, doch der zunächst einsetzende Zuschauerrückgang wurde durch die Erfolge der Nationalmannschaft aufgefangen – und durch neue Ideen. Eintracht Braunschweig hatte zunächst das Werbeverbot umgangen, indem das Vereinswappen in den Jägermeister-Hirschen abgeändert wurde, und sich 1973 schließlich gegen DFB-Vorbehalte durchgesetzt. Auf Trikots durften fortan Botschaften prangen, die zum Konsum aufriefen. Gleichzeitig begannen die Klubs, sich als „weicher" Standortfaktor – „der Verein ist wichtig für die ganze Region" – zu etablieren. Über Steuernachlässe und Subventionen wanderten jährlich 15 Millionen Mark aus den öffentlichen Kassen an die Profi-Vereine.

Solch kommunale Verhätschelung war den Männern vorbehalten. Gegen den Ball tretende Frauen hatten die DFB-Oberen erst 1970 genehmigt, und die ersten offiziellen weiblichen Schritte auf dem grünen Rasen wurden von stupiden Schenkelklopf-Sentenzen begleitet. „Fotos nicht ohne Lippenstift", hieß es da, oder mal eben ganz für den Stammtisch: „Die Damen von St. Pauli machten es gleich zwei Mal." Von der beginnenden Emanzipation auf dem Platz war im Fernsehen natürlich nichts zu sehen, allerdings blieb der Bildschirm auch beim Männerkick bisweilen schwarz. Die Live-Übertragung des Europapokal-Halbfinales zwischen dem VfB Stuttgart und Feyenoord Rotterdam im April 1974 kam nicht zustande, weil kein Sender den Schwaben 50.000 Mark als Ausgleich für erwartete Einnahmeausfälle zahlen wollte. Fußball und Fernsehen hatten ihr bis heute fortwährendes Spannungsverhältnis begonnen.

Warum so viele Menschen sich für Fußball im Stadion oder vor der Glotze interessierten? Ein Grund dafür lag in der zunehmenden Freizeit in der Wohlstandsrepublik. Die Gewerkschaften hatten unter den Bedingungen anhaltenden Wirtschaftswachstums die Besitzverhältnisse nicht angetastet, gegenüber ihren „Sozialpartnern" aber schrittweise kürzere Arbeitszeiten durchgesetzt. Zu Beginn des Jahrzehnts war die 40-Stunden-Arbeitswoche tariflich etabliert. Der Samstag rückte als Arbeitstag allmählich in den Hintergrund. 1972 verfügte der Durchschnitts-Westdeutsche über 7,9 Stunden Freizeit am Tag.

Wie sollte diese Freizeit genutzt werden? Wer sich gemütlich auf der Couch räkelte und im Fernsehen Fußball guckte, entsprach nicht gerade den Anforderungen eines neuen Leitbegriffs: Fitness. Jane Fonda wusste noch nicht, was Aerobic war, da wandelte die alte Turn-Nation Deutschland schon auf frisch-fromm-fröhlich-freien Pfaden – Trimm-dich-Pfaden. Der Deutsche Sport-Bund (DSB) hatte Ende der sechziger Jahre mit dieser Breitensportinitiative begonnen, um die Gesellschaft auch auf sportlichem Gebiet aus den Adenauer-Jahren in die Moderne zu befördern, hatten die Baby-Boomer-Jahre Lieschen Müller und Otto Normalverbraucher doch mit einigen Fettpölsterchen ausgestattet. Trimm-dich-Pfade entstanden in nahezu jeder noch so kleinen Gemeinde, vorzugsweise entlang lauschiger Waldwege mit rauschendem Bach. Auch ein Maskottchen besaß die Bewegungs-Bewegung: „Trimmy", ein untersetztes, vom Wirtschaftswunderspeck gut genährtes Männchen, sollte die Bevölkerung auf Trab bringen. Wer nebenbei mit dem Pkw (!) gut unterwegs war, wurde auch belohnt: Das Tanken von 20 Liter Benzin brachte dem Autofahrer eine der in 16 verschiedenen Varianten vertriebenen Pummelchen-Figuren ein.

Jeder Mensch ein VW Käfer, der läuft und läuft und läuft? Dass Sport ein zweckfreies Freizeitvergnügen ohne politisch-gesellschaftliche Funktion sei, wurde nicht allein mit dem Verweis auf die Massenmobilisierung im deutschen Trimm-dich-Wald bestritten. Insbesondere der Spitzensport wurde zunehmend hinterfragt. „Der Anspruch des Leistungssports, der Arbeit gegenüber eine komplementäre Funktion zu erfüllen, ist nicht mehr haltbar", urteilte der Soziologe Bero Rigauer. Vielmehr entsprächen die systematisch-wissenschaftlichen Trainingsmethoden geradezu idealtypisch den Normen der bestehenden Leistungsgesellschaft.

Die festgestellte „strukturelle Affinität" (Rigauer) zwischen alltäglicher Arbeitswelt und dem vermeintlich losgelösten Sport provozierte auch Widerspruch gegen dessen zunehmende Popularisierung. Den dortigen Wettkampf als spezifische Ausdrucksform kapitalistischer Gesellschaftsorganisation beäugten gerade die 68er und ihre Nachfolger kritisch. Sport wurde als „Moment der Unterdrückung unerwünschter Triebregungen" angesehen, der die Aktiven in den „Horizont von Disziplin und Leistung" integriere und so „im Interesse der Herrschaftssicherung" funktioniere. „Der Sport hat Funktionen übernommen, die die Religion einmal innehatte, indem sie die Massen ans Bestehende fesselte; ohne jedoch auf ein anderes noch irgend zu verweisen", schrieb der Soziologe Dieter Bott 1970 in seinem Text „Sport als Ideologie". Bott war auch dabei, als 1969 in Frankfurt am Main das „1. Anti-Olympische Komitee" gegründet wurde, das während der Olympischen Spiele in München 1972 ein „Wettpennen" auf dem Kasseler Königsplatz organisierte. Ein nahezu blasphemisches Happening, diente Olympia in Bayerns Landeshauptstadt vielen doch als stolze Demonstration des Bestehenden.

Als das Treffen der „Jugend der Welt" 1966 überraschend nach München vergeben worden war, hatte die „sportliche Aufrüstung" im westdeutschen Staat begonnen. Die Olympischen Spiele waren ein Prestigeprojekt, nicht nur gegenüber der DDR, die sich gerade aufmachte, dort mit einer eigenen Mannschaft zu starten. Der zentrale, über den Sport hinausweisende Aspekt war die Präsentation eines „neuen Deutschlands". Die Bundesrepublik war in den zurückliegenden Jahren internationaler geworden. Man hatte begonnen, Arbeitskräfte aus dem Ausland („Gastarbeiter") zu importieren, um möglichst viele Exportwaren produzieren zu können. Viele Westdeutsche waren den Waren

Mittendrin mit Biedersinn: Heiter sollte die Republik sein, nicht hässlich – eine bayerische Volkstanzgruppe vor dem Spiel um Platz drei zwischen Brasilien und Polen

gefolgt. Was von Rudi Schuricke („Caprifischer", „Eine Insel aus Träumen") in den fünfziger Jahren noch im Schlager herbeigesehnt wurde, machte Neckermann nun pauschal möglich: Der in den sechziger Jahren einsetzende Massentourismus hatte die Nachkriegsgeneration ins Ausland gebracht. Mit dem Blick über den Tellerrand wurden in der konsolidierten Republik auch die Sichtweisen anderer Staaten und Völker wichtiger – nichts weniger als das Selbstverständnis der einst von den alliierten Besatzungsmächten implementierten Demokratie stand zur Debatte.

Im Kontrast zur NS-Propagandaschau 1936 in Berlin waren für München „heitere Spiele" konzipiert, die der Welt eines demonstrieren sollten: Dieses Deutschland war von offener, fröhlicher Gastfreundschaft und demokratisch-verlässlicher Friedfertigkeit. Es hatte nichts mehr mit dem des „hässlichen Deutschen" zu tun, der den Globus mit zwei Weltkriegen und dem Holocaust überzogen hatte. Das Bemühen um Imagekorrektur geriet durch die Ermordung von elf israelischen Olympia-Teilnehmern durch eine palästinensische Terrorgruppe jedoch auf tragische Weise in den Hintergrund.

Nicht nur die weltoffene Fassade hatte in München glänzen sollen, hinter ihr sollten zugleich erfolgreiche Athleten der Bundesrepublik hervorschimmern. In seiner 1966 verabschiedeten „Charta des deutschen Sports" sprach sich der DSB nachdrücklich für eine gesellschaftliche – sprich: staatliche – Förderung des Höchstleistungssports aus. 1967 wurde mit staatlichen Zuschüssen die „Deutsche Sporthilfe" ins Leben gerufen, in die Fördermittel der deutschen Industrie einflossen. Mit dem Antritt der sozialliberalen Regierungskoalition 1969 begann eine noch nie da gewesene Allianz zwischen Politik und Sport in der Bundesrepublik. Binnen kürzester Zeit stiegen die Aufwendungen des für den (Spitzen-)Sport zuständigen Innenministeriums auf ein Vielfaches an. So wurden 1970 insgesamt 17,2 Millionen Mark zur Finanzierung von Hochleistungs-Sportstätten ausgegeben – drei Jahre zuvor waren es nur 6,7 Millionen Mark gewesen. Bundeswehr und Bundesgrenzschutz führten Sportkompanien ein, und 1970 wurde das Bundesinstitut für Sportwissenschaft ins Leben gerufen.

Der Sport war auch auf staatlicher Ebene politisch geworden. So war es nur konsequent, dass im Frühjahr 1974 das „Aktuelle Sportstudio" prominenten Besuch erhielt. Kein Geringerer als Bundeskanzler Willy Brandt plauderte dort im ZDF über die schönsten Nebensachen der Welt und das sozialdemokratische Verhältnis dazu – ein Novum zu einer Zeit, in der die Ehrentribünen der Fußball-Stadien noch nicht mit Politikern übersät waren. Auf die berühmt-berüchtigte Torwand ließ der Kanzler allerdings lieber seinen Sohn Matthias (zwei Treffer) schießen.

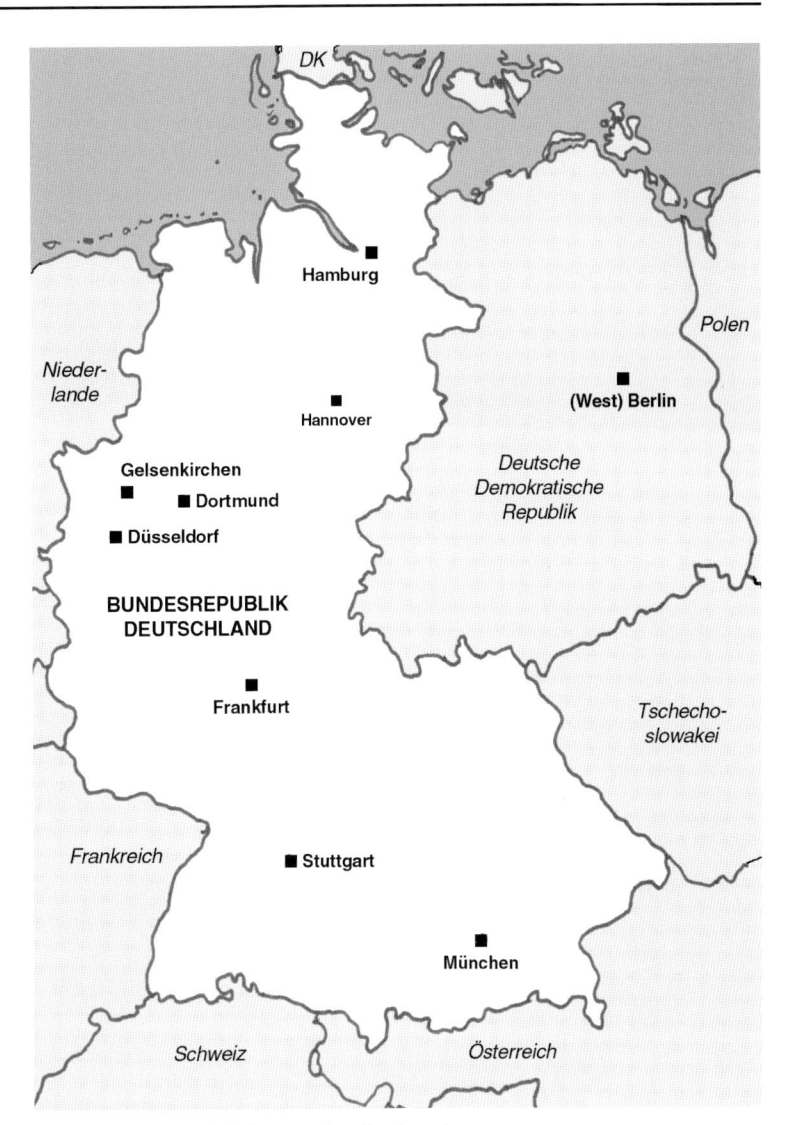

Als die Fußball-Weltmeisterschaft schließlich stattfand, saß Brandt bereits im Abseits. Helmut Schmidt war inzwischen Kanzler und gratulierte Franz Beckenbauer & Co. zum Gewinn der Weltmeisterschaft. Die Gesellschaft befand sich im Wandel, der „World Cup" blieb in der Bundesrepublik.

„Grinsende Ungeheuer" mit vollen Taschen
Nie zuvor wurde ein Fußballturnier so gnadenlos vermarktet wie die WM '74

Tip und Tap: reißender Absatz für die „rachitischen Dummköpfe"

Wo die Fußballfans auch hinkamen, zwei etwas debil grinsende Jungkicker in kurzen Hosen und mit drei Streifen auf den Stiefeln waren schon da. Millionen Klone der WM-Maskottchen „Tip" und „Tap" zappelten an Schlüsselanhängern, pappten an Autoscheiben, winkten von T-Shirts und glotzten durch die Schaufenster der Nation. Die beiden „rachitischen Dummköpfe" («Süddeutsche Zeitung») symbolisierten die gnadenlose Vermarktung der X. Fußball-Weltmeisterschaft. Der Rubel rollte – direkt in die Säckel von DFB und FIFA, die zusammen rund 100 Millionen Mark einnahmen. Auch die bundesdeutschen Nationalspieler profitierten von der Kommerzialisierung, die 1974 einen vorläufigen Höhepunkt erreichte.

„Tip" und „Tap" waren immer gut drauf – auf Aschenbechern, Küchenkacheln, Senfgläsern, Bieruntersetzern, Badehosen, Krawatten, Feuerzeugen, Konservenaufklebern, Luftballons, Wimpeln, Wandkalendern oder Thermosflaschen. Keine Fläche in Fußball-Deutschland blieb leer, wenn „Tip" und „Tap" in der Nähe waren. Überrollt von dieser besonderen Variante der damals heiß diskutierten Überbevölkerung wandten sich Verächter des Massengeschmacks wie der Publizist Herbert Riehl-Heyse mit Grausen von den beiden „grinsenden Ungeheuern" ab. Deren Schöpfer Horst Schäfer, einst im Mittelfeld des 1. FC Saarbrücken am Ball, hatte „die zwei lebendigen, lustigen Fußballjungen" (WM-Pressestelle) übrigens bereits 1957 entworfen und sie dann in einer Schublade verstaut. Bei der Reanimation der in die Jahre gekommenen Kicker-Karikaturen hatte der 43-jährige Grafiker „zwei Grundtypen" im Sinn: „Den kleinen, wuchtigen Spieler, wie es zum Beispiel Gerd Müller und Uwe Seeler sind, und die langen, schlaksigen, etwa wie Beckenbauer, Helmut Schön oder Igor Netto." Gebrauchskünstler Schäfer war ein Spezi von DFB-Vize und OK-Chef Hermann Neuberger. „Wo Olympia einen ganzen Stab an Künstlern beschäftigt hatte, um den Spielen ein einheitliches Bild zu schneidern, hatte Oberorganisator Neuberger, im Zivilleben Direktor einer Lotto-Gesellschaft, seinen Hausgrafiker und seine eigenen Vorstellungen davon, was schön ist", ätzte die «Süddeutsche». „Tip" und „Tap", die beiden „tumben deutschen Fußballtrottel", wurden „trotz ästhetischer Mängel" so populär, dass der DFB allein mit ihnen durch die Vergabe von 53 Lizenzen ein Millionengeschäft machte. Bei jedem verkauften Feuerzeug kassierte der Verband mit.

Auch die FIFA war finanziell gut dabei. Das WM-Signet, der stilisierte rollende Ball, prangte international millionenfach auf Sporttaschen, Münzen, Gläsern, T-Shirts oder Briefmarken, und in 100 Ländern gestalteten Grafiker annähernd 900 verschiedene Motive für Postwertzeichen rund um den Fußball. Besonders in den Hochburgen Europa und Südamerika standen eigens für bedeutende Turniere, Spiele oder Ereignisse herausgegebene Editionen in einer langen Tradition. Den Vogel hatten in den siebziger Jahren wieder einmal die fußballverrückten Brasilianer abgeschossen – die Post huldigte dem größten Fußballspieler aller Zeiten mit einer bunt-gezackten Sonderausgabe. Das Motiv: das 1000. Tor von Pelé! Der dreimalige Weltmeister war derweil auf dem besten Weg, selbst zu einem Markenartikel zu verkommen. Bei Interviews, das war damals neu, pappte an seiner Jacke – unübersehbar – ein Firmenlogo. Der Brasilianer verteidigte sich: „Ich habe den Vertrag nicht nur wegen des Geldes abgeschlossen." Er unterstütze damit ein weltweit aufgezogenes Programm für jugendliche Kicker und drehe Lehrfilme, die nicht nur seine Popularität weiter steigern würden, sondern auch die des Fußballs. Trotz dieser Bekundungen ging die kritische Journaille mit dem Altstar hart ins Gericht und titelte: „Pelé als Reklametafel."

Gut im Geschäft waren auch die meisten bundesdeutschen Spieler. Einige verdienten sich im wahrsten Sinn eine goldene Nase. Franz Beckenbauer ließ 120.000 Münzen mit seinem Konterfei in Gold und Silber prägen, das Stück zu 50 bis 500 Mark. Der Mönchengladbacher Vermarktungsexperte Heinz Vanflorep, seines Zeichens Netzers Geldspeicher-Verwalter, bezifferte den Marktwert der deutschen Edelkicker: „Ein Spieler kann, je nach Qualität, zwischen 100.000 Mark und anderthalb Millionen Mark verdienen." In einem Fall profitierte sogar ein Kicker, der gar nicht zur WM fuhr, von lukrativen Werbeverträgen. Die britische Agentur Meppin hatte Erwin Kremers frühzeitig unter Vertrag genommen, um mit dem Flügelflitzer für einen Ölkonzern zu werben. Obwohl der Schalker kurz vor dem Turnier aus dem Kader flog, flossen reichlich deutsche Mark auf sein Konto.

Trotz soeben überstandener Ölkrise sprudelte das Benzin mit hartem Strahl aus den Zapfsäulen – nur der gute alte Tankwart wurde langsam arbeitslos. Müller, Grabowski, Heynckes und Netzer warben unter dem Motto „Selbst billig tanken" dem Zeitgeist huldigend für die Selbstbedienung an den Stationen des Mineralölkonzerns „Esso". „Zeit ist Geld", hatte der Flügelstürmer Jupp erkannt. Und der galante Günter von Real Madrid versprach treuherzig: „Immer, wenn ich in Deutschland bin, tanke ich selbst." Auch Paul Breitner stand auf „Esso" und pries „UNIFLO, das Öl gegen den vorzeitigen Motorverschleiß" an. Der „Kaiser" blieb dagegen seiner „Aral"-Station in der Münchener Schenkendorfstraße treu. Dort ließ er sich von Pächter Fritz Joa beraten: „Der Franz Beckenbauer hat ganz schön gestaunt, als ich ihm erklärte, dass der Benzin-Verbrauch auch vom Motoröl abhängt." Also kippte der Experte flugs ein paar Liter „Aral Super Elastic" in den Motorblock.

Ob Benzin, Bücher, Puzzles, Eis oder klebrige Süßigkeiten – für (fast) alle Waren dieser Welt hielten die Spieler ihre Konterfeis in die Kameras. „Fußballer begeistern sehr viele Menschen, und deshalb glauben wir, dass sie auch sehr viele Menschen für unser Produkt gewinnen können", brachte ein Firmenvertreter das Interesse der Industrie auf den Punkt.

Wo ist der Ball?

Horst-Dieter Höttges schildert sein lustigstes Erlebnis bei der WM '74

„Wir waren ja alle darauf bedacht, etwas Geld nebenher zu verdienen. Eines Tages sagte Jupp Kapellmann im Trainingslager Malente: ‚Ich habe einen Bekannten. Der will 5.000 Bälle unterschrieben haben.' Ich hakte nach: ‚Was kriegen wir dafür?' Kapellmann antwortete: ‚Jeder bekommt 10.000 Mark.' Das hat dann die Runde gemacht. Wir klärten mit dem Bundestrainer ab, dass wir die Autogramme jeweils eine halbe Stunde vor dem Frühstück schreiben durften. Irgendwann fragten die Jungs: ‚Wann kommen die Bälle denn, wann kommen die Bälle endlich?' Und der Masseur wollte wissen: ‚Gehöre ich auch dazu?' Ich antwortete ihm: ‚Ja, klar, wenn die Bälle kommen, dann unterschreibst du einfach und kriegst auch Geld.' In der Turnhalle waren die Tische, auf denen wir die Bälle signieren sollten, schon nebeneinander aufgestellt. Doch die Dinger kamen nie. Es war eine Ente."

Beckenbauer-Manager und Branchenintimus Robert Schwan rechnete vor, dass rund zehn Unternehmen zum Sponsorenpool der Nationalelf gehörten. Der DFB kassierte Lizenzgebühren aus insgesamt 102 Kontrakten, die der Verband im In- und Ausland abgeschlossen hatte. Bei den Spielern hießen die Spitzenverdiener Beckenbauer, Müller und Netzer. Zur zweiten Garde gehörten die Kicker Maier, Hoeneß, Breitner, Grabowski, Heynckes und Overath. Jungstar Uli Hoeneß lieferte den flottesten Spruch zum Thema: „Wenn wir Weltmeister werden, dann hat jeder, der dabei war, ausgesorgt."

200 extra angeheuerte Näherinnen fertigen Kissen mit den Maskottchen

Zottelfaktor zehn
Kulturgeschichte des Alltags: Nie waren die Haare länger als bei der WM in Deutschland

Die bunten Siebziger waren locker und wellig. „Pomadenheini ist tot. Dry Look ist da" – mit diesem Slogan warb der Kosmetik-Hersteller „Gilette" für die trockene Fön-Welle, die fortan über die Fußballer-Köpfe schwappte. Der „dry look" löste die fetttriefende „Brisk"-Frisur ab. Angesagt waren nunmehr „mühelos frisierte Haare – ohne Klebe. Ohne Fetten. Ohne Spuren, die man sehen oder fühlen kann." Soweit die Werbung.

Die meisten Kicker ließen ihre Haarpracht einfach nur wachsen. Die Weltmeisterschaft fand in einer Zeit statt, in der der Ausspruch „Lange Haare ja, aber gepflegt müssen sie sein" längst zu einem geflügelten Wort geworden war. Während deutsche Omas ihre Enkel mit Bargeld für einen Friseur-Besuch bestachen, lebten die meisten Fußballspieler in Sachen Haarmode ungeniert nach der Devise „lang und wuschelig" – nur Berti Vogts' dünnes Blondhaar schmiegte sich verdächtig eng um die Kopfballzentrale. Von dort unternahmen lediglich zwei, drei Strähnen einen zaghaften Ausbruchversuch. Ansonsten gab es allerlei Abstufungen beim Glitschfaktor der mitunter schnell nachfettenden Haarpracht – und zahlreiche modische Varianten: Während der deutsche Ersatz-Keeper Kleff die Otto-Waalkes-Frisur (blonde Spaghetti-Strähnen) bevorzugte, schockte Paul Breitner die bayerische CSU-Klientel mit dem Afro-Look, der unzähmbar über die provokativ ausgebreitete «Peking Rundschau» hinauswucherte. Auch Günter Netzers lange Haare wollten bekanntlich mehr…

Des imposantesten Mopps auf dem Kopp erfreute sich ohne Zweifel der in Diensten von Atlético Madrid stehende Rubén Hugo Ayala. Der 24-jährige Argentinier mit dem Zottelfaktor zehn sah aus wie eine Kreuzung aus dem Räuberhauptmann Ronaldo Rinaldini und einem schottischen Langhaarschaf mit schwarz eingefärbter Wolle. Nie zuvor und nie nach der WM '74 war die Haarpracht der Spieler eindrucksvoller. Fotos aus dem Spiel zwischen Polen und Argentinien zeigen den langmähnigen Ayala im Duell mit dem polnischen Torwart Tomaszewski, dessen Haarpracht auch nur von einem schmalen Stirnband gebändigt werden konnte – einfach herrlich!

Den schnellen Wandel der Moden verdeutlicht ein kurzer Blick in die Vor-Vergangenheit. 1954 war noch die klassische „Brisk"-Frisur angesagt gewesen. Damals machten bekannte Kicker wie Jupp Posipal Reklame für die ölige Frisiercreme (Altherren-Faktor: mindestens neun). Der „Kontinental-Stopper" versicherte seinerzeit: „Mit ‚Brisk' sitzt mein Haar immer tadellos!" Die Anzeigen waren unterschrieben mit dem Spruch „‚Brisk'-Männer haben mehr Erfolg!" Den hatte sowohl die deutsche '54er- als auch die '74er-Generation. Letztere holte den Titel aber in pomadefreiem Zustand mit wallendem Haupthaar.

Das Empire im Wandel
João Havelange wird zum FIFA-Präsidenten gewählt und leitet eine neue Ära ein

Es waren keine guten Tage für das einstige Empire. Während 16 Mannschaften um den FIFA-Weltpokal stritten, würden die englischen Kicker untätig vor den heimischen TV-Bildschirmen sitzen, und zwei Tage, bevor der erste Ball ohne sie rollte, erfuhren sie auch noch vom Sturz einer ihrer Galionsfiguren: Sir Stanley Rous war nicht mehr FIFA-Präsident. Im zweiten Wahlgang hatte der FIFA-Kongress seinen Gegenkandidaten auf den Weltfußball-Thron gehoben: Jean-Marie Faustin Godefroid (kurz: João) Havelange.

Das Debakel hatte sich abgezeichnet. Rous mochte in Europa für Kontinuität stehen, anderswo symbolisierte er Stillstand. Mit der ab 1960 einsetzenden Entkolonisierung der „Dritten Welt" hatte sich auch der Fußball-Globus verändert. Durch das „One-member-one-vote"-Prinzip wurden gerade die neuen afrikanischen Staaten zu einem immer bedeutenderen Faktor in der FIFA-Welt. Dass der seit 1961 amtierende Rous an die Europäer appellierte, sie sollten ihren Führungsanspruch behaupten, steigerte seine Beliebtheit bei den Newcomern nicht gerade. Die Verbände Asiens und Afrikas drängten auf Mitbestimmung und mehr Teilnehmerplätze bei der Weltmeisterschaft. Und die Südamerikaner waren immer noch über die Ereignisse bei der WM 1966 in Rous' Heimatland erbost. Argentinien und Uruguay waren jeweils im Viertelfinale gegen England und Deutschland ausgeschieden – zumindest ihrer Meinung nach in Skandalspielen, in denen europäische Schiedsrichter sie aller Chancen beraubt hätten.

Die wachsende Unzufriedenheit mit Rous nutzte kein Underdog, sondern ein renommierter Vertreter einer Fußball-Weltmacht. João Havelange hatte sich nicht nur als zweifacher Olympia-Teilnehmer Brasiliens im Wasserball und Schwimmen einen Namen gemacht. Der 58-jährige Spross belgischer Eltern war auch ein erfolgreicher Unternehmer und saß dem brasilianischen Sportbund vor. Mit Unterstützung von Adolf Dassler, Chef des Sportartikelhändlers „adidas" – der in der Folgezeit mit umfassenden Vermarktungsrechten belohnt werden sollte –, hatte Havelange eine gute Million Mark in seine einjährige Wahlkampfreise investiert. Kritischen Stimmen, die vor einer allzu starken Kommerzialisierung durch den Gegner des traditionsbewussten Rous warnten, hielt der Brasilianer sein Entwicklungshilfe-Programm für die Fußballer Afrikas und Asiens entgegen. „Wenn es verwerflich ist, Geld für fußballerische Dinge auszugeben", so Havelange, „dann nehme ich dieses Odium gerne auf mich."

Der Neue: João Havelanges Werbekampagne hat Erfolg

Es war noch nicht der neue FIFA-Chef, es waren die deutschen Veranstalter, die durchaus in Havelanges Sinne einen zukunftsweisenden Schritt in der Präsentation des Sports taten. Der zum FIFA-Vizepräsidenten aufsteigende OK-Chef Hermann Neuberger begann damit, Fußball für ein Millionenpublikum gefällig zu inszenieren. Am deutlichsten wurde dies bei der zweistündigen WM-Eröffnungsfeier im Frankfurter Waldstadion. Mit der Gestaltung wurde der bekannte TV-Regisseur Dieter Pröttel („Talentschuppen", „Michael-Schanze-Show") betreut. Das Ergebnis konnte sich sehen lassen – zumindest im Fernsehen.

Während die nass geregneten Zuschauer vor Ort kaum detaillierte Eindrücke von den Folkloregruppen der teilnehmenden Länder oder den 2.000 das WM-Emblem bildenden Schülern erhaschen konnten, fingen gleich sechs Kameras das Geschehen für die Fernsehfans ein. Nur einmal hatte der Stadionbesucher den besseren Blick: Als auf der Anzeigetafel dem US-Limonadenhersteller „Pepsi" für eine halbe Million Mark Sponsorenzuschuss zur Feier gedankt wurde, schwenkten sämtliche Kameras des ZDF ab. Eine Zurückhaltung, die sich im Laufe des Turniers fortsetzen sollte. Die Kameraleute der öffentlich-rechtlichen Anstalten scheuten die Totale, um die am Spielfeldrand platzierten Werbebanden möglichst selten in die Wohnzimmer zu transportieren.

Der Alte: Sir Stanley Rous muss den FIFA-Thron räumen

Hormonstau im Trainingslager
Im beschaulichen schleswig-holsteinischen Kurort Malente bezog der bundesdeutsche Fußball-Tross zur WM Quartier

Ausnahmezustand in Malente: Tag der offenen Tür

Geschlossene Gesellschaft: Das Publikum hinter Gittern

Notizen aus der schleswig-holsteinischen Provinz: Ende Mai wurde das letzte Loch im Zaun der Sportschule Malente geflickt, der Rasen auf das Niveau von Wembley getrimmt. In den Wochen zuvor hatten fleißige Helfer von der örtlichen Feuerwehr den Platz mit 150 Kubikmeter gewaschenem Flusssand und 200 Säcken Humustorf auf Vordermann gebracht. Auch in den Gebäuden, die sich auf dem 60.000 Quadratmeter großen Areal befanden, war alles pikobello: 41 frisch gemachte Betten standen für Spieler, Trainer und Tross bereit, die Sauna im Keller dampfte, das Kaltwasserbecken und der Raum für die berühmte Unterwassermassage von Masseur-Guru Erich Deuser verhießen den ermüdeten Kicker-Waden Entspannung. „Wir haben alles so hergerichtet, dass unsere Mannschaft Weltmeister wird", verkündete Sportschulen-Chef Hans Merkle stolz. Nur eine wichtige Erfindung des späten 19. Jahrhunderts suchten die Kicker in ihren Doppelbettzimmern vergebens: das Telefon.

Nach dem Einzug der Spieler beschrieben die Zeitungen eine „Welt wie hinter Klostermauern". Torhüter und Stimmungskanone Sepp Maier konstatierte zwar bald: „Einen Koller wird es hier nicht geben, obwohl die totale Kasernierung nicht schön ist." Doch die Stimmung in der Männergesellschaft verschlechterte sich von Tag zu Tag. Lesen, Faulenzen, Tischtennis spielen, nur unterbrochen von Training und gemeinsamen Mahlzeiten – irgendwann platzt da jedem der Kragen. Daran konnten auch die von einer Hamburger Firma eigens aufgestellten Spielautomaten nichts mehr ändern.

Und es gab noch etwas, das auf die Stimmung drückte. Die Kicker waren zum Zeitpunkt der WM allesamt zwischen 20 und 30 Jahren alt, mithin eine kraftstrotzende Horde Testosteron-Bomber, die ihre überbordenden Kräfte nur schwer im Zaum zu halten vermochte. Das rief die Experten auf den Plan. „Fünf Wochen ohne Sex sind eine unnötige Pein", wusste Professor Dr. Steinbach zu vermelden, doch erst am 6. Juni wurde der Enthaltsamkeit, unter Duldung der DFB-Päpste, der Kampf angesagt: Die Ehefrauen durften zu Besuch kommen – nach offizieller Lesart zu einer „Sprechstunde"! Während die Zeitungen den Sex-Notstand der bundesdeutschen Edelkicker mit Eifer diskutierten, erfreute Hausherr und Ex-Bundesliga-Trainer Hans Merkle verdutzte Reporter mit lustigen Hinweisen: „Die Spieler sind Profis, die können sich anderweitig beschäftigen."

Für etwas Abwechslung im tristen Alltag sorgte ein Theaterbesuch in Lübeck. Auf dem Programm stand leichte Kost: die Komödie „Schwarzer Jahrmarkt" von Günter Neumann. An Pfingsten war sogar fix was los. Heerscharen fußballbegeisterter Norddeutscher fielen mit Bussen und privaten Personenkraftwagen in die beschauliche Holsteinische Schweiz ein, um die Rasenspielchen der Kicker an einem Tag der offenen Tür zu beobachten. Die Folge: Der Verkehr in und um Malente brach zusammen, es hagelte Strafmandate. Als sich ein Dutzend Spieler zum katholischen Gottesdienst fahren ließ, war schließlich sogar die Hölle los: Die Polizei sorgte für Geleitschutz, Fernsehkameras dokumentierten die Wallfahrt, der Bet-Raum verkam zur Autogrammbörse.

Nach der Niederlage gegen die DDR musste das bundesdeutsche Team Malente verlassen. Der Tross zog nach 27 Tagen Aufenthalt im hohen Norden in Richtung Kaiserau im tiefen Westen. Den letzten Abend verbrachten die Spieler ähnlich wie die meisten gen Schleswig-Holstein gepilgerten Fans auf den Zeltplätzen. Die Mannschaft saß am Lagerfeuer, grillte Würstchen und rote Fleischberge, die der Starnberger Großmetzger und Hoeneß-Freund Rudi Houdek in rauen Mengen angeliefert hatte.

„Blöde Sau"
Der Klasse-Linksaußen Erwin Kremers durfte 1974 nicht mitspielen – wegen einer roten Karte

Die internationale Fachwelt staunte nicht schlecht, als die Deutschen ihr WM-Aufgebot bekannt gaben. Da fehlte doch einer! Wo war Erwin Kremers, der trickreiche Linksaußen der Europameisterelf von 1972? War er etwa verletzt? Nein, der Schalker erfreute sich bester Gesundheit. Er wurde für die WM nicht nominiert, weil er kurz zuvor in der Bundesliga eine rote Karte bekommen hatte – 30 Jahre später ist das kaum zu glauben.

15 Länderspiele hatte Erwin Kremers absolviert und galt vor der WM als gesetzt. Keine Turniervorschau kam ohne Kremers-Porträt aus. Doch ausgerechnet am letzten Spieltag der Saison 1973/74, es war auf dem Kaiserslauterer Betzenberg, gingen dem bekanntermaßen etwas „unbeherrschten" Linksaußen die Sicherungen durch. Entnervt von zahllosen Attacken raubeiniger Abwehrspieler, dem Spielstand (0:4) und strittigen Schiedsrichter-Entscheidungen vergriff sich der smarte Schalker im Ton. In der 85. Minute beschimpfte er den Unparteiischen Max Klauser aus Vaterstetten (bei München) als „blöde Sau" und wiederholte die Unflätigkeit mindestens zweimal. „Der war längst fällig für einen Platzverweis! Vielleicht hat sich der Erwin damit sogar die WM-Teilnahme vermasselt", ahnte Schalke-Coach Ivica Horvath rasch Böses.

„Es sieht schlecht aus für Kremers", titelten die Zeitungen in der Woche nach dem verbalen Ausraster und sie sollten Recht behalten: Kremers flog aus dem Kader! „So undiszipliniert darf sich kein Spieler verhalten", begründete Bundestrainer Helmut Schön die Ausbootung des Schalker Flankengottes. „Für gesperrte Spieler ist kein Platz in der Nationalelf", so Schön weiter, „selbst wenn Beckenbauer oder Müller ein Vergehen begangen hätten, wären sie nicht dabei." Wer's glaubt...

Kremers' Reue kam zu spät: „Ich war so in Rage, dass ich überhaupt nicht mehr gewusst habe, was ich sagte. Mir tut die Sache unsagbar Leid." Deswegen sitze er aber nicht traurig im Kämmerlein, auch wenn ihm „viel Geld durch die Lappen" gehe, erklärte der 25-Jährige wenig später. Ende Juni verurteilte das DFB-Sportgericht den Sünder zu einer Sperre bis zum 31. August. DFB-Ankläger Hans Kindermann hatte sogar eine Auszeit bis zum 15. Oktober verlangt. Kremers fehlte bei zwei Bundesligaspielen – und sieben WM-Partien, die ihn zum Weltmeister gemacht hätten.

Im Ton vergriffen: Erwin Kremers

Telefon-Interview mit Helmut Kremers, dem Zwillingsbruder von Erwin

Können Sie Kontakt zu Erwin herstellen?

Glauben Sie mir bitte, der ist daran nullkommanull interessiert. Er ist doch mein Zwillingsbruder. Ich weiß doch, wie der reagiert. Es ist genau das Gleiche, ob Sie mit ihm sprechen oder mit mir. Erwin hat seit 1980 kaum noch Interviews gegeben. Es hat keinen Sinn, bei ihm anzurufen.

Können Sie ihn wenigstens mal fragen und mich kurz zurückrufen?

Das kann ich gerne machen.

(Zehn Minuten später ruft Helmut Kremers zurück.) Ich soll Ihnen einen schönen Gruß bestellen. Ist nicht persönlich gemeint, aber er hat keine Lust, zu irgendwelchen Dingen etwas zu sagen. Das ist leider so.

Richten Sie Ihrem Bruder bitte aus, dass er trotzdem eine Seite gewidmet bekommt, weil er wegen seiner roten Karte schnöde ausgebootet worden ist...

(Kremers lacht.) Zur damaligen Zeit war das leider so. Dafür hat er lange Urlaub gemacht. Das hat ihm auch Spaß gemacht.

Links Erwin, rechts Helmut: Die Kremers-Zwilinge

WM ohne England
Die nationale Katastrophe: Das Mutterland des Fußballs zum ersten Mal nicht qualifiziert

Sollte Sir Alf Ramsey nun verzweifelt sein? Gerade hatte „The League", die selbst verwaltete Organisation der vier englischen Profi-Spielklassen, sein Ersuchen abgelehnt. Auf keinen Fall könne man wegen der Nationalmannschaft Meisterschaftsspiele verschieben, wurde dem geadelten Weltmeister-Coach von 1966 beschieden: Allein aufgrund des Fußballtotos sei das völlig unmöglich…

Fassungslos: Das Entsetzen steht den Engländern ins Gesicht geschrieben

Es war also keine Schonung für seine Hoffnungsträger zu erwarten, die alljährlich durch die Knochenmühle von 42 hart umkämpften Liga-Begegnungen gingen. Ramsey mochte eine dunkle Vorahnung gehabt haben. Das entscheidende WM-Qualifikationsspiel gegen Polen stand bevor, es musste gewonnen werden. Die Weltmeister-Generation von 1966 verschwand langsam, aber sicher von der Bühne. Gordon Banks, als Torwart zweimal Englands Fußballer des Jahres, hatte nach einem schweren Autounfall Ende 1972 seine Handschuhe an den Nagel hängen müssen. Alan Ball war im Hinspiel vom Platz geflogen und gesperrt.

Nur die Ruhe. Der Bus würde Ramseys Elf nach Wembley kutschieren, ins berühmteste Stadion der Welt, in die Stätte englischer Heimstärke, englischer Glorie. Macht's noch mal, Jungs. 7:0 hatten sie hier vor Wochen die Österreicher bezwungen, immerhin auch noch ein WM-Kandidat.

Es war der 17. Oktober 1973. Anpfiff. Ein Angriff nach dem anderen aufs polnische Tor. Flanken in den Strafraum, von der Abwehr abgefangen. Schüsse aus der Distanz, von Keeper Tomaszewski pariert. Ecken im Übermaß, kaum zu zählen. Tore: keine. Der Einsatz bravourös, der Druck immens, die Ideen kläglich. Immer sicherer der Gegner, immer verzweifelter die Hausherren mit den drei Löwen auf der Brust. Da spurtete Lato auf und davon, legte auf Domarski ab – 0:1. Verzweiflung griff um sich.

Es fiel noch der Ausgleich: Ein fragwürdiger Strafstoß, verwandelt von Clarke. Die Hoffnung blieb trügerisch. Die Minuten verrannen, Tomaszewski hielt, hielt, hielt – und riss die Arme hoch in den Londoner Abendhimmel. Es war Schluss – und England zum ersten Mal in einer WM-Qualifikation gescheitert.

Das Mutterland des Fußballs konnte sich nicht mehr vorgaukeln, in „Splendid Isolation" zu sein. Es befand sich in Gesellschaft: Mit Island, Bolivien, Antigua und Lesotho, die allesamt bei der Endrunde ebenfalls nur zuschauen würden. Die einstige Kronkolonie Australien dagegen mischte in Deutschland mit. „The end of the world", titelte das Boulevardblatt «The Sun» am Morgen danach.

Der Alleinvertretungsanspruch war indes zäher als die untergegangene Welt. Liverpools Manager-Legende Bill Shankley warnte vor einer Revision der eigenen Spielauffassung: „Unsere Fans würden das kunstvolle, doch langweilige Spiel der Kontinentalen auf die Dauer nicht akzeptieren." Doch musste wirklich jeder englische Fußballer kampfbetont agieren und den schnellen, direkten Pass dem überlegten, aber weniger spektakulären Aufbauspiel vorziehen? Um im Weltfußball noch eine führende Rolle einnehmen zu können, mangelte es den Engländern ersichtlich an Kreativität. Ihr kalkulierbares „Kick & Rush" bestimmte den Liga-Alltag und mochte in eingespielten Vereinsmannschaften noch funktionieren, auf höchster internationaler Ebene hatte die englische Spielweise jedoch ausgedient.

Noch war der Leidensdruck nicht groß genug, um sich für kontinentaleuropäische Einflüsse aus Holland oder Deutschland zu öffnen. Die Strafe folgte auf dem Fuße: 1976 und 1978 scheiterten die Engländer in EM- und WM-Qualifikation. Sache von Sir Alf war das allerdings nicht mehr. Man hatte Ramsey nach dem Polen-Debakel noch einige Monate gewähren lassen. Italien schaute in Wembley vorbei und gewann 1:0. Im April dann ein 0:0 in Lissabon. Es war genug. Am 1. Mai 1974 wurde Alf Ramsey nach elf Jahren als Coach der Nationalmannschaft entlassen.

Als Orange erstrahlte
Hollands Weg zum Fußball-Wunder der Siebziger

Ein Volk vereint vor dem Fernseher? Die nüchternen Niederländer begeistert von elf Landsleuten, die Fußball spielen? Nicht nur Theo de Jong, einer dieser Fußballer, war verblüfft: „Eine Solidarisierung wie jetzt hat es bei uns im Fußball noch nie gegeben, das geht bis ins kleinste Dorf", staunte der Verteidiger mit der Nummer 7: „Wenn man bedenkt, dass zum entscheidenden Qualifikationsspiel das Stadion nicht einmal ausverkauft war, kann man nur von einem Wunder sprechen."

Die Euphorie, mit der die holländische Bevölkerung die WM-Auftritte in Deutschland verfolgte, war in der Tat etwas gänzlich Neues. Noch ein Jahrzehnt zuvor war der niederländische Fußball überall zu finden gewesen, nur nicht an der Weltspitze. Dabei verfügte das Treten gegen die Lederkugel in Holland über eine lange Tradition. Bereits 1889 war der „Nederlandsche Atletiek- en Voetbalbond", aus dem 1925 der Königlich-Niederländische Fußball-Bund (KNVB) hervorging, gegründet und 1898 mit dem Amsterdamer Klub „Run Amstel Progress" der erste Landesmeister ermittelt worden. Über die Nordsee hatten englische Lehrmeister den neuen Sport in den Küstenstaat getragen, wo die Einheimischen den Ball begeistert annahmen. Drei Bronze-Medaillen bei den olympischen Turnieren 1908, 1912 und 1920 zeugen von der führenden Rolle der Tulpennation in der Fußball-Frühzeit.

Als sich während der zwanziger Jahre in weiten Teilen Mitteleuropas der Profifußball durchsetzte, stellten sich die calvinistischen Holländer – wie ihre deutschen Nachbarn – jedoch ins Abseits. Die stark religiös geprägten Vorbehalte gegen die Bezahlung von Ballspielern führten insbesondere nach dem Zweiten Weltkrieg zu einem regelrechten Exodus talentierter Kicker in die europäischen Profiligen – zum Schaden der Auswahlmannschaft, da der Verband konsequent auf den Einsatz von Legionären in seiner „Elftal" verzichtete. Erst die Spaltung der Vereinslandschaft durch die Einführung einer „wilden" Profiliga 1954 bewog den KNVB zum Umdenken: 1956 wurden die auf Amateur-Basis betriebenen Regionalligen als höchste Ebene durch eine eingleisige Profiklasse ersetzt.

Die Auswahlmannschaft wurde trotz der Einführung dieser Profiliga in den sechziger Jahren allerdings weiterhin nach den Prinzipien von Amateurismus und Doppelmoral geführt. Während die KNVB-Funktionäre sich ihre Reisen zu Länderspielen in klingender Münze vergüten ließen, durften die Kicker damit zufrieden sein, an Erfahrung zu gewinnen – und in schöner Regelmäßigkeit zu verlieren. Den Höhepunkt der Malaise bildete das Ausscheiden im Europapokal der Nationen 1963 gegen Luxemburg.

Derweil Feyenoord Rotterdam und Ajax Amsterdam unter den Trainern Ernst Happel und Rinus Michels zu geachteten europäischen Adressen aufstiegen, profitierte die Nationalmannschaft keineswegs von dem schwungvollen Offensiv-Fußball, den die Klubs pflegten: Sowohl die WM 1970 als auch die EM 1972 fanden ohne die Niederlande statt. Erst als die junge Kicker-Generation unter Führung des selbstbewussten Johan Cruyff auch für ihre Auftritte in der KNVB-Auswahl Prämien durchsetzte und schließlich für die WM-Endrunde 1974 mit Michels der Architekt des Ajax-Systems zum sportlich Verantwortlichen bestellt wurde, strahlten die Impulse des totalen (Vereins-)Fußballs auch auf die Nationalmannschafts-Ebene aus.

Fragil blieb das Arrangement zwischen Funktionären und Fußballern indes auch während der holländischen Hoch-Zeit: Noch kurz vor der WM drohten neun Ajax-Spieler dem Verband mit einem Turnier-Boykott, weil sie sich an den erwarteten Einnahmen nicht angemessen beteiligt sahen. Allgemeiner Tenor: Mit Freundschaftsspielen im Ajax-Trikot sei im Sommer 1974 mehr zu verdienen als in den orange-farbenen Hemden der Nationalmannschaft.

Zeigt die Richtung an: Mit Johan Cruyff beginnt der Aufschwung der Holländer

Oranje boven: Die holländischen Fans huldigen ihrem Idol mit einer Stoffpuppe

„Perfekter Zustand"
Chiles Militär nutzt ein Stadion als Folterkammer, die FIFA begeistert sich über die Rasenqualität

1973 erlebte Chile seinen 11. September. Tiefflieger feuerten Salven auf den Präsidentenpalast, in dem das sozialistische Staatsoberhaupt Salvador Allende eine letzte Rundfunkansprache hielt. Am Ende des Tages war Allende tot und eine rechtsgerichtete Militärführung unter General Augusto Pinochet an der Macht. Verfassung und Parlament wurden ausgesetzt, Allende-Anhänger verfolgt und eingesperrt, gefoltert und getötet – Tausende davon im weitläufigen Nationalstadion der Hauptstadt Santiago.

MP im Anschlag: Fußball im Zeichen der Militärdiktatur

Ausgerechnet dort sollte am 21. November das WM-Qualifikations-Rückspiel zwischen Chile und der Sowjetunion stattfinden. Nach einem 0:0 in Moskau kündigten die Allende-freundlichen Sowjets an, nicht im Estadio Nacional anzutreten, da ihre Sicherheit nicht gewährleistet sei und es unzumutbar wäre, „in einem Stadion zu spielen, das ein Konzentrationslager, eine Arena für Folter und Hinrichtung chilenischer Patrioten" gewesen sei. Mittlerweile waren die meisten Verfolgten vom Rasen in die Umkleidekabinen gesperrt worden. Am 12. Oktober beauftragte die FIFA eine zweiköpfige Delegation – bestehend aus dem brasilianischen FIFA-Vizepräsidenten Abilio d'Almeida und dem FIFA-Generalsekretär Helmut Käser aus der Schweiz – zu prüfen, ob die Begegnung „unter normalen Bedingungen und ohne Gefährdung für die auswärtige Mannschaft" stattfinden könne.

Am 23. und 24. Oktober nahmen d'Almeida und Käser in Santiago ihre Untersuchung vor. Allzu kritisch sollte sie nicht ausfallen. Das FIFA-Duo traf auf Funktionäre des chilenischen Fußball-Verbandes und den Verteidigungsminister, besuchte seine Landesbotschaften und das für die Sowjets vorgesehene Hotel. Die Suche nach nichtoffiziellen Informationen beschränkte sich auf Beobachtungen von und kurze Gespräche mit Fußgängern, aus denen das Gespann den Eindruck gewann, die Leute seien nun „wieder glücklich". Ihr Fazit: „Die einzige noch bestehende Einschränkung in Santiago scheint die Ausgangssperre nach 22 Uhr zu sein."

Schließlich inspizierten die Funktionäre das Estadio Nacional. Für die Erklärung der Gastgeber, die Arena sei auch früher bereits (etwa bei Erdbeben) als „Notfallaufnahme" genutzt worden, zeigten sie Verständnis, zumal Verteidigungsminister Patricio Carvajal Prado ihnen zusicherte, die Stätte binnen weniger Tage zu räumen und wieder der erbaulichen sportlichen Betätigung zur Verfügung zu stellen. Brav schrieben die beiden FIFA-Touristen in ihren Bericht, dass das Stadion einzig als „Klärungsstelle" diene und in den Umkleidekabinen keinesfalls „Gefangene" festgehalten würden, sondern nur „Verhaftete", deren Identität festgestellt werden müsse. Immerhin registrierten d'Almeida und Käser, dass vor den Stadiontoren „ungefähr 50 bis 100 Leute" auf Nachrichten von ihren Angehörigen warteten. Waren es etwa Fußgänger, die „wieder glücklich" waren? Der Rest war eine Frage der Technik: „Das Gras auf dem Feld befindet sich in perfektem Zustand", schwärmte das brasilianisch-schweizerische Duo, „genau wie die Sitzplätze".

Unabhängig vom Report der Reisegruppe verlief die FIFA-Entscheidung entlang der politischen Linien. Mit 15:3 Stimmen bei drei Enthaltungen wurde die Ansetzung in Santiago bestätigt. Die Sowjetunion trat nicht an und wurde ausgeschlossen. Der chilenische Verband forderte daraufhin 152.856,60 US-Dollar, damals etwa 400.000 Mark, als Schadenersatz für entgangene Einnahmen – Geld, von dem die akribischen Rechner so wenig sahen wie die meisten Angehörigen von den Opfern der Junta.

Nach Schätzungen von „Amnesty International" starben allein bis 1975 mindestens 20.000 Menschen durch die Hand des Militär-Regimes. 1990 musste Pinochet abtreten, seit 2000 regiert mit Ricardo Lagos wieder ein Sozialist das Land. Am 11. September 2003, 30 Jahre nach dem Putsch, wurde das Estadio Nacional umbenannt. Es trägt seitdem den Namen des dort gefolterten und ermordeten Sängers Victor Jara.

Einsame Mönche
Kulturkampf auf Brasilianisch: Auch Gewehre und Schäferhunde konnten den Weltmeister nicht vor dem Absturz schützen

Majestätsbeleidigung. Was anderes konnte es sein, das sich hinter den Worten des jugoslawischen Trainers Miljan Miljanic verbarg? Der vorlaute Coach behauptete, die berühmten Brasilianer würden sich damit abmühen, „die europäische Spielweise zu imitieren". Seleção-Dompteur Mario Zagalo wischte die Worte seines Kollegen beiseite. Miljanic um eine Expertise zum brasilianischen Fußball bitten? „Das klingt, als ob Sie einen Lehrling befragen."

Nach dem enttäuschenden vierten Platz bei der WM in Deutschland musste Zagalo einsehen, dass der „Lehrling" so Unrecht nicht gehabt hatte. Die Entwicklung des Spiels war an den Brasilianern – wie an den meisten südamerikanischen Teams – vorbeigegangen. Während europäische Mannschaften unter dem Eindruck des Wirkens von Pelé, Garrincha oder Gérson längst begonnen hatten, südamerikanische Elemente in ihr Spiel zu integrieren, verwalteten die Regenten vom Zuckerhut weitgehend ihren mutmaßlich natürlichen Reichtum – und wunderten sich nun über den mangelnden Zinsertrag. Um das Abwandern der Stars einzuschränken, hatte der brasilianische Staat sogar eine Sondersteuer eingeführt: Ein ausländischer Verein musste nun eine zusätzliche Zahlung in Höhe der Transfersumme leisten – mögliche Einflüsse durch aus Europa zurückkehrende Legionäre wurden damit allerdings minimiert.

Mit dem Scheitern der Brasilianer setzte eine bis zum heutigen Tage andauernde Diskussion ein, auf welche Weise der für die Generation um den 1971 aus der Nationalmannschaft zurückgetretenen Pelé geprägte Begriff vom „jogo bonito" (dem „schönen Spiel") fortentwickelt werden sollte. Sollte man sich auf die vermeintlich „brasilianischen" Elemente versiert-eleganter Technik konzentrieren oder eine Integration „europäischer" Prinzipien vor allem taktisch-athletischer Natur versuchen? Gerade weil Zagalos Auswahl in Deutschland kein rein „brasilianisches Brasilien" war, sondern ihr Heil – siehe Miljanics Prognose – aus einer gestärkten Defensive heraus suchte, wurde auch zu einer Rückbesinnung auf „eigene" Werte gedrängt. Typisch dafür das Fazit, das Brasiliens Ex-Trainer João Saldanha direkt nach Turnier-Ende zog: „Wir sind nicht traurig, weil wir verloren haben, sondern weil wir ganz unbrasilianisch gespielt haben. So durfte Brasilien nicht Weltmeister werden."

Dabei war das Unternehmen Titelverteidigung gewohnt generalstabsmäßig angegangen worden. 21 Offizielle begleiteten den 22-Mann-Kader in den Schwarzwald, wo das Team am 17. Mai als erster WM-Teilnehmer überhaupt eintraf. Das Trainingslager in Herzogenhorn wurde von Beamten des Bundesgrenzschutzes mit geschulterten Gewehren bewacht. Den Eindruck, die heimische Militärdiktatur sei vom Zuckerhut geradewegs in den Schwarzwald importiert worden, störten noch am ehesten die Brasilien-untypischen Schäferhunde, die den BGS-Beamten treu zur Seite standen.

„Nur noch Zaun und Minengürtel fehlen", kommentierte die «Süddeutsche Zeitung». Die beklemmende Atmosphäre zwischen restriktiver politischer Ordnung und exzessiver Fußballbegeisterung im Heimatland beschrieb der brasilianische Literat Paulo Coelho („Der Alchimist"), der vermutete, unter Beobachtung des Militär-Regimes zu stehen: „Ich wollte unbedingt wissen, wer mir nachgeht, und wusste, ich könnte es beim WM-Eröffnungsspiel herausfinden. Alle schauten sich das im Fernsehen an, sogar die Polizisten. Als das Spiel anfing, bin ich also aus dem Haus gegangen. Die Straßen: leer. Ich ging umher, schaute mich um, ich merkte, da ist niemand hinter dir her!"

Derweil schmorten die Elite-Kicker in ihrer Herzogenhorner Abgeschiedenheit. „Wir müssen hier drei Wochen wie im Kloster leben", maulte Roberto Rivelino: „In dieser Einsamkeit wären wir wohl besser Mönche geworden." Nach fünf Tagen musste der Mannschaftsarzt sechs Spieler auf Diät setzen: Die einsamen Mönche hatten zu viel vom auf ihren Nachttischen bereitgelegten Obst genascht.

Zwei deutsche Bewacher vor dem brasilianischen Trainingsquartier

Weniger los als an der Copa Cabana: Zagalos Zöglinge in Herzogenhorn

WM-Themen

Bauern mit Schokolade
Wie die selbstbewussten Außenseiter Zaire, Haiti und Australien die WM erlebten

Es war schon ein seltsamer Anblick. Da kamen die Kicker des frisch gekürten Afrika-Meisters im hoch zivilisierten Deutschland an, und was entdeckten sie? Eine vollkommen exotisch anmutende Bauernkapelle in dörflicher Tracht, die zum Empfang im beschaulichen westfälischen Ascheberg fleißig einen Marsch nach dem anderen intonierte.

Zaires Fans mit dem Konterfei des Staatspräsidenten Mobutu auf ihren T-Shirts

Ob sich Zaires Fußballer ihre ersten Eindrücke von einer führenden westlichen Industrienation so vorgestellt hatten? Jedenfalls wussten sie wohl recht genau, welche Art von Blicken auf sie gerichtet werden würde. „Die waren nicht dumm", staunte symptomatisch ein DFB-Betreuer, „selbst in den schwierigsten Gebieten der Elektrotechnik kannten sie sich aus". Zu seiner Beruhigung waren die Afrikaner immerhin „sonst die reinsten Kinder". Stolz erzählte der ausgewachsene Deutsche, wie er einen der Spieler mit zwei Tafeln Schokolade über noch nicht entwickelte Erinnerungsfotos hinwegtröstete. „Da war er wieder zufrieden", resümierte der fürsorgliche Mann, der sein Weltbild wieder gerade gerückt hatte.

„Ihr wollt einzig und allein von mir hören, dass wir ohne Schuhe spielen und nur als Touristen hier sind", spottete Zaires jugoslawischer Coach Blagoje Vidinic, „aber wir sind gekommen, um Afrikas Fußball würdig zu vertreten." Seine Klarstellung hielt neugierige Journalisten zwar keineswegs davon ab, im Quartier des ersten schwarzafrikanischen WM-Teilnehmers nach eventuell mitgeführtem Affenfleisch Ausschau zu halten. Aber zugleich demonstrierte sie das gewachsene Selbstbewusstsein der „kleinen" Fußball-Nationen außerhalb Europas und Südamerikas. Nordkoreas Viertelfinal-Einzug 1966 und der Beinahe-Coup der Marokkaner – unter Trainer Vidinic – gegen die DFB-Auswahl 1970 hatten deutliche Zeichen gesetzt.

Die Abwesenheit des fußballerisch etablierten Mexiko verstärkte noch den Eindruck eines „Zwergen-Aufstandes". Dass Haiti die Mexikaner unter recht dubiosen Umständen ausgebootet hatte, störte die Münchner WM-Zuschauer nicht im Geringsten. Die Mittelamerikaner avancierten bei ihren drei Begegnungen im Olympiastadion zu Publikumslieblingen. „Wir vertrauen auf Gott, die Münchener und unser Können", warb Trainer Antoine Tassy schon vor dem ersten Anstoß um bajuwarische Sympathien – ganz im Sinne von Junior-Diktator Jean-Claude „Baby Doc" Duvalier, denn 1973 waren gerade einmal 22 deutsche Touristen auf Haiti gelandet. Nun sollte der Karibikstaat als verlockendes Reiseziel präsentiert werden, nicht zuletzt, um die Unterdrückungs-Maschinerie des Duvalier-Clans mit Devisen anzukurbeln. Dafür ließ der Diktator auch einiges springen: Alle Spieler wurden zu Beamten des Unterrichts-Ministeriums ernannt und erhielten fortan ein staatliches Salär. Eine Maßnahme, die nur bedingt geeignet schien, die fast 90-prozentige Analphabetenrate Haitis zu senken.

Der dritte Außenseiter im Bunde kam aus einem den Europäern durchaus vertrauten Land: Australien stellte das erste ozeanische Team bei einer WM-Endrunde. „Unerhörte Impulse" erhoffte sich davon Coach Rale Rasic, wie Zaires Vidinic ein jugoslawischer Fußball-Entwicklungshelfer: „In zehn Jahren wird man von Australien vielleicht als Fußball-Macht sprechen."

Zumindest erfuhr die neugierige Öffentlichkeit anlässlich der Gruppen-Auslosung im Januar 1974, dass Fußball in einigen australischen Bundesstaaten in den Schulen zwar offiziell noch verboten, längst aber stillschweigend geduldet sei. Auch sonst schienen die Mannen vom fünften Kontinent ihre Hausaufgaben gemacht zu haben. „Wir werden mit einem Torwart und zehn Feldspielern antreten", kündigte Rasic an: „Außerdem haben wir hier erfahren, dass der Ball rund ist."

Stacheldraht, MPs und scharfe Hunde
Angst vor Terroranschlägen:
Stadien und Trainingsstätten wurden zu Hochsicherheitsarealen

„Auf alles muss sich die Republik gefasst machen, wenn das internationale Fußballfest beginnt: auf Krawalle in den Städten, auf Terror, Mord und Geiselnahmen." Mit wenigen Sätzen verdarb das Nachrichtenmagazin «Der Spiegel» den Fußballfans kurz vor der Weltmeisterschaft die Vorfreude auf das WM-Turnier. Die Sorgen um die Sicherheit von Spielern, Funktionären und Zuschauern waren allerdings nicht unbegründet: Die Rote Armee Fraktion (RAF) kündigte einen Raketenbeschuss des Hamburger Volksparkstadions an, und auch die Terrorexperten vom „Schwarzen September" sowie die der Irisch-Republikanischen Armee (IRA) wurden mit Attentatsplänen in Verbindung gebracht.

Die von dicken Schlagzeilen getragenen Schreckens-Szenarien lassen die nervöse Stimmung in der Bundesrepublik im Frühsommer 1974 erahnen. Unvergessen war das „Massaker von München". Im September 1972 hatten palästinensische Terroristen das olympische Dorf überfallen und ein Blutbad unter israelischen Sportlern angerichtet. Vor nichts hatten die WM-Veranstalter mehr Angst als vor neuen Attacken politischer Extremisten. Die Panik war daher groß, als die Münchener Zeitschrift «Sport» kurz vor Turnierbeginn Drohungen aus dem Umfeld des „Schwarzen September" kolportierte, der die Olympischen Spiele mit seinem Anschlag verdunkelt hatte: Die WM sei wie kein anderes Großereignis geeignet, „die Großmächte mit Gewalt an das palästinensische Problem zu erinnern".

Die verbalen Brandbriefe verfehlten ihre Wirkung nicht und drangen schnell ins bundesdeutsche Quartier von Malente vor. „Wenn die Terroristen aus dem Wald angreifen, bin ich der erste Tote", fantasierte Hans Hansen – der DFB-Vorstand bewohnte in der schleswig-holsteinischen Idylle ein Eckzimmer, das von dichtem Gehölz umwachsen war. Der damalige Nationalmannschafts-Kapitän Franz Beckenbauer erinnerte sich noch acht Jahre später mit Schaudern an die „nie da gewesene Abschirmung" in der Sportschule Malente: „Tag und Nacht patrouillierten Polizeistreifen an den Zäunen hin und her. Presse und Zuschauer erhielten nur einmal täglich, wenn überhaupt, Zutritt in unsere ‚Festung' – ein Wort, das Bundestrainer Schön mächtig ärgerte. Wir warteten auf das nächste Spiel, die Bewacher warteten auf ein Attentat, so verstrichen die Stunden." Die triste Stimmung wurde nachts vom leisen Kläffen der Polizei-Schäferhunde akustisch untermalt.

WM-Macher und Politiker hatten aus dem Drama von München gelernt und den Polizeiausschuss AK II unter Verantwortung der Landesinnenminister gegründet: Spezialkräfte trainierten monatelang schnelles und richtiges Reagieren auf Geiselnahmen, Anschläge und Krawalle. Und der DFB berief Dr. Rückert, den Ex-Chef der deutschen Polizei-Kaderschmiede Hiltrup, als Sicherheitsexperten. Dennoch gab sich Organisationschef Hermann Neuberger erleichtert, dass ein Land in der Qualifikation gescheitert war: „Israel wäre unser Sicherheitsrisiko Nummer eins gewesen."

Nach der Abschlussfeier atmeten Organisatoren und Sicherheitskräfte auf: Es waren im Verlauf des Turniers zwar 97 Tore gefallen, aber kein Schuss – wenn man den Volltreffer eines Düsseldorfer Polizisten nicht mitrechnet. Der übereifrige Ordnungshüter hatte im Rheinstadion das Bildfunkgerät eines Fotoreporters mit einem gezielten Schuss zur Strecke gebracht, weil er den sorgsam in einer Ledertasche verpackten Apparat für eine Bombe gehalten hatte.

Immer dabei, die deutsche Polizei: Hinter den Zäunen der Trainingslager, vor und in den Stadien und manchmal auch als Pausenclowns in der Halbzeit

England raus, Australien dabei – Die Qualifikation

Der neue „FIFA World Cup" präsentierte sich als äußerst begehrte Trophäe. Hatten sich 1970 noch alles in allem 73 Kandidaten für die Reise zu den Titelkämpfen beworben, so konnte der Weltfußballverband vier Jahre später mit insgesamt 97 Teilnahmewilligen (neben den direkt qualifizierten Teams von Gastgeber Bundesrepublik Deutschland und Titelverteidiger Brasilien) einen neuen Rekord vermelden. Am 17. Juli 1971 richteten sich alle Augen gespannt nach Düsseldorf, wo im Konferenzsaal des Interconti-Hotels die Qualifikations-Gruppen ausgelost wurden.

Wie erstmals 1970 sprach die FIFA auch dieses Mal Afrika und Asien/Ozeanien einen festen Endrunden-Platz zu. Ebenfalls mit einem Platz mussten sich die in der CONCACAF zusammengeschlossenen Verbände Nord- und Zentralamerikas sowie der Karibik bescheiden. Von den elf übrig bleibenden Fahrkarten nach Deutschland wurden Europa acht und Südamerika zwei zugesprochen. Das letzte freie Ticket sollte in einer Interkontinental-Qualifikation zwischen einer europäischen und einer südamerikanischen Mannschaft vergeben werden.

Nach den üblichen vor Qualifikationsbeginn erfolgten Rückzügen (diesmal waren es deren sieben) traten letztlich 90 Auswahlmannschaften an, um in insgesamt 224 Begegnungen das Teilnehmerfeld für die WM 1974 zu ermitteln. Bei Punktgleichheit in einer Gruppe wurde dabei erstmals nach dem Zweiten Weltkrieg die Tordifferenz als Entscheidungskriterium herangezogen.

Gruppe 1: Schweden um Haaresbreite vorn

Gruppe 1

Datum	Ort	Zuschauer	Begegnung	Ergebnis
14.11.71	Valetta	9.231	Malta – Ungarn	0:2 (0:1)
30.04.72	Wien	20.000	Österreich – Malta	4:0 (3:0)
06.05.72	Budapest	5.646	Ungarn – Malta	3:0 (1:0)
25.05.72	Stockholm	27.136	Schweden – Ungarn	0:0
10.06.72	Wien	40.578	Österreich – Schweden	2:0 (0:0)
15.10.72	Göteborg	67.392	Schweden – Malta	7:0 (5:0)
15.10.72	Wien	22.979	Österreich – Ungarn	2:2 (0:2)
25.11.72	Valetta	4.382	Malta – Österreich	0:2 (0:0)
29.04.73	Budapest	72.068	Ungarn – Österreich	2:2 (1:2)
24.05.73	Göteborg	48.462	Schweden – Österreich	3:2 (1:0)
13.06.73	Budapest	73.070	Ungarn – Schweden	3:3 (1:1)
11.11.73	Valetta	15.459	Malta – Schweden	1:2 (1:2)

Abschlusstabelle

1. Schweden	6	3	2	1	15:8	8-4
2. Österreich	6	3	2	1	14:7	8-4
3. Ungarn	6	2	4	0	12:7	8-4
4. Malta	6	0	0	6	1:20	0-12

Entscheidungsspiel:
27.11.73 Gelsenkirchen 69.974 **Schweden – Österreich 2:1 (2:1)**

Österreichs Coach Leopold Stastny traute am 11. November 1973 seinen Ohren nicht und glaubte wahrscheinlich an einen Scherz zum Karnevalsauftakt. Ohne große Hoffnung hatte er das Radio eingeschaltet, um aus Valetta den Zwischenstand vom letzten Qualifikationsspiel der Gruppe 1 zwischen Malta und Schweden zu erfahren. Nun führten dort die haushoch favorisierten Skandinavier gerade einmal mit 2:1, und es waren nur noch fünf Minuten zu spielen. Schließlich geschah, womit niemand zwischen Bregenz und Wien mehr gerechnet hatte: Durch den zu knappen Sieg lagen die Schweden in der Tordifferenz lediglich gleichauf mit den Österreichern – nach den Regularien war damit ein Entscheidungsspiel notwendig.

Den psychologischen Vorteil der späten und unverhofften Chance konnten die Alpen-Kicker aber nicht nutzen. Als die Kontrahenten 16 Tage später in Gelsenkirchen aufeinander trafen, legten die Nordeuropäer mit kaltschnäuzigen Kontern ein schnelles 2:0 vor, wobei vor allem Austrias Torwart Rettensteiner auf schneebedecktem Boden nicht gut aussah. Hattenberger gelang zwar noch vor dem Halbzeitpfiff der Anschlusstreffer und nach der Pause bliesen die Österreicher fulminant zur Attacke, doch insbesondere das Flügelspiel geriet zu umständlich – es dauerte halbe Ewigkeiten, bis der Ball in die Nähe des schwedischen Gehäuses gelangte. Zur barocken Spielweise kam Pech hinzu: Jara wurde von Nordqvist im Strafraum gelegt, doch der Elfmeter-Pfiff von Schiedsrichter Glöckner aus der DDR blieb aus. Die Schweden überstanden die Dauer-Offensive des Gegners schadlos. „Wir waren cleverer", brachte Mittelfeldakteur Bo Larsson den Unterschied zwischen beiden Mannschaften auf den Punkt und feierte im Hotel Maritim die WM-Qualifikation der Skandinavier.

Das dramatische Entscheidungsspiel lenkte ab von einem unglücklichen Dritten: Ungarns Auswahl zeigte zwar teilweise begeisternden Fußball, vergaß aber gegen Malta das Toreschießen. Mit vier Unentschieden gegen die Konkurrenz aus Schweden und Österreich schieden die Magyaren ungeschlagen aus.

Gruppe 2: Italien ohne Gegentor

Gruppe 2

Datum	Ort	Zuschauer	Begegnung	Ergebnis
007.10.72	Luxemburg	9.378	Luxemburg – Italien	0:4 (0:3)
21.10.72	Bern	53.070	Schweiz – Italien	0:0
22.10.72	Esch	3.960	Luxemburg – Türkei	2:0 (2:0)
10.12.72	Istanbul	36.805	Türkei – Luxemburg	3:0 (2:0)
13.01.73	Neapel	60.800	Italien – Türkei	0:0
25.02.73	Istanbul	22.990	Türkei – Italien	0:1 (0:1)
31.03.73	Genua	40.430	Italien – Luxemburg	5:0 (2:0)
08.04.73	Luxemburg	8.405	Luxemburg – Schweiz	0:1 (0:1)
09.05.73	Basel	50.868	Schweiz – Türkei	0:0
26.09.73	Luzern	17.741	Schweiz – Luxemburg	1:0 (1:0)
20.10.73	Rom	62.881	Italien – Schweiz	2:0 (1:0)
18.11.73	Izmir	67.126	Türkei – Schweiz	2:0 (0:0)

Abschlusstabelle

1. Italien	6	4	2	0	12:0	10-2
2. Türkei	6	2	2	2	5:3	6-6
3. Schweiz	6	2	2	2	2:4	6-6
4. Luxemburg	6	1	0	5	2:14	2-10

Hoch hingen die Trauben für Luxemburgs Kicker. Immerhin hatte der Verband jedem Spieler umgerechnet 150 Mark versprochen, falls die Elf aus dem Großherzogtum in Genua gegen die Italiener gewönne. Dieser Nebenverdienst entging den tapferen Kleinstaat-Kickern beim 0:5 zwar recht deutlich, dafür hatten sich die Luxemburger zuvor bereits im Heimspiel gegen die Türkei schadlos gehalten. Das 2:0 durch Treffer von Dussier und Braun war erst der zweite luxemburgische Erfolg in der WM-Qualifikationsgeschichte.

Italien war mit einem 4:0-Pflichtsieg in Luxemburg gestartet, dann aber ins Stolpern geraten. In Bern nahm der bundesdeutsche Schiedsrichter Tschenscher ein Chinaglia-Tor wegen Abseitsstellung zurück, so dass es beim 0:0 blieb. Ein größerer Schock für die Tifosi war allerdings, dass die Offensive auch in Neapel gegen die Türkei nicht schlagkräftig genug war: Die Gäste nahmen ein 0:0 mit zurück an den Bosporus, das den amtierenden Vize-Weltmeister bangen ließ. Beim Rückspiel in Istanbul sorgte Anastasi allerdings für einen 1:0-Erfolg, dem besagtes 5:0 über Luxemburg folgte. Gegen die Schweiz konnten die Italiener in Rom somit alles klar machen.

Die „Squadra Azzurra" benötigte dort indes 40 Minuten, bis sich ihre Nervosität gelegt hatte. Dann brachte eine Aktion der Altstars die Vorentscheidung: Riva holte gegen Schild einen Elfmeter heraus, den Rivera zum 1:0 verwandelte. Das Tor zum 2:0-Endstand markierte Riva selbst und stieg so mit 34 Treffern zum erfolgreichsten Goalgetter in der Länderspiel-Geschichte Italiens auf.

Gruppe 3: Niederländische Torfabrik entscheidet

Gruppe 3					
18.05.72	Lüttich	6.257	Belgien - Island		4:0 (2:0)
23.05.72	Brügge*	10.508	Island - Belgien		0:4 (0:2)
02.08.72	Stavanger	11.000	Norwegen - Island		4:1 (0:0)
04.10.72	Oslo	9.496	Norwegen - Belgien		0:2 (0:0)
01.11.72	Rotterdam	49.417	Niederl. - Norwegen		9:0 (1:0)
19.11.72	Antwerpen	54.293	Belgien - Niederlande		0:0
02.08.73	Reykjavik	5.249	Island - Norwegen		0:4 (0:1)
22.08.73	Amsterdam*	17.213	Island - Niederlande		0:5 (0:4)
29.08.73	Deventer	22.000	Niederlande - Island		8:1 (4:1)
12.09.73	Oslo	19.241	Norwegen - Niederl.		1:2 (0:1)
31.10.73	Brüssel	14.303	Belgien - Norwegen		2:0 (1:0)
18.11.73	Amsterdam	52.847	Niederlande - Belgien		0:0

Abschlusstabelle						
1. Niederlande	6	4	2	0	24:2	10-2
2. Belgien	6	4	2	0	12:0	10-2
3. Norwegen	6	2	0	4	9:16	4-8
4. Island	6	0	0	6	2:29	0-12

*Island gibt Heimrecht gegen NL und B ab

Da Island sein Heimrecht an die beiden Benelux-Gegner abgegeben hatte, begannen die Gruppenspiele mit zwei Begegnungen zwischen Belgien und Island innerhalb von fünf Tagen. Die beiden 4:0-Siege gegen die Nordländer weckten beim belgischen Verbandskapitän Raymond Goethals schon böse Vorahnungen: „Das waren mindestens sechs Tore zu wenig." Mindestens: Die Niederländer deklassierten Island und Norwegen in vier Spielen mit insgesamt 24:2 Toren und schufen so die Grundlage für ihre Qualifikation. In Oslo musste der Favorit allerdings lange zittern: Erst eine Minute vor Schluss traf Hulshoff aus 20 Metern zum erlösenden 2:1.

Weil das erste Benelux-Aufeinandertreffen in Antwerpen 0:0 geendet hatte, waren die Vorzeichen am 18. November 1973 klar: Den Belgiern half nur noch ein Auswärtssieg beim Nachbarn. 20.000 Anhänger der „Roten Teufel" zogen durch die Straßen Amsterdams, in denen wegen der Ölkrise keine Autos den Weg zum Stadion behinderten. Dort angekommen, sahen sie bis zur 90. Minute keinen Ball im Netz zappeln, doch dann rissen die belgischen Fans die Arme hoch und den „Oranje"-Anhängern stockte der Atem: Jan Verheyen hatte ins niederländische Gehäuse getroffen.

Sekunden später wich indes belgischer Jubel Ernüchterung und holländisches Entsetzen Erleichterung: Der sowjetische Schiedsrichter Kassakow hatte Verheyen im Abseits gesehen, annullierte den Treffer und pfiff kurz darauf ab. Fernsehbilder wiesen dem Referee zwar seine Fehlentscheidung nach, doch das nutzte den Belgiern herzlich wenig. Ohne einen einzigen Gegentreffer schieden die „Roten Teufel" aus. Die Niederlande dagegen fuhren erstmals seit 1938 wieder zu einer Weltmeisterschaft.

Gruppe 4: DDR ohne „Trauma in Tirana"

Gruppe 4				
21.06.72	Helsinki	1.431	Finnland - Albanien	1:0 (1:0)
20.09.72	Helsinki	5.519	Finnland - Rumänien	1:1 (0:0)
07.10.72	Dresden	20.915	DDR - Finnland	5:0 (0:0)
22.10.72	Bukarest	21.109	Rumänien - Albanien	2:0 (2:0)
08.04.73	Magdeburg	17.140	DDR - Albanien	2:0 (0:0)
06.05.73	Tirana	18.049	Albanien - Rumänien	1:4 (0:2)
27.05.73	Bukarest	45.685	Rumänien - DDR	1:0 (0:0)
06.06.73	Tampere	6.099	Finnland - DDR	1:5 (0:3)
26.09.73	Leipzig	77.764	DDR - Rumänien	2:0 (1:0)
10.10.73	Tirana	16.581	Albanien - Finnland	1:0 (0:0)
14.10.73	Bukarest	13.525	Rumänien - Finnland	9:0 (5:0)
03.11.73	Tirana	16.157	Albanien - DDR	1:4 (1:2)

Abschlusstabelle						
1. DDR	6	5	0	1	18:3	10-2
2. Rumänien	6	4	1	1	17:4	9-3
3. Finnland	6	1	1	4	3:21	3-9
4. Albanien	6	1	0	5	3:13	2-10

Bereits mit dem zweiten Spiel fiel eine Vorentscheidung: Beim krassen Außenseiter Finnland führte Rumänien durch Nunweiler mit 1:0, als der polnische Schiedsrichter Eksztajn vier Minuten vor Schluss zum Entsetzen der Gäste auf indirekten Freistoß für die Skandinavier entschied – Torwart Raducanu hatte den Ball angeblich zu lange gehalten. Schnell passte Toivola auf Rissanen, der zum 1:1 einschob.

Ein letztlich bitterer Punktverlust für die Rumänen, denn die Konkurrenz aus der DDR hielt sich sowohl gegen Finnland als auch gegen Albanien schadlos, so dass die direkten Vergleiche der Gruppenfavoriten über die Fahrkarte zur WM entscheiden mussten. Die vorteilhafte Ausgangssituation der DDR verkehrte sich ins Gegenteil, als die ostdeutschen Kicker in Bukarest 0:1 verloren. Tragische Figur war dabei Keeper Blochwitz, der den verletzten Croy vertrat und mit einem zu kurzen Abschlag Mittelstürmer Dumitrache eine ideale Torvorlage servierte. Nun stand die DDR unter dem Druck des Gewinnen-Müssens – und hielt diesem stand. Das Rückspiel in Leipzig wurde durch zwei Freistöße entschieden: Dukke schob den Ball jeweils zu Bransch, der in der rumänischen Mauer zweimal die Lücke fand.

Mit einem 9:0-Kantersieg über Finnland setzten die Rumänen dem Buschner-Team allerdings noch einmal kräftig zu. Nur ein Sieg in Albanien konnte die DDR jetzt zur Weltmeisterschaft im anderen deutschen Staat bringen. Mit Tirana hatte bereits die bundesdeutsche Elf 1967 schlechte Erfahrungen gemacht, als sie

Hollands Johnny Rep verfehlt das belgische Tor. Mit dem 0:0 in Amsterdam erzittern sich die Oranjes ihr WM-Ticket

durch ein 0:0 die sicher geglaubte EM-Teilnahme noch aus der Hand gegeben hatte – und kurze Zeit sah es so aus, als ob auch die DDR-Auswahl ihr „Trauma in Tirana" erleben sollte. Albaniens Ghika glich zur Freude der Rumänen die frühe Streich-Führung aus, und Kapitän Bernd Bransch gab hinterher zu: „Es war ein Spiel mit den Nerven". Angetrieben vom überragenden Ducke beruhigten allerdings erneut Streich, Löwe und Sparwasser mit ihren Treffern zum 4:1-Endstand die ostdeutschen Anhänger – der bis dato größte Erfolg des DDR-Fußballs war perfekt.

Gruppe 5: Für England bricht eine Welt zusammen

Gruppe 5

15.11.72	Cardiff	36.384	Wales - England	0:1 (0:1)
24.01.73	London	62.273	England - Wales	1:1 (1:1)
28.03.73	Cardiff	12.753	Wales - Polen	2:0 (0:0)
06.06.73	Chorzów	73.714	Polen - England	2:0 (1:0)
26.09.73	Chorzów	70.181	Polen - Wales	3:0 (2:0)
17.10.73	London	90.587	England - Polen	1:1 (0:0)

Abschlusstabelle

1.	Polen	4	2	1	1	6:3	5-3
2.	England	4	1	2	1	3:4	4-4
3.	Wales	4	1	1	2	3:5	3-5

Dass England als Weltmeister von 1966 durch den amtierenden Olympiasieger Polen gefährdet werden könnte, glaubte noch niemand, als das polnische Team sein Auftaktspiel beim Außenseiter Wales mit 0:2 verlor. Doch nach dieser Pleite setzten die polnischen Adler zum Höhenflug an. Vor über 70.000 Zuschauern in Chorzów wurde England 2:0 besiegt, wobei der Jubel allerdings recht gedämpft ausfiel: Durch ein Foul McFarlands erlitt Goalgetter Lubanski eine schwere Knieverletzung, die ihn für die restlichen Qualifikationsspiele ausfallen ließ. Da England zwar in Wales gewonnen, zu Hause aber einen Punkt abgegeben hatte, blieb die Situation völlig offen.

Vom 3:0 gegen Wales, mit dem Polen die Tabellenführung übernahm, hörten die englischen Kicker auf dem Weg ins Wembley-Stadion, wo sie sich alsdann mit einem Freundschafts-7:0 gegen Österreich für das entscheidende Aufeinandertreffen warm schossen. Derart gerüstet sollte doch wohl auch ein Sieg über Polen, gleichbedeutend mit den Tickets zur Endrunde, möglich sein…

Am 17. Oktober 1973 blieb ein Torfestival der „Three Lions" jedoch aus. Der großartige Tomaszewski im polnischen Gehäuse trieb die englischen Stürmer zur Verzweiflung. Zwar brillierten die Engländer im Mittelfeld, ihre ungestümen Angriffe waren aber nicht von Erfolg gekrönt, und es kam noch schlimmer: Einen schweren Abwehrfehler der Hausherren nutzte Lato zu einem Querpass auf Domarski, mit dessen 1:0 Englands Aus näher rückte. Lato und Gadocha vergaben sogar noch beste Konterchancen, und nach 90 Minuten rissen die Polen im Wembley-Stadion die Arme hoch. Mehr als ein Elfmeter-Tor zum 1:1 durch Clarke war für die Engländer trotz eines Eckballverhältnisses von 23:2 nicht herausgesprungen. Die Sensation war perfekt. „Nie hat ein auswärtiges Team in Wembley besser gespielt", staunte Englands Teamchef Sir Alf Ramsey ehrfürchtig. Bald darauf musste er seinen Stuhl räumen. Die polnische Zeitung «Przeglad Sportowy» feierte auf ihre Weise: Auf der Titelseite am Tag nach dem Triumph von Wembley war nur ein großes Foto von Torwart Tomaszewski abgebildet – sonst gar nichts.

Gruppe 6: Bulgaren vor enttäuschenden Portugiesen

Gruppe 6

29.03.72	Lissabon	5.801	Portugal - Zypern	4:0 (2:0)
10.05.72	Nikosia	7.643	Zypern - Portugal	0:1 (0:0)
18.10.72	Sofia	40.000	Bulgarien - Nordirland	3:0 (1:0)
19.11.72	Nikosia	5.731	Zypern - Bulgarien	0:4 (0:3)
14.02.73	Nikosia	5.328	Zypern - Nordirland	1:0 (0:0)
28.03.73	Coventry	11.238	Nordirland - Portugal	1:1 (0:1)
02.05.73	Sofia	49.300	Bulgarien - Portugal	2:1 (1:0)
08.05.73	London	6.090	Nordirland - Zypern	3:0 (3:0)
26.09.73	Sheffield	6.206	Nordirland - Bulgarien	0:0
13.10.73	Lissabon	13.000	Portugal - Bulgarien	2:2 (0:2)
14.11.73	Lissabon	6.713	Portugal - Nordirland	1:1 (1:0)
18.11.73	Sofia	17.400	Bulgarien - Zypern	2:0 (1:0)

Abschlusstabelle

1.	Bulgarien	6	4	2	0	13:3	10-2
2.	Portugal	6	2	3	1	10:6	7-5
3.	Nordirland	6	1	3	2	5:6	5-7
4.	Zypern	6	1	0	5	1:14	2-10

In Gruppe 6 gestaltete die Politik den Spielplan mit: Wegen der bürgerkriegsähnlichen Unruhen zwischen Katholiken und Protestanten musste Nordirland seine Heimspiele auf englischem Boden austragen. Dabei gelang neben einem Pflichtsieg über Zypern nur jeweils ein Unentschieden gegen Portugal und Bulgarien, allerdings hatte zuvor ein blamables 0:1 auf Zypern die Chancen der Nordiren ohnehin bereits auf ein Minimum reduziert.

Im ersten Duell der Gruppenfavoriten erwiesen sich die Bulgaren als die besseren Südländer: Vor der lärmenden Kulisse im Levski-Stadion flüchteten die Portugiesen zum Aufwärmen in die angrenzende Gymnastikhalle, doch es nützte ihnen wenig. Denev, Michailov und Stojanov rissen mit ihren Pässen eine Lücke nach der anderen in die portugiesische Defensive. Der 2:1-Sieg der Bulgaren schmeichelte dem WM-Dritten von 1966 noch.

Lediglich 13.000 Zuschauer wurden im Rückspiel am 13. Oktober 1973 in Lissabon dann Zeugen, wie Portugal endgültig sein Abstand zur fußballerischen Weltspitze aufgezeigt wurde. Die Hausherren retteten erst in der Schlussminute das 2:2, das den Bulgaren aber praktisch die WM-Teilnahme sicherte. Dass der große Eusébio schon nach einer halben Stunde verletzt ausscheiden musste, war kein Menetekel des portugiesischen Niedergangs mehr, sondern nur noch eine traurige Randerscheinung. Bulgarien, dessen Vorzeigeklub CSKA Sofia nahezu zeitgleich zur geglückten WM-Qualifikation immerhin den Dreifach-Champion Ajax Amsterdam aus dem Europapokal der Landesmeister warf, war einfach mehr als eine Nummer zu groß.

Gruppe 7: Jugoslawien siegt umstritten

Gruppe 7 sah als einzige europäische keinen WM-Teilnehmer von 1970 am Start. Weil die Jugoslawen zum Zeitpunkt der Auslosung 1971 Vize-Europameister waren, wurden sie gesetzt. Das Los wies ihnen mit Griechenland eine lösbare Aufgabe und mit Spanien einen harten Brocken zu. Allerdings befanden sich die Iberer im Neuaufbau, und die Generation nach Gento und Suárez benötigte zunächst noch Zeit und Geduld. Späte Tore wahrten Spaniens Chancen: Asensi traf in der Nachspielzeit zum 2:2 gegen Jugoslawien, Valdez köpfte fünf Minuten vor Ultimo den 3:2-Siegtreffer gegen Außenseiter Griechenland.

Das Gipfeltreffen in Zagreb brachte zwar keine Entscheidung, aber das Aus für Jugoslawiens Coach Boskov, der sich standhaft weigerte, Legionäre einzusetzen. Nach dem mageren 0:0

Gruppe 7

19.10.72	Las Palmas	14.161	Spanien - Jugoslawien	2:2 (1:0)
19.11.72	Belgrad	60.104	Jugoslawien - Griechenland	1:0 (1:0)
17.01.73	Athen	16.579	Griechenland - Spanien	2:3 (0:1)
21.02.73	Malaga	20.569	Spanien - Griechenland	3:1 (2:1)
21.10.73	Zagreb	61.010	Jugoslawien - Spanien	0:0
12.12.73	Athen	7.768	Griechenland - Jugoslawien	2:4 (2:2)

Abschlusstabelle

1.	Spanien	4	2	2	0	8:5	6-2
2.	Jugoslawien	4	2	2	0	7:4	6-2
3.	Griechenland	4	0	0	4	5:11	0-8

Entscheidungsspiel:

13.2.74	Frankfurt	62.000	**Jugoslawien** - Spanien	1:0 (1:0)

berief der Verband einen Trainerrat um Miljan Miljanic, seines Zeichens Übungsleiter bei Roter Stern Belgrad, und zum abschließenden Match gegen Griechenland fand sich im Kader dann auch Stürmer Petkovic, der im französischen Troyes auf Torejagd ging. Die Jugoslawen benötigten aus dem Athener Match einen Zwei-Tore-Sieg, um ein Entscheidungsspiel zu erreichen, bei drei oder mehr Treffern Differenz hätten sie das direkte Ticket nach Deutschland gelöst. Trotz des Platzverweises für Stürmer Bajevic in der ersten Halbzeit schafften die Balkan-Kicker in letzter Sekunde durch Karasi noch das 4:2 und damit das Play-off-Spiel – was in Spanien aufgrund des Last-Minute-Treffers Bestechungsvorwürfe laut werden ließ. In Griechenland, wo sich gerade eine rechtsgerichtete Militär-Junta an die Macht geputscht hatte, zog die Niederlage derweil drastische Folgen nach sich. Der Generalsekretär für Jugend und Sport, Wladimiros, erklärte kurzerhand die Nationalmannschaft für aufgelöst und verdonnerte jeden Spieler zu einer Geldstrafe von umgerechnet 2.000 Mark, weil sie „die Ehre des Vaterlandes nicht mit aller Kraft" verteidigt hätten.

Jugoslawen und Spanier bereiteten sich am Vorabend des Frankfurter Entscheidungsspiels mit einem Kinobesuch auf die Partie vor. Während sich die Iberer das Gefangenendrama „Papillon" mit Steve McQueen und Dustin Hoffman zu Gemüte führten, bevorzugten die Balkan-Kicker einen Western. Die Filme zeigten Wirkung: Die Jugoslawen ballerten schnell los, die Spanier schienen auf der Teufelsinsel gefangen. Nach nur elf Minuten zirkelte Buljan einen Freistoß auf den Kopf von Katalinski, der im Nachschuss gegen Spaniens Keeper das einzige Tor der Begegnung markierte.

Gruppe 8: Schotten mal wieder dabei

Gruppe 8

18.10.72	Kopenhagen	31.200	Dänemark - Schottland	1:4 (1:2)
15.11.72	Glasgow	46.624	Schottland - Dänemark	2:0 (1:0)
02.05.73	Kopenhagen	19.942	Dänemark - Tschechosl.	1:1 (1:1)
06.06.73	Prag	17.432	Tschechosl. - Dänemark	6:0 (0:0)
26.09.73	Glasgow	95.786	Schottland - Tschechosl.	2:1 (1:1)
17.10.73	Bratislava	13.668	Tschechosl. - Schottland	1:0 (1:0)

Abschlusstabelle

1.	**Schottland**	4	3	0	1	8:3	6-2
2.	Tschechoslowakei	4	2	1	1	9:3	5-3
3.	Dänemark	4	0	1	3	2:13	1-7

Wie in Gruppe 4 die Rumänen, so stolperten auch die Tschechoslowaken über einen „Kleinen" aus Skandinavien. Das 1:1 bei den vom Österreicher Rudi Strittich gecoachten Dänen zwang den zweifachen Vizeweltmeister dazu, aus den beiden Duellen mit Schottland mindestens drei Punkte zu holen, nachdem die Schotten ihre Aufgaben gegen den Underdog mit 4:1 und 2:0 recht souverän gelöst hatten. Zwar hatte sich der schottische Stürmer Lorimer vor heimischem Publikum gegen Dänemark eine Prügelei mit Röntved geliefert und infolgedessen eine Sperre für zwei Spiele eingehandelt, doch auch ohne ihn war schon nach dem ersten Aufeinandertreffen der beiden Gruppenfavoriten alles entschieden.

Die Schotten reaktivierten für ihr Heimspiel den altgedienten Denis Law, und das Comeback des 33-Jährigen zahlte sich aus: Nachdem die Gäste durch Nehoda in Führung gegangen waren, führte ein Eckball von Law zum 1:1-Ausgleich durch Holtons Kopfballtreffer. Ein Morgan-Abstaubertor nach Pfostenschuss des überragenden Bremner ließ die Kicker von der Insel endgültig jubeln. Schottland war „on top of the world", wie der «Daily Express» stolz verkündete, und Trainer Ormond kaufte sich prompt vier Deutsch-Lehrbücher, „um mich bei der Endrunde verständigen zu können". Ormond war übrigens erst während der Qualifikation schottischer Nationalcoach geworden – sein Vorgänger Tommy Docherty hatte im Dezember 1972 plötzlich ein Angebot des abstiegsbedrohten englischen Erstligisten Manchester United angenommen

Gruppe 9: Souveräne Sowjets müssen nachsitzen

Gruppe 9

13.10.72	Paris	29.166	Frankreich - Sowjetunion	1:0 (0:0)
18.10.72	Dublin	27.656	Irland - Sowjetunion	1:2 (0:0)
15.11.72	Dublin	26.511	Irland - Frankreich	2:1 (1:0)
13.05.73	Moskau	65.527	Sowjetunion - Irland	1:0 (1:0)
19.05.73	Paris	28.405	Frankreich - Irland	1:1 (0:0)
26.05.73	Moskau	76.604	Sowjetunion - Frankreich	2:0 (0:0)

Abschlusstabelle

1.	**Sowjetunion***	4	3	0	1	5:2	6-2
2.	Irland	4	1	1	2	4:5	3-5
3.	Frankreich	4	1	1	2	3:5	3-5

*qualifiziert für Entscheidungsspiele gegen den Sieger der Südamerika-Gruppe 12

Die Gruppe 9 war wohl die unbeliebteste der gesamten WM-Qualifikation. Weil die FIFA im Streit zwischen Europa und Südamerika um die Anzahl der Endrundenplätze keine der Parteien brüskieren wollte, war entschieden worden, den Gewinner der schwächsten Südamerika-Gruppe gegen den Sieger der Europa-Gruppe 9 antreten zu lassen. Wen das Los dorthin verfrachtete, der musste sich von Fortuna vernachlässigt fühlen.

Als Bereta zum Qualifikations-Auftakt zwischen Frankreich und der UdSSR mit einem 25-Meter-Freistoß das 1:0-Siegtor für die Franzosen erzielte, mussten die Sowjets endgültig daran zweifeln, dass die Glücksgöttin eine Genossin war. Da Frankreich aber aus den zwei Begegnungen mit Irland nur einen Zähler einfuhr, besaß die Sowjetunion nach ihren beiden doppelten Punktgewinnen gegen das Team von der Grünen Insel vor dem letzten Match doch wieder die besten Karten. Bei den Galliern organisierte der junge Trésor zwar vortrefflich die Abwehr, doch große Chancen, den notwendigen Siegtreffer zu erzielen, erspielte sich die „Équipe Tricolore" nicht. In der Schlussphase schlugen die Sowjets zu: Blochin und Onischenko stellten mit ihren Toren die Entscheidungsspiele gegen Chile sicher.

Wie weit die „Sbornaja" allerdings noch von einem modernen „totaal voetbal" holländischer Prägung entfernt war, ließ Trainer Gorianski in einem Interview mit «Sowjetski Sport» erkennen: „Wir haben gute Verteidiger, aber wenn sie mit aufrücken, verstehen sie es nicht, zweckmäßig anzugreifen." Zumindest im Hinspiel gegen Chile sollte sich diese Erkenntnis bestätigen.

Gruppe 10: Uruguay stolpert nach Deutschland

Gruppe 10

21.06.73	Bogotá	43.497	Kolumbien - Ecuador	1:1 (1:0)	
24.06.73	Bogotá	30.000	Kolumbien - Uruguay	0:0	
28.06.73	Guayaquil	46.979	Ecuador - Kolumbien	1:1 (1:0)	
01.07.73	Guayaquil	43.075	Ecuador - Uruguay	1:2 (1:1)	
05.07.73	Montevideo	54.917	Uruguay - Kolumbien	0:1 (0:0)	
08.07.73	Montevideo	33.033	Uruguay - Ecuador	4:0 (3:0)	

Abschlusstabelle

1. Uruguay	4	2	1	1	6:2	5-3
2. Kolumbien	4	1	3	0	3:2	5-3
3. Ecuador	4	0	2	2	3:8	2-6

Kolumbien bestritt den Gruppenauftakt mit einer Heimspielwoche, die die Hoffnungen schon fast ins Bodenlose sinken ließ. Drei Tage nach dem 1:1 gegen Ecuador entführte auch Favorit Uruguay ein 0:0 aus Bogotá. Wer sollte die „Urus", 1970 immerhin WM-Vierter, jetzt noch stoppen? Am ehesten sie selbst, denn beim zweifachen Weltmeister lag einiges im Argen. Die Spitzenspieler zog es scharenweise in ausländische Ligen, und der finanziell chronisch klamme Verband hatte kurzzeitig sogar überlegt, auf die Teilnahme an der Qualifikation zu verzichten. Als dann noch Zahlungen für die WM-Aspiranten ausblieben, drohten die Kicker um den charismatischen Luis Cubilla mit Streik. Der Staat sprang bei den Prämien ein, doch plötzlich geriet der Favorit sportlich ins Straucheln. Ortiz sorgte in Montevideo für den 1:0-Überraschungssieg der Kolumbianer, die dadurch mit fünf Punkten die Gruppenführung übernahmen.

Nur dank der vorausgegangenen kolumbianischen Heimschwäche hatte Uruguay noch die Chance, sich mit einem Zwei-Tore-Heimsieg gegen Ecuador zu qualifizieren. Dieser Gegner stellte allerdings keine unüberwindliche Hürde dar. Espárrago im Mittelfeld und Cubilla auf dem linken Flügel überragten, und schon nach 28 Minuten war das Soll durch zwei Treffer von Morena erfüllt, ehe Cubilla und Milar das Resultat noch auf 4:0 schraubten. Uruguay war in Deutschland dabei, Kolumbien als drittes Team neben Ungarn und Belgien ungeschlagen ausgeschieden.

Gruppe 11: Argentinien mit dem längeren Atem

Gruppe 11

02.09.73	La Paz	19.384	Bolivien - Paraguay	1:2 (1:1)	
09.09.73	Buenos Aires	39.243	Argentinien - Bolivien	4:0 (2:0)	
16.09.73	Asunción	47.116	Paraguay - Argentinien	1:1 (1:1)	
23.09.73	La Paz	19.266	Bolivien - Argentinien	0:1 (0:1)	
30.09.73	Asunción	24.268	Paraguay - Bolivien	4:0 (3:0)	
07.10.73	Buenos Aires	58.657	Argentinien - Paraguay	3:1 (1:1)	

Abschlusstabelle

1. Argentinien	4	3	1	0	9:2	7-1
2. Paraguay	4	2	1	1	8:5	5-3
3. Bolivien	4	0	0	4	1:11	0-8

Die Grundlagen waren geschaffen: Mit einem brillanten Regisseur Brindisi hatten die Argentinier Bolivien 4:0 abgefertigt und mit einem hervorragenden Torwart Carnevali ein 1:1 in Paraguay erreicht. Doch in Buenos Aires fürchtete man sich – vor zu viel Höhenluft. Für das Auswärtsspiel gegen Bolivien im 3.600 Meter über Normalnull gelegenen La Paz nominierte Trainer Sivori deshalb schon Monate zuvor eine „Höhenluft-Spezialelf", die sich über Wochen im Andenhochland konsequent auf einen langen Atem vorbereitete.

Schließlich wurde die hoch angesiedelte Hürde mit einem 1:0 übersprungen, doch von den ursprünglich eigens für diesen Auftritt auserwählten Kickern standen nur fünf auf dem Platz. Bei den Übergangenen erhöhte das nicht gerade die Wertschätzung für den ohnehin umstrittenen Coach. „Ich habe noch nie so verzweifelte Spieler gesehen", litt Nachwuchs-Trainer Ignomiriello mit. Einer der Ausgebooteten: Das junge Stürmertalent Mario Kempes, das 1978 zum WM-Torschützenkönig aufsteigen sollte.

Da Paraguay auch ohne Höhentraining in La Paz 2:1 gewonnen hatte und das Rückspiel mit 4:0 ebenfalls erfolgreich gestaltete, kam es in Buenos Aires zum entscheidenden Match der punkt- und torgleichen Favoriten. Die strikte paraguayische Defensivtaktik zahlte sich zunächst aus, als Escobar die Gäste in Führung schoss, doch Ayala drehte mit zwei Toren den Spieß um und empfahl sich so bei Atlético Madrid, das den Tore jagenden „Gaucho" prompt unter Vertrag nahm. Als schließlich die Paraguayer Morales und Arrua vom Platz gestellt wurden, war die Begegnung gelaufen. Guerini machte mit dem 3:1 kurz vor Schluss für Argentinien alles klar, für Paraguay war es das aber längst noch nicht: Genauso erbost wie erfolglos forderten die Verlierer die Neuansetzung der Partie und eine Sperre für den chilenischen Referee Hormazabol.

Gruppe 12: Chile gewinnt Zweiergruppe

Gruppe 12
Venezuela zog am 28. Februar 1973 zurück

29.04.73	Lima	42.947	Peru - Chile	2:0 (1:0)
13.05.73	Santiago	69.881	Chile - Peru	2:0 (0:0)

Entscheidungsspiel:

05.08.73	Montevideo	57.933	Chile* - Peru	2:1 (1:1)

*qualifiziert für Entscheidungsspiele gegen den Sieger der Europa-Gruppe 9

Auch die schwächste Südamerika-Gruppe, deren Sieger noch gegen den Gewinner der Europa-Gruppe 9 anzutreten hatte, war ursprünglich mit drei Teilnehmern geplant gewesen. Wenige Wochen vor Beginn der Ausscheidungsspiele zog sich das finanzschwache und sportlich chancenlose Venezuela allerdings zurück, womit Chile und Peru praktisch im K.-o.-System gegeneinander antraten.

Als WM-Teilnehmer von 1970 genoss Peru die Favoritenrolle, die sich letztlich jedoch als zu schwere Bürde erwies. Zwar gewannen die Peruaner das Hinspiel 2:0, unterlagen in Santiago aber mit dem gleichen Resultat, so dass ein Entscheidungsspiel anberaumt werden musste. Perus Jahrhundert-Kicker Teofilo Cubillas konnte in den Partien nur wenig Akzente setzen. Sein Wechsel zum FC Basel hatte ihm den Vorwurf des „Landesverrats" eingetragen, und der einzige Star des Anden-Teams beklagte sich: „Ich fühle mich wie ein Fremdkörper in der Mannschaft." Beim Entscheidungsspiel in Montevideo bestimmten trotz aller

Probleme zunächst die Peruaner das Geschehen. Bailetti belohnte ihren Offensivdrang nach 42 Minuten mit dem Führungstreffer, nachdem Chiles Torwart Olivares bereits zuvor mit zahlreichen Glanzparaden einen frühzeitigen Rückstand verhindert hatte. Unmittelbar vor dem Pausenpfiff konnte dann allerdings Olivares jubeln: Valdez schloss eine feine Einzelleistung zum 1:1 ab, und in der zweiten Halbzeit setzten die Chilenen nach. Reynoso war es schließlich, der nach 58 Minuten den 2:1-Siegtreffer gegen die zunehmend entnervten Peruaner erzielte und damit den Einzug in die Entscheidungsspiele gegen die Sowjetunion sicherstellte.

Gruppe 13: Haitis Heimvorteil entscheidet

Auf der langen Wegstrecke der CONCACAF-Qualifikation gab es in der Vorrunde zwei Höhepunkte: Überraschend schied mit El Salvador ein WM-Teilnehmer von 1970 gegen Guatemala aus, derweil Trinidad/Tobago mit dem 11:1 gegen Antigua den höchsten Sieg der gesamten Qualifikation feiern durfte.

Vielleicht wären die karibischen Rekordsieger auch zur WM nach Deutschland gefahren, wenn die Qualifikations-Endrunde auf neutralem Boden stattgefunden hätte. Doch für die Ausrichtung der entscheidenden Begegnungen bekam Haiti den Zuschlag. In dem vom Duvalier-Clan diktatorisch regierten Land strauchelte zunächst der haushohe Favorit Mexiko mit uninspiriertem Gekicke. Zwei Unentschieden gegen Guatemala und Honduras deuteten frühzeitig an, dass das Abonnement auf die WM-Teilnahme für die Mexikaner abgelaufen war.

Nicht nur die extremen, feucht-tropischen Verhältnisse in Haitis Hauptstadt Port-au-Prince machten den fünf Gastteams indes zu schaffen. Im letztlich entscheidenden Spiel gewann Haiti gegen Trinidad und Tobago mit 2:1. Wichtigster Garant für den Erfolg: Der salvadorianische Linienrichter Henriquez, der gleich bei vier vermeintlichen Trinidad-Toren seine Fahne hob. Selbst das Mitteilungsblatt des Weltverbands, die «FIFA-News», sprach allgemein von „schwachen Leistungen" der Spielleiter und vermutete unumwunden, „dass es bei diesem Turnier nicht mit rechten Dingen zuging".

Trinidad/Tobago nahm Mexiko mit einem 4:0-Kantersieg noch alle Chancen, doch der Zug war bereits abgefahren. Der vom überragenden Regisseur Sanon angeführte Gastgeber Haiti sollte als zweites karibisches Land nach Kuba 1938 an einer WM-Endrunde teilnehmen.

Gruppe 14: Triumph Schwarzafrikas

Ein ehemaliger Torwart setzte sich ein Denkmal, ein aktiver hatte hingegen Grund zu bitteren Klagen: Der jugoslawische Coach Blagoje Vidinic, der einst bei OFK Belgrad zwischen den Pfosten gestanden hatte, führte nach Marokko 1970 nun auch Zaire zur WM-Endrunde. Marokkos Keeper Chaoui dagegen fühlte sich ungerecht behandelt. „Kembo hat mich vor dem 0:1 behindert, außerdem war der Ball gar nicht über der Linie", schimpfte Chaoui über die wohl entscheidende Szene bei der 0:3-Niederlage Marokkos in Zaire.

Mit diesem Sieg lagen Vidinics „Leoparden" in der Afrika-Endrunde uneinholbar vorn. Schiedsrichterentscheidungen hin oder her – dem Tempofußball der Schwarzafrikaner hatte die Konkurrenz kaum etwas entgegenzusetzen. Nur in der zweiten K.-o.-Runde gegen Kamerun geriet Zaire in Gefahr und benötigte ein drittes Spiel, ansonsten sorgte das Team aus der einstigen belgischen Kolonie unangefochten für die Akzente. Zumindest fußballerisch galt das an Bodenschätzen reiche Zaire somit als afrikanische Hoffnung, und Staatspräsident bzw. Diktator Mobutu, der als Vorspann zu allen Fernseh-Nachrichten einen Kinderchor seinen Namen singen ließ, versuchte Zaire auch allgemein als Land im Aufbruch darzustellen. Dazu gehörte nicht

---

CONCACAF-Qualifikation (Gruppe 13)

Vorrunde

Untergruppe 1

Datum	Ort	Zuschauer	Spiel	Ergebnis
20.08.72	Terranova	7.600	Kanada – USA	3:2 (2:2)
24.08.72	Toronto	14.000	Kanada – Mexiko	0:1 (0:0)
29.08.72	Baltimore	3.273	USA – Kanada	2:2 (2:1)
03.09.72	Mexiko-City	29.891	Mexiko – USA	3:1 (1:0)
06.09.72	Mexiko-City	30.000	Mexiko – Kanada	2:1 (1:1)
10.09.72	Los Angeles	9.620	USA – Mexiko	1:2 (1:1)

Abschlusstabelle

1. Mexiko	4	4	0	0	8:3	8-0
2. Kanada	4	1	1	2	6:7	3-5
3. USA	4	0	1	3	6:10	1-7

Untergruppe 2

03.12.72	Guatemala-City	39.008	Guatemala – El Salvador	1:0 (0:0)
10.12.72	San Salvador	24.828	El Salvador – Guatemala	0:1 (0:0)

Untergruppe 3

03.12.72	Tegucigalpa	16.727	Honduras – Costa Rica	2:1 (1:1)
10.12.72	San José	14.274	Costa Rica – Honduras	3:3 (1:0)

Untergruppe 4

11.06.72			Jamaika – Nd. Antillen	0:x*

*Jamaika trat nicht an

Untergruppe 5

15.04.72	Port-au-Prince	2.152	Haiti – Puerto Rico	7:0 (5:0)
26.09.72	San Juan	1.592	Puerto Rico – Haiti	0:5 (0:2)

Untergruppe 6

10.11.72	Port of Spain	6.510	Trinidad/T. – Antigua/B.	11:1 (4:1)
19.11.72	St. John's	2.750	Antigua/B. – Trinidad/T.	1:2 (0:2)
28.11.72	Port of Spain	7.964	Trinidad/T. – Surinam	2:1 (1:0)
30.11.72	San Fernando	9.296	Surinam – Trinidad/T.	1:1 (0:0)
03.12.72	St. John's	2.027	Antigua/B. – Surinam	0:6 (0:2)
05.12.72	St. John's*	1.003	Surinam – Antigua/B.	3:1 (2:1)

*Surinam verzichtete auf sein Heimrecht

Abschlusstabelle

1. Trinidad/Tobago	4	3	1	0	16:4	7-1
2. Surinam	4	2	1	1	11:4	5-3
3. Antigua/Barbuda	4	0	0	4	3:22	0-8

Finalrunde

(Turnier in Port-au-Prince, Haiti)

Datum	Ort	Zuschauer	Spiel	Ergebnis
29.11.73	Port-au-Prince	12.816	Honduras – Trinidad/Tobago	2:1 (0:0)
30.11.73	Port-au-Prince	12.816	Mexiko – Guatemala	0:0
01.12.73	Port-au-Prince	12.816	Haiti – Nd. Antillen	3:0 (1:0)
03.12.73	Port-au-Prince	12.816	Honduras – Mexiko	1:1 (0:0)
04.12.73	Port-au-Prince	12.816	Haiti – Trinidad/Tobago	2:1 (1:1)
05.12.73	Port-au-Prince	14.257	Guatemala – Nd. Antillen	2:2 (1:1)
07.12.73	Port-au-Prince	14.527	Haiti – Honduras	1:0 (0:0)
08.12.73	Port-au-Prince	14.527	Mexiko – Nd. Antillen	8:0 (4:0)
10.12.73	Port-au-Prince	14.527	Trinidad/Tobago – Guatemala	1:0 (1:0)
12.12.73	Port-au-Prince	15.361	Honduras – Nd. Antillen	2:2 (1:0)
13.12.73	Port-au-Prince	15.361	Haiti – Guatemala	2:1 (1:1)
14.12.73	Port-au-Prince	15.361	Trinidad/Tobago – Mexiko	4:0 (2:0)
15.12.73	Port-au-Prince	15.435	Honduras – Guatemala	1:1 (1:0)
17.12.73	Port-au-Prince	17.358	Trinidad/Tobago – Nd. Antillen	4:0 (2:0)
18.12.73	Port-au-Prince	22.354	Mexiko – Haiti	1:0 (1:0)

Die Zuschauerzahlen entsprechen den offiziellen Angaben

Abschlusstabelle

1. Haiti	5	4	0	1	8:3	8-2
2. Trinidad and Tobago	5	3	0	2	11:4	6-4
3. Mexiko	5	2	2	1	10:5	6-4
4. Honduras	5	1	3	1	6:6	5-5
5. Guatemala	5	0	3	2	4:6	3-7
6. Niederländ. Antillen	5	0	2	3	4:19	2-8

CAF-Qualifikation (Gruppe 14)

Vorrunde
Untergruppe A

19.11.72	Rabat	10.650	Marokko – Senegal	0:0
03.12.72	Dakar	9.860	Senegal – Marokko	1:2 (1:1)
02.03.72	Algier	8.044	Algerien – Guinea	1:0 (0:0)
12.03.72	Conakry	18.000	Guinea – Algerien	5:1 (2:0)

Untergruppe B

08.12.72	Kairo	11.707	Ägypten – Tunesien	2:1 (1:0)
17.12.72	Tunis	32.178	Tunesien – Ägypten	2:0 (1:0)
15.10.72	Freetown	9.200	Sierra Leone – Elfenbeinküste	0:1 (0:1)
29.10.72	Abidjan	4.135	Elfenbeinküste – Sierra Leone	2:0 (2:0)

Untergruppe C

16.07.72	Nairobi	11.057	Kenia – Sudan	2:0 (1:0)
23.17.72	Khartoum	10.470	Sudan – Kenia	1:0 (1:0)
11.06.72*	Port Louis		Mauritius – Madagaskar	x:0
18.06.72*	Tananarive		Madagaskar – Mauritius	0:x

*Auf Antrag Madagaskars zunächst auf den 22. bzw. 29.10.72 verlegt, ehe sich Madagaskar am 13.10.1972 zurückzog

Untergruppe D

25.11.72	Daressalaam	14.225	Tansania – Äthiopien	1:1 (0:1)
03.12.72	Addis Abeba	19.430	Äthiopien – Tansania	0:0

Entscheidungsspiel

10.12.72	Addis Abeba	7.201	Äthiopien – Tansania	3:0 (3:0)
30.04.72	Maseru		Lesotho – Sambia	0:0
04.06.72	N'dola	11.457	Sambia – Lesotho	6:1 (3:1)

Untergruppe E

05.08.72	Ibadan	20.056	Nigeria – Kongo	2:1 (0:1)
15.08.72	Brazzaville	11.100	Kongo – Nigeria	1:1 (0:1)
18.06.72	Cotonou	1.150	Dahomey – Ghana	0:5 (0:3)
02.07.72	Kumasi	8.700	Ghana – Dahomey	5:1 (2:0)

Untergruppe F

06.06.72	Lomé	5.719	Togo – Zaire	0:0
20.06.72	Kinshasa	24.025	Zaire – Togo	4:0 (2:0)
01.10.72			Gabun – Kamerun	0:x*
15.10.72			Kamerun – Gabun	x:0*

*Gabun zog am 15. September 1972 zurück

Zweite Runde
Untergruppe A

11.02.73	Conakry	2.200	Guinea – Marokko	1:1 (1:1)
25.02.73	Rabat	13.122	Marokko – Guinea	2:0 (0:0)

Untergruppe B

11.02.73	Tunis	15.282	Tunesien – Elfenbeinküste	1:1 (0:1)
25.02.73	Abidjan	52.586	Elfenbeinküste – Tunesien	2:1 (1:1)

Untergruppe C

10.12.72	Curepipe	13.500	Mauritius – Kenia	1:3 (1:1)
17.12.72	Nairobi	5.560	Kenia – Mauritius	2:2 (0:2)

Untergruppe D

01.04.73	Addis Abeba	12.708	Äthiopien – Sambia	0:0 (0:0)
15.04.73	Lusaka	20.015	Sambia – Äthiopien	4:2 (0:1)

Untergruppe E

10.02.73	Lagos	31.362	Nigeria – Ghana	0:2*

*nach 87 Minuten beim Stande von 2:3 wegen Ausschreitungen abgebrochen und mit 2:0 für Ghana gewertet

22.02.73	Accra	40.000	Ghana – Nigeria	0:0

Untergruppe F

04.02.73	Douala	21.752	Kamerun – Zaire	0:1 (0:1)
25.02.73	Kinshasa	16.916	Zaire – Kamerun	0:1 (0:1)

Entscheidungsspiel:

27.02.73	Kinshasa	16.721	Zaire – Kamerun	2:0 (1:0)

Dritte Runde
Untergruppe A/B

20.05.73	Abidjan	25.000	Elfenbeinküste – Marokko	1:1 (1:0)
03.06.73	Tétuan	11.000	Marokko – Elfenbeinküste	4:1 (2:0)

Untergruppe C/D

05.08.73	Lusaka	17.960	Sambia – Kenia	2:0 (1:0)
19.08.73	Nairobi	7.435	Kenia – Sambia	2:2 (2:1)

Untergruppe E/F

05.08.73	Accra	30.000	Ghana – Zaire	1:0 (1:0)
19.08.73	Kinshasa	80.000	Zaire – Ghana	4:1 (2:0)

Finalrunde

21.10.73	Lusaka	37.239	Sambia – Marokko	4:0 (2:0)
04.11.73	Lusaka	33.793	Sambia – Zaire	0:2 (0:2)
18.11.73	Kinshasa	6.050	Zaire – Sambia	2:1 (1:1)
25.11.73	Rabat	5.456	Marokko – Sambia	2:0 (1:0)
09.12.73	Kinshasa	7.750	Zaire – Marokko	3:0 (0:0)
03.12.73			Marokko – Zaire	0:2*

* Marokko trat nicht an, Spiel mit 2-0 für Zaire gewertet

Abschlusstabelle

1. Zaire	4	4	0	0	9:1	8-0
2. Sambia	4	1	0	3	5:6	2-6
3. Marokko	4	1	0	3	2:9	2-6

---

nur, jeden Spieler nach der erfolgreichen Qualifikation mit Haus und Auto auszustatten, sondern auch, den als „Rumble in the Jungle" bekannt gewordenen Schwergewichts-Boxkampf zwischen Muhammad Ali und George Foreman 1974 nach Kinshasa zu holen.

Zurück zum Fußball, bei dem das letzte Wort noch gesprochen werden sollte. Sambia versuchte nämlich, den Weg von Vidinic & Co. nach Deutschland mit einem Protestschreiben zu versperren. Zaires Kicker, so die Argumentation des dritten Endrundenteilnehmers, hätten den Strafraum verhext und die sambischen Spieler durch Beschwörungen geschwächt. „Darüber steht nichts in den Durchführungsbestimmungen", antwortete die FIFA lapidar – Einspruch abgelehnt.

Gruppe 15: 50.000 Kilometer für ein WM-Ticket

AFC/OFC-Qualifikation (Gruppe 15)
Indien zog zurück

Verteilungsrunde Gruppe A
(zur Einteilung der Untergruppen)

16.05.73	Seoul	4.091	Südvietnam – Thailand	1:0 (0:0)
16.05.73	Seoul	4.091	Israel – Japan	2:1 (1:1)
17.05.73	Seoul	188	Hongkong – Malaysia	1:0 (0:0)
17.05.73	Seoul		Südkorea – Philippinen	x:0*

*Die Philippinen zogen am 10. April 1973 zurück

Gruppe A1
(Turnier in Seoul, Südkorea)

20.05.73	Seoul	897	Japan* – Südvietnam	4:0 (2:0)
22.05.73	Seoul	187	Hongkong – Japan	1:0 (0:0)
24.05.73	Seoul	78	Hongkong – Südvietnam	1:0 (0:0)

*Japan hatte am 4. Mai 1973 seinen Rückzug verkündet, war aber nach Androhung einer Strafe durch die FIFA doch angetreten

Abschlusstabelle

1. Hongkong	2	2	0	0	2:0	4-0
2. Japan	2	1	0	1	4:1	2-2
3. Südvietnam	2	0	0	2	0:5	0-4

Gruppe A2
(Turnier in Seoul, Südkorea)

19.05.73	Seoul	6.352	Südkorea – Thailand	4:0 (0:0)
19.05.73	Seoul	6.352	Israel – Malaysia	3:0 (0:0)
21.05.73	Seoul	5.554	Israel – Thailand	6:0 (1:0)
21.05.73	Seoul	5.554	Südkorea – Malaysia	0:0
23.05.73	Seoul	6.222	Malaysia – Thailand	2:0 (0:0)
23.05.73	Seoul	6.222	Südkorea – Israel	0:0

Abschlusstabelle

1. Israel	3	2	1	0	9:0	5-1
2. Südkorea	3	1	2	0	4:0	4-2
3. Malaysia	3	1	1	1	2:3	3-3
4. Thailand	3	0	0	3	0:12	0-6

Halbfinale Gruppe A

26.05.73	Seoul	6.008	Israel – Japan	1:0 n.V. (0:0, 0:0)
26.05.73	Seoul	6.008	Südkorea – Hongkong	3:1 (1:1)

Finale Gruppe A

28.05.73	Seoul	6.213	Südkorea – Israel	1:0 n.V. (0:0, 0:0)

Wie in der afrikanischen Qualifikation war auch in der Asien-Ozeanien-Gruppe ursprünglich eine K.-o.-Runde angedacht gewesen. Die Rückzüge von Indien und Ceylon ließen die Organisatoren jedoch zum Gruppenspiel-Modus wechseln. Für Australien war das zunächst bequem. In Sydney, Melbourne und dem „um die Ecke" gelegenen neuseeländischen Auckland setzten sich die Kicker vom fünften Kontinent ohne Niederlage gegen den Irak, Indonesien und Neuseeland durch. Nach einem 3:0 in Sydney im ersten Zwischenrundenfinale gegen den Iran begann dann das große Reisen für das Team des 1966 eingewanderten Jugoslawen Rale Rasic. In Teheran erzitterten sich die

AFC/OFC-Qualifikation (Gruppe 15)

Gruppe B1 Qualifikation
Ceylon zog am 1. Oktober 1971 zurück
Neuseeland – Australien*
*durch den Rückzug von Ceylon hinfällig und abgesagt

Gruppe B1 Hauptrunde

Datum	Ort	Zuschauer	Spiel	Ergebnis
04.03.73	Auckland	12.000	Neuseeland – Australien	1:1 (0:0)
11.03.73	Sydney	28.514	Australien – Irak	3:1 (0:0)
11.03.73	Sydney	23.147	Indonesien – Neuseeland	1:1 (1:0)
13.03.73	Sydney	10.380	Irak – Neuseeland	2:0 (2:0)
13.03.73	Sydney	12.763	Australien – Indonesien	2:1 (2:1)
16.03.73	Sydney	3.103	Irak – Indonesien	1:1 (1:1)
16.03.73	Sydney	14.071	Australien – Neuseeland	3:3 (3:1)
18.03.73	Melbourne	10.864	Indonesien – Neuseeland	1:0 (1:0)
18.03.73	Melbourne	10.800	Australien – Irak	0:0
21.03.73	Sydney	2.869	Irak – Indonesien	3:2 (2:1)
24.03.73	Sydney	12.390	Irak – Neuseeland	4:0 (3:0)
24.03.73	Sydney	8.000	Australien – Indonesien	6:0 (3:0)

Abschlusstabelle

1. Australien	6	3	3	0	15:6	9-3
2. Irak	6	3	2	1	11:6	8-4
3. Indonesien	6	1	2	3	6:13	4-8
4. Neuseeland	6	0	3	3	5:12	3-9

Gruppe B2 Hauptrunde
(Turnier in Teheran, Iran)

Datum	Ort	Zuschauer	Spiel	Ergebnis
04.05.73	Teheran	63.366	Nordkorea – Iran	0:0
04.05.73	Teheran	63.366	Syrien – Kuwait	2:1 (0:0)
06.05.73	Teheran	11.940	Iran – Kuwait	2:1 (1:0)
06.05.73	Teheran	11.940	Nordkorea – Syrien	1:1 (0:0)
08.05.73	Teheran	6.028	Iran – Syrien	1:0 (0:0)
08.05.73	Teheran	22.362	Kuwait – Nordkorea	0:0
11.5.73	Teheran	53.829	Nordkorea – Iran	1:2 (0:1)
11.5.73	Teheran	53.829	Syrien – Kuwait	2:0 (1:0)
13.5.73	Teheran	18.154	Iran – Kuwait	2:0 (0:0)
13.5.73	Teheran	11.940	Nordkorea – Syrien	3:0 (2:0)
15.5.73	Teheran	22.362	Syrien – Iran	1:0 (1:0)
15.5.73	Teheran	6.028	Kuwait – Nordkorea	2:0 (1:0)

Abschlusstabelle

1. Iran	6	4	1	1	7:3	9-3
2. Syrien	6	3	1	2	6:6	7-5
3. Nordkorea	6	1	3	2	5:5	5-7
4. Kuwait	6	1	1	4	4:8	3-9

Finale Gruppe B

Datum	Ort	Zuschauer	Spiel	Ergebnis
18.08.73	Sydney	28.881	Australien – Iran	3:0 (1:0)
24.08.73	Teheran	55.997	Iran – AUSTRALIEN	2:0 (2:0)

Finale Asien/Ozeanien

Datum	Ort	Zuschauer	Spiel	Ergebnis
28.10.73	Sydney	32.005	Australien – Südkorea	0:0
10.11.73	Seoul	32.000	Südkorea – Australien	2:2 (2:1)

Entscheidungsspiel:

Datum	Ort	Zuschauer	Spiel	Ergebnis
13.11.73	Hongkong	27.284	Australien – Südkorea	1:0 (0:0)

weiten Einwurf des aus England stammenden Ray Richards netzte der im schottischen Edinburgh geborene Jim Mackay volley zum goldenen Tor ein. Nach 50.000 Reisekilometern hatten die Australier „miles & more" geschafft. Selbst das Parlament unterbrach daraufhin die Tagesordnung für eine Viertelstunde, um den „Socceroos" zu gratulieren.

Gruppe 16: Chile feiert im Gefangenenlager

Interkontinental-Qualifikation Europa/Südamerika (Gruppe 16)

Datum	Ort	Zuschauer	Spiel	Ergebnis
26.09.73	Moskau	48.891	Sowjetunion – Chile	0:0
21.11.73	Santiago		Chile – Sowjetunion	2:0*

*Sowjetunion trat nicht an. Wertung: 2:0 für Chile

Zum ersten Mal in der WM-Geschichte kam es zu einer Interkontinental-Qualifikation zwischen Europa und Südamerika. Gegen die Sowjetunion, immerhin Zweiter der Europameisterschaft 1972, galt Chile zunächst als klarer Außenseiter, doch beim ersten Aufeinandertreffen in Moskau kamen die Sowjets nicht über ein 0:0 hinaus. „Im Rückspiel schießen wir die Russen auf den Mond", trompetete Chiles Coach Alamos daraufhin.

Weil das Nationalstadion in Santiago zwar nicht als Raketenabschussrampe bekannt, wohl aber mittlerweile als Internierungslager und Foltercamp des Pinochet-Regimes für Kommunisten, Sozialisten und sonstige den Machthabern missliebige Personen berüchtigt war, kam es allerdings nicht mehr zu einem Rückspiel. Die Sowjetunion weigerte sich, in Chile anzutreten, hatte mit ihrem Antrag auf Verlegung der Partie in ein anderes Land aber keinen Erfolg bei der FIFA, so dass schließlich am 21. November 1973 nur die Chilenen ins Estadio Nacional einliefen. Valdez schoss den Ball ins leere Tor, ehe der österreichische Schiedsrichter Linemayr in der makabersten „Begegnung" der WM-Geschichte dem Geisterspiel ein Ende setzte und Chile nach einer obligatorischen Wartezeit von einer halben Stunde (für den Fall, dass die Sowjets doch noch aufgetaucht wären) zum Sieger erklärte.

„Socceroos" ein genau passendes 0:2, um in die Qualifikations-Endspiele gegen Südkorea einzuziehen.

Die Südkoreaner hatten sich nicht ohne Mühe gegen die Konkurrenz aus Israel, Hongkong und Japan durchgesetzt. Für die Australier schienen die Asiaten dennoch eine Nummer zu groß zu sein. „Eine drittklassige englische Vereinsmannschaft ist stärker", urteilte Schiedsrichter Loreau nach dem 0:0 im Hinspiel von Sydney über Australiens Team. Dass das WM-Publikum in Deutschland diese These würde überprüfen können, war beim Rückspiel in Seoul lange Zeit unwahrscheinlich. Die technisch überlegenen Asiaten gingen durch Kim und Koh rasch mit 2:0 in Führung, gaben das WM-Ticket dann aber aus der Hand – Mackay und Baartz schafften noch den Ausgleich. Nach dem erneuten Remis war ein endgültiges Entscheidungsspiel fällig, das die beiden Fußball-Reisegruppen nun nach Hongkong aufbrechen ließ.

Dort hatten die Südkoreaner gegen die Kampfkraft und Entschlossenheit der Australier das Nachsehen. Mit einem kuriosen Treffer krönten die „Aussies" ihre halbe Weltreise: Einen

Zu früh gefreut:
Südkorea scheitert trotz Zwei-Tore-Vorsprungs gegen Australien

Ein neuer Weltcup für Deutschland
Eigentlich wollte der DFB die WM schon für 1966, nun bekam er eine neue Trophäe

Aufregung erfüllte das römische Teatro Cida Hall, in dem die FIFA anlässlich der Olympischen Spiele 1960 Kongress hielt. Ohne Kampfabstimmung würde der wichtigste Programmpunkt nicht zu erledigen sein: die Vergabe der Fußball-Weltmeisterschaft 1966. Es gab einen klaren, wohl begründeten Favoriten. 1963 würde die englische Football Association ihren hundertsten Geburtstag feiern. Wer anders als das Mutterland des Fußballs sollte also das nächste Weltturnier ausrichten?

Nicht alle hielten diese Frage für rein rhetorisch. Spanien hatte sein Interesse bekundet, und auch Westdeutschland wollte die Titelkämpfe austragen. Vor der Entscheidung am 22. August 1960 wurde viel diskutiert – polemisch wie diplomatisch, in der Öffentlichkeit wie in Hinterzimmern. Während Spanien schließlich seine Kandidatur zurückzog und dafür die Ausrichtung des Weltturniers 1982 zugesichert bekam, organisierte DFB-Präsident Dr. Peco Bauwens seine Legionen an der Wahlurne.

Ohne Erfolg: Die afrikanischen und asiatischen Verbände stellten sich zwar auf die deutsche Seite, doch das genügte nicht, um den Rest der Welt von der Nichtigkeit der englischen Ansprüche zu überzeugen. Mit 34 zu 27 Stimmen bei sechs Enthaltungen beschlossen die Kongressteilnehmer, die achte Weltmeisterschaft ins Fußball-Mutterland zu vergeben. Dort wurde am 6. Juli 1966 allerdings einvernehmlich entschieden, die Titelkämpfe 1974 in der Bundesrepublik auszutragen.

Wie hätte eine WM 1966 in Deutschland ausgesehen? Das Münchener Olympiastadion stand noch nicht, Berlin wäre politisch nicht durchsetzbar gewesen. Das Endspiel wäre vermutlich in Frankfurt ausgetragen worden. Ob ein Waldstadion-Treffer die Fußball-Welt für das Wembley-Tor hätte entschädigen können, um das sie beraubt worden wäre?

Die Abstimmungsniederlage von Bauwens & Co. ließ die Welt Geoffrey Hursts Lattenschuss und Deutschland acht Jahre darauf eine Premiere erleben: 1974 wurde zum ersten Mal um den neuen „FIFA World Cup" gespielt. Die „Coupe Jules Rimet" war im quasi wertvollsten Endspiel aller Zeiten 1970 endgültig zum dreifachen Gewinner Brasilien gewandert. Ein neues Schmuckstück musste her. Der brasilianische Verband bot der FIFA an, eine Nachfolge-Trophäe zu stiften, doch der Weltverband vergab den Auftrag ausgerechnet nach Italien, das sich 1970 im Finale den bisherigen Weltpokal ebenfalls dauerhaft hätte sichern können.

Der Mailänder Bildhauer Silvio Gazzaniga setzte sich unter 53 Bewerbern durch und gestaltete einen Pokal, an dem sich die Geister schieden. Die 4,97 Kilogramm schwere und 36 Zentimeter hohe Trophäe aus 18-karätigem Gold zeigt zwei im Sprung befindliche Menschen, die mit ihren Händen die Erdkugel halten. Unter ihnen prangt der Name „FIFA World Cup", eingerahmt von zwei grünen Malachit-Ringen. „Aus der Basis entspringen Linien, die sich in Spiralen nach oben winden und die ganze Welt aufnehmen. Aus der dynamischen Spannung der kompakten Skulptur sind die Darstellungen zweier Spieler im bewegenden Moment des Sieges herausgearbeitet", beschrieb der Künstler sein Werk selbst. Der Materialwert des weltweit begehrtesten Fußballpreises wurde auf 30.000 US-Dollar beziffert. Egal ob ein Fußballer Gazzanigas Werk für künstlerisch bedeutsam hält oder nicht, wenn er die Skulptur als Endspielsieger in den Abendhimmel reckt – behalten darf er sie nicht. Der „FIFA World Cup" bleibt dauerhaft Eigentum des Weltverbandes, die besten Fußballer des Planeten müssen für ihre Trophäensammlung mit einer Replik vorlieb nehmen. Die Weltmeister ab 2042 dürfen sich vermutlich auf eine neue Auszeichnung freuen: Dann ist der Platz für die Gewinner-Plaketten auf dem Sockel ausgeschöpft.

Eröffnungsfeier: Pelé und Uwe Seeler mit dem alten und dem neuen Pott

Fünf Kilo Glückseligkeit: der FIFA World Cup

Von gestern: die Coupe Jules Rimet

Das deutsch-deutsche Los
Wer wie gegen wen? – Modus und Auslosung der WM 1974

Mehr Taktik, mehr Athletik – das versprach der vom „Technischen Organisationsleiter" Hans Lang 1970 ausgetüftelte Spielplan: Viertel- und Halbfinalspiele wurden gestrichen, stattdessen wurde eine zweite Finalrunde eingeführt, für die sich die beiden Besten jeder Vorrunden-Gruppe qualifizierten. Damit hatte Lang dem Veranstalter sechs Begegnungen mehr als zuvor beschert – und dem zukünftigen Champion einen steinigen Weg. Dank des Verzichts auf das K.-o.-System musste, wer Weltmeister werden wollte, erstmals sieben Spiele bestreiten – ein zusätzlicher Trumpf für konditionsstarke Teams.

Einigen war schon vorher die Luft ausgegangen. Als am 5. Januar 1974 im Frankfurter Airport-Hotel zur Auslosung gebeten wurde, standen prominente Namen draußen vor der Tür. England hatte sich nicht qualifiziert, ebenso fehlte Vize-Europameister Sowjetunion. Die Diskussionen um verstärkte Interkontinental-Ausscheidungen oder eine Erhöhung der WM-Teilnehmerzahl wurden lauter. Die FIFA hatte bereits beschlossen, die Endrunde 1978 auf 24 Mannschaften auszuweiten, was schließlich doch auf 1982 vertagt werden sollte.

Noch lagen jedenfalls nur 16 Zettel in den Lostöpfen. Im ZDF lief am späteren Abend Alfred Hitchcocks „Rebecca", doch die in der ARD ab 21 Uhr übertragene Auslosung versprach Spannung genug. Einer war besonders aufgeregt: Detlef Lange, dem ein Illustrierten-Foto und zeitgenössische Casting-Methoden einen Eintrag in die Fußball-Geschichtsbücher einbringen sollten. Der Junge mit der Prinz-Eisenherz-Topffrisur trällerte als erster Sopran bei den Schöneberger Sängerknaben. Als das WM-Organisationskomitee einen bebilderten Bericht über den Kinderchor in die Hände bekam, entschied es sich rasch: „Wir wollen den dritten Jungen in der ersten Reihe." Das war Detlef Lange – ein elfjähriger Blondschopf, der in der D-Jugend von Preußen Wilmersdorf als Rechtsaußen auf Torejagd ging.

Die Suche nach dem Superstar unter den Sängerknaben interessierte die Schweden nicht. Sie fühlten sich schon vor der WM als erste Verlierer. Während die 1970er-Halbfinalisten Bundesrepublik, Brasilien, Uruguay und Italien weitgehend unumstritten gesetzt worden waren, hatte die FIFA die Nordländer zusammen mit den Debütanten Australien, Haiti und Zaire in den Topf der „Kleinen" gesteckt. Die gleichfalls erstmalig bei einer Endrunde vertretene DDR profitierte von den weltpolitischen Gegebenheiten. Gemeinsam mit Bulgarien und Polen bildeten die Buschner-Schützlinge den Ostblock-Topf. Das vierte Los trug hier die Aufschrift „Spanien-Jugosl." – das Entscheidungsspiel der Europa-Qualifikationsgruppe 7 stand noch bevor. Auch Südamerikaner und Rest-Europäer wurden säuberlich getrennt: Die gesetzten Teams aus der Bundesrepublik und Italien befanden sich im Westeuropa-Topf mit dem Geheimfavoriten Niederlande und den kampfstarken Schotten. Das letzte Quartett bildeten Argentinien, Brasilien, Chile und Uruguay.

Die 35 Minuten währende Auslosung begann recht unspektakulär. Chile wurde als Auftaktgegner der Westdeutschen gezogen, München grummelte über Haiti als dreimaligen Vorrunden-Gast im Olympiastadion. Dann nutzte Lange seine 25-prozentige Chance und schrieb Sportgeschichte: Die DDR in einer Gruppe mit der „BR Deutschland" – erst Raunen im Saale, dann lang anhaltender Beifall. DFB-Vizepräsident Hermann Neuberger riss die Arme gen Saaldecke und jubelte später: „Alle unsere Wünsche sind in Erfüllung gegangen." Auf Seiten der DDR hielt man sich bedeckt. „Jeder Gegner ist schwer", wich Auswahltrainer Georg Buschner aus, derweil DFV-Generalsekretär Helmut Riedel beteuerte, selbstverständlich werde die DDR auch in „Westberlin" antreten. Dorthin hatte Langes Los sie zur politisch brisanten Begegnung mit Chile geschickt.

Die WM-Gruppen
Gruppe 1: Chile, Bundesrepublik Deutschland, DDR, Australien
Gruppe 2: Jugoslawien, Brasilien, Zaire, Schottland
Gruppe 3: Niederlande, Uruguay, Schweden, Bulgarien
Gruppe 4: Haiti, Italien, Polen, Argentinien

Glücksgriff: Der Schöneberger Sängerknabe Detlef Lange sorgt für das lange ersehnte deutsch-deutsche Duell

Fußball total
Tempo, meine Herrschaften! Der Fußball im Jahr 1974

Schlecht stand es um den Fußball, wenn man Julius Ukrainczyk glauben wollte. „Der Fußball stirbt, weil die großen Persönlichkeiten im modernen Spiel untergehen", prophezeite der berühmte Spielervermittler düster. Hatte Ukrainczyk Recht? Würde mit Pelé der erste Weltstar des Fußballs auch gleichzeitig der letzte gewesen sein? Das edle Fußball-Genie, still und schmählich wegrationalisiert vom Schema des Reißbretts wie der Fabrikarbeiter von den heraufziehenden Robotern der Automatisierung?

Ukrainczyks pessimistisches Verdikt verwunderte. In der Fußball-Welt war 1974 einiges im Fluss, das Spiel veränderte sich und mit ihm auch die Persönlichkeiten, die es bestimmten. Mexiko 1970 hatte einen dritten, faszinierenden Triumph Brasiliens gesehen, mit dem eine Ära zu Ende ging, in der die Mannschaften um Pelé den Weltfußball in nie mehr erreichter Art und Weise dominierten. Begonnen hatten sie damit 1958 in Schweden, als die „Seleção" die auf Manndeckung basierenden und über Jahrzehnte kaum modifizierten Systeme 2-3-5 und 3-2-5 überwand. Eine gestaffelte Verteidigung deckte den Raum und gab den Abwehrspielern, vor allem Nílton Santos, auch Gelegenheit, offensive Impulse zu setzen.

Europa zeigte sich von der Systematik, mit der Brasilien da ein „neues" Spiel aufzog, überrascht. Dabei war auch in der Alten Welt bereits damit begonnen worden, die starren Formierungen aufzulösen. Ungarns Ausnahmemannschaft der 1950er Jahre zog mit Mittelstürmer Nándor Hidegkuti einen ihrer – formal immer noch fünf – Angreifer ins Mittelfeld zurück und ließ ihn die Bälle verteilen. Während dies durchaus auf den überragenden Fähigkeiten Hidegkutis basierte, wurde anderswo die Auflösung der starren Formen systematisch betrieben. Aufbauend auf dem „Schweizer Riegel" Karl Rappans, zog Inter Mailands Trainer Helenio Herrera seine dreiköpfige Läuferreihe zu Deckungsaufgaben zurück und beorderte den Mittelläufer sogar hinter die Abwehr. Dort sollte er als „freier Mann" agieren, der auf durchbrechende gegnerische Angriffe situationsadäquat reagieren konnte – der Libero war erfunden, wenngleich zunächst noch weitgehend auf eine Funktion als Ausputzer im „Catenaccio"-System beschränkt.

Die Offensiv-Einbußen durch den Rückzug der Läuferreihe kompensierte Herrera, indem er seinen Außenverteidigern Angriffsaufgaben zuwies. Das komplexe System Herreras verkörperte idealtypisch Giacinto Facchetti, ein groß gewachsener, schneller und schussstarker Allround-Verteidiger: Über seine Linksaußen-Vorstöße trug Facchetti entscheidend zu den Europapokal-Erfolgen Inter Mailands 1964 und 1965 bei. Der oftmals als zerstörerische Defensiv-Strategie geschmähte „Catenaccio" war das erste europäische System, das den situationsorientierten Wechsel von Abwehr und Angriff zumindest für Teile der Mannschaft konsequent vorsah.

Ein entscheidend offensives Gesicht verlieh dem Libero ein bajuwarischer Jüngling namens Franz Beckenbauer, der sich als Ausputzer des FC Bayern München nicht recht entscheiden mochte, ob er nun für Angriff oder Verteidigung zuständig sei. Der nominelle Abwehrspieler marschierte einfach nach vorn, versorgte seine Angriffsspieler mit Pässen und schoss, wenn es gar nicht anders ging, auch selbst die Tore. Symptomatisch sein Treffer zum 1:2 im WM-Viertelfinale 1970 gegen England, als Beckenbauer vom Anstoßkreis durchs gesamte Mittelfeld an die Strafraumgrenze lief, bevor er mit seinem Anschlusstor die deutsche Aufholjagd einleitete.

1974 war der Raum für solche Spaziergänge bereits enger geworden. In Amsterdam zeigten talentierte Kicker unter der Ägide von Rinus Michels das, was bei der WM in Deutschland vom englischen Journalisten Brian Glanville „total football" getauft werden sollte: Eine neue Auffassung vom Fußball, bei der prinzipiell alle alles können sollten: Abwehrspieler angreifen, Stürmer verteidigen. Dazu waren flexible Positionswechsel und das Verschieben der Spieler auf dem Platz zwingend erforderlich, um auf die konkreten Spielsituationen optimal reagieren zu können. „Du musst zu einem Punkt kommen, an dem die Mobilität der Spieler so hoch ist, dass sich jeder Einzelne sagt: ‚Daran kann ich mich auch beteiligen, das ist sehr leicht.' Das ist der Gipfel der Entwicklung", beschrieb Ajax-Architekt Michels das neue, möglichst automatisierte Aufgabenprofil. Ajax-Stürmer Sjaak Swart schilderte, wie die Orientierung konkret variierte: „Wenn Verteidiger Suurbier nach vorne rückte, musste ich zurückgehen. Wenn Cruyff nach links ging, musste ich mich zum langen Pfosten bewegen. Das musste nicht gesagt werden, ich wusste es. Wenn ich selbst im Mittelfeld den Ball hatte, suchte ich Cruyff. Mit vier Pässen konnten wir vor dem gegnerischen Tor sein."

Ergänzend bestach das Ajax-Spiel durch eine neue Auffassung vom Raum, die sich an eigenem und gegnerischem Ballbesitz orientierte. Besaß

Gewogen und für gut befunden? Der typische Fußball im Jahr 1974

Hollands Spitzenteam das Leder, wurde das Spiel möglichst auseinander gezogen, um „Räume zu schaffen", in die aufrückende Kicker stoßen konnten. War der Gegner am Ball, wurden mit frühem Pressing „die Räume eng gemacht", um den Spielaufbau zu stören. „Wir versuchten, den Gegner an der Mittellinie anzugreifen", schilderte Verteidiger Ruud Krol: „Allein um Kraft zu sparen, solltest du nicht bis an den eigenen Strafraum zurücklaufen, um zu verteidigen." Einstein hätte seine helle Freude an den holländischen Eleven gehabt. Die Relativitätstheorie war dort angekommen, wo es maßgebend war: „auffem Platz". Der moderne Fußball hatte seinen Rubikon überschritten.

Die dynamisierenden Impulse gediehen nicht nur zum Leidwesen des nicht austrainierten Günter Netzer. Im neuen Fußball musste schnell reagiert, bisweilen frei improvisiert werden – die Zeit der Stehgeiger-Dirigenten lief aus. Die raumgreifende Offensiv-Spielweise à la Holland führte im Verbund mit der zunehmenden Wichtigkeit athletischer Komponenten sogar zu einer Renaissance der fast in Vergessenheit geratenen Flügelstürmer. Polen, Holland und ab der zweiten Finalrunde auch die Bundesrepublik warteten bei der WM mit Spitzen auf den Außenpositionen auf, die dem eigenen Angriffsspiel Schwung verliehen.

Der europäische Vereinsfußball erlebte in den Jahren vor der WM eine Phase niederländischer Dominanz. Nach Feyenoord Rotterdam 1970 gewann Ajax Amsterdam von 1971 bis 1973 mit nahezu maschineller Präzision dreimal in Folge den Europapokal der Landesmeister. Als sei es ein Omen für die bevorstehende Weltmeisterschaft, endete der Siegeszug allerdings 1974. Stattdessen sicherte sich Bayern München als erster bundesdeutscher Verein die europäische Meistertrophäe, und der 1. FC Magdeburg brachte den Europapokal der Pokalsieger erstmals in die DDR. Mit Dynamo Kiew tauchte am Horizont gerade ein harmonisch abgestimmtes, die Fantasien anregendes Fußball-Kollektiv auf, das als Nachfolger Magdeburgs 1975 den ersten Europacup in die Sowjetunion holen sollte. Für Trainer Waleri Lobanowski waren da allerdings schon alle umstürzlerischen Fußball-Messen gelesen. „Es wird keine Revolutionen im Fußball mehr geben. Die letzte endete 1974, als Holland und Deutschland totalen Fußball demonstrierten", resümierte der 2002 verstorbene Meistercoach einmal: „Heute entwickelt sich der Fußball langsam, aber stetig. Man kann das verzögern, aber nicht aufhalten."

Der mit den Kängurus hoppelt
Der Hannoveraner André Krüger ist der weltweit größte Fan der australischen Nationalmannschaft

Crazy Krüger: Um den halben Erdball für ein „Heimspiel"
Foto: privat

Im Dress der Helden
Foto: Marcus Vogel

Wann er vom Australien-Virus befallen wurde, kann André Krüger nicht genau sagen. Aber er legt eine Fährte: „Als kleiner Junge habe ich mir im Zoo immer zuerst Kängurus und Koalas angeguckt." Später erregte eine andere Spezies aus „Down Under" das Interesse des Jungen aus Hannover: kräftige, harte Kerle in lustigen bunten Trikots, die Stollen unter den Schuhen trugen und von den Experten nur „Socceroos" genannt wurden. Die „australische Krankheit" hat Krüger bis heute im Griff. Der Fußballverrückte besitzt die weltweit größte Sammlung zur Geschichte der australischen Nationalmannschaft: Trikots, Wimpel, Fotos, Spielberichte ebenso wie akribisch recherchierte Statistiken mit Aufstellungen, Torschützen und Zuschauerzahlen.

Als das seltene Virus im November 1973 ausbrach, war André 13 Jahre alt. Australien hatte nur noch den dicken Brocken Südkorea aus dem Weg zu räumen, um einen WM-Platz zu ergattern. Das Ergebnis vermeldeten die deutschen Tageszeitungen erst zwei Tage später. „Ich weiß es noch wie heute", erzählt Krüger, „als mein Vater mit der «Bild»-Zeitung in der Tasche von der Arbeit kam, wartete ich bereits am Fenster. Er sah mich an und streckte beide Daumen in die Höhe." Australien hatte es also geschafft.

„Ich war überglücklich", erinnert sich Krüger. Seit dieser Zeit beschäftigt sich der begeisterte Fußballfan mit der australischen Fußballgeschichte. Er stöberte in der Stadtbibliothek, schnipselte Zeitungsartikel, sammelte Fotos. Die erste Reise zu seinen Helden Wilson, Schaefer und Alston führte ihn – mit dem Papa als Chauffeur – nach Ochsenzoll vor die Tore Hamburgs. Dort hatte der australische Tross sein WM-Quartier aufgeschlagen. Dem Besuch eines Vorrundenspiels kam der unerwartete Tod der Großmutter zuvor. Also fanden Australiens Länderspiele fortan auf Hannovers Bolzplätzen statt. Beim Straßenkick spielte Krügers Truppe („Ich habe die Jungs mit meiner Begeisterung angesteckt") in selbst genähten gelb-grünen Trikots, auf denen ein mit Filzstiften gemaltes australisches Wappen prangte. „Die Gegenspieler wollten Beckenbauer, Overath oder Müller sein, unser Kapitän hieß Wilson – und der war ich. So hat Australien zumindest beim Straßenfußball tausend Mal gegen Deutschland gewonnen." Das Land seiner Träume betrat er vier Jahre später – nach einer 16-tägigen Schiffsreise von Afrika aus. Krüger hatte als Seemann angeheuert!

Die Begeisterung für die „Socceroos" ist auch nach drei Jahrzehnten nicht erloschen. Krüger, der sein Geld als Liegenschaftsinspektor für Supermärkte verdient, betreibt eine Homepage zum australischen Fußball (www.ak-tsc.de), hat ein Statistik-Heft mit allen Länderspielen publiziert, telefoniert wöchentlich mit Spielern des '74er-Kaders und plant ein Buch zur Geschichte des australischen Fußballs. Manchmal rufen ihn australische Sportreporter an, wenn bei einem fußballhistorischen Thema Probleme auftauchen. „Meist kann ich weiterhelfen", sagt Krüger. Kein Wunder, denn seine Wohnung ist vollgestopft mit Fußballbüchern, Fotos von wichtigen Spielen, zwei Dutzend Leitz-Ordnern mit Statistiken, Eintrittskarten, Zeitungsschnipseln, Wimpeln, Trikots und persönlichen Dingen altgedienter australischer Internationaler.

Die Bedeutung seiner Sammlung hat sich bis nach Canberra herumgesprochen, wo die Nationalbibliothek Interesse an einem Kauf angemeldet hat. „Der Fußball-Verband hat mir sogar 50.000 Dollar geboten", erzählt Krüger, der von der Australian Soccer Association Freikarten für Gastspiele der „Socceroos" in Europa zugeschickt bekommt und im November 2003 als einziger Ehrengast zum Revival-Treffen der australischen Helden von 1974 geladen war. Eine australische Zeitung machte „the Socceroos' biggest fan" ein dickes Kompliment: „Der Storch war besoffen und hat ihn auf der Zwischenstation Hannover zurückgelassen, statt ihn über Australien abzuwerfen."

Gerd Müllers Tore wiesen den Weg
Der Brasilianer Waldir de Carvalho kam als Fußballfan zur WM '74 und wurde in Deutschland heimisch

Rivelino, Jairzinho und Marinho hießen die Stars der Brasilianer – doch der fußballbegeisterte „Pepe" aus dem Dorf Guaratingueta im Bundesstaat São Paulo schwärmte Anfang der siebziger Jahre nicht für die geschmeidigen Edelkicker aus Santos oder Rio de Janeiro, sondern für einen kurzbeinigen Goalgetter aus dem fernen Deutschland. „Gerd Müller war seit der WM 1970 mein Idol", erinnert sich Waldir de Carvalho dreißig Jahre später. Ein Poster mit dem Konterfei des Bayern-Spielers zierte 1974 die Zimmerwand des Fans der deutschen Nationalmannschaft und des SE Palmeiras São Paulo.

Kurz vor dem Turnier in Deutschland spielte Fortuna Schicksal. De Carvalhos Vater gewann bei einem Preisausschreiben eine Reise zur Weltmeisterschaft nach Europa und trat sie an seinen germanophilen Sohn ab. „Ich reiste mit lauter alten Knackern, die nicht nur Fußball im Sinn hatten", erzählt der immer noch fußballbegeisterte „Pepe", der 1974 die Spiele seiner Landsleute gegen Jugoslawien, Zaire, die DDR und Holland im Stadion miterlebte. Die Ouvertüre gegen Dzajic & Co. hat sich bei ihm besonders gut eingeprägt: „Als ich ins Waldstadion kam, war alles gelb." Der Junge aus Südamerika wunderte sich: „So viele Brasilianer hier? Aber warum singen und trommeln die nicht?" Nun ja, fast nur Deutsche und Jugoslawen bevölkerten die Arena. Und in sattem Gelb schimmerten keine brasilianischen Trikots, sondern norddeutsche Öljacken, die ihre Träger gegen den niederprasselnden Regen schützten. „Ostfriesen-Nerze", gluckst de Carvalho und lacht. Für den Jungspund aus der brasilianischen Provinz war die WM trotzdem ein „Riesenerlebnis". Wie ein Traum erscheint ihm eine Begebenheit in Hannover, wohin er ohne Eintrittskarte für das DDR-Spiel gereist war: „Ein Ehepaar sprach mich auf offener Straße an, ob ich ein Ticket habe. Ich schüttelte den Kopf und bekam die Karte geschenkt." Ohne das Sparwasser-Tor wäre der Müller-Fan wohl leer ausgegangen...

Die Tage zwischen den Spielen düste „Pepe", der schnell Freunde fand, mit einer Interrail-Karte quer durch Europa: Amsterdam, Zürich, Paris, Venedig, Rom. „In Deutschland habe ich jeden Tag Currywurst mit Pommes gegessen und mit Bier runtergespült", schildert der Brasilianer die prägende Begegnung mit der deutschen Esskultur. Nach der Rückkehr in die Heimat stand sein Entschluss fest: „Ich will in Deutschland studieren." Er belegte Sprachkurse, flog 1977 zurück nach Frankfurt und schrieb sich dort an der Uni für Betriebswirtschaft ein. In seiner Freizeit trat der unbrasilianisch-rustikale Mittelfeldakteur in der Landesliga beim TSV Pfungstadt gegen den Ball. Mannschaftskamerad war der spätere Profi-Torhüter Wilhelm Huxhorn, der bei Darmstadt 98 anheuerte. Auch außerhalb von Uni und Fußballplatz war de Carvalho aktiv: Er lernte die auf Besuch weilende Brasilianerin Ildiko kennen und heiratete sie. Die beiden aus der Ehe hervorgegangenen Kinder Debora und Ricardo verbrachten ihre prägenden Jahre aber weder in Gerd Müllers noch in Jürgen Grabowskis, sondern in Uwe Seelers Heimat, wo Vater Waldir 1992 einen Job annahm und mittlerweile fest verwurzelt ist – nur ein paar Steinwürfe von der AOL-Arena entfernt.

„Die Reise, die mein Vater gewonnen hatte, war für mein Leben entscheidend", resümiert der Exil-Brasilianer, der schon lange im Besitz eines deutschen Passes ist und heute als Mitarbeiter eines Hamburger Handelsunternehmens durch die Weltgeschichte düst. Nur die Liebe zum deutschen Fußball ist erkaltet. Seit die Rumpelfußballer in Deutschland den Ton angeben, drückt de Carvalho bei Weltmeisterschaften lieber Ronaldo & Co. die Daumen.

Wegweisende WM: Waldir de Carvalho (hier mit Sohn Ricardo)

Fotos: Volker Stahl

Vor dem Start – Die Wochen vor dem Turnier im Zeitraffer
Hoeneß schreibt und schreibt und schreibt...

Vor dem Turnier und vor den WM-Spielen lassen die Fans (hier die schwedischen) selbst den Ball tanzen

Januar

• Der Schöneberger Sängerknabe Detlef Lange beschert der deutschen Fußballgemeinde am 5. Januar ein Traumlos: Die BRD und die DDR landen beide in der WM-Gruppe 1 und ringen somit im direkten Duell um die Krone im deutschen Fußball. Der elfjährige Berliner trällert sich als erster Sopran nicht nur in die Herzen aller dem deutschen Liedgut zugeneigten Omas und Opas, sondern tritt bei Preußen Wilmersdorf sogar gegen den Ball. Seine Position in der D-Jugend des Klubs: Rechtsaußen. Im April tritt der Blondschopf übrigens noch einmal ins Rampenlicht – als Gewinner des Wettbewerbs „Daumendrücken reicht nicht". Unter 100.000 Einsendern wird der Glücksbringer der deutschen Nationalelf zur WM '74 gesucht. Veranstalter ist der Lutschpastillenhersteller „Tictac". Die fachkundige Jury unter Mitwirkung von Altweltmeister Max Morlock kommt an dem Heintje-Verschnitt nicht vorbei. Alle „Mamas" dürften begeistert sein...

• Geiz ist geil? Von wegen, sagt sich der schottische Fußball-Verband und lobt umgerechnet 1,5 Millionen Mark für den Titelgewinn aus. Auch wenn es mit der WM-Krone nichts werden sollte, dürfen sich die Briten freuen: Einen Personenkraftwagen hat jeder Spieler schon vor dem ersten Anpfiff sicher – sponsored by... Nein, hier gibt's keine Schleichwerbung!

• Der holländische Fußball-Verband sorgt für einen Paukenschlag: Die Funktionäre setzen dem umstrittenen Nationalcoach Dr. Frantisek Fadrhonc in Person von Rinus Michels einen „Berater" vor die Nase. Michels, als Trainer beim spanischen Tabellenprimus FC Barcelona unter Vertrag, genießt in Holland Kultstatus, seit er 1971 mit Ajax Amsterdam den zweiten Europapokal für das Königreich der Niederlande gewann. Bei den Katalanen bleibt Michels weiter im Amt, sein Aufgabenbereich im Nationalteam wird mit dem Begriff „Organisation" eher im Dunkeln gelassen. Fadrhonc ist formal weiter für Training und Mannschaftsaufstellung zuständig...

• Mitte des Monats verbannt die Leserschaft eines bekannten Fachmagazins National-Keeper Sepp Maier auf die Bank. Der Bayer landet in der Umfrage „«kicker»-Leser spielen Bundestrainer" mit 7314 Stimmen nur auf Platz zwei hinter dem Gladbacher Wolfgang Kleff (8479 Stimmen). Dritter ist Norbert Nigbur. Bei der WM sieht die Rangliste des „wahren" Bundestrainers Helmut Schön anders aus: 1. Maier, 2. Nigbur, 3. Kleff. Das A-Team der Leser des Sportmagazins hat folgendes Gesicht: Kleff - Breitner, Höttges, Beckenbauer, Vogts - Netzer, Overath, Wimmer - Grabowski, G. Müller, E. Kremers. Damit nominieren die Hobby-Schöns nur sechs spätere Weltmeister.

• Raue Zeiten: Der Bochumer Geschäftsführer Hecker beschimpft den Werder-Recken Horst-Dieter Höttges nach der 0:1-Niederlage des VfL in Bremen mit unflätigen Worten: „Der Höttges ist ein Verbrecher!" Hintergrund: Der Nationalspieler war mit gestrecktem Bein gegen den Bochumer Eggert eingestiegen und hatte dafür „nur" die gelbe Karte kassiert. Höttges besticht im WM-Jahr 1974 nicht nur als eisenharter Abwehrspieler, sondern auch mit unsterblichen Sätzen der Güteklasse: „Fußball ist ein Männersport. Wer das nicht ertragen kann, hätte etwas anderes werden sollen."

• Nach dem 6:0-Kantersieg von Ajax Amsterdam gegen den AC Mailand äußert Ajax-Präsident Jaap van Praag einen ungewöhnlichen Vorschlag: Hollands Nationalcoach möge doch bitte das komplette Ajax-Team als erste WM-Wahl übernehmen. Das kleine Problem am Rande: Libero Horst Blankenburg ist Deutscher!

- Australiens Trainer Rale Rasic „beleidigt" die (west)-deutschen Fußball-Helden Beckenbauer, Müller und Netzer. Er sei sich nicht sicher, ob sich die Genannten in seine Mannschaft einbauen lassen würden… Über den „Bomber der Nation" urteilt der Jugoslawe: „Was Müller betrifft, so ist er doch nur ein reiner Abstauber und müsste verhältnismäßig leicht zu stoppen sein."

Februar

- Geschäftstüchtiger Uli (1): Hoeneß schreibt und schreibt und schreibt… Autogramme. Er habe seinen Namen in den vergangenen Wochen schon über 77.000 Mal zu Papier gebracht, verrät der Jungstar des FC Bayern München. Der Grund: Der pfeilschnelle Stürmer bringt gemeinsam mit Freund Paul Breitner nach dem Turnier ein WM-Buch heraus, das mit Original-Autogrammen um Käufer buhlt.

- Düstere Erinnerungen an München 1972 kommen auf: WM-Organisationsleiter Hermann Neuberger unterrichtet die DFB-Spitze über Drohungen von Palästinensern, die WM-Spielstätten mit Raketen zu beschießen.

- Deutschtümelnde „Fans" haben auf dem fünften Kontinent den Vorstopper der australischen Nationalmannschaft und designierten Müller-Bewacher Manfred Schaefer im Visier. „Du Lump, du hast dein Deutschtum verraten", wird der deutschstämmige Inhaber eines Milchgeschäfts im Stadion beschimpft. Dazu hagelt es Todesdrohungen am Telefon. Auch die Reifen eines Lieferwagens werden aufgeschlitzt, es wird Milch gestohlen und Müll vor dem Laden entsorgt. Schaefer überlegt kurz, seine Fußballstiefel an den Nagel zu hängen, entscheidet sich dann aber, den Rechtsextremisten die Stirn zu zeigen.

- Aua! Schock für die deutsche Nationalmannschaft im Testspiel gegen Spanien, das mit 0:1 verloren geht. „Die Härte der Spanier war einfach unverschämt und oft brutal", echauffiert sich Schön-Assistent Jupp Derwall.

März

- Geschäftstüchtiger Uli (2): Hoeneß macht mit weiteren 14 Nationalmannschafts-Kameraden Reklame für Eiscreme. Der stets gut informierte «kicker» deutet an, dass die Hersteller-Firma „tief in die Tasche greifen musste".

- Die „Leoparden" sind die Nummer eins in Afrika. Nach einem 2:2 im ersten Spiel gewinnt Zaire die Neuauflage des Finales um die Afrika-Meisterschaft gegen Sambia mit 2:0. Angesichts dieses Erfolgs lautet fortan das Ziel bei der WM: „Zweite Finalrunde."

- Nach dem schwachen 1:1 gegen Österreich macht sich Hollands Fußballgemeinde Sorgen. Nicht nur im Sturm hapert es, auch in der Abwehr ist eine wichtige Position vakant: der Libero-Posten. Ein Fall für Horst Blankenburg? Der Einbürgerungsantrag des Ajax-Liberos läuft jedenfalls. Einer wird gewiss nicht dabei sein: „Ente" Lippens von Rot-Weiß Essen. „Organisationsleiter" Rinus Michels befindet: „Keizer und Rensenbrink sind stärker."

- Am 26. März stirbt einer der WM-Helden von 1954. Werner Kohlmeyer erliegt wenige Wochen vor seinem 50. Geburtstag einem Herzinfarkt. „Er wurde Weltmeister. Doch im Kampf mit dem Ruhm unterlag er", kondoliert «kicker»-Kolumnist Karl-Heinz Heimann in seinem „Scheinwerfer".

April

- „Als ich erfuhr, dass wir gleich die zwei deutschen Mannschaften in unserer Gruppe haben, war ich nah an einem Herzinfarkt", gesteht der chilenische Trainer Luis Alamos. Erst nach der genauen Analyse der Auslosung habe er sich beruhigt und zumindest gegen die DDR eine „reelle Chance" ausgerechnet. Alamos gilt als ausgewiesener DDR-Experte: Vor der Weltmeisterschaft 1966 gastierte er mit seiner Mannschaft einen Monat lang in Leipzig. Alamos WM-Favoriten kommen mit Ausnahme der Brasilianer allesamt aus Europa: „Vor allem die Bundesrepublik und Italien erwarte ich ganz vorne, aber auch Holland und Polen haben Chancen zu einem guten Abschneiden."

- Am 27. April schlägt Australien Uruguay in Sydney 2:0. Den ersten Treffer im Testspiel erzielt Ray Baartz, der in der zweiten Halbzeit von Verteidiger Luis Garisto mit einem Karateschlag niedergestreckt wird. Wochen später bricht der australische Top-Stürmer aufgrund der Spätfolgen des Fouls in seiner Wohnung zusammen. Diagnose: Eine Arterienquetschung am Hals beeinträchtigt die Sehfähigkeit und den Blutkreislauf im Gehirn des 27-Jährigen. Der Angreifer fährt zwar mit zur WM, aber nur als Tourist.

Mai

- DDR-Coach Georg Buschner benennt nach dem 2:0-Erfolg der Bundesrepublik am 1. Mai im Testspiel gegen Schweden das größte Problem seines BRD-Kollegen Helmut Schön: „Netzer ist von der Form seiner Glanzzeit noch ein ganzes Stück entfernt. Man sah ihm die mangelnde Wettkampfpraxis deutlich an." Die «Süddeutsche Zeitung» urteilt über den Auftritt des „Jet-Stars", der in der Nacht nach dem Spiel Trost in seiner Mönchengladbacher Diskothek „Lovers' Lane"

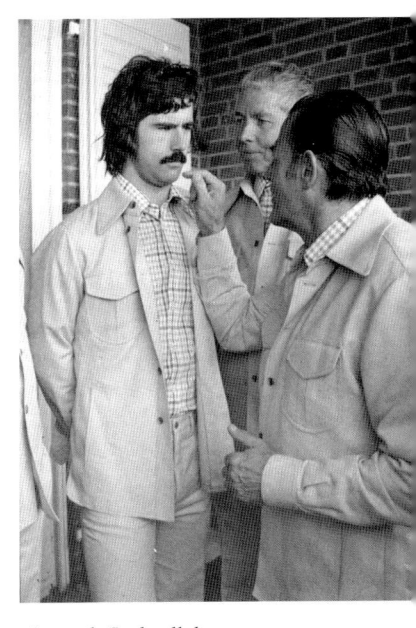

„Sag mal, Gerd, soll die Drahtbürste etwa dranbleiben?" Nein: kurz vor der WM ist der Bart ab

sucht, respektlos: „Er war im Volksparkstadion wie ein Messias empfangen worden, am Ende wurde der Auftritt zum Begräbnis erster Klasse."

• Erst geadelt, dann gefeuert. Ein halbes Jahr nach dem Scheitern in der WM-Qualifikation gegen Polen entlässt der englische Fußball-Verband Trainer Sir Alf Ramsey. Trotz des unrühmlichen Endes der Ära Ramsey kann sich dessen Bilanz nach elf Amtsjahren sehen lassen: Von 113 Länderspielen gewann das Team von Sir Alf deren 69. Dazu gab es 27 Remis und 17 Niederlagen. Höhepunkt der erfolgreichsten Epoche des englischen Fußballs war der WM-Sieg 1966.

• In Sachen Fußball geht seit dem 15. Mai auch beim staatlichen Briefmarken-Monopolisten die Post ab. Die Bundespost bringt zwei Wertzeichen (zu 30 und 40 Pfennig) mit künstlerisch verfremdeten Sportfotos heraus. Zu bestaunen sind Szenen aus je einem Bundesliga- und einem Länderspiel. Die grüne Marke zeigt eine Torwartparade nach einem Freistoß aus der Begegnung Eintracht Braunschweig - VfB Stuttgart in der Saison 1969/70. Die rote Marke hält eine Torszene aus dem Länderspiel Bundesrepublik - Frankreich für die Ewigkeit fest. Für die Statistiker: Die Deutschen hatten im Duell der seit Adenauer und de Gaulle wieder befreundeten ehemaligen „Erbfeinde" am 13. Oktober 1973 mit 2:1 gesiegt. Beide Treffer erzielte Gerd Müller.

• Mitte des Monats kommen die Brasilianer langsam auf Touren, vermelden die Agenturen. In ihrem letzten Vorbereitungsspiel vor der Abreise nach Europa besiegen die Zagalo-Schützlinge Paraguay vor 100.000 Zuschauern im Maracanã-Stadion von Rio mit 2:0. Damit enden für die Spieler die lockeren Zeiten. Wenige Tage später im WM-Quartier Herzogenhorn bei Freiburg lauten die Anordnungen der strengen Funktionäre: keinen Tropfen Alkohol, nur frisch gepressten Orangensaft und Mineralwasser, serviert nur von männlichem Personal. Immerhin – die letzte Vorgabe kann nicht umgesetzt werden: Es ist kein Oberkellner aufzutreiben. Ungemach überkommt die Südamerikaner auch im nächsten Quartier, am Feldberg im Schwarzwald. Dort setzt die ungewohnte Kälte den sonnenverwöhnten Ballkünstlern zu. „Das ist ja wie in Sibirien", ächzt Coach Mario Zagalo.

Drei Trainingsjacken, eine heiße Braut: Filmstar Heidi Brühl zu Besuch in Malente

• Kurze Zeit später kommt auch der lange Blonde mit dem großen Schuh in Fahrt – allerdings nur auf dem Parkett und nicht auf dem grünen Rasen. Am 18. Mai erzielt Günter Netzer beim Torwandschießen im Aktuellen Sportstudio mit fünf Treffern einen neuen Torrekord. Zu diesem Zeitpunkt ahnen weder Bundestrainer Helmut Schön noch Millionen Fußballfans, dass Netzers gelungener ZDF-Auftritt dessen beste sportliche Leistung in diesem Jahr bleiben wird.

• 21. Mai: Vor der Abfahrt ins Trainingslager gibt Bundestrainer Schön 21 WM-Kandidaten zehn Tage Urlaub. Nur für Sorgenkind Günter Netzer gilt das Erholungsgebot nicht. Dem um die Hüften füllig gewordenen Real-Star wird eine Extra-Schicht mit Konditionstrainer Drygalski verordnet, derweil die Kollegen gen Gran Canaria (Nigbur), Monte Carlo (Vogts und Bonhof) oder Südtirol (Hoeneß) abdüsen und Torwart Maier in seinem Heimatort Anzing ein Tenniscenter eröffnet. Netzer hingegen muss auf seine geplante lukrative Autogrammtournee verzichten.

• Am Ende des Wonnemonats macht ein WM-Geheimfavorit auf sich aufmerksam. Nach der bitteren 1:4-Niederlage seiner Mannschaft gegen Holland wagt Argentiniens Trainer Vladislao Cap eine Prognose für das Turnier: „Holland erwarte ich als Endspiel-Gegner der bundesdeutschen Mannschaft." Dem eigenen Team traut er nicht so viel zu: „Wenn wir so weiterspielen, müssen wir nach der Vorrunde heimfliegen."

Juni

• Prognose 1: Kurz vor Turnierbeginn meldet sich auch Franz Beckenbauer, Kapitän der bundesdeutschen Fußball-Nationalmannschaft, mit einem Tipp zu Wort: „Mein großer Favorit ist Italien. Dann kommen Brasilien oder Deutschland. Alles Weitere wäre eine Überraschung."

• Prognose 2: Alle 18 Bundesliga-Trainer erwarten die Bundesrepublik im Finale. 13 tippen im WM-Sonderheft des «kicker» auf das Endspiel Deutschland - Italien, drei auf Deutschland - Brasilien. Nur der junge Coach des 1. FC Kaiserslautern sieht die Beckenbauer-Elf in München gegen die Niederlande auflaufen. Sein Name: Erich Ribbeck. Als „Sir Eric" die Nationalmannschaft 26 Jahre später höchstpersönlich betreut, hat das deutsche Team bereits reichlich Kredit verspielt und befindet sich nicht mehr unter den Favoriten. Bei der EM 2000 in Holland und Belgien übersteht man nicht einmal die Vorrunde...

610.000 Plätze für 240 Millionen
Die Stadien der Weltmeisterschaft 1974

Wie Mexiko 1968/70 richtete auch die Bundesrepublik innerhalb von nur zwei Jahren zuerst die Olympischen Spiele und dann die Fußball-Weltmeisterschaft aus – zwei sportliche Großveranstaltungen mit entsprechend immensem Aufwand. Dass die Kosten für Olympia '72 in München wesentlich höher lagen als zunächst kalkuliert, trieb nicht nur den WM-Organisatoren einige Sorgenfalten auf die Stirn. Die Städte Köln und Nürnberg zogen ihre Bewerbungen als WM-Austragungsort abgeschreckt zurück.

Jenseits des „fertigen" Münchener Olympiastadions wurde in sechs anderen Stadien die Chance zur umfassenden Modernisierung genutzt. Die Ruhrpott-Metropolen Dortmund und Gelsenkirchen erhielten sogar ganz neue Fußball-Kathedralen. Das Dortmunder Westfalenstadion wartete dabei mit dem Novum auf, auf eine Leichtathletik-Laufbahn zu verzichten und dem Publikum die Kicker „hautnah" zu präsentieren.

Insgesamt über 240 Millionen Mark ließ sich die öffentliche Hand schließlich das Aufpolieren und Neugestalten kosten – unter anderem dank der Erlöse der TV-Lotterie „GlücksSpirale" immerhin deutlich weniger als die zunächst angesetzten 300 Millionen. 60 Prozent der Baukosten trugen die Städte, jeweils ein knappes Fünftel steuerten Bund und Länder bei. Schließlich fanden über 610.000 Zuschauer in den neun Stadien Platz. Damit stand die Bundesrepublik schon vor dem ersten Anpfiff als Weltmeister fest: Ein so großes Gesamt-Fassungsvermögen hatte es bei einer WM bis dahin noch nie gegeben.

Berlin / Olympiastadion

Das Olympiastadion ist eine Sportstätte mit unrühmlicher Vergangenheit. Das „wuchtige, trutzige, monumentale Bauwerk", so Sporthistoriker Werner Skrentny, wurde von den Nationalsozialisten auf dem Areal des abgerissenen Deutschen Stadions errichtet, in dem ursprünglich 1916 die Olympischen Spiele hatten stattfinden sollen – der sportliche Wettkampf der Nationen fiel bekanntlich aus, weil 1914 in halb Europa ein Wett- und Totschießen begann, das als Erster Weltkrieg in die Geschichte einging. 1936 errichteten die Nazis auf dem so genannten Reichssportfeld eine 100.000 Zuschauer fassende Arena, deren protzige Architektur den Größenwahn der damaligen Machthaber widerspiegelte. Die Pläne stammten von NSDAP-Mitglied Werner March, dessen Vater bereits das Deutsche Stadion erbaut hatte. Seit 1966 steht die „wohl bedeutendste monumentale Sportanlage des frühen 20. Jahrhunderts in Europa", so das zuständige Amt, unter Denkmalschutz. Nach den Umbauarbeiten zur WM 1974 zierte ein lichtdurchlässiges Dach aus Acryl-Glas die Längsseiten, so dass rund 27.000 Zuschauer vor Regen geschützt waren. Seit 1985 wird das Finale des DFB-Vereinspokals im Olympiastadion ausgetragen, um dessen Kultstatus („Deutsches Wembley") zu erhöhen. Für die WM 2006 wird die im Stadtteil Charlottenburg gelegene Arena komplett umgebaut.

Steckbrief: 85.000 Plätze (vor dem Umbau: 86.000), davon 61.800 Sitzplätze (27.500 überdacht). Eröffnet: 8. Juni 1913 („Deutsches Stadion"), neu erbaut für Olympia 1936 (wiedereröffnet: 1. Juni 1936), modernisiert von April 1972 bis März 1974, Kosten: 25 Millionen Mark.

WM '74: 3 Spiele: (GS) BRD – Chile, Chile – DDR, Australien – Chile

Dortmund / Westfalenstadion

Die Geburtsstunde des Westfalenstadions liegt im Jahr 1966, genauer gesagt: im schönen Monat Juli kurz vor Beginn der WM in England. Damals erhielt Deutschland den Zuschlag für die WM 1974. Und eine Weltmeisterschaft ohne die fußballbegeisterten Dortmunder – ein Ding der

Unmöglichkeit! Doch allen beteiligten Planern war schnell klar, dass mit dem altehrwürdigen Stadion „Rote Erde" kein Staat zu machen war. Also musste ein neues her. Und weil die Autobahnauf- und -abfahrten sowie die bebaubaren Flächen im dicht besiedelten Ruhrpott knapp sind, entschied die Stadt, die neue gleich neben der alten Arena zu bauen. Aufgrund der leeren Stadtsäckel mussten Bund und Land kräftig in die Tasche greifen. Erstaunlich: mit 32 Millionen Mark war der komplette Neubau in unmittelbarer Nähe der Westfalenhalle erheblich günstiger als der Umbau der Düsseldorfer Allzweckarena – die kostete schlappe 13 Millionen mehr. In Dortmund war es doppelt gut investiertes Geld: Während das ehedem als „schönste Sportanlage Europas" gepriesene Rheinstadion mittlerweile der Abrissbirne zum Opfer gefallen ist, hat das auf nunmehr 82.900 Plätze ausgebaute Westfalenstadion, übrigens das einzige reine Fußballstadion, in dem 1974 der Ball rollte, längst Kultstatus erlangt.

Steckbrief: 53.600 Plätze (Neubau), davon 16.600 überdachte Sitzplätze und 37.000 Stehplätze (davon 33.000 überdacht). Eröffnet: 2. April 1974, erbaut von Oktober 1971 bis Frühjahr 1974. Kosten: 32 Millionen Mark.

WM '74: 4 Spiele: (GS) Schottland – Zaire, Niederlande – Schweden, Niederlande – Bulgarien, (FR) Niederlande – Brasilien

Düsseldorf / Rheinstadion

Was gestern der letzte Schrei war, ist heute „von gestern". Die „kühn gewinkelten Stahlbetonpfeiler", so das «Handbuch Fußball-WM '74», stehen nicht mehr. Das, aus der Vogelperspektive betrachtet, ästhetische Gerippe überdauerte keine drei Jahrzehnte, weil knapp 70.000 Zuschauer fassende Fußballstadien mit Tartanbahn Anfang des 21. Jahrhunderts „out" waren – besonders wenn die ortsansässige erste Fußballmannschaft nur in der Oberliga kickte. Manchmal liegen zwischen „gestern" und „heute" nur knapp 30 Jahre.

Dennoch: Tolle Architektur, hochmoderne Ausstattung oder „feinnerviges, schwebendes Gebilde" – außer den beiden Olympia-Stadien in München und Berlin dürfte keine der neun Sportstätten der WM 1974 die Besucher mehr beeindruckt haben als das Düsseldorfer Rheinstadion, das in vierjähriger Bauzeit komplett umgestaltet worden war. „Die ungewöhnlich große Masse des Stadionbaus soll durch Auflösung seiner Kompaktheit in einzelne, aufs knappste bemessene Trageelemente aus der Schwere des Kubus gelöst werden", schrieben die Architekten seinerzeit über ihr wohlgestaltetes Baby aus Beton.

Steckbrief: 69.900 Plätze (vor dem Ausbau: 46.600), davon 31.800 Sitzplätze (20.000 überdacht). Eröffnet: 1. April 1926, modernisiert von Oktober 1968 bis September 1972. Kosten: 45 Millionen Mark.

WM '74: 5 Spiele: (GS) Bulgarien – Schweden, Schweden – Uruguay, (FR) BRD – Jugoslawien, BRD – Schweden, Schweden – Jugoslawien

Frankfurt / Waldstadion

Im Waldstadion wurde die zehnte Fußball-Weltmeisterschaft mit dem Spiel des amtierenden Weltmeisters Brasilien angepfiffen. Gegner war Jugoslawien, das sich knapp vier Monate zuvor an gleicher Stelle gegen Spanien als letzte von 16 Nationen für das Turnier qualifiziert hatte. Zwölf Monate vor seinem 50-jährigen Jubiläum präsentierte sich das mitten im Stadtwald der Mainmetropole gelegene Stadion als moderner Zweckbau, der von einer wuchtigen Haupttribüne geprägt wurde. Clou war eine 340 Quadratmeter große „Trimm-Halle", die unter dem Tribünenhaus lag und nach der Weltmeisterschaft Freizeitsportler anlocken sollte. Die WM war für die Stadtväter ein willkommener Anlass, das zuvor ziemlich marode Bauwerk von Grund auf zu sanieren: Die alte Tribüne war nicht mehr wettbewerbsfähig, die Gegengerade musste, das forderte der Zeitgeist, dringend überdacht werden.

Steckbrief: 62.200 Plätze (vor dem Umbau: 70.800), davon 29.900 Sitzplätze (19.300 überdacht). Eröffnet: 21. Mai 1925, modernisiert von Mai 1972 bis März 1974. Kosten: 27 Millionen Mark.

WM '74: 5 Spiele: (GS) Brasilien – Jugoslawien, Brasilien – Schottland, Schottland – Jugoslawien, (FR) Polen – Jugoslawien, BRD – Polen

DAS ENDTURNIER - DIE STADIEN

Gelsenkirchen / Parkstadion

Die Begeisterung kannte keine Grenzen, obwohl Schalke 04 gerade im Intertoto-Cup gegen Feyenoord Rotterdam 1:2 verloren hatte. Die Einweihung des Parkstadions am 4. August 1973 überstrahlte alles. „Jetzt können wir eine Million Mark ausgeben und Netzer holen", jubelte Schalke-Präsident Günter Siebert: „Unsere Fans werden uns zu Füßen liegen." Zunächst einmal zogen die Fans vom Stadtteil Schalke, wo die alte „Kampfbahn Glückauf" stand, nach Buer um, das zum Parkstadion eine eigene Autobahnabfahrt erhielt. In der Nähe des Buerschen Grüngürtels auf dem 1,5 Quadratkilometer großen Gelände des einstigen Flugplatzes Berger Feld errichtet, bestach die Arena nicht nur durch ihre doppelstöckige Tribüne, auf der über 22.000 Zuschauer Platz fanden. Aus der Kabine wurden die Spieler mittels einer Rolltreppe auf den Rasen geführt – ein Stadion, das für 51 Millionen Mark ganz im Einkaufszentrums-Chic der siebziger Jahre gestaltet war! Mit den höheren Komfort-Anforderungen der neunziger Jahre geriet die WM-Spielstätte durch ihren geringen Überdachungs-Anteil und die Distanz schaffende Laufbahn jedoch allmählich ins Abseits. Seit 2001 spielen die Königsblauen in ihrer hochmodernen „Arena AufSchalke" mit Schiebedach, die von Kritikern gerne als „überdimensionierte Butterdose" bezeichnet wird.

Steckbrief: 53.600 Plätze (Neubau), davon 16.600 überdachte Sitzplätze. Eröffnet 4. August 1973, erbaut von Oktober 1971 bis August 1973, endgültig fertig gestellt im Mai 1974. Kosten: 51 Millionen Mark.

WM '74: 5 Spiele: (GS) Jugoslawien – Zaire, Brasilien – Zaire, (FR) Niederlande –Argentinien, Niederlande – DDR, Argentinien – DDR

Hamburg / Volksparkstadion

Das Volksparkstadion ist ein typisches „Nachkriegskind". Es wurde in den Jahren 1952 und 1953 auf und aus den zusammengekarrten Trümmern des Zweiten Weltkrieges erbaut. Eine traurige Reminiszenz an den so genannten Hamburger Feuersturm, in dem zahlreiche innenstadtnahe Wohnviertel wie Hamm ausgelöscht worden waren. Knapp 20 Jahre nach der Erbauung auf der großstädtischen Erholungsinsel Volkspark musste die „Betonschüssel", wie das Stadion bald im Volksmund hieß, für die WM '74 fit gemacht werden. Vor allem an Sitzplätzen mangelte es, zudem musste eine elektronische Anzeigetafel her. Dass die DFB-Offiziellen an die Hansestadt – mit 1,8 Millionen Einwohnern immerhin nach Berlin der zweitgrößte Austragungsort des Turniers – nur drei Spiele der ersten Finalrunde vergeben hatten, dürfte manch stolzen Hanseaten beleidigt haben. Ein kleiner Trost für alle Lokalpatrioten war das deutsch-deutsche Duell: Durch den sensationellen Ausgang des einzigen Kräftemessens beider deutscher Nationalmannschaften steuerte Hamburg ein hochinteressantes Kapitel zur Sportgeschichte bei. 1998 wurde die Sportstätte mit

Tartan-Laufbahn abgerissen und durch ein topmodernes Fußballstadion ersetzt. Die „Betonschüssel" avancierte aber nicht, wie von vielen Fußballfans gewünscht, zum Uwe-Seeler-Stadion, sondern mutierte zur AOL-Arena. Wieder einmal wurde die Tradition auf dem Altar des schnöden Mammons geopfert.
Steckbrief: 60.600 Plätze (vor dem Umbau: 71.900), davon 27.800 Sitzplätze (18.200 überdacht). Eröffnet: September 1925, modernisiert von April 1970 bis Frühjahr 1974, Kosten: 15 Millionen Mark.
WM '74: 3 Spiele: (GS) DDR – Australien, BRD – Australien, DDR – BRD

Hannover / Niedersachsenstadion

Anfang der fünfziger Jahre aus Trümmern des Zweiten Weltkrieges erbaut und ursprünglich 75.000 Zuschauer fassend, wurde die Kapazität der Arena für die WM 1974 zu Gunsten von knapp 40.000 Sitzplätzen erheblich reduziert. Doch das dauerte. Im Februar 1974 war Hannover in Sachen Fußball ganz unten: Die ortsansässigen 96er krebsten in der Bundesliga auf einem Abstiegsplatz herum und der Umbau der Arena hinkte acht Wochen hinter dem Terminplan her. Das Niedersachsenstadion lag klar „an letzter Stelle aller neun WM-Schauplätze", konstatierte der für den Stadionausbau zuständige WM-Organisator Claus Willing. „Zeittoleranzen gibt es nicht mehr", warnte der städtische Organisationsleiter Herbert Erben. Nicht fertig waren Umkleide- und Duschräume für die Spieler, Ermüdungsbecken, die Infrastruktur für Radio- und Fernsehreporter sowie die Arbeitsräume für die schreibende Zunft. Und vor dem Stadion sah es aus wie im Worpsweder Teufelsmoor: Es hatten sich kleine Feuchtbiotope gebildet, weil die Zufahrten zum Stadion noch nicht gepflastert waren. Zu dieser Naturbelassenheit passte der Spitzname „Schwimm-Muschel" für die Betonschüssel im Herzen der niedersächsischen Hauptstadt. Fairerweise muss erwähnt werden, dass sich die originelle Wortschöpfung auf die topografische Lage zwischen Maschsee und Leine bezog. Als der Ball dann endlich rollte, war übrigens aller Ärger verflogen.
Steckbrief: 58.700 Plätze (vor dem Umbau: 75.000), davon 39.000 Sitzplätze (18.000 überdacht). Eröffnet: 26.9.1954, modernisiert von April 1972 bis zum Frühjahr 1974. Kosten: 26 Millionen Mark.
WM '74: 4 Spiele: (GS) Niederlande – Uruguay, Bulgarien – Uruguay, (FR) Brasilien – DDR, Brasilien – Argentinien

München / Olympiastadion

Nein, geliebt haben die Fußballer es nicht, das Münchener Olympiastadion. „Allein vom Geld für das Zeltdach hätten wir acht Fußballstadien bauen können", lästerte WM-Organisationschef Hermann Neuberger schon 1974 über die futuristische Arena, und ein Vierteljahrhundert später hoffte Bayern-Boss Franz Beckenbauer sogar, es ließe sich doch wohl „irgendein Terrorist finden, der das Ding für uns in die Luft sprengt". Die Aufsehen erregende Zeltdach-Konstruktion für 180 Millionen Mark hatte das Stadion zwar zum „architektonischen Wahrzeichen der Bundesrepublik" («Süddeutsche Zeitung») aufsteigen lassen. Luftig und leicht über den Dingen schwebend – so sah sich die langsam erwachsen gewordene westdeutsche Demokratie Anfang der siebziger Jahre ganz gerne. Doch so heiter die Leichtathletik-Wettbewerbe der Olympischen Spiele 1972 bis zum Attentat auf israelische Sportler auch waren – für Fußball erwies sich die Spielstätte schon damals als nur bedingt geeignet. Zu weitläufig war das Oval, zu wenig war an die Bedürfnisse der Kicker gedacht worden, als 1967 die fünfjährigen Arbeiten am Prunkstück begannen. Für die Fußball-Weltmeisterschaft wurden wenigstens zehn Rundlöcher an der Westseite durch Draht-Glastüren geschlossen, um der Zugluft Herr zu werden. Mit voller Begeisterung nutzten nur die Zeugen Jehovas die Arena seit 1978 für ihre alljährlichen Wachtturm-Weltkongresse. Die Fußball-Lobby dagegen grummelte, sabotierte in den Neunzigern zuerst die architektonische Harmonie mit einem groben Werbetafel-Klotz als Gegenstück zum Zeltdach – und schreckte dann konsequenterweise auch nicht vor Forderungen nach der Abrissbirne zurück. Glücklicherweise blieb das wegweisende Bauwerk im Herzen des Olympiaparks von der zeitweilig geplanten Demontage oder einem entstellenden Umbau verschont. Als Reaktion auf mehrere Verschlimmbesserungs-Entwürfe zog Architekt Günther Behnisch mit Verweis auf seine Urheberrechte die Zustimmung zur Denkmalschändung zurück. Das Münchener WM-Stadion 2006 wird deshalb in Frött-

DAS ENDTURNIER · DIE STADIEN

maning stehen, wo der FC Bayern und der TSV 1860 gemeinsam die „Allianz-Arena" errichten.
Steckbrief: 74.500 Plätze, davon 44.200 Sitzplätze (24.700 überdacht). Eröffnet: 26. Mai 1972, erbaut von 1967 bis Mai 1972. Kosten: 85 Millionen Mark (ohne Zeltdach).
WM '74: 5 Spiele: (GS) Italien – Haiti, Polen – Haiti, Argentinien – Haiti, (Platz 3) Polen – Brasilien, (Finale) BRD – Niederlande

Das Münchener Olympiastadion

Stuttgart / Neckarstadion

„Euer Stadion ist das schönste", soll Hermann Neuberger nach dem Länderspiel der DFB-Kicker gegen Spanien im November 1973 spontan ausgerufen haben. Ganze eineinhalb Jahre und 16 Millionen Mark – davon 6,2 Millionen aus dem Stadtsäckel – hatten die fleißig-sparsamen Schwaben benötigt, um ihr 1933 errichtetes Neckarstadion WM-reif aufzupolieren. Wichtigste Neuerung: Die überdachte Haupttribüne, auf der 12.195 Zuschauer im Trockenen sitzen konnten. Der Besucher sollte sehen, wozu schwäbische Baukunst imstande war: Das im Stadtteil Bad Cannstatt gelegene Stadion beeindruckte durch sein frei „schwebendes" Dach, das auf sichteinschränkende Stützpfeiler verzichtete. Ein weiteres bemerkenswertes Accessoire bildeten 20 in Bullaugen-Form gehaltene Sonnenblenden. Nach der Premierenveranstaltung durch das Deutsche Turnfest 1973 hatte man bald vergessen, dass gegen die öffentliche Subventionierung des Ausbaus sogar ein Bürgerentscheid angestrengt worden war. Internationales Renommee gewann die mittlerweile in Gottlieb-Daimler-Stadion umbenannte Arena allerdings erst lange nach der Fußball-Weltmeisterschaft: Als Austragungsort der Leichtathletik-WM 1993, die allerorten als gelungenes Zusammenspiel von Stadion-Flair und begeisterungsfähigem Publikum gepriesen wurde.
Steckbrief: 72.200 Plätze (vor dem Umbau: 74.400), davon 34.400 Sitzplätze (18.900 überdacht). Eröffnet: 23. Juli 1933, modernisiert von Dezember 1971 bis Mai 1973, Kosten: 16 Millionen Mark.
WM '74: 4 Spiele: (GS) Polen – Argentinien, Argentinien – Italien, Polen – Italien, (FR) Polen – Schweden

47

Das Endturnier - Erste Finalrunde

BRD - Chile 1:0 (1:0)

Der Linke trifft mit rechts

Nach der Nullnummer zwischen Brasilien und Jugoslawien dauerte das Warten auf das erste WM-Tor bis zur 16. Minute: Beckenbauer passt zu Breitner, der Außenverteidiger fasst sich ein Herz und erzielt aus knapp 30 Metern das 1:0 im Auftaktspiel der Bundesrepublik gegen Chile. Dass der Sonntagsschuss (mit dem rechten Fuß in den Winkel) des damals politisch links verorteten Wuschelkopfs von Bayern München der einzige Treffer bleiben würde, ahnten zu diesem Zeitpunkt weder die rund 83.000 Zuschauer im Berliner Olympiastadion noch Millionen Fans vor den Fernsehgeräten.

Schwer zu schaffen machte den Deutschen die Härte der primär auf Toreverhinderung ausgerichteten Südamerikaner. Nicht nur deren Abwehrspieler langten kräftig hin, auch Stürmer Caszely spielte mit eingebauter Sense. In der 13. Minute säbelte er Heynckes um, in der zweiten Halbzeit (68.) stieg er so unsanft gegen Grabowski ein, dass der türkische Schiedsrichter Dogan Babacan die rote Karte zückte. Der Platzverweis für Caszely war indes nur der Gipfel der Unsportlichkeiten. Die Chilenen ließen sich auch in Allerweltszweikämpfen zu Nickligkeiten hinreißen. Als sich beispielsweise Müller und Figueroa zu einem Kopfball hochschraubten, hatte der Südamerikaner ein kleines Extra parat: Weil er bei dem Duell keine Chance besaß, den deutschen Goalgetter zu überspringen, wuchtete er seine Faust in Müllers Gesicht – Folter-Fußball à la Chile.

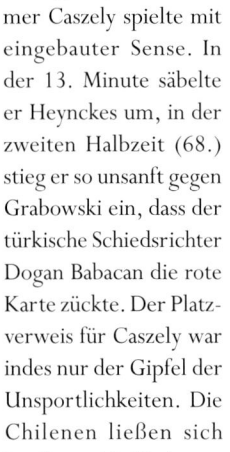

Besonders Müllers Sturm-Kollege, der nach 40 Sekunden zum ersten Mal gefoulte Jupp Heynckes, wurde von den Stollenschuhen seines Gegenspielers immer wieder auf höchst unschöne Weise beharkt. García verpasste ihm ein Andenken, auf das der nach den ersten Attacken recht mutlos wirkende Gladbacher gerne verzichtet hätte: einen schmerzhaften Pferdekuss am rechten Oberschenkel. Nach dem Spiel hatten der deutsche Mannschaftsarzt Dr. Heinrich Hess und Masseur Deuser alle Hände voll zu tun, zumal auch der ermattete Mittelfeldstratege Wolfgang Overath 15 Minuten vor dem Abpfiff verletzt vom Platz humpelte.

Nach einhelliger Expertenmeinung litt Chiles Team unter zu kurzer und zudem schlecht geplanter Vorbereitung. Der chilenische Fußball-Verbandspräsident Francisco Fluxa war allerdings anderer Meinung: „Chilenen haben sich in Trainingslagern noch nie wohl gefühlt und sind deshalb so wenig wie möglich kaserniert worden." Die vor Turnierbeginn ausbaldowerte Taktik der Südamerikaner ließ Fußballästheten gruseln: Aus einer stets defensiven Grundhaltung sollte der Erfolg mit schnellen Kontern herbeigeführt werden. Ansonsten zelebrierten die kopfballschwachen Anden-Kicker mit Vorliebe pomadiges Ballgeschiebe über kurze Distanzen. Ihre Marschroute: Den Gegner in Igelstellung – und notfalls mit unsportlicher Härte – vom eigenen Strafraum fernhalten, ihn bei eigenem Ballbesitz im Mittelfeld einschläfern und dann blitzschnell zubeißen. Es gab nur ein kleines Problem bei den überraschenden Attacken: Der über den rechten Flügel kommende und früher brandgefährliche Angreifer Carlos Caszely plagte sich bis kurz vor der WM mit einigen Pfunden Übergewicht herum. Im ersten WM-Spiel konnte der technisch brillante Spanien-Legionär vom Zweitligisten Levante zwar in einigen Szenen an seine pfeilschnelle Vergangenheit anknüpfen, gefährlich wurde es vor dem deutschen Tor allerdings nur, wenn Mittelfeldakteur Valdez am Ball war: Einer seiner Schüsse strich wenige Zentimeter an Maiers Kasten vorbei, ein weiteres Mal verfehlte er ein Zuspiel lediglich um Haaresbreite.

So blieb es letztlich für die Schön-Schützlinge beim knappsten aller möglichen Siege. Die vom „Premierenfieber" befallenen Deutschen reagierten auf das matte Spiel leicht bedröppelt und schoben dem Gegner den Schwarzen Peter zu. „Die wollten gar nichts erreichen, die wollten nur nicht allzu hoch verlieren", echauffierte sich Kapitän Franz Beckenbauer nach der fußballerischen Magerkost des faden 90-Minuten-Menüs.

Geschlagen: Chiles Keeper Leopoldo Vallejos nach dem Breitner-Knaller

BR Deutschland – Chile   1:0 (1:0)
14. Juni 1974, 16 Uhr, Olympiastadion, Berlin

BR Deutschland: Maier - Vogts, Schwarzenbeck, Beckenbauer (K), Breitner - Hoeneß, Cullmann, Overath (76. Hölzenbein) - Grabowski, Müller, Heynckes

Chile: Vallejos - García (G), Quintano-Cruz, Figueroa, Arias - Rodríguez (84. Lara), Caszely (G, R/68, Foulspiel), Valdéz (K) (79. Véliz), Reynoso (G) - Páez, Ahumada

ZS: 83.168, **SR:** Babacan (Türkei), **LR:** Taylor (England), Winsemann (Kanada), **Tor:** 1:0 Breitner (16.)

DDR – Australien 2:0 (0:0)

Die australische Mauer bröckelt spät

Die WM-Novizen DDR und Australien – für beide Teams war es das erste Endrundenspiel überhaupt – konnten nur kämpferisch überzeugen. Fußballerisch boten die nervösen Neulinge bis weit in die zweite Halbzeit hinein Magerkost. Erst mit der bezeichnenderweise durch ein Eigentor zustande gekommenen 1:0-Führung im Rücken setzte die favorisierte DDR einige spielerische Akzente, und nach dem zweiten Treffer schaukelte das Team von Trainer-Fuchs Georg Buschner die ersten beiden Punkte gegen die konditionell nachlassenden Kampffußballer vom fünften Kontinent schließlich nach Hause. „Hektik, Hast und viele Härten", zog das Fachblatt «kicker» ein wenig schmeichelhaftes Resümee nach neunzig von einfallslosem Ballgetrete geprägten Minuten.

Die Ausgangslage für die DDR war klar: Nur ein Sieg gegen den krassen Außenseiter der Gruppe 1 würde die Möglichkeit eröffnen, in die zweite Finalrunde einzuziehen. Also berannten Sparwasser, Streich, Vogel & Co. vor der enttäuschenden Kulisse von lediglich knapp 18.000 Zuschauern das von Reilly sicher gehütete Tor von Beginn an, doch die Angriffswellen der Deutschen wurden von der vielbeinigen australischen Abwehr immer wieder gebrochen. Die Staatsamateure aus Jena, Leipzig und Magdeburg kamen an den Halbprofis aus Sydney, die in ihrer Heimat als Dreher, Detektiv oder Milchmann arbeiteten, kaum einmal vorbei. Die Mauer, die der deutschstämmige Manndecker Schaefer von St. George Sydney mit seinen Abwehrkollegen um den Strafraum errichtet hatte, war lange Zeit genauso undurchlässig wie der „antiimperialistische Schutzwall" an der innerdeutschen Grenze. Außerdem erwiesen sich die DDR-Stürmer als erstaunlich schussschwach. Torchancen in der ersten Halbzeit: Fehlanzeige!

Zur Pause lag Australiens Coach Rasic, ein bekennender Fan der DDR, im Plansoll. Vor der Begegnung hatte er die Parole ausgegeben: „Tore verhindern und nicht hoch verlieren!" Auch zu Beginn der zweiten Halbzeit ließ die DDR jeglichen Spielwitz vermissen, und je länger die Partie dauerte, desto mehr neutrale Zuschauer schwenkten zum Außenseiter um. Nur die 1.700 handverlesenen Edelfans aus der Deutschen Demokratischen Republik hielten stimmlich dagegen. Ihr Lieblings-Schlachtruf „Acht, neun, zehn – klasse!" kam den linientreuen Jubeldeutschen bis zur 57. Minute allerdings nicht über die Lippen, ehe ein Eigentor von Curran den Bann brach. Sparwasser, der Vater des erlösenden Treffers, erinnerte sich später: „Der Pass von ‚Pomme' in den Raum kam genau temperiert. Ich erlief ihn mir, dribbelte einige Meter, sah, dass der australische Torwart Reilly aus seinem Kasten eilte, schob die Kugel in Richtung Tor." Den Rest erledigte der australische Abwehrspieler. Am nächsten Tag seufzte eine DDR-Zeitung: „In Hamburg sind nicht nur die Nächte lang, sondern auch die Wartezeiten auf ein Tor."

Der Rest war Formsache. 18 Minuten vor Schluss konnte Torjäger Streich dem gebürtigen Königsberger Schaefer endlich einmal entwischen und das 2:0 erzielen. Den tapferen „Kängurus", die einen rustikalen Fußball englischer Prägung bevorzugten, war nicht mehr zum Hüpfen zumute, nur Coach Rasic tobte wie ein Rumpelstilzchen und machte den senegalesischen Schiedsrichter für die etwas unglückliche Niederlage verantwortlich: „Er hat so gut wie gar nichts richtig gemacht." Vor dem ersten Tor wollte Rasic eine Abseitsstellung und später ein elfmeterwürdiges Handspiel von Wätzlich gesehen haben. Nach seiner Schiedsrichter-Schelte hatte Rasic aber doch noch ein überraschendes Lob für den Sieger parat: „Im Gegensatz zu vielen Experten halte ich die DDR-Mannschaft für stärker als die der Westdeutschen." Acht Tage später traf Sparwasser...

Hammer, Zirkel, Freude: Die DDR siegt bei ihrem ersten WM-Auftritt

DDR – Australien   **2:0 (0:0)**
14. Juni 1974, 19.30 Uhr, Volksparkstadion, Hamburg

DDR: Croy - Kische (G), Bransch (K), Weise, Wätzlich (G) - Pommerenke, Sparwasser, Irmscher - Löwe (54. Hoffmann), Streich, Vogel (G)

Australien: Reilly - Utjesenovic, Wilson (K), Schaefer, Curran - Richards, Rooney, Mackay - Warren, Alston, Buljevic

ZS: 18.180, **SR:** N'Diaye (Senegal), **LR:** Sánchez Ibáñez (Spanien), Delgado (Kolumbien), **Tore:** 1:0 Curran (57./ET), 2:0 Streich (72.)

BRD – Australien 3:0 (2:0)

„Uwe, Uwe!"

Am Anfang und am Ende gab es Pfiffe. In den dazwischen liegenden 90 Minuten erzielte die deutsche Fußball-Nationalmannschaft drei Tore, die für einen glatten Sieg über den Außenseiter Australien und zum frühzeitigen Einzug in die zweite Finalrunde reichten.

Als bei der Verlesung der Mannschaftsaufstellung der Name Wolfgang Overath durch das Hamburger Volksparkstadion dröhnte, setzte ein gellendes Pfeifkonzert ein. Wie im ersten Spiel hieß der Favorit der Massen auf der zentralen Mittelfeldposition Günter Netzer. Doch die unpopuläre Maßnahme von Bundestrainer Helmut Schön, den Star von Real Madrid erneut auf der Ersatzbank schmoren zu lassen, erwies sich bereits nach wenigen Minuten als goldrichtig, denn Overath, der Kölner Mittelfeldstratege mit der schwarzen Zottelmähne, glänzte mit atemberaubenden Pässen, beeindruckte durch beherzten Einsatz und erzielte per knallhartem Linksschuss in den rechten Torwinkel frühzeitig das beruhigende 1:0. Der Treffer erinnerte an Breitners Sonntagsschuss gegen Chile. In der Folgezeit steigerte sich der nunmehr vom Publikum bejubelte Overath in einen Spielrausch und absolvierte nach einhelliger Expertenmeinung sein bestes Spiel seit der ruhmreichen WM in Mexiko. Weniger gut aufgelegt war hingegen Uli Hoeneß, der vor allem durch das Auslassen klarster Chancen auffiel. Seine beste Szene hatte der Münchner Angreifer in der 34. Minute, als er eine maßgerechte Flanke auf Cullmanns Kopf zirkelte – 2:0. Der Kölner machte es damit besser als Goalgetter Gerd Müller, der in der einseitigen Begegnung nach 17 Minuten nur an die Latte des vom guten Keeper Reilly gehüteten Tores geköpft hatte. Fazit der ersten Halbzeit:

Glanzloser Pflichtsieg: Gerd Müller trifft zum 3:0, Uli Hoeneß assistiert

Die Deutschen präsentierten sich gegenüber ihrem Auftaktspiel deutlich formverbessert und glänzten phasenweise mit gelungenen Kombinationen.

Nach der Pause, spätestens nach dem 3:0 durch Müller (53.), gab es aus deutscher Sicht allerdings nichts mehr zu bejubeln. 120 Sekunden vor der endgültigen Entscheidung hatte der australische Stürmer Alston die erste Torchance für die „Kängurus" erspielt (Schwarzenbeck und Beckenbauer gaben bei dieser Aktion keine gute Figur ab), und in der Folgezeit wurden die Australier durch unkonzentrierten Einsatz und sich häufende Fehlpässe ihres Gegners stark gemacht. Die Quittung für die Nachlässigkeiten hätte der Außenseiter fast in der 83. Minute ausgestellt, als Abonyi nur am Pfosten scheiterte – die „Aufhören!"-Sprechchöre wurden immer lauter. Der unerwartete Rückenwind für die „Aussies" hatte aber auch einen anderen Grund: Im Gegensatz zum Premierenauftritt gegen die DDR ließ das Rasic-Team den Knüppel diesmal im Sack, kickte weniger rustikal. Trotz der klaren Niederlage gegen „den Favoriten dieser WM" war der australische Verbandspräsident Brian Le Fevre zufrieden: „Wir konnten nachweisen, dass wir uns verbessert haben. Einen Ehrentreffer hätten wir uns wirklich verdient."

Auch dem Bundestrainer war nicht verborgen geblieben, dass die Gäste gegen Ende ihrem ersten Treffer näher waren als die Hausherren ihrem vierten. „Aus dem Spiel wurde eine Spielerei", musste der Bundestrainer nach dem Abpfiff zugeben. Weil sich das kritische Hamburger Publikum mit dem 3:0 nicht begnügen, sondern an einem vorher erwarteten Kantersieg ergötzen wollte, reagierte es mit Missfallenskundgebungen, die wiederum „Kaiser Franz" als Majestätsbeleidigung verstand. Als der bekanntermaßen jähzornige Münchner von einigen Zuschauern zu allem Überfluss noch als „Bayernschwein" tituliert wurde, verlor er die Beherrschung und revanchierte sich mit abfälligen Gesten. Höhepunkt der kaiserlichen Publikumsbeschimpfung: eine Spuckattacke in Richtung Massen. Eine Aktion mit Signalwirkung: Jetzt waren die meisten der 52.000 Stadionbesucher allen Bayern-Spielern gram (die Deutschen und die Kollektivschuld…), und als Torjäger Gerd Müller kurz vor Schluss eine gute Torchance kläglich versemmelte, schallten ihm aus mehreren Tausend Kehlen lautstarke „Uwe, Uwe"-Rufe entgegen. Das Hamburger Fußballidol saß derweil reichlich verdattert auf der Ehrentribüne und wusste nicht so recht, ob es sich darüber freuen oder ärgern sollte. Nach Abpfiff verschwand der in Ungnade gefallene Libero Beckenbauer wortlos in den Katakomben der „Betonschüssel" am Volkspark. Ein Pfeifkonzert begleitete seinen Abgang.

BR Deutschland – Australien   3:0 (2:0)
18. Juni 1974, 16 Uhr, Volksparkstadion, Hamburg

BR Deutschland: Maier - Vogts, Schwarzenbeck, Beckenbauer (K), Breitner - Hoeneß, Cullmann (68. Wimmer), Overath - Grabowski, Müller, Heynckes (46. Hölzenbein).

Australien: Reilly - Utjesenovic, Wilson (K), Schaefer, Curran - Richards, Rooney, Mackay (G/57.) - Campbell (46. Abonyi), Alston, Buljevic (60. Ollerton)

ZS: 52.000, **SR:** Kamel (Ägypten), **LR:** Pérez-Núñez (Peru), González Archundia (Mexiko), **Tore:** 1:0 Overath (12.), 2:0 Cullmann (34.), 3:0 Müller (53.)

Chile - DDR 1:1 (0:0)

Chilenen freuen sich zu früh

„Heute haben wir die Karten aufgedeckt. Unsere Mannschaft hat einen faszinierenden Fußball gespielt und aufopferungsvoll gekämpft", erklärte Chiles Trainer Luis Alamos nach dem hart errungenen Unentschieden im Berliner Olympiastadion. „Nun haben wir die große Chance, durch einen klaren Sieg über Australien die nächste Runde zu erreichen." Dass die Bundesrepublik die DDR besiegen würde, schien für den schnauzbärtigen Coach eine ausgemachte Sache. Ein typischer Fall von „Denkste!", wie sich am dritten Spieltag erweisen sollte – weder schafften die Südamerikaner einen Sieg gegen die australischen Rustikalkicker noch erfüllten Beckenbauer & Co. ihr Plansoll. Am Ende jubelten nur die Ostdeutschen...

Allerdings nicht nach den 90 Minuten gegen Chile, die die DDR in der ersten Halbzeit deutlich dominiert hatte. Trotz mehrerer guter Chancen und eines Eckenverhältnisses von 8:3 für die Buschner-Schützlinge trabten die Akteure jedoch mit einem torlosen Remis in die Kabine. Die auch zu diesem Zeitpunkt noch verdiente Führung ließ bis zur 55. Minute auf sich warten. Ausgerechnet der erst 19-jährige Benjamin Martin Hoffmann erzielte den erlösenden Treffer. Peter Ducke hatte einen Freistoß zielgenau auf den Kopf des Magdeburgers gezirkelt. Wer allerdings dachte, jetzt würden die Männer mit dem Hammer und dem Zirkel auf dem Trikot befreit aufspielen, wurde bitter enttäuscht. Die Chilenen wollten ihre letzte Chance wahren und drängten beherzt auf den Ausgleich. Der fiel tatsächlich eine knappe Viertelstunde später: Mittelstürmer Ahumada egalisierte nach einer Maßflanke von Reynoso.

Weil das Unentschieden der DDR nach der Papierform, so die einhellige Expertenmeinung, nicht zum Einzug in die zweite Finalrunde reichen würde, schaltete sich fortan sogar Abwehrchef Bransch in die Angriffe ein. Die Einwechslung des Mittelfeldstrategen Hans-Jürgen Kreische für Wolfgang Seguin (73.) sollte zudem Ordnung in die mitunter hektisch vorgetragenen Offensivbemühungen bringen. Immer wieder versuchte Kreische, den Ball nach vorne zu treiben, doch vor dem von Vallejos gehüteten Tor hatte sich eine stattliche Armada eingefunden, an der die meisten Schüsse abprallten. Fand der Ball doch einmal eine Lücke, landete er am Pfosten – getroffen von Hoffmann und Kreische.

Auch die Versuche von Kische und Ducke, kurz vor dem Abpfiff aus der Distanz zum Erfolg zu kommen, erwiesen sich als Rohrkrepierer. Es blieb bei dem mickrigen Törchen von Hoffmann. Weil auch die Chilenen in der zweiten Halbzeit zweimal am Metall gescheitert waren (Reynoso und Figueroa), war das 1:1 ein durchaus gerechtes Resultat.

Obwohl DDR-Coach Buschner mit dem Spielausgang unzufrieden war, zollte er seinem Team ein Lob: „Es hat sich herausgestellt, dass wir allmählich aus der Rolle des Neulings herauswachsen." Seine Elf sei selbstbewusster und sicherer geworden und habe „über weite Strecken effektvoll gespielt", analysierte der ausgewiesene Stratege. Doch dem „Fußball-Mathematiker" waren die „Schwächen im taktischen Bereich" nicht verborgen geblieben. Ein weiteres Defizit, das in der Endabrechnung den Einzug in die nächste Runde würde kosten können, brachte der italienische Alt-Internationale Silvio Piola auf den Punkt: „Was unbedingt zu verbessern ist, das ist das Ausnutzen der Chancen." Das Wort des 61-jährigen Hoteliers aus Chiavari an der Riviera hatte Gewicht: In seiner aktiven Zeit war er ein gefürchteter Torjäger, der in 32 Länderspielen 33-mal traf – für einen mit dem Catenaccio-Gen geborenen Italiener eine außerordentliche Quote...

Protest gegen Pinochet: In Berlin wird Chiles Folter-Regime auf Transparenten angeklagt

Chile – DDR 1:1 (0:0)

18. Juni 1974, 19.30 Uhr, Olympiastadion, Berlin

Chile: Vallejos - García, Quintano-Cruz, Figueroa, Arias - Páez (G/60.), Valdéz (K) (46. Yávar), Reynoso - Socias (65. Farías), Ahumada, Véliz (G/56.).

DDR: Croy - Kische (G/65.), Bransch (K), Weise, Wätzlich - Seguin (73. Kreische), Sparwasser, Irmscher - Hoffmann, Streich, Vogel (29. Ducke)

ZS: 27.000, **SR:** Angonese (Italien), **LR:** Scheurer (Schweiz), Davidson (Schottland), **Tore:** 0:1 Hoffmann (55.), 1:1 Ahumada (69.)

Gruppenbild mit Känguru: Die Australier vor ihrem ersten WM-Punktgewinn

Australien - Chile 0:0

Chile geht im Regen unter

Heute undenkbar, 1974 noch Usus: Die beiden letzten und entscheidenden Gruppenspiele fanden nicht zeitgleich statt. Erst nach dem Skandalspiel zwischen Argentinien und Peru (WM 1978) sowie dem „Nichtangriffspakt" zwischen der Bundesrepublik und Österreich (WM 1982) schob die FIFA dem unsportlichen Reglement einen Riegel vor: Seit 1986 werden die Partien des letzten Spieltags der Gruppenphase zur gleichen Stunde angepfiffen. Da diese Regelung aber nun einmal noch nicht galt und die Australier den Chilenen in der Nachmittags-Begegnung ein torloses Unentschieden abtrotzten, war die DDR bereits vor dem Bruderkampf mit der BRD für die zweite Finalrunde qualifiziert. Vor den 90 Minuten herrschte in beiden Lagern Optimismus. „Wir wollen nicht ohne Punktgewinn in die Heimat zurückkehren. Gegen Chile rechne ich mir durchaus eine Chance aus", strahlte der australische Coach Rasic Selbstbewusstsein aus. Derweil spekulierten die Chilenen darauf, mit einem klaren Sieg in die nächste Runde einzuziehen – der DDR traute man am Abend gegen die BRD keine Überraschung zu.

Doch dann kam alles anders. Schon früh deutete sich vor der enttäuschenden Kulisse von 16.100 Zuschauern im Berliner Olympiastadion an, dass den selbstbewussten Südamerikanern trotz technischer und spielerischer Überlegenheit die Mittel für einen Kantersieg fehlen würden. Die Männer in den roten Trikots und blauen Hosen mussten sogar aufpassen, nicht in einen australischen Konter zu laufen. Ein blitzschneller Gegenstoß, bei dem Abonyi nur knapp scheiterte, hätte fast eine kleine Sensation eingeleitet.

Nur langsam kamen die Chilenen in Fahrt, die aber bald von sturzbachartigen Regenschauern abgebremst wurde. Wegen der enormen Wassermengen, die Petrus auf den Rasen schütten ließ, musste sogar die Halbzeitpause verlängert werden. Das englische Wetter behagte den südamerikanischen Technikern naturgemäß weniger als den britisch geprägten, kraftvollen Australiern. Einzig der gegen Deutschland vom Platz geflogene wuselige Caszely konnte sich mit seinen Dribblings phasenweise Erfolg versprechend in Szene setzen. Doch er und seine Stürmerkollegen scheiterten letztendlich an der unübersehbaren Abschlussschwäche – nur ein Treffer in drei Spielen spricht eine deutliche Sprache. Sogar gegen zehn Australier – Richards sah in der 82. Minute die rote Karte – wollte kein Törchen fallen.

Sekunden vor dem Abpfiff hatte Chiles Ahumada doch noch den Sieg auf dem Fuß, als Keeper Reilly den Ball nicht festhalten konnte. Doch Kapitän Peter Wilson stand in der Nachspielzeit goldrichtig und rettete per Brust auf der Linie. Der Großtat des australischen Beckenbauers verdankt das Land seinen bis heute einzigen Punkt in der „ewigen Tabelle" aller WM-Endrunden.

Überschattet wurde das Spiel übrigens von Anti-Chile-Kundgebungen. Einige Demonstranten hatten zu Beginn der zweiten Halbzeit versucht, Transparente („Chile sí, Junta no") auf dem Rasen auszurollen. Das Fußball-Magazin «kicker» rüffelte Ordner und Polizei, die sich „vor den Wassermassen, die vom Himmel kamen, verkrochen hatten" und druckte ein Foto von der Aktion. Die Bildunterschrift lautete: „Politische Demonstranten gehören nicht auf das Fußballfeld." Das kann man auch anders sehen. Alle Fußballfans, die Folter und Erschießungen im Stadion von Santiago de Chile nicht kalt gelassen hatten, dürften sich über diese biedere Floskel geärgert haben.

Australien – Chile 0:0

22. Juni 1974, 16 Uhr, Olympiastadion, Berlin

Australien: Reilly - Utjesenovic, Wilson (K), Schaefer, Curran (79. Williams) - Richards (G/36., R/82., Meckern), Rooney, Mackay - Abonyi, Alston (66. Ollerton), Buljevic

Chile: Vallejos - García, Quintano-Cruz, Figueroa, Arias - Páez, Caszely, Reynoso - Valdéz (K) (57. Farías), Ahumada, Véliz (72. Yávar)

ZS: 16.100; **SR:** Namdar (Iran); **LR:** Loraux (Belgien), van Gemert (Niederlande); **Tore:** Fehlanzeige

DDR – BRD 1:0 (0:0)

Sparwassers Tor für die Ewigkeit

Die Münder der symbolträchtig am Boden liegenden Maier und Höttges stehen ebenso sperrangelweit offen wie das westdeutsche Tor, Cullmanns und Breitners Blicke aus dem Hintergrund spiegeln blankes Entsetzen wider, einzig der wie immer unermüdlich kämpfende Vogts versucht noch zu retten, was nicht mehr zu retten ist. Sein linkes Bein streckt sich – im Vergleich zur unerreichbar vorbeirauschenden Lederkugel – im Bahnschrankentempo in den abendgrauen Hamburger Himmel. Obwohl Vogts' Antlitz grimmige Entschlossenheit und das britische „Never give up" ausdrückt, das ihn knapp drei Jahrzehnte später zum schottischen Nationaltrainer qualifizieren wird, zappelt der Ball Sekundenbruchteile nach der spielentscheidenden Szene in den Maschen des Tores. In diesem Moment liegt Sepp Maier bereits auf dem Rücken und zappelt mit allen Vieren wie ein hilfloser Marienkäfer. Jürgen Sparwassers Treffer am Abend des 22. Juni 1974 sorgte – nach dem Aus für den WM-Mitfavoriten Italien – nicht nur für die zweite große Sensation der zehnten Fußball-Weltmeisterschaft, sondern lieferte darüber hinaus Gesprächsstoff für Jahrzehnte.

Die Vorzeichen für ein unterhaltsames Spiel standen gut. Durch den überraschenden Punktverlust Chiles gegen Australien im Nachmittagsspiel hatte sich neben der Bundesrepublik auch die DDR für die zweite Finalrunde qualifiziert. Dieser Erfolg schien den Spielern von Trainer Georg Buschner Beine gemacht zu haben. Die Nervosität aus den beiden ersten Gruppenspielen war wie weggeblasen. Taktisch geschickt eingestellt, agierte die DDR aus einer sicheren Defensive und versuchte mit schnellen Gegenstößen zum Erfolg zu kommen. Hatten sich die Schön-Schützlinge wieder einmal in der Spielfeldmitte in der dicht gestaffelt stehenden Abwehr verfranst, stießen die DDR-Akteure per Steilpass in die Lücken vor, die sich in der bundesdeutschen Hälfte auftaten. Trotz optischer Überlegenheit von Beckenbauer & Co. besaß die DDR bis zur Pause die besseren Chancen. Guten Einschussmöglichkeiten von Kische, Kreische und Lauck stand nur ein Pfostentreffer Gerd Müllers in der 40. Minute gegenüber. Lediglich in dieser Szene konnte sich der Bundesliga-Torjäger gegen seinen unerbittlichen Bewacher Weise, der in brenzligen Situationen von ein bis zwei Genossen unterstützt wurde, durchsetzen. Eine Chance in 90 Minuten – zu wenig für einen Stürmer, der vor der WM getönt hatte: „Wir werden Weltmeister!"

An dem tristen Samstagabend im Hamburger Volksparkstadion reichte es nicht einmal zum Titel „Weltmeister im Chancenauslassen". In insgesamt nur vier Situationen sah sich der souveräne Torhüter Croy der Gefahr ausgesetzt, ein Gegentor zu kassieren. Ob Helmut Schön während des Spiels, das er als alter Dresdner so gerne gewonnen hätte, einmal an den vor der WM ausgebooteten Flügelstürmer Erwin Kremers gedacht hat? Die Schwäche der Westdeutschen auf den Außenpositionen war unübersehbar: Auf rechts lahmte der konditionsschwache Grabowski und auf links der gelernte Mittelfeldakteur Flohe, der gegen Kische keinen Stich bekam. Als der Bundestrainer bei der Pressekonferenz nach der Niederlage auf das Problem angesprochen wurde, ließ er zunächst einmal ein Fenster öffnen. Doch trotz hereinströmender Frischluft ereilte ihn kein Geistesblitz, es reichte nur für einen Allgemeinplatz: „Gute Flügelstürmer, die vor allem Tore schießen, sind auf der ganzen Welt rar." Noch in der Nacht übernahm Franz Beckenbauer das Ruder und stellte im nächsten Spiel den Düsseldorfer Herzog auf – einen gelernten Linksaußen!

Der historische Treffer aus der Perspektive von DDR-Torwart Jürgen Croy

Gruppe 1 – Abschlusstabelle

	Sp.	g	u	v	Tore	Punkte
1. DDR	3	2	1	0	4:1	5-1
2. BRD	3	2	0	1	4:1	4-2
3. Chile	3	0	2	1	1:2	2-4
4. Australien	3	0	1	2	0:5	1-5

DDR – BR Deutschland 1:0 (0:0)
22. Juni 1974, 19.30 Uhr, Volksparkstadion, Hamburg

DDR: Croy (G/81.) - Kische, Bransch (K), Weise, Wätzlich - Kurbjuweit, Kreische (G/84.), Lauck, Irmscher (65. Hamann) - Sparwasser (G/27.), Hoffmann

BR Deutschland: Maier - Vogts, Schwarzenbeck (69. Höttges), Beckenbauer (K), Breitner - Hoeneß, Cullmann, Overath (70. Netzer) - Grabowski, Müller, Flohe

ZS: 58.900; **SR:** Barreto Ruiz (Uruguay); **LR:** Marquès (Brasilien), Pestarino (Argentinien); **Tor:** 1:0 Sparwasser (78.)

Brasilien – Jugoslawien 0:0

Der Pfosten rettet den Weltmeister

Mit einem glanzvollen 4:1 über Italien hatte sich Brasilien 1970 durch seinen dritten WM-Erfolg endgültig die „Coupe Jules Rimet" gesichert. Vier Jahre später, als es nun zum ersten Mal um den „FIFA World Cup" ging, schien aller Glanz bereits von Patina überdeckt, und selbst der strömende Regen, der auf den Rasen des Frankfurter Waldstadions niederprasselte, konnte diese Schicht nicht lösen – der Weltmeister musste sich im erstmals von einem amtierenden Titelträger mitbestrittenen WM-Eröffnungsspiel mit einem 0:0 gegen Jugoslawien begnügen.

Dabei hatte Fußball-Idol Pelé zuvor noch kräftig die Werbetrommel gerührt mit seiner Prognose, der Gewinner der Auftaktpartie würde letztlich auch das Finale erreichen. Bis zu 300 Mark wurden auf dem Schwarzmarkt für ein Sitzplatzticket gezahlt, die Gegenleistung der beiden Mannschaften stand dazu jedoch in keinem vernünftigen Verhältnis. Hüben wie drüben dominierten Vorsicht und Angst vor einer schon zu Turnierbeginn wegweisenden Niederlage die Aktionen. Die Brasilianer setzten mit Jairzinho sogar nur auf einen echten Stürmer, der seine Vorlagen von Spielgestalter Rivelino erhalten sollte. Der irrte indes zumeist planlos auf dem Platz umher und verlor das Duell gegen sein jugoslawisches Pendant Oblak deutlich.

Trotz Rivelinos Abtauchens gestalteten die gelb-blau gekleideten Südamerikaner die erste Halbzeit optisch überlegen. Die Querpässe in ihren Reihen sahen gefällig aus, verlangsamten das Spieltempo allerdings auch so stark, dass kritische Stimmen vom „Schlafwagenstil" des Champions sprachen. Jugoslawiens Torwart Maric hatte wenig Mühe, die Distanzschüsse von Rivelino, Jairzinho und Valdomiro zu entschärfen – näher an sein Tor ließ das Abwehr-Quartett Buljan, Katalinski, Bogicevic und Hadziabdic die Brasilianer gar nicht kommen. Erst eine Freistoß-Ablage von Paulo César auf Jairzinho brachte Marics Gehäuse ernsthaft in Gefahr, doch Brasiliens Stürmerstar verzog knapp. Auffälliger als die verbliebene Restspielkunst des Titelverteidigers waren die harten Tacklings, mit denen die vermeintlichen Samba-Zauberer in die Zweikämpfe gingen.

In der zweiten Halbzeit dominierten sogar die Jugoslawen die Partie, vor allem durch ihr schnelles Flügelspiel über Dzajic und Petkovic. Nach 72 Minuten warf sich Oblak in eine der gefährlichen Dzajic-Flanken und köpfte das Leder an den Pfosten, Luís Pereira konnte Šurjaks Nachschuss gerade noch von der Linie kratzen. Die Brasilianer waren geschockt und begnügten sich auf dem für sie ungewohnten aufgeweichten Boden fortan damit, das immer schmeichelhafter werdende Remis über die Runden zu retten.

So kam es am Ende zum bereits dritten 0:0 in Folge in einem WM-Eröffnungsspiel. „Die Brasilianer sind zu schlagen", stellte der spionierende Bundestrainer Helmut Schön erfreut fest und konstatierte zugleich, dass die Jugoslawen „durch ihre aggressive Spielweise in der zweiten Halbzeit" eigentlich sogar einen Sieg verdient gehabt hätten. Die Außenseiter von der Adria waren ob der verpassten zwei Punkte nicht allzu gram. Einer unter ihnen hatte sogar besonderen Grund zur Freude: Stürmer Ilija Petkovic war zehn Minuten vor dem Anpfiff Vater geworden. Dass seine Frau Biljana einen Sohn namens Dušan zur Welt gebracht hatte, erfuhr der 29-Jährige allerdings erst nach dem Spiel.

Für Rudolf Scheurer war der WM-Auftakt übrigens so etwas wie der krönende Abschluss seiner Karriere. Der 49-jährige Unparteiische aus dem schweizerischen Solothurn hängte nach dem Turnier seine Pfeife an den Nagel und arbeitete fortan als Ausbilder für die eidgenössischen Referees.

Nullnummer zum Auftakt: Branko Oblak und Paulo César im Zweikampf

Brasilien – Jugoslawien   0:0
13. Juni 1974, 17 Uhr, Waldstadion, Frankfurt

Brasilien: Leão - Nelinho, Luís Pereira, Marinho Peres, Marinho Chagas - Piazza (K), Rivelino, Paulo César - Jairzinho, Valdomiro, Leivinha

Jugoslawien: Maric - Buljan, Katalinski, Bogicevic, Hadziabdic - Oblak (G/17.), Muzinic, Acimovic (G/49.) - Petkovic, Šurjak, Dzajic (K)

ZS: 61.500; **SR:** Scheurer (Schweiz); **LR:** Loraux (Belgien), Pestarino (Argentinien); **Tore:** Fehlanzeige

Schottland – Zaire 2:0 (2:0)

Flutlichtstreik und Schottengeiz

An Selbstbewusstsein sparten die Schotten gewiss nicht. „Wir waren 1973 die Stärksten in Europa und können alle schlagen", tönte Trainer Willie Ormond vor Beginn der Endrunde – eine Aussage, die angesichts der Länderspielbilanz im Jahr vor der WM überraschte: Zwei Siege, ein Remis und sechs Niederlagen (darunter ein 0:5 gegen England in Glasgow) standen für Schottland zu Buche. Nichtsdestotrotz hatte der Coach nur eine Sorge: „Hoffentlich treffen wir nicht vor dem Endspiel auf Deutschland."

Beim erstem WM-Auftritt seines Teams in Dortmund war allerdings zu erkennen, warum Ormond mit seiner Meinung recht alleine dastand. Ein mühsames 2:0 gegen WM-Neuling Zaire bescherte den Schotten zwar die Tabellenführung in der „Todesgruppe", doch die geringe Torausbeute sollte sich im Nachhinein als fatal erweisen.

Die Schwarzafrikaner kombinierten gefällig und sorgten mit einigen Kontern für Gefahr vor dem schottischen Gehäuse. Allerdings vergaben sie – allen voran Stürmer Kakoko – ihre Gelegenheiten fahrlässig, als wollten sie dem Klischee vom hübsch mitspielenden, letztlich jedoch chancenlosen Außenseiter entsprechen – oder aber der Prognose des hochmütigen Ormond, der nach einem Zaire-Test in Kairo getönt hatte: „Die tun sich schwer, aus zehn Metern eine Pyramide zu treffen."

Mit dem Treffen taten sich die Schotten aber auch nur vor der Pause – mit dem Wind im Rücken – leicht: Eine Linksflanke von Kapitän Bremner nutzte Lorimer nach 26 Minuten per Volleyschuss zum 1:0, und sieben Minuten später sorgte ein Freistoß für die Vorentscheidung. 30 Meter vom Tor entfernt, lupfte Bremner den Ball über die Mauer auf Jordan, der sich inzwischen freigelaufen hatte und zum 2:0 einköpfte. Weitere Treffer verhinderte der gut aufgelegte Kazadi im Tor der Schwarzafrikaner.

Dennoch sah es zu diesem Zeitpunkt nach einem deutlichen schottischen Erfolg aus, da bei den WM-Newcomern aus Zaire taktische Mängel offenbar wurden: Allzu spät versuchte die Elf des jugoslawischen Trainers Blagoje Vidinic, das Aufbauspiel der Briten zu unterbinden. Dem Afrika-Champion fehlte noch die Routine auf höchstem internationalen Niveau.

Was die Schotten daraus machten, war allerdings kein Ruhmesblatt für sie. Zwar kontrollierte der Favorit das Mittelfeld und suchte sein Glück mit langen Bällen auf die Stürmer, doch mehr als ein Pfostentreffer durch Lorimer sprang nicht heraus. Noch nie hatte Schottland bis dahin ein WM-Endrundenspiel gewonnen, da schien das 2:0 fürs Erste zu genügen. Dass die Tordifferenz in dieser engen Gruppe entscheidend werden könnte, kam den Kickern um Routinier Denis Law, dem Zaires Keeper Kazadi den Ball bereits nach zehn Minuten vom einschussbereiten Fuß gepflückt hatte, offenbar nicht in den Sinn. 2.000 schottische Fans feuerten ihr Team nahezu pausenlos an, doch auf dem Platz passierte nicht mehr viel.

Selbst als um 20.40 Uhr wegen Frequenzüberlagerungen das Flutlicht im Westfalenstadion für fünf Minuten ausfiel, ging den Schotten in der Schaffenspause kein Licht auf. „Ich hatte mir anderes erhofft", musste sogar Schottlands Lautsprecher Ormond nach dem Abpfiff eingestehen. Sein Pendant Vidinic war dagegen „sehr glücklich" über die passable Premiere Schwarzafrikas bei der Fußball-Weltmeisterschaft. Einen kleinen Grund zur Freude hatten beide Kontrahenten schon vor dem Spiel gehabt: Das Dortmunder Rosarium verteilte 100 rote Rosen an jede Mannschaft.

Hoch das Bein: Schottland brilliert beim 2:0 nur selten

Schottland – Zaire 2:0 (2:0)
14. Juni 1974, 19.30 Uhr, Westfalenstadion, Dortmund

Schottland: Harvey – Jardine, Holton (G), Blackley, McGrain – Dalglish (75. Hutchinson), Bremner (K), Hay – Lorimer, Jordan, Law

Zaire: Kazadi – Mwepu, Buhanga, Lobilo, Mukombo – Kilasu, N'Daye, Kidumu (K) (G/40., 75. Kibongé), Mana – Mayanga (65. Kembo), Kakoko

ZS: 28.500; **SR:** Schulenburg (BR Deutschland); **LR:** Weyland (BR Deutschland), Boskovic (Australien); **Tore:** 1:0 Lorimer (26.), 2:0 Jordan (33.)

Brasilien – Schottland 0:0

Schrammen statt Samba

Auch beim zweiten Auftritt konnte Brasilien seine Ambitionen nicht unterstreichen. „0:0, 0:0" lautete die wenig spektakuläre Leistungsbilanz der „Seleção" nach den ersten beiden Begegnungen. Es schien beinahe, als würde man sich im Lager des Weltmeisters streng nach einem an der Trainingshalle im Herzogenhorner Quartier angebrachten Schild richten – „Fußballspielen verboten!" stand da nämlich aus Sorge um den Parkettbelag geschrieben.

Jairzinho steigt gegen McGrain ein: Brasiliens raue Gangart entsetzt selbst die rustikalen Schotten

Sorgen hatten jedenfalls beide Teams nach ihren bescheidenen ersten Auftritten gehabt. Die Schlussfolgerungen für das direkte Aufeinandertreffen waren indes unterschiedlich und vielfältig ausgefallen: Während Schottlands Coach Ormond die Parole Offensive ausgab, warnte sein Kapitän Bremner vor den brasilianischen Kontern, derweil es sich bei den Südamerikanern genau andersherum verhielt. Trainer Zagalo plädierte für Sicherheitsfußball, Stürmer Jairzinho betonte dagegen: „Wir müssen angreifen, angreifen, angreifen."

Mit Jairzinho, Mirandinha und Leivinha bot der Weltmeister schließlich drei Spitzen auf, und Letzterer setzte das erste Zeichen, als er den Ball nach elf Minuten an die Latte des schottischen Gehäuses donnerte. Rivelino vergab eine weitere gute Gelegenheit für die Brasilianer, die im Gegensatz zu ihrem zaghaften Start gegen Jugoslawien nun zumindest anfangs energisch auftraten. Nach einer guten halben Stunde, in der sich kein Torerfolg einstellen wollte, schien der Elan der „Seleção" allerdings wieder verflogen – die Schotten übernahmen langsam, aber sicher das Kommando.

Vor dem Anstoß hatten die Inselkicker um die Sympathien der Frankfurter Zuschauer geworben, indem sie ein schwarz-rot-goldenes Banner entrollten. Die Gunst des niederländischen Schiedsrichters Arie van Gemert gewannen sie damit jedoch nur bedingt. Der Unparteiische unterbrach das Spiel im Minutentakt, sodass kaum Spielfluss aufkommen konnte. 57 Freistöße in 90 Minuten zählten die Statistiker schließlich, wobei der Anlass zumeist weniger das Vorgehen der Schotten als vielmehr der brachiale Einsatz gewesen war, mit dem die vermeintlichen Zauberer vom Zuckerhut die Partie bestritten – sogar der sonst so unverwüstliche Joe Jordan trug eine Gehirnerschütterung davon. Da waren selbst die rustikalen „Bravehearts" entsetzt. „Keiner meiner Spieler ist ohne Schrammen und Beulen", klagte Trainer Ormond und feuerte einen Pfeil in Richtung seines Kollegen: „Die Brasilianer wollen europäisch spielen und können es einfach nicht." Ein Grund dafür mag das Fehlen des routinierten Clodoaldo gewesen sein, der sich in einem WM-Vorbereitungsspiel gegen den FC Basel eine Oberschenkelzerrung zugezogen hatte.

Den Schotten, bei denen Oldie Denis Law draußen blieb, mangelte es dagegen an einem konstruktiven Flügelspiel, mit dem sie die massierte Deckung des Titelverteidigers hätten auseinander reißen können. Vor den Augen des britischen Premierministers Harold Wilson erlangten die Europäer in der zweiten Halbzeit allerdings immerhin ein spielerisches Übergewicht, das Brasiliens Keeper Leão mit einigen Paraden ausgleichen musste. Die größte Chance besaß der überragende Kapitän Billy Bremner, der das Duell der Spielgestalter gegen Rivelino überdeutlich für sich entschied – doch als Leão einmal patzte und Bremner der Ball im Fünfmeterraum vor die Füße fiel, schob der Rotschopf die Kugel neben den kurzen Pfosten. Es wäre wohl die Qualifikation für die zweite Finalrunde gewesen...

Ansonsten dominierte Brutalität statt Ballzauberei: Schottlands Davie Hay traktierte Rivelino mit zwei Faustschlägen in den Nacken, woraufhin der Brasilianer dem Mittelfeldspieler von Celtic Glasgow eine Ohrfeige verpasste. Gemeinsames Glück der Kontrahenten: Schiedsrichter van Gemert hatte die Situation übersehen und schickte keinen der beiden Prügelknaben vom Platz.

Brasilien – Schottland   0:0
18. Juni 1974, 19.30 Uhr, Waldstadion, Frankfurt

Brasilien: Leão - Nelinho, Luís Pereira, Marinho Peres, Marinho Chagas (G/80.) - Piazza (K), Rivelino (G/35.), Paulo César - Jairzinho, Mirandinha, Leivinha (66. Carpegiani)

Schottland: Harvey - Jardine, Holton, Buchan, McGrain - Dalglish, Bremner (K), Hay - Lorimer, Jordan, Morgan

ZS: 60.000; **SR:** van Gemert (Niederlande); **LR:** Linemayr (Österreich), Palotai (Ungarn); **Tore:** Fehlanzeige

Jugoslawien – Zaire 9:0 (6:0)

Jugoslawen schießen sich zum Geheimfavoriten

Nach dem achtbaren 0:0 gegen Weltmeister Brasilien bliesen die Jugoslawen nun gegen den Außenseiter Zaire zur Attacke. Trainer Miljanic bot vier Stürmer gegen die Afrikaner auf, die Parole des Tages lautete: „Napred plavi!" („Vorwärts, Blaue!") – so hieß auch das WM-Lied der Balkan-Kicker, das von Radio Belgrad rauf und runter gedudelt wurde.

Der frisch gebackene Afrika-Meister geriet angesichts des jugoslawischen Offensivdrangs fürchterlich unter die Räder, zumal die WM-Neulinge bei ihrem Premieren-Auftritt gegen Schottland bereits zu viel Kraft gelassen hatten. Velez Mostars Stürmerstar Bajevic, der zum Auftakt gegen Brasilien noch wegen gelber Karten in der Qualifikation gesperrt gewesen war, eröffnete in der 7. Minute den Torreigen, als er eine Dzajic-Flanke zur frühen Führung einköpfte. Im Gegenzug hätten Mana und Kakoko zwar beinahe den Ausgleich markiert, doch das erwies sich als Ausnahme, die nur die Regel bestätigte: Taktisch war Zaires Team noch nicht so weit, um auf höchstem Niveau mithalten zu können. „Wir sind gekommen, um zu lernen", fasste Trainer Vidinic das Debakel seiner Schützlinge zusammen, „und heute haben wir sehr viel gelernt."

Die Beweglichkeit der jugoslawischen Offensivspieler Petkovic, Dzajic, Bajevic und Šurjak stellte den Außenseiter vor unlösbare Probleme. Vor allem Regisseur Dzajic machte mit seinem Gegenspieler Mwepu, was er wollte, und auch Buhanga, als „Beckenbauer Afrikas" gefeiert, wusste kein Mittel gegen den Sturmlauf der Fußball-Künstler vom Balkan. Dzajic per Freistoß und Šurjak mit einem Flachschuss erhöhten das Resultat rasch auf 3:0, danach durfte der gegen Schottland noch gefeierte Kazadi seinen Platz zwischen den zairischen Pfosten verlassen. Für ihn rückte der nur 1,64 Meter große Tubilandu ins Tor – und musste den Ball sogleich wieder aus dem Netz holen. Der vierte Gegentreffer nach 22 Minuten ließ bei den Afrikanern endgültig alle Dämme brechen: Mulamba N'Daye beklagte vehement eine Abseitsposition des Torschützen Katalinski und unterstrich seine Auffassung mit einem Tritt gegen das Schienbein von Schiedsrichter Omar Delgado – Rot war die logische Folge.

Nach dem Platzverweis fielen den Jugoslawen ihre eleganten Ballstafetten noch leichter, und die dezimierten Arfikaner waren gegen die rasanten Offensiv-Rochaden nun vollends chancenlos. Kopfbälle von Bajevic und Bogicevic schraubten das Ergebnis noch vor der Pause auf 6:0, ehe der sportliche Untergang Zaires nach der 15-minütigen Gnadenfrist weiterging. Erst trafen Oblak und Petkovic, dann erzielte Bajevic in der 81. Minute mit seinem dritten Treffer das 9:0. „Hocemo deseti!", brüllten die über 15.000 begeisterten jugoslawischen Fans – doch den Wunsch nach dem zehnten Treffer versagten ihnen ihre Lieblinge, die gegen den konsternierten Underdog kurzerhand das Toreschießen einstellten. Besonders bei Außenstürmer Dzajic machte sich der Schlendrian bemerkbar. Seine Flanken wurden nachlässiger, der Ballkünstler fühlte sich wohl unterfordert.

So hatten die Jugoslawen, als der Schlusspfiff ertönte, den Rekord für den höchsten Sieg in einer WM-Endrunde „nur" eingestellt – 1954 hatte Ungarn Südkorea ebenfalls mit 9:0 bezwungen. Nicht wenige Beobachter gingen angesichts des Torfestivals in Gelsenkirchen indes davon aus, dass das jugoslawische Team es den Ungarn zwanzig Jahre später auch weiter nachtun und ebenfalls bis ins Finale vordringen könnte.

Einer von drei Bajevic-Treffern: Zaire ist bei der jugoslawischen Lehrstunde hilflos

Jugoslawien – Zaire 9:0 (6:0)
18. Juni 1974, 19.30 Uhr, Parkstadion, Gelsenkirchen

Jugoslawien: Maric - Buljan, Katalinski, Bogicevic, Hadziabdic (G) - Oblak, Acimovic - Petkovic, Šurjak, Bajevic, Dzajic (K)

Zaire: Kazadi (21. Tubilandu) - Mwepu, Buhanga, Lobilo, Mukombo - Kilasu, N'Daye (R/22., Tätlichkeit), Kidumu (K), Mana - Kembo, Kakoko (46. Mayanga)

ZS: 30.500; **SR:** Delgado (Kolumbien); **LR:** Barreto Ruiz (Uruguay), Llobregat (Venezuela); **Tore:** 1:0 Bajevic (7.), 2:0 Dzajic (13.), 3:0 Šurjak (18.), 4:0 Katalinski (22.), 5:0 Bajevic (29.), 6:0 Bogicevic (34.), 7:0 Oblak (60.), 8:0 Petkovic (65.), 9:0 Bajevic (81.)

Schottland – Jugoslawien 1:1 (0:0)

Schotten fahren ungeschlagen heim

Aufregung gab es schon vor dem Spiel: Im schottischen Quartier in Erbismühle wurde eine Ausgangssperre verhängt, nachdem die irische Untergrundorganisation IRA mit Morddrohungen gegen die protestantischen Team-Mitglieder dunkle Erinnerungen an das Attentat bei den Olympischen Spielen in München zwei Jahre zuvor geweckt hatte.

Alle Verrenkungen sind vergebens – für die Schotten heißt es wieder früh: Koffer packen!

Unabhängig davon wählte Schottlands Lautsprecher-Coach Willie Ormond martialische Worte, um seinen Kickern trotz der auch sportlich schlechten Ausgangsposition (den Jugoslawen genügte ein Punkt zum Weiterkommen, derweil die Schotten im Falle des Ausbleibens eines eigenen Sieges schon auf einen Zaire-Coup gegen Brasilien hoffen mussten) Mut zuzusprechen. „Ein Schotte braucht neben sich den Abgrund, dann wird er wie um sein Leben kämpfen", gab sich Ormond optimistisch.

In der 18. Spielminute hätte die Zuversicht des Trainers auch beinahe neue Nahrung erhalten: Jordan stand völlig unbedrängt vor dem jugoslawischen Tor – und schoss derart unbeholfen über die Latte, dass er danach wohl am liebsten im Erdboden bzw. in besagtem Abgrund versunken wäre. Anschließend gab es in der weitgehend ereignisarmen ersten Halbzeit nur noch eine weitere Torgelegenheit, bei der Petkovic die Vorentscheidung für Jugoslawien verpasste.

28 Grad im Schatten machten den beiden ohnehin nervösen Teams im Frankfurter Waldstadion zusätzlich zu schaffen. Dass die Partie bis zur Schlussphase torlos blieb, lag allerdings weniger an der übertriebenen Vorsicht beider Mannschaften, sondern vielmehr am Versagen der Stürmer. So blieb es wieder einmal Dzajic vorbehalten, die Jugoslawen auf die sichere Seite zu bringen. Seinen präzisen Flankenball verwandelte der eingewechselte Karasi neun Minuten vor Schluss per Kopf zum 1:0. Aus der überschäumenden Jubelkulisse der zahlreichen jugoslawischen Fans heraus wurden auch Feuerwerksraketen abgeschossen – für die ebenfalls zahlreich vertretene Polizei Grund genug, um mit Gummiknüppeln gegen die euphorisierten Anhänger der „Plavi" vorzugehen.

Das tat der größtenteils aus damals „Gastarbeitern" genannten Arbeitsmigranten bestehenden Fanschar mehr weh als der späte Ausgleich, mit dem der schottische Mut der Verzweiflung belohnt wurde: Hutchinson schlug einen feinen Pass auf Jordan, der zum 1:1 einschoss. Kurz darauf ertönte der Schlusspfiff und ließ die Jugoslawen endgültig jubeln. Als Gruppensieger hatten sie die Konkurrenz mit Weltmeister Brasilien und den kampfstarken Schotten abgeschlossen – die 1966 erfolgte Einführung des Profifußballs im „etwas anderen" sozialistischen Staat hatte sich ausgezahlt.

Allerdings wurden im Frankfurter Nervenspiel erstmals auch Schwächen der vom einstigen Partisanen Miljanic gecoachten Elf deutlich: Das Mittelfeld konnte diesmal nur wenig Impulse setzen, Goalgetter Bajevic stand kurz vor einem Platzverweis und wurde – gegen den späteren Torschützen Karasi – ausgewechselt, und Torwart Maric erwies sich beim Fausten ein ums andere Mal nicht gerade als sicherster Rückhalt seines Teams.

Anderswo wären solche Makel als äußerst nebensächlich eingeschätzt worden: Erstmals seit 1950 stand kein britisches Team unter den letzten Acht. Da konnte sich Schottland nur schwach damit trösten, als erstes Team in der Endrunden-Geschichte ungeschlagen ausgeschieden zu sein. „Mit Einsatz und Draufgängertum allein gewinnt man keine Weltmeisterschaft", befand Borussia Mönchengladbachs Trainer Hennes Weisweiler knapp. Und die schottischen Fans begannen mit der Tradition, noch schnell Postkarten von der Weltmeisterschaft zu schicken, bevor die Heimreise angetreten wurde.

Schottland – Jugoslawien   **1:1 (0:0)**
22. Juni 1974, 16 Uhr, Waldstadion, Frankfurt

Schottland: Harvey - Jardine, Holton, Buchan, McGrain - Dalglish (66. Hutchinson), Bremner (K), Hay (G/70.) - Lorimer, Jordan (G/60.), Morgan

Jugoslawien: Maric - Buljan, Katalinski (G/55.), Bogicevic, Hadziabdic - Oblak (G/21.), Šurjak, Acimovic - Petkovic, Bajevic (G/70., 70. Karasi), Dzajic (K)

ZS: 54.000; **SR:** González Archundia (Mexiko); **LR:** Tschenscher (BR Deutschland), Glöckner (DDR);
Tore: 0:1 Karasi (81.), 1:1 Jordan (89.)

Brasilien – Zaire 3:0 (1:0)

Brasilien zittert sich weiter

Der Weltmeister auf dem Weg nach Hause statt in die zweite Finalrunde? Rund zehn Minuten vor Schluss sah es fast danach aus. 2:0 führten die Brasilianer, im Parallelspiel zwischen Jugoslawien und Schottland stand es noch 0:0 – bei diesen Spielständen hätte das Los eine Entscheidung zwischen den Schotten und den amtierenden Champions herbeiführen müssen...

Da setzte sich Valdomiro auf dem rechten Flügel durch und zog aus spitzem Winkel ab. Ein harmloser Schuss für den im Turnierverlauf überzeugenden Muamba Kazadi im zairischen Gehäuse. Der Keeper warf sich auf den Ball – und ließ ihn zur großen Freude des dreifachen Weltmeisters unter seinem Bauch hindurch ins Netz rutschen. Brasilien war gerettet.

Mit dem 3:0 gegen die schwarzafrikanischen Nobodys erfüllten die Kicker aus Rio de Janeiro und São Paulo auf dem Papier exakt ihr Soll. „Wir spielen immer so gut, wie es der Gegner verlangt", kommentierte Mario Zagalo leicht genervt. Es war der Versuch des Trainers, die Glücksgöttin Fortuna als brasilianische Maßarbeiterin zu vereinnahmen.

Doch Kazadis Schnitzer konnte die Mängel im Spiel der Brasilianer nicht überdecken – zumal er durch einen unglücklichen Zusammenprall zumindest gefördert worden war. Nach einer Stunde – es stand durch Jairzinhos frühen Treffer gerade einmal 1:0 – hatte Mirandinha bei einer der so zahlreichen wie verzweifelten brasilianischen Angriffsbemühungen nicht den Ball getroffen, sondern die Brust des gegnerischen Keepers. Kazadi wand sich am Boden, stand wieder auf, merkte, dass er immer noch angeschlagen war, signalisierte der Trainerbank seinen Wunsch nach Auswechslung – und musste zwischen den Pfosten verharren. Coach Vidinic brachte stattdessen lieber zwei frische Feldspieler, um die Offensive zu stärken und vielleicht doch noch das erste WM-Tor Zaires feiern zu können.

Eine Fehlkalkulation, die die krisengeschüttelte „Seleção" aufatmen, die Kritik am wenig inspirierten Mittelfeldspiel aber nicht verstummen ließ. Vor allem Rivelino knüpfte mit seiner Leistung an die bescheidenen Auftritte gegen Jugoslawien und Schottland an. Zwar traf der Regisseur zum wichtigen 2:0, doch der Rest war Schweigen: Sein ideenloses Vorgehen ließ nicht nur die 45 Millionen brasilianischen Anhänger, die das Spiel via Fernsehen oder Radio verfolgten, wehmütig an Gérson denken, auch Trainer Zagalo schwante, dass Rivelino bei diesem Turnier nicht mehr in die Fußstapfen seines Vorgängers treten würde. „Nach seinen Beinen ist er über 30, im Kopf jedoch ist er beweglicher als alle anderen", pries der Coach die Fähigkeiten des verletzt fehlenden Gérson.

Die Sorgen Zagalos wurden trotz des glücklichen Weiterkommens nicht geringer. Sturm-Hoffnung Leivinha musste gegen Zaire schon nach zwölf Minuten verletzt vom Platz, dafür blieb allerdings wenigstens der beste Mann im besten Mannschaftsteil der Brasilianer von schlimmeren Blessuren verschont: Als Verteidiger Luis Pereira mit hohem Risiko nach dem Ball grätschte, sprang Zaires Maku Mayanga über das ausgestreckte Bein Pereiras hinweg. Der brasilianische Abwehrchef klatschte daraufhin 30 Sekunden lang Beifall. Pereiras Erklärung: „Ich kenne seine Sprache nicht und konnte ihm nicht sagen, dass ich dankbar war. Er hätte, wie viele andere Stürmer, durchziehen können, dann wäre die WM für mich vorbei gewesen." Weltmeisterliche Noblesse, eine rare Szene in diesem Turnier.

Gruppe 2 – Abschlusstabelle

	Sp.	g	u	v	Tore	Punkte
1. Jugoslawien	3	1	2	0	10:1	4-2
2. Brasilien	3	1	2	0	3:0	4-2
3. Schottland	3	1	2	0	3:1	4-2
4. Zaire	3	0	0	3	0:14	0-6

Maßarbeit: Brasilien tut nicht mehr als nötig – und hat dazu noch Glück

Brasilien – Zaire 3:0 (1:0)
22. Juni 1974, 16 Uhr, Parkstadion, Gelsenkirchen

Brasilien: Leão – Nelinho, Luis Pereira, Marinho Peres, Marinho Chagas – Piazza (K) (60. Mirandinha, G/77.), Rivelino – Carpegiani, Jairzinho, Edu, Leivinha (12. Valdomiro)

Zaire: Kazadi – Mwepu (G/78.), Buhanga, Lobilo, Mukombo – Tshinabu (63. Kembo), Kibongé, Kidumu (K) (61. Kilasu), Mana – N'Tumba, Mayanga

ZS: 36.200; **SR:** Rainea (Rumänien); **LR:** Angonese (Italien), Ohmsen (BR Deutschland); **Tore:** 1:0 Jairzinho (13.), 2:0 Rivelino (67.), 3:0 Valdomiro (79.)

Niederlande – Uruguay 2:0 (1:0)

Kunst besiegt Knüppel

Die 53.700 Zuschauer im Niedersachsen-Stadion von Hannover dürften in einigen kniffligen Szenen gedacht haben, sie hätten ein Ticket für ein Match der Rugby-WM gelöst. Doch auf dem Rasen wurde ohne Bandagen gekämpft und das Spielgerät war nicht eiförmig, sondern rund. Mit brutalen Aktionen, üblem Nachtreten, Ellenbogenchecks und ständigem Reklamieren hatten die Uruguayer nicht nur die 30.000 niederländischen Fans nach wenigen Minuten gegen sich aufgebracht, sondern auch das neutrale Publikum. Drei gelbe Karten, ein Platzverweis und zwei Tore des holländischen Flügelflitzers Johnny Rep – das war nach 90 einseitigen Minuten die gerechte Strafe für die Holzhacker-Truppe aus Südamerika.

Hilfloses Holzen: Der hier gelegte Johnny Rep lässt sich nicht beirren und erzielt beide Treffer zu Hollands historischem WM-Erfolg

Von der Papierform her war es eigentlich eine klare Sache – für Uruguay: In der „ewigen WM-Tabelle" bekleidete der zweimalige Weltmeister hinter Brasilien, Deutschland und Italien einen achtbaren vierten Platz. Die Niederlande dümpelten derweil auf Rang 38 (von 41) und hatten bei ihren zwei kurzen WM-Gastspielen (1934 und 1938) bei einem Torverhältnis von 2:6 nicht einmal gepunktet. So gesehen war der 15. Juni 1974 für den holländischen Fußball ein historischer Tag, an dem nämlich der lang ersehnte erste Sieg bei einer Weltmeisterschaft gelang.

Und der deutete sich bereits in den ersten Minuten des Spiels an. Die tropische Hitze lähmte nicht die Europäer, sondern die langsam und schwerfällig über den Platz schleichenden Südamerikaner. Cruyff, Neeskens, Rep & Co. waren ihren Kontrahenten in nahezu allen Belangen überlegen und erspielten sich Torchancen im Minutentakt, aus denen jedoch pro Halbzeit nur jeweils ein Treffer heraussprang. Der erste wurde von dem im Stile eines wahrhaft großen Könners aufspielenden Johan Cruyff eingeleitet. Sein öffnender Pass erreichte Offensiv-Verteidiger Suurbier, der sich – wie so oft in diesem Spiel – auf dem rechten Flügel nach vorne geschlichen hatte. Suurbier zirkelte eine Flanke millimetergenau auf den Kopf von Johnny Rep, und der etatmäßige Rechtsaußen köpfte ohne Mühe in die Maschen.

Begünstigt wurde die niederländische Führung durch den ansonsten zuverlässigen Keeper Mazurkiewicz, der in dieser Situation unentschlossen wirkte: einen Schritt vor, einen zurück. Trotz dieses Schnitzers war Uruguays letzter Mann indes der beste Spieler eines Teams, das phasenweise im Stil einer Altherrenmannschaft auftrat. Den holländischen Schlachtenbummlern war's egal. Aus mehreren zehntausend Kehlen erklang „Holland wint de Wereld-Cup". Den Takt zu den Gesängen klopften die Fans mit landestypischen Holzschuhen.

Auch auf dem Rasen gaben die orange-weiß Gekleideten weiter den Ton an. In der zweiten Halbzeit vermochten die klar unterlegenen Südamerikaner Hollands Angriffswirbel so gut wie gar nichts mehr entgegen zu setzen. Trotz unfairer Aktionen vor allem der Foul-Troika Forlán, Masnik und Mantegazza kamen die „Oranjes" zu zahlreichen Chancen, aber besonders Krol, Suurbier, Rensenbrink und Neeskens scheiterten immer wieder an Mazurkiewicz oder den eigenen Nerven, Rep hingegen am Torpfosten. Erst vier Minuten vor Schluss gelang letztgenanntem Spieler doch noch der hoch verdiente zweite Treffer, den Neeskens mit einem fulminanten Solo vorbereitet hatte. Einem Tor von Cruyff versagte der ungarische Schiedsrichter Palotai wegen „gefährlichen Spiels" die Anerkennung.

Ein negativer Höhepunkt mit Symbolcharakter war der Platzverweis für den bärtigen Julio Montero Castillo in der 69. Minute. Die Strafe: Drei Spiele Sperre wegen Nachtretens. „Die Art, nach allem zu treten, was sich auf dem Platz bewegt – hin und wieder auch nach dem Ball – hat nichts mehr mit Fußball gemein", schrieb ein Kommentator nach dem Spiel. „6:0 wäre ein gerechtes Resultat gewesen", kommentierte Hollands Trainer Rinus Michels im Anschluss an den „Guerilla-Kampf".

Niederlande – Uruguay   2:0 (1:0)
15. Juni 1974, 16 Uhr, Niedersachsenstadion, Hannover

Niederlande: Jongbloed - Suurbier, Haan, Rijsbergen, Krol - Jansen, van Hanegem, Neeskens - Rep, Cruyff (K), Rensenbrink

Uruguay: Mazurkiewicz - Jáuregui, Forlán, Masnik(K) (G/65.), Pavoni, Montero Castillo (R/69., Tätlichkeit) - Espárrago, Rocha - Mantegazza (G/25.), Cubilla (G/51. 64. Milar), Morena

ZS: 53.700; **SR:** Palotai (Ungarn); **LR:** Kasakow (Sowjetunion), Rainea (Rumänien); **Tore:** 1:0 Rep (7.), 2:0 Rep (87.)

Bulgarien – Schweden 0:0

Spannung auch ohne Tore

„Die Schweden sind mit ihrer massiven Abwehr hart wie ein Granitblock", urteilte Dimitar Penev vor dem ersten Spiel. Bulgariens Kapitän sollte Recht behalten, und da auch seine Hintermannschaft nichts anbrennen ließ, war das torlose Remis das logische Resultat im Duell der Teams aus Nord- und Osteuropa. Obwohl keine Treffer fielen, wurden die rund 22.000 Zuschauer im Düsseldorfer Rheinstadion aber Zeugen einer hochklassigen Partie, die durchaus ein 3:3 verdient gehabt hätte.

Vor dem Anpfiff gab es eine dicke Überraschung: Die Schweden ließen mit Nordqvist ihren erfahrensten Mann auf der Bank. Der 72-malige Internationale sei außer Form, befand Coach Georg Ericsson. Auch Nordqvists spielen dürfende Mannschaftskameraden waren in den ersten Minuten jedoch alles andere als gut aufgelegt. Angetrieben von Mittelfeldstar Bonev legten die Bulgaren los wie die Feuerwehr, und es hatte den Anschein, als gierten die geschmeidigen Ballkünstler vom Balkan geradezu danach, Schweden-Happen serviert zu bekommen. Immer wieder delegierte der Lenker Bonev Ball und Mitspieler auf die Flügel, von wo aus Flanke um Flanke vor das Tor von Ronnie Hellström segelte, und immer wieder brachten die schnellen Bulgaren die schwedische Innenverteidigung mit gekonnten Doppelpässen in arge Verlegenheit. Es zeigte sich, dass die Abwehr der Skandinavier ohne den kantigen Kämpfer Nordqvist an Stabilität eingebüßt hatte, obgleich die bulgarischen Stürmer, allen voran der später ausgewechselte Pavel Panov, aus den Vorlagen kein Kapital schlagen konnten. Die klarste Torgelegenheit hatte besagter Panov in der 7. Minute, doch sein Gewaltschuss sprang von der Latte auf das Spielfeld zurück. Die erste hochkarätige Chance für die zu defensiv eingestellten Schweden durch Sandberg ließ bis kurz vor der Halbzeit auf sich warten.

Zwischenfazit zur Pause: Die Bulgaren ärgerten sich über die zahlreichen vergebenen Möglichkeiten in der „besten Halbzeit" seit Jahren (Trainer Mladenov), Schwedens Coach Ericsson („Wir haben eine Menge Glück gehabt") dankte seinem überragenden Keeper Hellström für tolle Paraden in Serie und die neutralen Besucher freuten sich über ein ausgezeichnetes Fußballspiel. Und das blieb es auch in den zweiten 45 Minuten – nur mit umgekehrten Vorzeichen. Die Bulgaren mussten dem in der ersten Halbzeit angeschlagenen hohen Tempo Tribut zollen, die Nordländer konnten sich langsam aus der Umklammerung lösen und kamen besser ins Spiel. Vor allem die schwedischen Auslandsprofis verdienten sich in dieser Phase Bestnoten. Torjäger Sandberg (1. FC Kaiserslautern), Edström (PSV Eindhoven) und Torstensson (Bayern München) erarbeiteten sich eine Reihe guter Einschussmöglichkeiten, doch überwinden konnten sie den nicht immer sicher wirkenden Torhüter Goranov nicht – allein Sandberg vergab dreimal in aussichtsreicher Position. Erst war das schwedische Tor wie vernagelt gewesen, nun war es das bulgarische. Hinzu kam, dass Schiedsrichter Edison Pérez-Nuñez den Schweden nach Bonevs Foul an Torstensson einen klaren Strafstoß verwehrte.

Als der peruanische Referee die spannende Begegnung abpfiff, ärgerte man sich auf Seiten der bulgarischen Equipe schon etwas über den kleinen Negativrekord: Das 0:0 war Bulgariens zehntes WM-Endrundenspiel ohne Sieg. Dennoch überwog auf beiden Seiten die Zufriedenheit über den Punktgewinn, der den Ausgang der Gruppe 3 offen ließ. „Jetzt kann jeder Gegner kommen", frohlockte Trainer Mladenov voller Optimismus und hoffte für das kommende Spiel gegen Uruguay auf den ersten WM-Sieg.

Stürmer „Lisitsa" Denev (l.) trifft früh den Pfosten – Bulgariens erster Endrunden-Sieg bleibt weiter ein Traum

Bulgarien – Schweden   **0:0**
15. Juni 1974, 16 Uhr, Rheinstadion, Düsseldorf

Bulgarien: Goranov – Zonjo Vassilev, Ivkov, Penev, Velitchkov – Kolev, Bonev (K), Nikodimov – Voinov (72. Mikhailov), Panov (75. Mladen Vassilev), Denev

Schweden: Hellström – Olsson, Karlsson, Bo Larsson (K), Andersson – Grahn, Tapper, Kindvall (71. Magnusson) – Torstensson, Edström, Sandberg

ZS: 22.500; **SR:** Pérez-Núñez (Peru); **LR:** Suppiah (Singapur), González Archundia (Mexiko); **Tore:** Fehlanzeige

Niederlande - Schweden 0:0

Unüberwindbare schwedische Sperre

Nach dem überzeugenden Sieg gegen Uruguay hatten viele Experten die holländischen Himmelsstürmer auf den Thron gehoben und Cruyff & Co. zu Mitfavoriten für den Titelgewinn erklärt. Durch die fulminanten 90 Minuten war ein wenig in Vergessenheit geraten, dass die Niederlande ihr WM-Ticket nur mit Mühe, Not und Fortunas Hilfe in der 90. Minute im Duell mit Belgien gelöst hatten.

Begeisterung im Bollwerk: Hellström und Edström freuen sich über ihr zweites 0:0

Nach der Nullnummer gegen Schweden mussten indes nicht nur die 30.000 holländischen Fans unter den 52.500 Zuschauern im Dortmunder Westfalenstadion erkennen, dass Siege im Fußball nicht planbar sind, denn trotz phasenweise nahezu grotesk anmutender Überlegenheit blieb den Spielern von Rinus Michels ein Treffer gegen die konterstarke schwedische „Söldner-Truppe" verwehrt. Sechs Spieler aus ausländischen Vereinen – nur die für deutsche Klubs kickenden Torstensson und Magnusson mussten mit der Ersatzbank vorlieb nehmen – bildeten ein kantiges Gerüst, das die Nordländer um den eigenen Strafraum herum errichtet hatten. Obwohl die Zuschauer bisweilen den Eindruck bekamen, Holland spiele nicht gegen, sondern mit den Schweden, wirkte sich die Überlegenheit nicht positiv auf das Resultat aus. Vor allem Keizer und Rep konnten selbst hochkarätige Chancen nicht nutzen. Umkurvten die Holländer einmal die schwedische Sperre, war der überragende Torwart Ronnie Hellström zur Stelle und verhinderte mit spektakulären Paraden einen Gegentreffer.

Dass die Null stand, war zu großen Teilen auch das Verdienst von Schwedens Mittelfeldakteur Bo Larsson, der das Spiel seines Lebens machte. Er stand dem holländischen Antreiber Johan Cruyff ständig auf den Füßen herum und ließ ihn dank seiner Beharrlichkeit nicht richtig zur Entfaltung kommen. (In ähnlicher Weise sollte während des Turniers nur noch ein Spieler dem Star des FC Barcelona zusetzen: der deutsche „Terrier" Berti Vogts verbiss sich im WM-Endspiel in den Waden des leichtfüßigen holländischen Windhundes.)

So hatten die „Oranjes" das Mittelfeld zwar weitgehend unter Kontrolle, doch Zählbares wollte und wollte nicht herausspringen. Man musste sogar ständig auf der Hut sein, nicht durch einen schnellen Gegenstoß der Skandinavier in Rückstand zu geraten. Der quirlige Sandberg war ebenso stets für ein Tor gut wie der hünenhafte Edström, der bei Standardsituationen für Gefahr sorgte und nebenbei auch noch den „tödlichen Pass" beherrschte. „Nicht nur per Kopf, auch im direkten Zuspiel verrät der Lange erste Klasse", beschrieb der schwedische Journalist Birger Buhre die Qualitäten des Torjägers, auf dessen Visitenkarte acht Treffer in den ersten vier Länderspielen standen. Wahrlich eine Furcht einflößende Bilanz.

Trotz spielerischer Unterlegenheit bestachen die unbequemen Schweden als harmonisches Ensemble. Obwohl zahlreiche Akteure der Blau-Gelben ihr Geld im Ausland verdienten, kannte man sich untereinander recht gut. Der Grund: Sechs Spieler hatten früher gemeinsam beim schwedischen Meister Åtvidabergs FF gekickt. In Hollands Mannschaftsgefüge knirschte es dagegen kräftig. Der mittlerweile 31-jährige Piet Keizer, dieses Mal an Stelle des quirligen Rob Rensenbrink aufgeboten, agierte in seinem 33. Länderspiel ausgesprochen schwach. Das hatte zwei banale Ursachen: Keizer war schlichtweg völlig außer Form und bei seinen Mitspielern überdies unbeliebt - sie schnitten ihn. Dennoch fiel ihm der Ball einige Male in Tornähe vor die Füße, aber der Linksaußen war an diesem Tag so verunsichert, dass er sogar die „Hundertprozenter" versiebte.

Unter dem Eindruck der starken Schlussphase der Schweden gab Rinus Michels nach dem Spiel zu Protokoll: „Ich bin froh, dass wir nicht verloren haben." Übrigens: Nicht nur mit Statements dieser Couleur überraschte Hollands Trainer seine Zuhörer. Auf Pressekonferenzen und bei Interviews beeindruckte der Sportlehrer vor allem durch seine Sprachkenntnisse und parlierte außer in seiner Landessprache auch auf Deutsch, Englisch, Französisch und Spanisch.

Niederlande – Schweden   0:0
19. Juni 1974, 19.30 Uhr, Westfalenstadion, Dortmund

Niederlande: Jongbled - Suurbier, Haan, Rijsbergen, Krol - Jansen, van Hanegem (73. de Jong), Neeskens - Rep (G), Cruyff (K), Keizer

Schweden: Hellström - Olsson (74. Grip), Karlsson, Nordqvist (G), Andersson (G) - Grahn, Tapper (61. Persson, G), Bo Larsson (K) - Ejderstedt, Edström, Sandberg

ZS: 52.500; **SR:** Winsemann (Kanada); **LR:** Tschenscher (BR Deutschland), Thomas (Wales); **Tore:** Fehlanzeige

Bulgarien – Uruguay 1:1 (0:0)

Nur Bonev überzeugt

Bonjour, Tristesse! Leere Ränge, kühle Witterung, glitschiger Rasen, schlapper Kick und, zumindest in der ersten Halbzeit, kaum Torszenen – was will der Fußballfan weniger? Dass es sich bei der Begegnung zwischen Bulgarien und Uruguay auch noch um ein Spiel der Fußball-Weltmeisterschaft handelte, machte alles noch viel schlimmer. Die meisten der 13.400 Unentwegten, die den Weg ins Niedersachsenstadion gefunden hatten, waren heilfroh, als der spätere Endspiel-Referee Taylor nach 90 Minuten ein Einsehen hatte und den tristen Tanz um den Ball mit einem schrillen Pfiff beendete.

Beim farblosen Geschehen auf dem satten norddeutschen Grün blitzte nur selten hohe Fußballkunst auf. Wenn Uruguays Spieler in Ballbesitz waren, schoben sie sich die Kugel im Zeitlupentempo per Kurzpass zu, wenn Bulgarien am Drücker war, verhedderten sich die Stürmer bald in der vielbeinigen Abwehr der unbequemen Südamerikaner. Geriet deren Tor doch einmal in Bedrängnis, war meistens die bulgarische Nummer acht der Ausgangspunkt – Mittelfeldstratege Hristo Bonev, der sich bisweilen geschickt in Szene setzen konnte.

Fast wäre der bulgarische „Fußballer des Jahres" von 1969 und 1972 auch zum Matchwinner geworden. In der 75. Minute setzte sich Voinov auf dem rechten Flügel durch und flankte halbhoch in den Strafraum, wo Bonev den Ball im Hechtsprung erwischte und ihn per Kopf ins Netz katapultierte. Bonevs 27. Erfolgserlebnis im 65. Länderspiel brachte die verdiente Führung. In den vor dem vermeintlich erlösenden Treffer verstrichenen dreißig Minuten der zweiten Halbzeit hatten Nikodimov (48.), Voinov (50.) und Denev (59.) einige Hochkaräter nicht nutzen können, Uruguays Abwehrspieler Pavoni hatte zudem einmal auf der Linie geklärt.

Doch die Tugend Gerechtigkeit ist im Fußball unbekannt. Es reichte wieder nicht zum lang ersehnten ersten bulgarischen Endrunden-Sieg in der Geschichte der Fußball-Weltmeisterschaften, weil Torwart Goranov kurz vor Schluss patzte. Der 23-jährige Schlussmann von Lokomotive Sofia wollte einen strammen Schuss des nach vorne geeilten Pavoni nicht mit dem Fuß klären, sondern fangen, doch das „Abtauchen" ging schief – der Ball rutschte durch Goranovs Hosenträger, wie es in der Fußballer-Sprache heißt, in den Kasten. Der 1,95-Meter-Riese mit Torwarthandschuhen war noch lange nach dem Spiel geschockt, als er sich mit tränennassen Augen auf der Rückfahrt zum Quartier in den hintersten Winkel des Mannschaftsbusses zurückgezogen hatte.

Auch das Entsetzen auf der bulgarischen Bank war groß. „Wir waren fast schon am Ziel, aber ein böser Fehler raubte den Sieg", sagte der entgeisterte Trainer Hristo Mladenov nach dem Abpfiff, und in die Äußerung des besten Spielers des Abends schlich sich sogar eine Portion Wut ein: „Ich bin Spielmacher und erfolgreichster Torschütze unserer Mannschaft. Ich kann nicht auch noch ihr Torhüter sein", ließ Bonev seinem Ärger freien Lauf.

Während die eindeutig besser gewesenen Bulgaren nach ihrem zweiten Remis im zweiten Vorrundenspiel mit dem Schicksal haderten und sich angesichts des noch ausstehenden Duells mit den übermächtig erscheinenden Holländern kaum noch Chancen auf ein Weiterkommen ausrechneten, versuchte sich Uruguays Trainer Roberto Porta in Zweckoptimismus: „Noch ist Hoffnung. Gegen Schweden muss es aber endlich klappen." Trotz lediglich eines mageren Pünktchens spekulierte man im Lager des zweimaligen Weltmeisters weiter auf den Einzug in die zweite Finalrunde. Doch auch den größten Optimisten musste mittlerweile gedämmert haben, dass die großen Zeiten des uruguayischen Fußballs der Vergangenheit angehörten.

Pechvogel: Bulgariens Torwart Goranov lässt den Sieg aus den Händen gleiten

Bulgarien – Uruguay 1:1 (0:0)
19. Juni 1974, 19.30 Uhr, Niedersachsenstadion, Hannover

Bulgarien: Goranov - Zonjo Vassilev (G/9.), Ivkov, Penev, Velitchkov - Kolev, Bonev (K), Nikodimov (65. Mikhailov) - Voinov, Panov, Denev

Uruguay: Mazurkiewicz (K) - Jáuregui, Forlán, Garisto (71. Masnik), Pavoni - Espárrago (G/44.), Rocha - Mantegazza (64. Cardaccio), Milar, Morena, Corbo

ZS: 13.400; **SR:** Taylor (England); **LR:** Babacan (Türkei), Ohmsen (BR Deutschland); **Tore:** 1:0 Bonev (75.), 1:1 Pavoni (87.)

Niederlande – Bulgarien 4:1 (2:0)

Geburt eines Top-Favoriten

Wer gewinnt, ist weiter, wer verliert, mit ziemlicher Sicherheit draußen – so die Ausgangslage vor dem entscheidenden Spiel der Gruppe 3 zwischen Bulgarien und den Niederlanden. Das verhieß Spannung, die jedoch schon nach wenigen Minuten der Erkenntnis wich, dass die Begegnung nur einen Sieger haben konnte – Holland. Und so hatte die WM nach der für die Bulgaren am Ende noch schmeichelhaften 1:4-Packung gegen die „Oranjes" einen neuen Top-Favoriten: das Team des polyglotten Trainerfuchses Rinus Michels.

Abfangjäger: Rijsbergen versperrt Bulgariens Spielmacher Bonev den Weg

Bevor der Kampf auf dem Platz begann, hatten die Niederlande den Kampf um die Plätze schon gewonnen: Gut 40.000 der 52.100 Zuschauer im Dortmunder Westfalenstadion waren aus Amsterdam, Rotterdam, Den Haag, Enschede und anderen Städten und Gemeinden der europäischen Tulpen-Hochburg angereist. Wo so viele Holländer zusammenkommen, ist bekanntlich reichlich was los. Die in orangefarbenes Tuch gewandeten Fußballanhänger veranstalteten noch mehr Lärm als ihre urlaubenden Landsleute für gewöhnlich auf Europas Campingplätzen. Die beeindruckende Geräuschkulisse war aber nicht der Grund dafür, dass den bulgarischen Spielern schnell der Schneid abgekauft wurde – Cruyff, Rep & Co. legten bei nachmittäglicher Gluthitze schlichtweg von Beginn an los wie die sprichwörtliche Feuerwehr.

In diesem fußballerischen Inferno schlotterten nicht nur den Osteuropäern rasch die Knie, auch der australische Schiedsrichter Tony Boskovic zeigte Nerven. Als Wirbelwind Johan Cruyff nach wenigen Minuten durch die bulgarische Abwehr sauste, wurde er bei Vassilevs staksigem Abwehrversuch zwar tatsächlich leicht berührt, ging aber wie eine angeschossene Flugente zu Boden. Der Unparteiische entschied, zur großen Überraschung der meisten Experten, auf Strafstoß. Ein Fall für Neeskens. Der nervenstarke Mittelfeldspieler ließ sich die Chance nicht entgehen und verwandelte mit einem „Hammer" («kicker»). Kurz vor der Pause holte der 23-Jährige von Ajax Amsterdam sein Lieblingswerkzeug zum zweiten Mal heraus und traf erneut aus elf Metern zum 2:0. Velitchkov hatte Jansen zuvor im Strafraum gefoult. Dass für beide Treffer der Niederlande in den ersten 45 Minuten der ominöse Punkt herhalten musste, war indes kein Zufall, denn obwohl sie ständig Torgefahr ausstrahlten, agierten die holländischen Angreifer vor dem bulgarischen Tor oft umständlich und vergaben mehrfach aus aussichtsreicher Position. Bulgarien hatte unterdessen bis zur Pause nur eine Großchance: Bonev zirkelte den Ball bei einem Freistoß gegen die Latte (27.).

In der zweiten Halbzeit bot sich der Kulisse in Orange das gleiche Bild: Die technisch versierten Bulgaren spielten zwar gefällig, aber nicht gefährlich nach vorne. Und die Holländer demonstrierten einen modernen und variablen Fußball, immer wieder angetrieben vom überragenden Konditionswunder Neeskens, gegen den sogar der an diesem Tag ebenfalls glänzend aufgelegte Cruyff etwas abfiel. Auf der anderen Seite erreichte mit Hristo Bonev nur ein Spieler das Niveau der elf niederländischen Fußball-Rastellis. Das war zu wenig, um den beeindruckenden Michels-Schützlingen Paroli bieten zu können. „Fußball dieser Güte habe ich lange nicht gesehen", schwärmte Ungarns Chef-Trainer Lajos Baróti, der einige WM-Spiele besuchte.

Die Folge der Überlegenheit: zwei weitere, gekonnt herausgespielte Torerfolge, erzielt von Rep und de Jong. Bezeichnenderweise fiel der einzige bulgarische Gegentreffer zum Zwischenstand von 1:3 durch ein Eigentor von Krol. Zum ersten Mal im Turnierverlauf musste Torwart Jongbled den Ball aus dem Netz holen. In den folgenden drei Parteien blieb seine Weste wieder rein, und der erste Treffer durch einen gegnerischen Spieler sollte erst am Finaltag in München fallen – aber davon später mehr.

Für die Bulgarien war erneut – wie schon bei allen vorausgegangenen WM-Teilnahmen – nach der ersten Runde Schluss. Die traurige Gesamtbilanz: zwölf Spiele, vier Remis und acht Niederlagen bei einem Torverhältnis von 9:29. Der erste Sieg (4:0 gegen Griechenland) sollte noch 20 Jahre (!) auf sich warten lassen.

Niederlande – Bulgarien   **4:1 (2:0)**
23. Juni 1974, 16 Uhr, Westfalenstadion, Dortmund

Niederlande: Jongbled – Suurbier, Haan, Rijsbergen, Krol – Jansen (G/6.), van Hanegem (G/22., 46. Israël), Neeskens (79. de Jong) – Rep, Cruyff (K) (G/29.), Rensenbrink

Bulgarien: Staikov – Zonjo Vassilev, Ivkov, Penev, Velitchkov – Kolev, Bonev (K), Stojanov (46. Mikhailov) – Voinov, Panov (57. Borisov), Denev (G/67.)

ZS: 52.100; **SR:** Boskovic (Australien); **LR:** Eschweiler (BR Deutschland), Biwersi (BR Deutschland); **Tore:** 1:0 Neeskens (6./FE), 2:0 Neeskens (45./FE), 3:0 Rep (71.), 3:1 Krol (78./ET), 4:1 de Jong (88.)

Schweden – Uruguay 3:0 (0:0)

Aus für Altherrenfußballer

Auf der einen Seite Power bei den Nordeuropäern, auf der anderen Trantütigkeit bei den Südamerikanern: Mit einem ungefährdeten 3:0-Erfolg gegen Uruguay schafften die dynamischen schwedischen Konterspieler verdient den Sprung in die zweite Finalrunde. Der zweimalige Weltmeister aus Südamerika bot bei 26 Grad im Schatten auch im dritten Vorrundenspiel nur wenig Berauschendes und musste mit der schwachen Ausbeute von 1-5 Punkten im Gepäck die Heimreise antreten.

Uruguay, bei dem jeder Akteur des WM-Aufgebots durchschnittlich 29,3 Lenze zählte, spielte einen altersgerechten Fußball: behäbig, immer in die Breite und etwas tatterig in der Abwehr. Obwohl die Spieler von Nationaltrainer Roberto Porta im letzten Spiel durchaus versuchten, Akzente im Angriffsspiel zu setzen, wollte es ihnen nicht so recht gelingen. Auch der vor Beginn der Weltmeisterschaft als Torjäger gefeierte 22-jährige Mittelstürmer Fernando Morena fand keine Lücke in der souverän agierenden schwedischen Abwehr. Gefahr für das Tor von Ronnie Hellström drohte nur bei Distanzschüssen, doch der Keeper von Hammarby IF, der nach dem Turnier zum 1. FC Kaiserslautern wechseln sollte, war bei den Prüfungen durch Espárrago und Milar auf dem Posten.

Von ganz anderer Qualität waren die Vorstöße der Schweden, die nur mit zwei echten Spitzen, Sandberg und Edström, antraten. Bot sich ausreichend Platz und Gelegenheit, stürmte auch der zurückhängende Ove Kindvall (31, IFK Norrköping) mit nach vorne. Es war allerdings nicht zu übersehen, dass der ehemalige Torjäger von Feyenoord Rotterdam seine beste Zeit bereits hinter sich hatte: In der ersten Halbzeit tauchte er viermal freistehend vor Keeper Mazurkiewicz auf, versiebte aber alle Chancen kläglich. Auch Grahn scheiterte mit einem fulminanten Distanzschuss aus 20 Metern am guten Schlussmann der Südamerikaner.

Einen großen Auftritt sollte Kindvall in diesem Spiel aber doch noch haben: Wenige Sekunden nach dem Anpfiff zur zweiten Halbzeit passte der „alte Schwede" zum mitgelaufenen Jungspund Edström, und der 21-jährige Shooting-Star beförderte den Ball per Direktabnahme zur verdienten Führung der Skandinavier in die Maschen. Der Bann war gebrochen, der Rest Formsache. Die schnell und weiträumig operierenden Schweden erspielten sich im Mittelfeld eine immer größere Überlegenheit und waren den Hitze gewohnten Südamerikanern zur Überraschung der knapp 30.000 Zuschauer im weiteren Verlauf auch konditionell überlegen.

Gruppe 3 – Abschlusstabelle

	Sp.	g	u	v	Tore	Punkte
1. Niederlande	3	2	1	0	6:1	5-1
2. Schweden	3	1	2	0	3:0	4-2
3. Bulgarien	3	0	2	1	2:5	2-4
4. Uruguay	3	0	1	2	1:6	1-5

Das 1:0 war so recht nach dem Geschmack der konterstarken Nordländer. Uruguay musste die Abwehr zusehends entblößen und bot den schnellen „Stoßstürmern", so Schwedens Trainer Georg Ericsson, damit beste Gelegenheiten zu weiteren Treffern. Und die fielen tatsächlich. Rund eine Viertelstunde vor dem Schlusspfiff beendeten die Tore von Sandberg und erneut Edström alle Träume Uruguays vom Vordringen in die nächste Runde.

Sandbergs 2:0 besiegelt das frühe Aus für Doppel-Weltmeister Uruguay

Mit dem klaren Sieg hatte sich Schweden sicher für die Gruppe B der zweiten Finalrunde qualifiziert. Dort sollte der erste Gegner Deutschland heißen. Bundestrainer Helmut Schön hatte das wohl geahnt und deshalb seinen Assistenten Jupp Derwall als Beobachter in das Düsseldorfer Rheinstadion entsandt. Der spätere „Häuptling Silberlocke" zeigte sich beeindruckt, sprach von einem „unangenehmen Gegner", der seine Stärke vor allem aus der Erfahrenheit von Grahn und Bo Larsson ziehe, und wies darauf hin, dass dem von Sepp Maier gehüteten Tor stets Gefahr durch die „schnellen Spitzen" drohen würde.

Schweden – Uruguay 3:0 (0:0)
23. Juni 1974, 16 Uhr, Rheinstadion, Düsseldorf

Schweden: Hellström - Andersson, Karlsson, Nordqvist (K), Grip - Grahn, Kindvall (77. Torstensson), Bo Larsson - Magnusson (62. Ahlström), Edström, Sandberg

Uruguay: Mazurkiewicz (K) - Jáuregui (G/21.), Forlán, Garisto (46. Masnik), Pavoni - Espárrago, Rocha - Mantegazza, Milar, Morena, Corbo (43. Cubilla)

ZS: 28.300; **SR:** Linemayr (Österreich); **LR:** Llobregat (Venezuela), Aldinger (BR Deutschland); **Tore:** 1:0 Edström (46.), 2:0 Sandberg (74.), 3:0 Edström (78.)

Italien – Haiti 3:1 (0:0)

Zoff ist wieder sterblich

Guy François schlug den Ball steil nach vorne, Emmanúel Sanon setzte mit kraftvollen Schritten nach und ließ Gegenspieler Luciano Spinosi hinter sich. Spinosi versuchte noch, Sanon festzuhalten, hatte aber keinen Erfolg. Nur noch einer stand vor dem haitianischen Stürmer: Dino Zoff. Der Unbezwingbare. Doch das Unfassbare ereignete sich: Auch dieser wurde umkurvt und konnte dem Ball nur noch auf seinem Weg ins leere Tor nachschauen.

Schwerer Stand: Italien startet holprig gegen Karibik-Außenseiter Haiti

Es war geschehen: Zum ersten Mal seit dem 20. September 1972, 17.58 Uhr hatte Dino Zoff in der Nationalelf wieder einen Gegentreffer eingefangen – nach 1.143 Minuten. Damals war es der Jugoslawe Vukotic bei Italiens 3:1-Sieg in Turin gewesen, der Zoff bezwungen hatte, diesmal ein bis dahin international vollkommen unbekannter 22-Jähriger namens Emmanúel Sanon. Haitis Spieler jubelten, die „Azzurri" waren konsterniert. Denn Sanons Tor war kein in letzter Minute erzielter Ehrentreffer, es war – kurz nach dem Wiederanpfiff zur zweiten Halbzeit – die 1:0-Führung für den krassen Außenseiter gegen den amtierenden Vizeweltmeister. Bei den Italienern griff langsam die Angst vor einem „zweitem Nordkorea" um sich, vor einer Wiederholung des sensationellen Vorrunden-Ausscheidens bei der WM 1966 gegen die Asiaten.

Ob in der ersten Halbzeit oder nach dem Schock des Rückstands: Mit direktem Passspiel erarbeiteten sich die Akteure der „Squadra Azzurra" Möglichkeit über Möglichkeit, scheiterten aber immer wieder am überragenden Henri Francillon im haitianischen Gehäuse. Der verheiratete Buchhalter, der ab und an auch zum Glimmstängel griff, machte das Spiel seines Lebens – und die Manager europäischer Vereine auf sich aufmerksam.

Die Sensation wäre möglich gewesen, hätten alle Karibik-Kicker das Niveau ihres Torwarts erreicht. Dass dies nicht der Fall war, rettete den Favoriten. Routinier Rivera markierte mit einem tückischen Aufsetzer den Ausgleich, und ein abgefälschter Schuss Benettis zum 2:1 brachte Haiti auf die Verliererstraße. Für Ärger sorgte kurz darauf Italiens Chinaglia. Der im walisischen Cardiff geborene Stürmer winkte gegenüber der Trainerbank beleidigt ab, als er nach 70 Minuten ausgewechselt wurde. Erst der für ihn ins Spiel gekommene Joker Anastasi ließ die Italiener mit seinem 3:1 endgültig aufatmen – die Blamage war noch einmal abgewendet.

Als Schwachpunkt Haitis erwies sich in erster Linie der Linksverteidiger Arsène Auguste, der bei allen drei italienischen Treffern schlecht aussah. Seine Entschuldigung warf ein bezeichnendes Licht auf die schmalen Ressourcen des haitianischen Fußballs: „Mein Ersatzspieler wäre noch viel schlechter gewesen, das weiß auch der Trainer." Besagter Coach, Antoine Tassy, wusste allerdings ebenso, dass seine Mannschaft insgesamt ein bravouröses Spiel gegen einen der WM-Favoriten abgeliefert hatte. Zur Belohnung lud er seine Schützlinge in den Münchener Tierpark Hellabrunn und in den Zirkus Sarassani ein. Das böse Ende in Form eines positiven Doping-Tests bei Ernst Jean-Joseph sollte erst noch folgen.

Der nach einer halben Ewigkeit wieder bezwungene Dino Zoff atmete nach dem Schlusspfiff tief durch. „Dieser Rekord war ein Albtraum für mich", bekannte der einst Unüberwindliche und freute sich sogar: „Jetzt bin ich wieder 1,81 Meter groß und ein normal sterblicher Torwart." Größer als die abgemessenen 181 Zentimeter erwies sich Zoff, als er nach den 90 Minuten seinem haitianischen Pendant Francillon sein Torwarttrikot mit den Worten übergab: „Ich möchte, dass diesen Pullover der beste Torwart der Welt besitzt." Eine Grandezza, die die „Squadra Azzurra" ansonsten gegen Haiti nie erreicht hatte und im weiteren Turnierverlauf auch nicht mehr erreichen würde.

Italien – Haiti 3:1 (0:0)
15. Juni 1974, 18 Uhr, Olympiastadion, München

Italien: Zoff – Spinosi, Burgnich, Morini, Facchetti (K) – Benetti, Mazzola, Capello – Rivera, Chinaglia (70. Anastasi), Riva

Haiti: Francillon – Bayonne (G), Nazaire (K), Jean-Joseph, Auguste – François, Vorbe, Désir, Antoine - Guy Saint-Vil (46. Barthélemy), Sanon

ZS: 51.100; **SR:** Llobregat (Venezuela); **LR:** Marquès (Brasilien), Namdar (Iran); **Tore:** 0:1 Sanon (46.), 1:1 Rivera (52.), 2:1 Auguste (66./ET), 3:1 Anastasi (79.)

Polen – Argentinien 3:2 (2:0)

Triumph des Tempofußballs

Manchmal steht man mit dem falschen Fuß auf, manchmal erwischt man auch einfach nur einen falschen Schuh. Weil im Fußkleid des Verteidigers Enrique Wolff noch ein Nagel steckte, lief der Deutsch-Argentinier verspätet im Stuttgarter Neckarstadion ein und konnte die Nationalhymne nicht mitsingen.

Gemächlich wollten die „Gauchos" eigentlich auch ihre Auftakt-Begegnung gegen Polen angehen, doch der Olympiasieger von 1972 ließ nicht zu, dass die Argentinier das Spiel verschleppten. Mit konsequentem Forechecking setzten die Osteuropäer den Südamerikanern zu, und nach dem raschen Überbrücken des Mittelfelds entlarvten die schnellen Außenstürmer Gadocha und Lato ein ums andere Mal die Defizite der wackligen argentinischen Raumdeckung. Wie sich die Polen ohne Ball bewegten, erinnerte manchen Staunenden an das holländische Konzept vom „totaal voetbal".

Von diesem „Sprinterfestival" («Süddeutsche Zeitung») wurden die Argentinier vollkommen überrumpelt, und bereits nach acht Minuten lag das polnische Team mit zwei Toren in Führung. Lato nutzte einen Fehler des an einem Eckball vorbeispringenden Schlussmanns Carnevali zum 1:0, Szarmach eine präzise Steilvorlage, um aus zwölf Metern zum 2:0 einzunetzen.

Während Lästermaul Max Merkel aus den argentinischen Nachlässigkeiten schon den Klischee-Cocktail („schlampige Strandfußballer") zusammenmixte, den er nach Abpfiff der Fachwelt einschenkte, musste sich Ladislao Cap, der gerade erst das Traineramt bei den Argentiniern übernommen hatte, nachdem Vorgänger Omar Sivori in Folge von Streitigkeiten mit Verband und Vereinen der Stuhl vor die Tür gesetzt worden war, etwas komplexere Gedanken machen. Sein Regisseur Miguel Brindisi stand völlig neben sich und staunte nur über die blitzschnelle Ballfertigkeit der Polen, so dass Cap zur Halbzeitpause reagierte: Für Brindisi, von Staatspräsident Perón mit einer „Medaille für den Wiederaufbau" ausgezeichnet, weil er dem Werben spanischer Klubs widerstanden hatte, kam der junge Houseman. Zudem tauschte der offensive Bargas seinen Platz mit Libero Heredia, eine Änderung, die sich bald auszahlen sollte: Teilzeit-Angreifer Heredia gelang nach 61 Minuten der Anschlusstreffer zum 1:2.

Doch wie gewonnen, so zerronnen: Schon im Gegenzug traf der wieselflinke Lato zum 3:1. Als wiederum nur vier Minuten später Babington den Ball aus dem Gewühl heraus zum 2:3 über die Linie stocherte, hofften die Plata-Kicker erneut. Irritiert von der Torflut, errichteten die Polen nun allerdings Abwehrdämme. Nach einer 60-minütigen Glanzvorstellung, die die Fußball-Welt in Begeisterung versetzt hatte, ließ die Schlussphase zahlreiche Kommentatoren wieder etwas nüchterner zurück. Zwar retteten die Polen ihren Vorsprung über die Zeit, die Polka hatte den Tango ausgetanzt. Doch würde der Olympiasieger den rasanten Tempofußball der ersten Stunde gegen Argentinien auch im weiteren Verlauf des Turniers durchhalten? Einen gewissen Tribut zollten die Osteuropäer ihrer Spielweise schon zum Auftakt: Szarmach und Gadocha waren völlig ausgepumpt und mussten ausgewechselt werden.

Auch Coach Kazimierz Gorski war am Ende seiner Kräfte: Mit vor Erregung tiefrotem Gesicht kommentierte der Trainer-Fuchs kurz den Erfolg seines Teams und sprang dann auf die polnischen Journalisten zu. Am liebsten hätte er jeden einzelnen von ihnen umarmt, so groß war die Freude nach dem ersten Sieg des Landes bei einer WM-Endrunde.

Heißer Tanz um den Ball: Das Stuttgarter Publikum erlebt eine hochklassige WM-Premiere

Polen – Argentinien 3:2 (2:0)
15. Juni 1974, 18 Uhr, Neckarstadion, Stuttgart

Polen: Tomaszewski – Szymanowski, Gorgón, Zmuda, Musial – Kasperczak, Deyna (K), Maszczyk – Lato, Szarmach (72. Domarski), Gadocha (84. Cmikiewicz)

Argentinien: Carnevali – Wolff, Perfumo (K) (G), Heredia, Sa – Brindisi (46. Houseman), Bargas (68. Telch), Babington (G) – Balbuena, Ayala, Kempes

ZS: 31.500; **SR:** Thomas (Wales); **LR:** Davidson (Schottland), Aldinger (BR Deutschland); **Tore:** 1:0 Lato (6.), 2:0 Szarmach (8.), 2:1 Heredia (61.), 3:1 Lato (62.), 3:2 Babington (66.)

Argentinien – Italien 1:1 (1:1)

Abgesang auf den rundlichen Rivera

Nach der Auftakt-Pleite gegen Polen reagierte Argentiniens Trainer Cap: Der restlos enttäuschende Miguel Brindisi wurde aus der Startaufstellung gestrichen, dafür stand Hector Yazalde, bei Sporting Lissabon europäischer Torschützenkönig geworden, wieder in der ersten Elf. Gegen das überalterte italienische Team standen alle Zeichen auf Angriff – und der wurde weitaus weniger betulich ausgeführt, als es noch gegen Polen der Fall gewesen war.

Am Boden: Gaucho-Goalie Carnevali wird von seinem eigenen Kapitän Perfumo mit einem Eigentor überlistet

Die schnellen Positionswechsel der Südamerikaner verblüfften die Italiener, die von Anfang an in die Defensive gedrängt wurden. Mit einem Traumtor ging Argentinien nach 19 Minuten in Führung: Babington sah Houseman in die Gasse laufen, überwand mit einem präzisen Zuspiel die italienische Deckung und Houseman, Abkömmling deutscher Vorfahren namens „Hausmann", fackelte nicht lange und beförderte den Ball mit einem Gewaltschuss in den rechten Torgiebel.

Nichts sprach zu diesem Zeitpunkt auch nur für einen Teilerfolg der „Squadra Azzurra". Allzu sehr deckte die argentinische Flügelzange mit Ayala und Kempes die Defizite der Italo-Oldies Burgnich und Facchetti auf. Aber es gab ja noch Zoff: Der Keeper hielt die Hoffnungen für seine Vorderleute aufrecht – doch die brauchten die tätige Mithilfe des Gegners, um zurück ins Spiel zu gelangen: Untröstlich kniete Argentiniens Kapitän Perfumo nach 35 Minuten auf dem Rasen, als er sein Missgeschick realisiert hatte: Mit einem Eigentor zum 1:1 hatte er die am Boden liegenden Italiener wieder ins Spiel gebracht.

In der zweiten Halbzeit zogen die Argentinier ein wahres Powerplay auf, bei dem vor allem Ayala und Houseman kaum zu stoppen waren. Als Manko des südamerikanischen Offensivspiels erwies sich allerdings die zu einseitige Ausrichtung auf Babington, worauf sich die Italiener mit fortwährender Dauer immer besser einstellten. Da Torwart Zoff zudem mehrfach gegen Yazalde rettete, konnten die Argentinier aus ihrer Überlegenheit kein Kapital schlagen. Italienische Torchancen: Fehlanzeige. Die Stürmer Anastasi und Riva hingen nahezu vollkommen in der Luft. Auffälliger war da schon Gianni Rivera: Früher hatte sich der Altstar schon mal anonym als Telefon-Seelsorger verdient gemacht, gegen Argentinien benötigte er selbst tröstenden Zuspruch. Unübersehbar der Hüftspeck, den der große Spieler im Herbst seiner Karriere angesetzt hatte. Unübersehbar auch, dass er in diesem Weltturnier überfordert war. Das Denkmal stolperte über den Ball, wurde getunnelt – und, Mitte der zweiten Halbzeit, schließlich gestürzt: Traurig schlich Rivera vom Platz, als ihn Trainer Valcareggi nach 65 Minuten gegen den jungen Causio austauschte – eine Götterdämmerung.

Alles Anrennen half den „Gauchos" nicht: Es blieb beim für sie unbefriedigenden 1:1. Mit Tränen in den Augen verließen einige Argentinier den Platz. Auf Schützenhilfe der Polen, die nun unbedingt Italien schlagen mussten, um den Südamerikanern den Weg in die zweite Finalrunde zu ebnen, hofften sie nicht mehr. Ein italienischer Journalist schmunzelte auf der Tribüne: „Es zahlt sich eben aus, wenn man den Papst im eigenen Land hat." Abwehrrecke Facchetti bemühte sich derweil, die wenig inspirierten Auftritte seines Teams soziokulturell zu erklären: „Der Catenaccio wurde uns von Jugend an eingeimpft. Wenn wir anders spielen sollen, müsste man uns andere Köpfe geben."

Andere Köpfe waren so schnell nicht zu haben. Wohl aber mit Polen ein letzter Vorrunden-Gegner, der die beschränkte Spielweise der Italiener schwerer bestrafen sollte, als Argentinien dies vermocht hatte.

Argentinien - Italien   1:1 (1:1)
19. Juni 1974, 19.30 Uhr, Neckarstadion, Stuttgart

Argentinien: Carnevali - Wolff (61. Glaría), Perfumo (K), Heredia, Sa - Houseman, Telch, Babington (G/54.) - Ayala, Yazalde (78. Chazarreta), Kempes

Italien: Zoff - Spinosi, Burgnich, Morini (65. Wilson), Facchetti (K) - Benetti (G/48.), Mazzola, Capello - Rivera (65. Causio), Anastasi, Riva

ZS: 68.900; **SR:** Kasakov (Sowjetunion); **LR:** Glöckner (DDR), Rainea (Rumänien); **Tore:** 1:0 Houseman (19.), 1:1 Perfumo (35./ET)

Polen – Haiti 7:0 (5:0)

Noch ein Kleiner zahlt Lehrgeld

Ein weiteres Mal wurde die Fußball-Weltordnung wieder gerade gerückt. Nach dem jugoslawischen 9:0 gegen Zaire zeigten die Polen auch dem zweiten Außenseiter Haiti dessen Grenzen auf. Das 7:0 sicherte dem Olympiasieger vorzeitig den Einzug in die zweite Finalrunde.

Die Mannen aus der Karibik waren noch geschockt vom ersten Dopingfall in der Geschichte der Fußball-Weltmeisterschaften. Der für die Kontrollen zuständige Münchener Arzt Dr. Paul Lenhart hatte nach dem Spiel der Haitianer gegen Italien in der Urinprobe von Ernst Jean-Joseph Rückstände von Phenomedrazin nachgewiesen, einem Asthmamittel mit aufputschender Wirkung. Der haitianische Rotschopf wurde daraufhin von der FIFA für ein Jahr gesperrt; auf seine Kollegen, für den Auftritt gegen Italien noch gefeiert, wirkte das wie Baldrian. „Meine Spieler sind heute mehr gegangen als gelaufen", resümierte Haitis Trainer Tassy nach dem Debakel im Olympiastadion: „Der Ausschluss hat unsere Seelen zutiefst erschüttert."

Haitis Diktator Jean-Claude „Baby Doc" Duvalier hatte alle Hebel in Bewegung gesetzt, um die WM-Auftritte seiner privilegierten Untertanen live am Bildschirm verfolgen zu können, doch die Funkantenne in Port-au-Prince erwies sich allen Bemühungen zum Trotz als zu schwach, um Signale aus dem fernen München zu empfangen. Am Spiel gegen Polen hätte Duvalier auch nicht viel Freude gehabt. Neben dem bereits gegen Italien gefeierten Torwart Henri Francillon überzeugten allein Libero Wilner Nazaire und Verteidiger Arsène Auguste: Sie hielten die Niederlage gegen den wie entfesselt aufspielenden Gegner noch in einstelligen Grenzen. Regisseur Emmanuel Sanon verfehlte kurz vor Schluss mit einem sehenswerten Fallrückzieher das Tor nur knapp, hatte neben diesem Galeriestück aber nur wenige auffällige Szenen.

„Unsere Vorbereitungsspiele haben uns mehr Schweiß gekostet", stellte Polens Coach Gorski fest, der auch ansonsten kecke Sprüche („Unsere Taktik ist der Sieg") dem Klischee vom drögen staatssozialistischen Funktionär entgegensetzte. Er hatte genug Zeit, sich flotte Sentenzen zu überlegen, denn nach den schnellen Treffern von Grzegorz Lato (17.) und Kazimierz Deyna (19.) – beide nach schweren Schnitzern von Haitis Verteidiger Fritz André – musste er um seine Elf nicht mehr zittern. Andrzej Szarmach (30., 34.) und Jerzy Gorgón (32.) erhöhten binnen vier Minuten auf 5:0, danach schalteten die Polen an der Stätte ihres olympischen Triumphs von 1972 auf Schongang um.

Die mangelnde Gegenwehr der Mittelamerikaner ließ indes auch mit gebremster Kraft noch hinreichend Platz für Flügelspiel und Ballstafetten zu, um das Publikum mit der Zunge schnalzen zu lassen. Selbst die Anfeuerungsrufe der Münchener für ihre Lieblinge aus Haiti, die alle ihre Begegnungen im Olympiastadion austrugen, konnten den Außenseiter nicht mehr aussichtsreich nach vorne treiben – der nahezu beschäftigungslose Torwart Jan Tomaszewski hatte ausreichend Muße, um sein Markenzeichen, ein ledernes Stirnband, zu richten.

Der „Held von Wembley" zwischen den polnischen Pfosten sah sich nach dem Seitenwechsel in aller Ruhe an, wie Szarmach und Lato noch auf 7:0 erhöhten. Ganz nebenbei übten seine Vorderleute gegen den karibischen Sparringspartner ihre Abseitsfalle ein – wer wusste schon, wozu diese in der zweiten Finalrunde noch zu gebrauchen sein würde...

Wieder hat's in Haitis Tor geklingelt

Polen – Haiti 7:0 (5:0)
19. Juni 1974, 19.30 Uhr, Olympiastadion, München

Polen: Tomaszewski – Szymanowski, Gorgón, Zmuda, Musial (71. Gut) – Kasperczak, Deyna (K), Maszczyk (65. Cmikiewicz) – Lato, Szarmach, Gadocha

Haiti: Francillon – Bayonne (G/79.), Nazaire (K), André (38. Barthélemy), Auguste – François, Vorbe, Désir, Antoine – Roger Saint-Vil (46. Racine), Sanon

ZS: 25.400; **SR**: Suppiah (Singapur); **LR**: Biwersi (BR Deutschland), Eschweiler (BR Deutschland); **Tore**: 1:0 Lato (17.), 2:0 Deyna (19.), 3:0 Szarmach (30.), 4:0 Gorgón (32.), 5:0 Szarmach (34.), 6:0 Szarmach (51.), 7:0 Lato (87.)

Argentinien – Haiti 4:1 (2:0)

Glückliches Ende für die „Gauchos"

Im Münchener Olympiastadion waren Transistorradios heiß begehrt – vor allem auf Seiten der Argentinier. Mit mindestens einem Ohr lauschten die „Gauchos" nach dem Stand der Dinge in Stuttgart, denn aus eigener Kraft war die zweite Finalrunde nicht mehr zu erreichen. Die Ausgangslage war klar: Die Südamerikaner benötigten gegen Haiti einen Sieg mit mindestens drei Toren Differenz und mussten dann auf eine Niederlage Italiens gegen Polen hoffen.

Für Argentiniens Angreifer ist kein haitianisches Abwehrbein lang genug

Mit ihrem eigenen Part taten sich die Argentinier dabei durchaus schwer. Noch erschöpft vom verzweifelten Anrennen gegen Italien, kamen sie erst langsam in Tritt und wären beinahe durch ein frühes Gegentor von Désir bestraft worden. Nach dem Debakel gegen Polen hatte Haitis Trainer Tassy die Elf umformiert. Der nominelle Mittelfeldspieler Vorbe ging nach hinten und fungierte als Abwehr-Organisator, Ducoste, der bislang auf der Bank geschmort hatte, sollte als Ausputzer eine Gegentor-Flut verhindern helfen. „Wir laufen nicht noch einmal ins offene Messer", hatte Tassy sich und der Fußball-Welt geschworen.

Dennoch eröffnete Yazalde bereits nach einer Viertelstunde die südamerikanische Torejagd. Den zweiten Treffer bereitete der Goalgetter von Sporting Lissabon nur drei Minuten später mustergültig vor – Houseman vollendete, somit fehlte nur noch ein Tor. Dann aber geschah lange Zeit wenig: Die Argentinier ließen sich vom langsamen Spielaufbau der Haitianer anstecken und agierten nun selbst vorsichtig, was Racine um ein Haar mit dem Anschlusstreffer bestraft hätte. Weitere argentinische Tore verhinderte unterdessen Haitis Keeper Francillon, der mit spektakulären Paraden einmal mehr für sich warb.

Erst in der zweiten Halbzeit ging es wieder Schlag auf Schlag. Zunächst erfüllte der langmähnige Ayala (56.) mit dem 3:0 das argentinische Soll, dann schockte Sanon (63.) die Cap-Elf mit einem 25-Meter-Schuss zum 1:3, doch nur vier Minuten später stellte Yazalde den alten Abstand wieder her – und erzielte gleichzeitig das 900. Tor in der WM-Endrunden-Geschichte. Durch Sanons Gegentreffer gewarnt, brachten die Argentinier das 4:1 über die Runden und richteten ihre Aufmerksamkeit von nun an auf das Geschehen in Stuttgart. Als die Kunde vom polnischen Sieg nach München gedrungen war, jubelten die argentinischen Kicker mit ihrer kleinen Fan-Gemeinde auf den Rängen. Später wurde in einem Schwabinger Hotel die Nacht zum Tag gemacht. Mit überzeugenden Vorstellungen und ein wenig Glück hatte Argentinien die arg angekratzte fußballerische Ehre Südamerikas wieder etwas aufpoliert – und die Gelegenheit zu weiteren Glanztaten in der zweiten Finalrunde bekommen.

Für den karibischen Außenseiter war der Trip nach Europa beendet – mit Ausnahme der beiden Stars der Mannschaft: Der schlaksige „Pelé von Haiti", Spielgestalter Sanon, unterschrieb einen Zwei-Jahres-Vertrag beim belgischen Vizemeister RFC Antwerpen, und Torwart Francillon, bisher im Gehäuse des SC Victoria Port-au-Prince, wurde für zwei Jahre vom Süd-Zweitligisten TSV München 1860 verpflichtet.

Ein böses Ende hatte die Weltmeisterschaft indes für Haitis Coach: Antoine Tassy wurde überraschend von seinem Amt entbunden. Dabei hatte er auch die Aufgaben „neben dem Platz" zuverlässig erfüllt. Täglich erstattete er dem heimischen Diktator „Baby Doc" Duvalier telefonisch Bericht vom WM-Geschehen. Gewinner war dabei schließlich nur die Deutsche Bundespost: Sie kassierte für jede Übersee-Gesprächsminute stattliche 21,40 Mark.

Argentinien – Haiti   **4:1 (2:0)**
23. Juni 1974, 16 Uhr, Olympiastadion, München

Argentinien: Carnevali – Wolff, Perfumo (K), Heredia (G/60.), Sa – Houseman (59. Brindisi), Telch, Babington (G/26.) – Ayala, Yazalde, Kempes (57. Balbuena)

Haiti: Francillon – Bayonne, Nazaire (K) (25. Joseph-Marion Léandre), Ducoste, Louis – Racine, Vorbe, Désir, Antoine – Guy Saint-Vil (53. Fritz Léandre, G/85.), Sanon

ZS: 24.000 ; **SR:** Sánchez Ibáñez (Spanien) ; **LR:** Kamel (Ägypten), N'Diaye (Senegal); **Tore:** 1:0 Yazalde (15.), 2:0 Houseman (18.), 3:0 Ayala (56.), 3:1 Sanon (63.), 4:1 Yazalde (67.)

Polen – Italien 2:1 (2:0)

Olympiasieger wirft Vize-Weltmeister raus

Für die Italiener kehrte schon nach der Gruppenphase der graue Alltag ein. Ironie der Fußball-Geschichte, dass viele Tifosi die bescheidenen Auftritte der „Squadra Azzurra" erst nach langem Bangen in Farbe verfolgen konnten. Weil Italiens Politiker sich ausufernd darüber stritten, ob das SECAM- oder das PAL-Farbsystem eingeführt werden sollte, hatte den Fernsehfans zwischen Südtirol und Sizilien lange Zeit eine WM in Schwarz-Weiß gedroht.

Dass auf den Bildschirmen dann zwar Farbe flimmerte, aber dennoch Tristesse vorherrschte, war nicht die Schuld der Volksvertreter. Ein Punkt hätte den Catenaccio-Minimalisten gegen Polen zum Weiterkommen genügt, doch diese Hürde erwies sich als zu hoch. Dabei fielen die Italiener bei ihrem letzten Auftritt in Deutschland zumindest phasenweise aus der Rolle: Statt ein 0:0 und damit den Einzug in die nächste Runde zu sichern, begannen die Blauen offensiv. Nicht die einzige Überraschung – Trainer Valcareggi ließ zudem Riva und Rivera draußen. „Es war die schwierigste und heikelste Entscheidung in meiner Karriere", bekannte der mit 62 Jahren älteste Coach des Turniers später. Inter Mailands Regisseur Sandro Mazzola nahm die Position seines alten Rivalen Gianni Rivera ein, dessen Lorbeer nun endgültig verwelkt war.

Es nutzte alles nichts, denn die im Durchschnitt fünf Jahre jüngeren Polen spielten nicht nur offensiv, sondern beinahe perfekt. Nach verhaltenem Beginn schlugen die Shooting-Stars der Titelkämpfe mit zwei Traumtoren binnen sechs Minuten zu. In beiden Fällen zeichnete sich Henryk Kasperczak als Vorbereiter aus: Beim 1:0 flankte er von rechts auf Szarmach, der mit einem herrlichen Flugkopfball das italienische Desaster einleitete, und kurze Zeit später nahm Deyna einen Kasperczak-Pass auf und sorgte für die 2:0-Pausenführung.

Nach dem Seitenwechsel ließ ein Pfostentreffer Anastasis die verzweifelten Tifosi noch einmal auf einen Sturmlauf ihrer Lieblinge hoffen, doch das polnische Mittelfeld-Trio Deyna-Kasperczak-Maszczyk bestimmte weiter das Geschehen. Dem entgegen stand hauptsächlich Mazzola, wie schon gegen Argentinien der beste Italiener. Aber weder Causio noch der zur Pause eingewechselte Routinier Boninsegna konnten Mazzolas Pässe verwerten. Erst als die Polen in der Schlussphase ihrem Tempofußball Tribut zollen mussten, verkürzte Capello vier Minuten vor Ultimo zum 1:2 – zu wenig, um die „Squadra Azzurra" noch in die zweite Finalrunde zu befördern.

„Es gibt eine neue Art, Fußball zu spielen – und wir Italiener müssen sie lernen", resümierte die italienische Zeitung «Corriere d'Informazione» nach dem unerwartet frühen Aus des Mitfavoriten, derweil der große Alfredo di Stéfano von den Polen begeistert war: „Ich habe bei dieser WM noch keine Mannschaft gesehen, die den modernen Fußball so komplett spielt", resümierte die Legende von Real Madrid. 6-0 Punkte, 12:3 Tore – die Polen waren nach der Vorrunde das einzige Team mit blütenweißer Weste. Und Trainer Gorski versprach: „Wir werden weiter offensiv spielen, wir haben vor niemandem Angst." Ein besonderes Lob hielt der Coach für Andrzej Szarmach bereit, der nach einem Schlag ins Gesicht sein Nasenbluten mit Wattebäuschen hatte stillen müssen. Der frisch verheiratete Drechsler war der einzige Spieler, der in allen drei Vorrunden-Begegnungen ein Tor erzielt hatte, und wurde von Gorski als der „kommende Uwe Seeler Polens" geadelt.

Verzweifeltes Anrennen aufs polnische Tor – doch schließlich muss der Vizeweltmeister nach Hause

Gruppe 4 – Abschlusstabelle

	Sp.	g	u	v	Tore	Punkte
1. Polen	3	3	0	0	12:3	6-0
2. Argentinien	3	1	1	1	7:5	3-3
3. Italien	3	1	1	1	5:4	3-3
4. Haiti	3	0	0	3	2:14	0-6

Polen – Italien   2:1 (2:0)
23. Juni 1974, 16 Uhr, Neckarstadion, Stuttgart

Polen: Tomaszewski – Szymanowski, Gorgón, Zmuda, Musial (G/84.) – Kasperczak (G/25.), Deyna (K), Maszczyk – Lato, Szarmach (76. Cmikiewicz), Gadocha

Italien: Zoff – Spinosi, Burgnich (34. Wilson), Morini, Facchetti (K) – Benetti, Mazzola, Capello – Causio, Chinaglia (46. Boninsegna, G/71.), Inastasi

ZS: 68.900; **SR:** Weyland (BR Deutschland); **LR:** Winsemann (Kanada), Schulenburg (BR Deutschland); **Tore:** 1:0 Szarmach (38.), 2:0 Deyna (44.), 2:1 Capello (86.)

Das Endturnier – Zweite Finalrunde

Brasilien – DDR 1:0 (0:0)

Freistoßtrick düpiert DDR-Kicker

Der Benjamin hätte für eine weitere Überraschung sorgen können. Drei Minuten waren noch zu spielen, als Löwe mit einem präzisen Rückpass den 19-jährigen Martin Hoffmann bediente, aber der einzige DDR-Stürmer erzielte nicht das 1:1 gegen den Weltmeister, sondern semmelte das Leder über das brasilianische Tor. „Ich wollte den Ball nur anspitzeln, doch ich traf ihn voll, und so ging er über das Tor ins Aus", fasste der untröstliche Magdeburger sein Missgeschick zusammen – es blieb beim 1:0 für die Südamerikaner.

Schlamperei beim Mauerbau: Brasiliens Freistoß-Siegtor durch Rivelino

Wiederum konnten die brasilianischen Berichterstatter nur wenig Glanzvolles gen Heimat senden. Allein der Sieg nährte die Hoffnungen, dass es der Mannschaft doch noch gelingen könnte, ihren Titel zu verteidigen. Nach der unbefriedigenden Vorrunde passten sich die Brasilianer teilweise an die „europäische" Spielweise an und setzten vermehrt aufs Flügelspiel. Dirceu und Carpegiani versuchten gemeinsam, den formschwachen Rivelino als Regisseur zu unterstützen.

Das reichte noch einmal gegen ein DDR-Team, das über die gesamte Spielzeit nie seinen Respekt vor dem großen Namen des Gegners ablegte. Trainer Georg Buschner hatte schon vorher tiefgestapelt. Trotz des sensationellen 1:0 gegen den Gastgeber behauptete er steif und fest: „Wir sind bestimmt die schwächste Mannschaft unter den letzten Acht." Mit einer strikten Defensivtaktik unterstrich Buschner diesen Minimal-Anspruch und räumte nach dem Spiel ein, seine Mannschaft sei „zu verklemmt" gewesen. Das ermöglichte den Brasilianern, die Begegnung in ihrem Spielrhythmus zu gestalten. Wieder einmal glänzte ein Abwehrspieler bei den einstigen Fußball-Zauberern: Außenverteidiger Zé Maria stand nach einer Verletzung erstmals im Team, stoppte mit wuchtigem Einsatz die wenigen DDR-Angriffe und leitete auf der rechten Seite einige viel versprechende Spielzüge ein.

Das Publikum in Hannover stellte er damit nicht zufrieden. „Aufhören, Aufhören!"-Rufe gellten bereits während der ersten Halbzeit durch das Niedersachsenstadion – hatten viele Zuschauer beim Vorab-Kartenkauf doch erwartet, die bundesdeutsche Mannschaft als Gruppensieger in Niedersachsens Metropole aufspielen zu sehen. Das DDR-Team, das um Kapitän Bransch einen Abwehrwall errichtete, wurde konsequent ausgepfiffen und schließlich nach 16 Spielen ohne Niederlage für seine Verzagtheit bestraft.

Das einzige Tor der Begegnung fiel allerdings auf kuriose Weise. Nach einer Stunde unterlief Irmscher ein Fehlpass. Jairzinho trieb den Ball darauf in Richtung DDR-Tor, kam aber kurz vor der Strafraumgrenze zu Fall. Als sich die DDR-Kicker zum Freistoß postierten, mischte sich der gefoulte Jairzinho zwischen Wätzlich und Kische in die Fünf-Mann-Mauer. Beim Rivelino-Schuss sprang Jairzinho zur Seite und riss somit die entscheidende Lücke in die Mauer. Unhaltbar schlug der Ball neben Croy ins Netz ein.

Der DDR-Fehler beim Mauerbau wurde in den bundesdeutschen Medien nach der vorherigen Demütigung im deutsch-deutschen Duell durchaus mit Häme bedacht. Das sei doch ein D-Jugend-Fehler gewesen, schließlich seien solche Tricks „hier zu Lande schon seit zig Jahren bekannt", lautete ein oft gehörter Kommentar. Dass man einen Sparwasser nicht ungedeckt lassen sollte, stand wohl nicht in den bundesdeutschen Fußballfibeln für den Kicker-Nachwuchs. Doch dafür konnte sich die DDR in der zweiten Finalrunde nichts mehr kaufen.

Brasilien – DDR 1:0 (0:0)
26. Juni 1974, 19.30 Uhr, Niedersachsenstadion, Hannover

Brasilien: Leão – Zé Maria, Luis Pereira, Marinho Peres (K), Marinho Chagas – Carpegiani (G), Rivelino, Dirceu (G) – Jairzinho (G), Valdomiro, Paulo César

DDR: Croy – Kische, Bransch (K), Weise, Wätzlich – Kurbjuweit, Sparwasser, Lauck (65. Löwe), Hamann (G, 46. Irmscher), Streich (G) – Hoffmann

ZS: 58.463; **SR:** Thomas (Wales); **LR:** Babacan (Türkei), Boskovic (Australien); **Tor:** 1:0 Rivelino (61.)

Niederlande – Argentinien 4:0 (2:0)

Wer soll Holland stoppen?

Konnte es nach dieser Partie noch einen Zweifel am Ausgang der X. Fußball-Weltmeisterschaft geben? Zu überlegen trumpften die Niederländer nach ihrer überzeugenden Vorrunde auch beim Auftakt der zweiten Finalrunde auf. Mit dem 4:0 gegen Argentinien zauberten sie sich endgültig in die Favoritenrolle. Bei den Buchmachern stand der Kurs für einen holländischen Titelgewinn mittlerweile auf 3:2 – die Bundesrepublik rangierte mit der Quote von 7:4 nur noch auf Rang zwei.

Die Oranje-Kicker hatten sich nach dem Abpfiff 20.000 Gulden – etwa 18.000 Mark – gesichert. Die holländische AMRO-Bank hatte 5.000 Gulden pro Endrunden-Tor für die Mannschaftskasse ausgelobt, und ihre „Vorzugskunden" erwiesen sich in Gelsenkirchen als außerordentlich geschäftstüchtig. Ein van-Hanegem-Zuspiel nutzte Cruyff nach nur elf Minuten zum ersten Klingeln der Kassen. Lässig umdribbelte Hollands Nummer 14 Keeper Carnevali, um zum 1:0 einzuschieben, und als wollten sie die Überlegenheit ihres „totaal voetbal" illustrieren, erzielte mit Ruud Krol ein Verteidiger das 2:0 für die Niederlande. Eine Jansen-Ecke war zu kurz abgewehrt worden, so dass der aufgerückte Krol den Ball aus 20 Metern zur Vorentscheidung ins Netz zimmern konnte.

Die Argentinier waren geschlagen. Nach der Vorrunde waren sie ins kleine Metzkausen umgezogen, um der Nähe von Touristen und Fans zu entfliehen. In ihrem vorherigen Quartier in Sindelfingen hatten die Gastgeber extra ihre Speisen umbenannt. Die Spezialität des Hauses, eine schwäbische Flädle-Suppe, bekamen die Südamerikaner als „Doping" serviert. Solche Kost gab es in Metzkausen offenbar nicht.

Zudem fehlten wichtige Stützen des Teams. Carlos Babington hatte das Kunststück fertig gebracht, in allen drei Vorrunden-Partien eine gelbe Karte zu erhalten, und war somit gesperrt, Brindisi und Poy mussten dagegen verletzungsbedingt zuschauen. Mit Yazalde und Ayala konnte Trainer Cap zwar auf zwei renommierte Spitzen zurückgreifen, doch beide stellten kein Problem für die Verteidiger Haan, Suurbier und Rijsbergen dar. Die Holländer gewannen auf dem durch ein Gewitter aufgeweichten Platz fast jeden Zweikampf und ließen ihren Gegner mit konsequentem Forechecking kaum zur Ruhe kommen. Torhüter Jan Jongbloed, der von einer Ellenbogen-Entzündung geplagt wurde und just bei Ajax Amsterdam unterschrieben hatte, musste in den 90 Minuten nur einen gefährlichen Schuss von Ayala (57.) parieren.

Vor größeren Schwierigkeiten stand Ramón Heredia, den Cap mit der Bewachung von Cruyff beauftragt hatte. Nachdem er das Schützenfest eröffnet hatte, war Hollands Superstar nicht mehr zu halten. Über die Flügel entwich er mit kunstvoller Leichtigkeit seinem Schatten, schlug präzise Vorlagen und widmete sich ansonsten dem Dirigieren seiner Mitspieler-Untertanen. Beim 3:0 servierte er eine Flanke punktgenau auf den Kopf von Johnny Rep, beim 4:0 kurz vor dem Abpfiff gab sich „König Johan" noch einmal höchstpersönlich die Ehre.

„Wir haben erneut gesehen, wie weit der südamerikanische Fußball zurückgefallen ist", zog Argentiniens Trainer Cap ein ernüchtertes Fazit – und redete lieber über einen Fußball-Artisten in Diensten des FC Barcelona, der sich aufmachte, den „FIFA World Cup" in den Tulpenstaat zu entführen: „Cruyff ist größer als di Stéfano in seiner besten Zeit." Widersprechen mochte ihm da auch Kollege Rinus Michels nicht: „Diese Rolle belastet zwar, aber es wäre unsinnig zu behaupten, dass wir kein Titelanwärter wären."

Macht-Demonstration: Der holländische Löwe liegt nicht nur in der Gunst der Wettbüros vorne

---

Niederlande – Argentinien 4:0 (2:0)
26. Juni 1974, 19.30 Uhr, Parkstadion, Gelsenkirchen

Niederlande: Jongbloed – Suurbier (G/58., 86. Israël), Haan, Rijsbergen, Krol – Jansen, van Hanegem, Neeskens (G/22.) – Rep, Cruyff (K), Rensenbrink

Argentinien: Carnevali – Wolff (46. Glaría), Perfumo (K) (G/35.), Heredia, Sa – Telch (79. ausgeschieden), Balbuena, Squeo – Ayala, Yazalde, Houseman (64. Kempes)

ZS: 55.348; **SR:** Davidson (Schottland); **LR:** Tschenscher (BR Deutschland), Kasakov (Sowjetunion); **Tore:** 1:0 Cruyff (11.), 2:0 Krol (25.), 3:0 Rep (72.), 4:0 Cruyff (90.)

Niederlande – DDR 2:0 (1:0)

Auf dem Weg ins Endspiel

Mental war das Spiel schon vor dem Anpfiff entschieden. Die DDR begnügte sich nach ihrem Sensations-Erfolg gegen die Bundesrepublik mit dem Anspruch, im Konzert der letzten Acht nett mitzuspielen. Die Holländer waren dagegen siegesgewiss bis zum Anschlag. „Wir kochen den Sparwasser auf kleiner Flamme, der wird nicht überbrodeln", hatte Wim Suurbier den Journalisten überschriftsreif in die Notizblöcke diktiert. Zu viel hatte er nicht versprochen.

Immer einen Schritt schneller: das holländische Fußballballett

Gegen die ängstlichen Ostdeutschen dauerte es keine zehn Minuten, bis die Niederlande in Führung gingen. Cruyff ließ zwei Gegenspieler aussteigen, seinen Schuss konnte Pommerenke gerade noch auf der Linie abwehren, doch im Nachsetzen markierte Neeskens im Liegen das frühe 1:0. Mit der Bewachung des „zweiten Johan" war Schnuphase auf Seiten der DDR völlig überfordert. „Der Junge hat mir ein wenig Leid getan", kommentierte Neeskens auf dem schmalen Grat zwischen Selbstbewusstsein und Arroganz die Leistung seines Gegenspielers.

Niederlande – DDR 2:0 (1:0)
30. Juni 1974, 16 Uhr, Parkstadion, Gelsenkirchen

Niederlande: Jongbloed - Suurbier, Haan, Rijsbergen, Krol - Jansen, van Hanegem, Neeskens - Rep, Cruyff (K), Rensenbrink

DDR: Croy - Kische, Bransch (K), Weise, Kurbjuweit - Pommerenke, Sparwasser, Lauck (65. Kreische), Schnuphase - Löwe (55. Ducke), Hoffmann

ZS: 67.148; **SR:** Scheurer (Schweiz); **LR:** Linemayr (Österreich), Delgado (Kolumbien); **Tore:** 1:0 Neeskens (8.), 2:0 Rensenbrink (59.)

Libero Bernd Bransch hielt in der Folgezeit den Rückstand in den Grenzen des 0:1, Konrad Weise lieferte als Bewacher von Hollands Superstar Cruyff eine ordentliche Leistung ab und der junge Martin Hoffmann mühte sich redlich, das DDR-Spiel anzukurbeln, aber angesichts der verordneten Defensivtaktik wirkte er als aufmüpfiges Kaninchen vor der übermächtigen niederländischen Schlange verloren. „Nach realistischer Einschätzung der holländischen Stärke war unsere Aufgabe, das Resultat so niedrig wie möglich zu halten", dozierte Trainer Georg Buschner das wenig konkurrenzfähige Plansoll seiner Kicker.

„Im Vergleich zu dieser DDR spielen die Italiener doch einen totalen Angriffs-Fußball", lästerte Rinus Michels über die Taktik seines Kollegen, „diese Mannschaft geht kein Risiko ein, sondern wartet nur auf die Fehler der anderen." Das SED-Parteiorgan «Neues Deutschland» kommentierte die 90 Minuten nüchterner: „Die Niederländer demonstrierten den Unterschied zwischen Weltniveau und dem Platz, den unsere Mannschaft einnimmt."

Trotz fortwährender Überlegenheit versäumten es die Niederlande allerdings, den Sack frühzeitig zuzumachen. So kamen Sparwasser (40.) und Hoffmann (51.) sogar zu Ausgleichschancen, bei denen Hollands Keeper Jongbloed nicht immer nach „Weltniveau" aussah. Rob Rensenbrink machte nach einer knappen Stunde jedoch alles klar, als Cruyff und Rep zuvor das DDR-Abwehrbollwerk auseinander gerissen hatten.

Die Holländer, sicher unter den letzten Vier, konnten sich allmählich mit größeren Aufgaben beschäftigen. Coach Michels, dem die latente Abwehrschwäche seines Teams nicht verborgen geblieben war, versuchte gegen die DDR bereits eine neue Variante: Superstar Johan Cruyff wurde stärker in die Deckungsarbeit integriert. Beim Aufrücken Rijsbergens übernahm Cruyff den Vorstopper-Posten, ebenso vertrat der Regisseur die Außenverteidiger Krol und Suurbier bei deren Offensiv-Aktionen. Ein Testlauf für härtere Tage und schwerere Gegner — gegen die harmlose DDR konnte es sich Holland jedenfalls leisten, seinen überragenden Ballkünstler über weite Strecken des Spiels tief zu stellen. Ein Effekt war, dass die Nummer 14 gegen die Ostdeutschen keinen Treffer erzielte. Welche Konsequenzen das für Cruyff habe, wurde Michels von einem Journalisten gefragt. Seine Antwort: „Dafür wird er bestraft — aber nur ein bisschen."

DAS ENDTURNIER - ZWEITE FINALRUNDE - GRUPPE A

Brasilien – Argentinien 2:1 (1:1)

Der Weltmeister kommt in Fahrt

Endlich: Was kaum noch jemand für möglich gehalten hatte, trat ein – der Weltmeister spielte weltmeisterlich! Vielleicht inspirierte die Brasilianer, dass es in der WM-Geschichte zuvor noch nie zu einem Aufeinandertreffen mit den argentinischen Rivalen gekommen war. „Heute haben wir gezeigt, was in uns steckt", jubilierte „Seleção"-Coach Mario Zagalo – mit dem 2:1 nach ihrer bislang stärksten Turnierleistung waren die Brasilianer rechtzeitig vor dem Gipfeltreffen mit den Holländern wieder ernst zu nehmende Anwärter auf die WM-Krone.

Mit ihrem ebenfalls guten Auftritt trugen die Argentinier zu einer unterhaltsamen „Fiesta sudamericana" bei. Besonders Ayala sorgte über die Flügel immer wieder für Gefahr, doch seine Vorlagen nutzten Balbuena und Kempes nur zur mannschaftsinternen Klärung der Frage, wer von beiden der größere Chancentod war. Knapper Sieger: Balbuena, der in der 41. und 57. Minute gleich zwei Hundertprozentige versemmelte. Pech gesellte sich zum argentinischen Unvermögen hinzu: Als der überragende Babington nach 22 Minuten im gegnerischen Strafraum zu Fall gebracht wurde, blieb der Elfmeterpfiff aus.

Ansonsten regierte allerdings der Weltmeister: Rivelino zog die Fäden in der brasilianischen Offensive so kunstvoll, dass seine dürftigen bisherigen Leistungen beinahe in Vergessenheit gerieten. Marinho, Paulo César und Valdomiro agierten im Spiel nach vorn als kongeniale Partner von Rivelino, und Luis Pereira, „ein Mann von Stahl und Eisen" und gefürchtet „wie die Pest", wie die «Bild am Sonntag» feststellte, erwies sich als herausragender Abwehrchef.

Nach rund einer halben Stunde wurde die brasilianische Leistungssteigerung belohnt: Zé Maria flankte perfekt auf Rivelino, dessen Flachschuss „mit links" Carnevali keine Chance ließ. Ganze drei Minuten später ließen sich die Brasilianer allerdings auf „DDR-Weise" düpieren, als Pereira Balbuena gefoult hatte. Einige Argentinier schlichen sich vor Brindisis Freistoß in die Abwehrmauer und rissen im entscheidenden Moment Lücken auf – der Ball sprang von der Querlatte ins Netz und Torwart Leão, der etwas zu weit vor seinem Kasten stand, war nach 395 gegentorlosen Minuten zum ersten Mal bei dieser WM geschlagen.

Das Bravourstück zum 1:1 ließ die „Gauchos" den schlechten Beginn des Tages kurzzeitig vergessen – zur gänzlich unargentinischen Zeit war Hannovers Schützengilde um fünf Uhr morgens mit Pauken und Trompeten vor dem Mannschaftshotel zu einem Festzug aufmarschiert. Den versäumten Schlaf holten die Plata-Kicker allerdings kurz nach Wiederanpfiff nach, als niemand Brasiliens Offensiv-Verteidiger Zé Maria stoppte, in dessen hohe Flanke Jairzinho sprang und zum 2:1 einköpfte.

In der Folgezeit bestürmten die aus ihren Träumen gerissenen Argentinier das Tor Leãos, doch die brasilianische Verteidigung ließ nicht mehr allzu viel anbrennen. Dennoch war Trainer Zagalo, der sich nach den zuvor dürftigen Auftritten als Meister der Schönrednerei erwiesen hatte, nach dem Abpfiff nicht vollends zufrieden. Ausgerechnet die erste glanzvolle Vorstellung nutzte er, um seine Elf zu tadeln. Die Abwehr sei zu durchlässig gewesen, das Mittelfeld habe sich den Stil des Gegners aufzwingen lassen, grummelte Zagalo bei der näheren Analyse der Begegnung. Für das Quasi-Halbfinale gegen Holland war er trotzdem optimistisch: „Jetzt geht's bei uns erst richtig los."

Gut gezirkelt: Brindisis Ausgleich per Freistoß lässt Argentinien hoffen

Brasilien – Argentinien 2:1 (1:1)
30. Juni 1974, 16 Uhr, Niedersachsenstadion, Hannover

Brasilien: Leão - Zé Maria, Luis Pereira, Marinho Peres (K), Marinho Chagas - Carpegiani, Rivelino, Dirceu - Jairzinho, Valdomiro, Paulo César

Argentinien: Carnevali - Glaría, Bargas, Heredia, Sa (46. Carrascosa) - Brindisi (K), Squeo, Babington - Balbuena, Ayala, Kempes (46. Houseman)

ZS: 38.000; **SR:** Loraux (Belgien); **LR:** Taylor (England), N'Diaye (Senegal); **Tore:** 1:0 Rivelino (31.), 1:1 Brindisi (34.), 2:1 Jairzinho (48.)

Niederlande – Brasilien 2:0 (0:0)

Auf rauem Wege zu den Sternen

Die Überflieger aus dem Tulpenstaat gegen die bisher recht bodenständigen Regenten vom Zuckerhut: Das Quasi-Halbfinale zwischen Holland und Brasilien hatte das Zeug zum Fußball-Klassiker. Und es wurde einer – wenn auch nicht allein durch die Ballkünste der Akteure während der 90 Minuten. Ebenso beeindruckte der Kampfgeist, mit dem die Südamerikaner an ihrer Krone festhielten, wie auch der energische Einsatz, mit dem die Niederländer ihre Rivalen schließlich vom Thron stießen – wobei die Grenzen des Erlaubten des Öfteren ausgetestet und auch überschritten wurden.

Entscheidung: Hollands 2:0 durch Cruyff entthront den Weltmeister vom Zuckerhut

„Es war unser schwierigstes, aber auch unser bestes Spiel", blickte Hollands Verteidiger Ruud Krol nach der WM auf das Match zurück: „Es hatte einfach alles: schöne Kombinationen, aber auch sehr schmutzigen Fußball. Beide Teams haben alles dafür getan, um zu gewinnen. Wir haben auf die Art und Weise gespielt, die nötig war, um Brasilien zu schlagen." US-Außenminister Henry Kissinger schloss sich dem Urteil an. „A wonderful match", kommentierte der gebürtige Franke, der sich im Westfalenstadion von den Strapazen erholte, in die ihn die Watergate-Affäre seines Vorgesetzten Richard Nixon gebracht hatte.

Im brasilianischen Lager wurde vor dem Spiel vor allem diskutiert, ob man mit Mann- oder Raumdeckung gegen Hollands Strippenzieher Johan Cruyff vorgehen sollte. Schließlich entschied sich Coach Mario Zagalo („Anderes würde mein System zerstören.") gegen einen Sonderbewacher. Beim Gegner gab man sich betont locker. Der multilinguale Trainer Rinus Michels weigerte sich zwar, Statements auf Deutsch abzugeben, nachdem die «Bild» über eine angebliche Pool-Party seiner Spieler mit unbekleideten Schönheiten berichtet hatte. Doch egal, in welcher Sprache sich der holländische Tross zu Wort meldete – es herrschte großer Optimismus vor. Auch bei Jan Jongbloed, den einige Kritiker als Schwachpunkt ausgemacht hatten. Hollands Oldie zwischen den Pfosten wählte den ironischen Gegenangriff als beste Verteidigung: „Gegen Brasilien werde ich den Ball ausnahmsweise mit *beiden* Händen wegfausten", scherzte Jongbloed: „Das kann den Gegner doch nur verwirren…"

Rund zehn Minuten lang legten die Holländer so los wie immer: Dynamisch nach vorn orientiert, mit gepflegtem Passspiel das Geschehen kontrollierend. Alles schien planmäßig zu verlaufen, als Cruyff nach nur sechs Minuten wenige Meter vor dem Tor frei zum Schuss kam, doch Brasiliens Keeper Leão boxte den Gewaltschuss des Barcelona-Stars noch zur Ecke, und Hollands Nummer 14 konnte nur ungläubig den Kopf schütteln. Die vergebene Chance schien ein Menetekel zu sein – der Spielfluss riss merklich ab. Die Brasilianer, die unbedingt gewinnen mussten, gingen zum Forechecking über und suchten ihr Heil in schnellen Kontern. Große Aufregung in der 13. Minute, als Keeper Jongbloed bei einem der brasilianischen Vorstöße den Ball verfehlte und stattdessen mit Valdomiro kollidierte. Vehement wurde auf Seiten des Weltmeisters ein Elfmeter gefordert, doch Kurt Tschenscher entschied auf Weiterspielen – nicht die einzige Entscheidung des Mannheimer Schiedsrichters, die die Brasilianer schließlich bis zur Weißglut reizen sollte…

Weitere Bemühungen des brasilianischen Offensiv-Trios Valdomiro-Jairzinho-Dirceu wurden zumeist von der Abseitsfalle der „Oranjes" unterbunden. Dirceu und Paulo Cesar gelang es zwar zweimal, den von Arie Haan organisierten Defensiv-Block zu überwinden, aber beide vergaben die Möglichkeit, die Begegnung in für die „Seleção" günstige Bahnen zu lenken. Gegen holländische Vorstöße wehrten sich die Titelträger mit überhartem Einsatz: Drei Brasilianer sahen dafür noch vor dem Pausenpfiff den gelben Karton: Luis Pereira, Zé Maria und Marinho

---

Niederlande – Brasilien 2:0 (0:0)
3. Juli 1974, 19.30 Uhr, Westfalenstadion, Dortmund

Niederlande: Jongbloed - Suurbier, Haan, Rijsbergen, Krol - Jansen, van Hanegem, Neeskens (84. Israël) - Rep (G/69.), Cruyff (K), Rensenbrink (67. de Jong)

Brasilien: Leão - Zé Maria (G, 37.), Luis Pereira (G/29, N/84.), Marinho Peres (K) (G/44.), Marinho Chagas - Carpegiani, Rivelino, Dirceu, Paulo César (61. Mirandinha) - Jairzinho, Valdomiro

ZS: 52.500; **SR:** Tschenscher (BR Deutschland); **LR:** Davidson (Schottland), Suppiah (Singapur); **Tore:** 1:0 Neeskens (50.), 2:0 Cruyff (65.).

Peres, dessen Einsatz nach einer Wadenverletzung gegen Argentinien lange fraglich gewesen war und der noch Glück hatte, dass sein Faustschlag gegen Neeskens vom Spielleiter übersehen wurde. Es blieb beim torlosen Remis zum Pausentee.

Aus den Kabinen gekommen, forcierten die Holländer in der vom einsetzenden Regen geprägten zweiten Halbzeit das Tempo. Dem konnten die Brasilianer wenig entgegensetzen – die schnellen Spielzüge des Gegners deckten vielmehr schonungslos die Lücken in ihrer Raumdeckung auf. Das überragende holländische WM-Duo bestrafte die Abwehrschwächen schließlich: Nach raumüberbrückendem Doppelpass mit Cruyff lupfte Neeskens den Ball über Marinho hinweg und schoss nach 50 Minuten zum 1:0 ein. Befreit wie Bäche und Seen vom Eise bei Goethes Osterspaziergang spielten die „Oranjes" nun von taktischer Vorsicht ungehemmt ihr ganzes Repertoire aus: Verteidiger Krol orientierte sich „totaal-voetbal"-gemäß nach vorn, spielte auf der linken Angriffsseite einen Doppelpass mit Rensenbrink und schlug das Spielgerät direkt in den Lauf von Cruyff – nach 65 Minuten stand es 2:0 und der Endspielteilnehmer praktisch fest.

Dass auch Rivelinos und Valdomiros gefürchtete Freistöße konsequent in der niederländischen Mauer hängen blieben, verleitete einige der entzauberten Magier vom Zuckerhut zu wüsten Attacken auf ihre Gegner. „Das war kein Fußball, sondern Krieg", wetterte Rinus Michels nach dem Spiel. Flügelstürmer Rensenbrink zog sich – ausgerechnet an seinem 27. Geburtstag – eine Oberschenkelzerrung zu. Als Höhepunkt der denkwürdigen Schlussphase stieg der bereits verwarnte Luis Pereira grob gegen Neeskens ein und ließ den Holländer quer über den Rasen fliegen – der Platzverweis nach 84 Minuten war eine letzte Untermalung des brasilianischen Scheiterns.

Nicht jeder realisierte das mit der gebotenen Fairness. Selbst der frisch gekürte FIFA-Präsident João Havelange verlor völlig die angemessene Contenance. „Dieser Schiedsrichter war ein Unglück", pöbelte der höchste Mann des Weltfußballs gegen den 45-jährigen Verwaltungsangestellten Tschenscher. „Wenn ein Spiel wegen Fouls unterbrochen werden muss, ist das die Schuld des Schiedsrichters", verstieg sich auch Brasiliens Coach Zagalo zu einer merkwürdigen These. Allerdings musste es zumindest Missfallen erregen, dass ein deutscher Referee das Match leitete, in dem der Endspielgegner seiner eigenen Landsleute ermittelt wurde.

Die fast 30.000 Zuschauer aus Holland scherten solche Verbalgrätschen herzlich wenig. Ihrem großen Jubel schloss sich eine nach Tausenden zählende orange Kolonie an, die es sich mangels Ticket vor den Fernsehschirmen in der benachbarten Dortmunder Westfalenhalle gemütlich gemacht hatte. Ihre Leistungsbilanz: 70 Hektoliter Bier, 5.000 Würstchen und 2.000 Koteletts, die vom Tresen in die Mägen wanderten. Es gab allen Grund zum Feiern: Mit dem überzeugenden Erfolg gegen den Noch-Weltmeister war die holländische Fußball-Kunst auf ihrem Gipfel angelangt. Die nahezu perfekt vorgetragene Mischung aus „techniek en taktiek" hatte das fußballerische „Uhrwerk Orange" ins Finale befördert. Ein Spiel, ein einziger Sieg noch und der anfangs belächelte Gesang der Anhänger würde wahr werden: „Holland wint de Wereld-Cup."

Schlusspunkt: Neeskens liegt niedergestreckt am Boden, Luis Pereira sieht den roten Karton

Argentinien – DDR 1:1 (1:1)

Buschner-Elf holt „Gruppen-Bronze"

Die Flaggen im Parkstadion wehten auf Halbmast. Nicht weil beide Teams schon keine Chancen mehr auf die Finalspiele besaßen – zwei Tage vor dem Spiel war Argentiniens Staatspräsident Juán Domingo Perón gestorben.

Gruppe A – Abschlusstabelle

	Sp.	g	u	v	Tore	Punkte
1. Niederlande	3	3	0	0	8:0	6-0
2. Brasilien	3	2	0	1	3:3	4-2
3. DDR	3	0	1	2	1:4	1-5
4. Argentinien	3	0	1	2	2:7	1-5

Die Kicker vom Rio de la Plata traten mit Trauerflor an, und auf den Rängen war ein Argentinier besonders traurig: Carlos Tula Rosario, der mit seiner Trommel die Auftritte seiner Helden begleitete. Der 30-Jährige brachte es auf bis zu 2.000 Trommelschläge während der 90 Minuten. Auf der Vorderseite hatte er sein Instrument mit „Alemania 1974 – Argentina 1978" beschriftet, die Rückseite zierte ein Bildnis seines politischen Idols Perón.

Streich köpft gegen Bargas und Wolff unhaltbar zur DDR-Führung ein

Im kühlen Gelsenkirchen konnte das Spiel die Zuschauer allenfalls vor dem Seitenwechsel erwärmen. Obwohl 53.000 Tickets abgesetzt worden waren, kamen nur etwa 15.000 Interessierte, um die bedeutungslose Begegnung im Dauerregen zu sehen. Vor der Pause bestimmte die DDR das Geschehen. Trainer Buschner hatte seine Elf dieses Mal offensiv eingestellt, war doch nach seinen Worten gegen Brasilien und Holland „zu wenig zur Entwicklung der Torgefährlichkeit" getan worden. Prompt bekam der im bisherigen Turnierverlauf eher unauffällige Joachim Streich sein Erfolgserlebnis. Weise hatte sich über rechts gegen vier Argentinier durchgesetzt und eine Maßflanke serviert, die der Rostocker Mittelstürmer nach einer knappen Viertelstunde zur DDR-Führung einköpfte.

Lange hatte diese allerdings nicht Bestand: Eine Kombination über Babington, Ayala und Kempes schloss Houseman (22.) mit einem unhaltbaren Volleyschuss ins lange Eck zum 1:1 ab, während die DDR-Kicker noch ein Foul an Bransch reklamierten. Beinahe wäre Streich nach einer halben Stunde sein zweiter Treffer gelungen, doch der 25-Meter-Schuss traf nur den Pfosten des argentinischen Gehäuses.

Von freundlichem Beifall in die Kabinen begleitet, knüpften die 22 Akteure in der zweiten Spielhälfte nicht mehr an die unterhaltsamen ersten 45 Minuten an. Torwart Croy rettete gegen die nun etwas stärkeren Südamerikaner mit zwei Paraden das Remis, das der DDR aufgrund der besseren Tordifferenz den dritten Gruppenplatz sicherte. Die ansonsten vorherrschende Langeweile wurde nur in der 69. Minute jäh unterbrochen, als zwei Jugendliche die Barrieren durchbrachen und auf den Platz stürmten. Bevor sie von der Polizei abgeführt wurden, verbrannten sie dort eine rote Fahne, auf die sie selbst die Buchstaben-Kombination „DDR" gekritzelt hatten.

Auf diesen Zwischenfall ging DDR-Coach Buschner nicht ein. „Uns fehlt ein Regisseur und ein Torjäger", entwarf er vielmehr einen indirekten Wunschzettel für die Zukunft. In seiner Startformation hatte er auf die Oldies Kreische und Ducke verzichtet, wobei Letzterer zehn Minuten vor Schluss wenigstens noch zu einem Kurzeinsatz kam – die Planung für die WM 1978 hatte bereits begonnen.

Erst recht für die Argentinier, die sich beim Schaulaufen für die Titelkämpfe im eigenen Land nach langer Zeit wieder als positiver Faktor im Weltfußball präsentierten. 1970 hatten sich die „Gauchos" nicht für die Endrunde qualifiziert, 1966 war ihr Ruf durch das Skandal-Viertelfinale gegen England nachhaltig zerstört worden. Trainer Vladislao Cap führte die Wandlung auf einen Generationswechsel zurück: „Wir haben jetzt viele junge Spieler, die nicht nur spielen, sondern auch denken." Um die Talente zusammenzuhalten, wurde sogar ein Dekret verabschiedet, dass Fußballern erst im Alter von 26 Jahren einen Wechsel ins Ausland erlaubte.

Argentinien – DDR 1:1 (1:1)
3. Juli 1974, 19.30 Uhr, Parkstadion, Gelsenkirchen

Argentinien: Fillol – Wolff (K), Bargas (G/68.), Heredia, Carrascosa – Brindisi, Telch, Babington – Houseman, Ayala, Kempes

DDR: Croy – Kische, Bransch (K), Weise, Kurbjuweit – Pommerenke, Sparwasser (G/23.), Schnuphase – Löwe (66. Vogel), Streich (81. Ducke), Hoffmann

ZS: 53.054; **SR:** Taylor (England); **LR:** Thomas (Wales), Kamel (Ägypten); **Tore:** 0:1 Streich (14.), 1:1 Houseman (22.)

BRD – Jugoslawien 2:0 (1:0)

Kerle wie Berti

Bibbern auf beiden Seiten. „Wenn wir verlieren, ist alles aus", lautete die Ansage von Mittelstürmer Gerd Müller vor dem ersten Spiel der zweiten Finalrunde. Auch die Jugoslawen demonstrierten wenig Selbstbewusstsein. „Für uns ist es schon ein Erfolg, nach zwölfjähriger Abwesenheit bei einer Weltmeisterschaft unter den letzten Acht zu sein", stapelte Trainer Miljan Miljanic tief.

Bundestrainer Helmut Schön hatte nach der enttäuschenden Hamburger Vorstellung seiner Elf gegen die DDR umgestellt. Cullmann, Flohe, Grabowski und – zur Überraschung vieler Beobachter – Hoeneß mussten auf die Bank. Sein viel umjubeltes WM-Debüt gab dafür der Düsseldorfer Lokalmatador Dieter Herzog. Auch Bonhof, der vielseitige Hölzenbein (auf Rechtsaußen!) und Laufwunder „Hacki" Wimmer liefen auf. Die vier Neuen sollten vor allem eine kämpferische Note ins Spiel bringen, so die Forderung des Bundestrainers. Und die setzten sie um! Allen voran der junge Mönchengladbacher Rainer Bonhof, der sich als Glücksgriff erwies. Der konditionsstarke Benjamin der deutschen Mannschaft neutralisierte nicht nur den jugoslawischen Spielmacher Oblak, sondern schaltete sich auch immer wieder ins Angriffsspiel ein.

Lautstark angetrieben vom Düsseldorfer Publikum, steigerte sich das Team der Bundesrepublik von Minute zu Minute und beeindruckte die technisch eleganten Balkan-Kicker zusehends mit urdeutschen Fußballtugenden, wie der renommierte Züricher «Sport» beobachtete: „Verteidiger und Aufbauer, aber auch die Stürmer engagieren sich mit einer unerbittlichen Härte in den Zweikämpfen – in der letzten halben Stunde gewinnen die Jugoslawen kaum mehr ein Duell." Vogts und Overath ließen sich von gelben Karten nicht beeindrucken und setzten ihren Gegenspielern bis zum Schlusspfiff zu.

Die Überlegenheit der Deutschen spiegelte sich auch in Torchancen wider, doch der gute Schlussmann Maric war bei Schüssen von Wimmer und Beckenbauer auf dem Posten und musste sich erst sieben Minuten vor der Pause geschlagen geben. Breitner produzierte eine Dublette seines Tores im Auftaktspiel gegen Chile und traf aus knapp 25 Metern in den Winkel des Gehäuses.

Vogts hatte Dzajic eng an der Leine, Schwarzenbeck ließ Šurjak nicht zur Entfaltung kommen und der souveräne Beckenbauer behielt stets die Übersicht und stopfte auch kleinste Löcher in der engmaschigen Abwehr. Es lag an der Stärke des deutschen Teams, dass die Jugoslawen nicht an ihre guten Auftritte aus der Vorrunde anknüpfen konnten. Gelang ihnen doch einmal ein Distanzschuss oder fand eine Flanke den Weg in den Strafraum, war Sepp Maier zur Stelle und erstickte die Torgelegenheit im Keim.

Nur der Unparteiische verhinderte eine frühe Entscheidung. Als Schwarzenbeck und Wimmer im Strafraum gefoult wurden, blieb die Pfeife des brasilianischen Schiedsrichters Marquès stumm. So war es dem Goalgetter vorbehalten, das erlösende 2:0 zu erzielen: Obwohl Müller von Katalinski wenige Meter vor dem Tor mit unfairen Mitteln zu Fall gebracht wurde, vermochte er dem Ball mit der Fußspitze die entscheidende Richtung zu geben. Die Kugel rollte über die Linie, Fußball-Deutschland atmete endgültig auf.

Nach den hart umkämpften 90 Minuten meldeten sich drei Große des hiesigen Fußballs zu Wort. Sepp Herberger sagte: „Mit diesem Kampfgeist kann diese Mannschaft jeden Gegner schlagen.", Kapitän Franz Beckenbauer sprach von einem „neuen Anfang" und Hans-Hubert Vogts gab eine Kostprobe aus seiner rhetorischen Trickkiste, in die er in späteren Jahren immer wieder gerne griff: „Wir haben gezeigt, dass wir keine Profis sind, sondern 22 Kerle!"

Neueinsteiger Rainer Bonhof: von keinem Jugoslawen zu stoppen

BR Deutschland – Jugoslawien 2:0 (1:0)
26. Juni 1974, 16 Uhr, Rheinstadion, Düsseldorf

BR Deutschland: Maier – Vogts (G/35.), Schwarzenbeck, Beckenbauer (K), Breitner – Wimmer (70. Hoeneß), Bonhof, Overath (G/16.) – Hölzenbein (79. Flohe), Müller, Herzog

Jugoslawien: Maric – Buljan (G/36.), Katalinski, Muzinic, Hadziabdic (G/61.) – Oblak (84. Jerkovic), Popivoda, Acimovic – Šurjak, Karasi, Dzajic (K) (84. Petkovic)

ZS: 67.385; **SR:** Marquès (Brasilien); **LR:** Angonese (Italien), Pérez-Núñez (Peru); **Tore:** 1:0 Breitner (38.), 2:0 Müller (80.)

Polen – Schweden 1:0 (1:0)

Polen siegt im Energiespargang

Im Sauseschritt waren die Polen durch ihre gewiss nicht leichte Vorrundengruppe mit Italien und Argentinien geeilt. Weil die offensive Spielweise aber an den Kraftreserven der leichtfüßigen Himmelsstürmer aus Warschau, Mielec und Krakau zehrte, verordnete Trainerfuchs Kazimierz Gorski seinen Akteuren nunmehr ein ruhigeres und ökonomischeres Vorgehen im Energiespargang. Darauf hatten die knorrigen Nordländer, deren Abwehrspieler auch einige Eichen-Gene zu haben schienen, nur gewartet. „Ab sofort versuchen wir es mit mehr Angriffsorientierung", blies Schweden-Coach Georg „Aby" Ericsson zur Attacke. Seine ein wenig anmaßende Begründung: „Gegen schwächere Gegner spielen wir immer offensiv!"

Polen im Glück: Lato trifft gegen die starken Schweden zum goldenen Tor

Der Realitätssinn war auf polnischer Seite stärker ausgeprägt. Wie sehr Gorski mit der Einschätzung der Reserven seiner am oberen Kraftlimit kickenden Mannschaft Recht hatte, sollte spätestens die zweite Halbzeit zeigen. Zu Beginn konnten Lato, Deyna, Gadocha & Co. noch an die Leistungen der vorangegangenen Spiele anknüpfen und sich eine Reihe guter Torchancen erarbeiten. Gefahr drohte dem schwedischen Tor immer wieder über die Flügel, und einmal vermochte der bis dato gegentorlose Keeper Hellström einen Schuss von Gadocha nur mit einem gewagten Hechtsprung von der Linie zu kratzen. Während die schwedischen Fans in dieser Situation aufatmeten, rieben sich die Verantwortlichen des 1. FC Kaiserslautern erfreut die Hände: Der blonde Tiger im Tor sollte ab der Bundesliga-Saison 1974/75 im Fußballbiotop Betzenberg umherspringen.

Lediglich in einer Szene drei Minuten vor der Pause war Hellström machtlos: Erneut hatte sich der flinke Gadocha auf dem Flügel durchgesetzt, seine Flanke landete bei Mittelstürmer Szarmach, der wiederum per Kopf auf den herbeieilenden Lato vorlegte. Der Angreifer brachte seinen nur noch von einem seidenen Haarflaum bedeckten Schädel präzise in Position und wuchtete den Ball unhaltbar in die Maschen des schwedischen Tores. 1:0 für Polen!

Direkt nach Wiederanstoß zur zweiten Halbzeit begann die große Zeit der Schweden, die mit Macht auf den Ausgleich drängten. Grahn und Larsson verfügten nun über reichlich Spielraum im Mittelfeld, die schwedische Kontertaktik war endgültig einem Sturmlauf gewichen. Die Angriffsabteilung um die agilen Edström und Sandberg erhöhte die Schlagzahl und wirbelte die polnische Abwehr gehörig durcheinander. Sollte Ericsson mit seiner frechen Ankündigung doch richtig gelegen haben? Waren die Polen in der manchmal sorglos agierenden Abwehr verwundbar?

Um es kurz zu machen: Sie waren es in der Tat – aber die Schweden nutzten diese Schwäche nicht. Allein Sandberg vergab zweimal freistehend, und auch Edström und Torstensson kamen einem Torerfolg sehr nahe. Letztgenannter konnte auf dem Weg zum Ausgleich nur durch eine Regelwidrigkeit gestoppt werden – nach dem Foul von Libero Gorgón im Strafraum blieb Schiedsrichter Baretto Ruíz keine andere Wahl, als auf Strafstoß zu entscheiden.

Staffan Tapper griff sich den Ball und platzierte ihn sorgfältig auf den Punkt. Diese im Vorfeld der Ausführung gezeigte Präzision legte der Mittelfeldakteur zwar auch in seinen alsbald folgenden Schuss, aber Polens Schlussmann Tomaszewski ahnte die Ecke und tauchte reaktionsschnell ab. „Zweimal versuchte ich, Tapper mit angedeuteten Bewegungen nach links zu orientieren", schilderte der Elfmetertöter die psychologischen Überlegungen, die seiner Glanztat vorausgegangen waren. „Als er dann anlief, suchte ich mir die rechte Ecke aus und hatte richtig spekuliert. Ich kam an das Leder." Die Schweden deuteten Tomaszewskis Hampeleien vor Tappers Schuss indes als Regelwidrigkeit und behaupteten, der Keeper habe sich zu früh bewegt. Doch der uruguayische Referee verweigerte eine Wiederholung ebenso wie einen weiteren Strafstoß nach einem Schubser Gorgóns gegen den eingewechselten Ahlström. Schweden hatte verloren, Polen ein „Krisenspiel" (Gorski) gewonnen.

Polen – Schweden 1:0 (1:0)
26. Juni 1974, 19.30 Uhr, Neckarstadion, Stuttgart

Polen: Tomaszewski - Gut, Gorgón (G), Zmuda, Szymanowski - Kasperczak, Deyna (K), Maszczyk - Lato, Szarmach (G/44., 61. Kmiecik), Gadocha

Schweden: Hellström - Andersson (61. Augustsson), Karlsson, Nordqvist (K), Grip - Grahn, Tapper (81. Ahlström), Bo Larsson - Torstensson, Edström, Sandberg

ZS: 44.755; **SR:** Baretto Ruíz (Uruguay); **LR:** Pestarino (Argentinien), González Archundia (Mexiko); **Tor:** 1:0 Lato (42.); **BV:** Tapper verschießt FE (63., Tomaszewski hält)

Polen – Jugoslawien 2:1 (1:1)

Hundert Chancen – nur ein Tor

Gute Erinnerungen verbanden die Jugoslawen mit dem Frankfurter Waldstadion. An gleicher Stätte hatten sich die Schützlinge von Coach Miljan Miljanic im Entscheidungsspiel gegen Spanien (1:0) für die Weltmeisterschaft qualifiziert. Jetzt mussten sie erneut gewinnen. Es galt, die minimale Chance auf das Finale zu wahren. Die Polen dagegen konnten das Spiel nach dem Auftakterfolg der zweite Finalrunde gegen Schweden etwas lockerer angehen.

„Polen ist zu allem fähig", überschrieb der «kicker» einen Vorbericht über den Osteuropa-Gipfel in der Banken-Metropole Frankfurt. Und in der Tat schien das Spiel nur einen Favoriten zu haben. Mit der Empfehlung von vier Siegen in vier Spielen und einer überragenden Offensiv-Leistung betrat die Mannschaft von Trainer Kazimierz Gorski – neben den Holländern die positive Überraschung des bisherigen Turniers – den Rasen. Das jugoslawische Team hingegen stand nach der Auftaktniederlage gegen die Bundesrepublik schon aus arithmetischen Gründen mächtig unter Druck, und noch zwei weitere Umstände sprachen gegen die von zahlreichen Gastarbeiten mit „Plavi-plavi"-Rufen angefeuerten Blauhemden: Zum einen war ihr berühmtester Spieler, Dragan Dzajic, außer Form und wurde nicht aufgestellt. Verletzungen, der Militärdienst und Manndecker Berti Vogts hatten dem Stürmer von Roter Stern Belgrad in der jüngeren und jüngsten Vergangenheit derart zugesetzt, dass er einfach nicht in Tritt kam. Gegen die Deutschen war Dzajic ausgewechselt worden, obendrein hatte er sich noch eine Erkältung eingehandelt. Zum anderen war generell festzuhalten, dass die jugoslawischen Stürmer das Tor trotz zahlreicher herausgespielter Möglichkeiten zu selten trafen – den 9:0-Kantersieg gegen das international drittklassige Zaire einmal ausgenommen.

Letztlich konnten die Kicker vom Balkan den „Chancenvernichtungs-Virus" auch bei ihrer 1:2-Niederlage gegen Polen nicht abschütteln. Einer, der es beim WM-Turnier 1954 besser gemacht hatte, Deutschlands Weltmeister Ottmar Walter, brachte das Problem der jugoslawischen Fußballartisten mit einfachen, aber treffenden Worten auf den Punkt: „Sie lernen es wohl nie. Es war wie vor 20 Jahren. Sie spielen schön, aber erfolglos, weil sie aus hundert Chancen kein Tor machen."

Nun ja, ganz so schlimm war es nicht. In der 44. Minute gelang Karasi mit einem satten Schuss immerhin ein Törchen, doch zu diesem Zeitpunkt hatte seine Mannschaft bereits zwei Dämpfer erhalten. Schon nach 17 Minuten war Mittelfeldlenker und -denker Branko Oblak mit einer am Oberschenkel erlittenen Muskelverletzung vom Platz gehumpelt. Außerdem hatten die Polen trotz optischer Unterlegenheit relativ frühzeitig einen Treffer vorgelegt. Der war allerdings umstritten gewesen. DDR-Schiedsrichter Rudi Glöckner hatte nach einem Fußtritt von Karasi gegen Mittelstürmer Szarmach im Strafraum auf Elfmeter entschieden. Kurios an dieser Situation war, dass sich der Ball zum Zeitpunkt der Missetat schon längst wieder auf dem Weg in Richtung Mittelkreis befand. Formal war der Pfiff korrekt. Der Ärger der Jugoslawen speiste sich aus der Tatsache, dass Strafstöße dieser Güte höchst selten verhängt werden. Deyna scherte das indes wenig, er verwandelte sicher.

Verladen: Deyna bringt Polen mit einem Strafstoß 1:0 in Führung

In der Halbzeitpause begann es wieder einmal zu regnen, was nach dem Wiederanpfiff den Jugoslawen zugute zu kommen schien, die sich auf dem glitschigen Rasen zunächst besser zurechtfanden. Die polnische Abwehr wurde eine Viertelstunde lang kräftig durcheinander gewirbelt, und als dann auch noch Szarmach verletzt ausscheiden musste, wankte Polen, fiel aber nicht. Im Gegenteil: Nach gut einer Stunde gab es im Anschluss an einen Entlastungsangriff einen Eckball, den Gadocha millimetergenau auf Latos Stirn zirkelte. Der wuchtige Kopfball zappelte im Netz. Die Polen hatten auch das fünfte Spiel im Turnierverlauf gewonnen – wenn auch mit einer reichlichen Portion Glück!

Polen – Jugoslawien 2:1 (1:1)
30. Juni 1974, 16 Uhr, Waldstadion, Frankfurt

Polen: Tomaszewski - Szymanowski, Gorgón, Zmuda, Musial - Kasperczak, Deyna (K) (80. Domarski), Maszczyk - Lato, Szarmach (57. Cmikiewicz), Gadocha

Jugoslawien: Maric - Buljan, Katalinski, Bogicevic, Hadziabdic - Oblak (17. Jerkovic), Acimovic (K) - Petkovic (81. Vladimir Petrovic), Šurjak, Bajevic, Karasi

ZS: 53.200; **SR:** Glöckner (DDR); **LR:** Marquès (Brasilien), Winsemann (Kanada); **Tore:** 1:0 Deyna (26./FE), 1:1 Karasi (44.), 2:1 Lato (63.)

BRD – Schweden 4:2 (0:1)

Regenschlacht I

Petrus hatte die Schleusen weit geöffnet, das Thermometer stockte bei 16 Grad. Fritz-Walter-Wetter? Von wegen. Eher bildete „Poseidon-Wetter" den, unter dramaturgischen Gesichtspunkten, würdigen Rahmen für den hochklassigen Fußball-Klassiker zwischen Deutschland und Schweden. An jenem denkwürdigen Abend des 30. Juni 1974 regnete es im Düsseldorfer Rheinstadion nicht nur Bindfäden, sondern auch Tore. Trotz der 2:4-Niederlage der Skandinavier gegen eine beherzt kämpfende deutsche Mannschaft schwelgte die schwedische Presse am nächsten Morgen in Superlativen. Vom „dramatischsten Spiel des bisherigen Turniers" war die Rede, «Dagens Nyheter» bezeichnete die Begegnung sogar als „Huldigung an den Fußballsport" und sprach von dem besten Spiel, das eine schwedische Mannschaft je gezeigt habe.

Zunächst einmal wurden Erinnerungen wach an die Regenschlacht von Göteborg. Fast auf den Tag genau drei Jahre zuvor waren die Deutschen in der schwedischen Metropole mit 0:1 baden gegangen. Die Niederlage im Gedächtnis und das 2:0 gegen Jugoslawien im Rücken, bedrängten die Spieler von Bundestrainer Helmut Schön von Anfang an mit Wucht das schwedische Tor. Die Abwehr der Skandinavier um den erfahrenen und nach seinem Fehlen in der ersten Vorrundenbegegnung gegen Bulgarien mittlerweile längst ins Team zurückgekehrten Kapitän Nordqvist wurde minutenlang in deren Strafraum eingeschnürt, an gefährliche Konterattacken war zunächst nicht zu denken. Doch die deutsche Drangperiode blieb unbelohnt, weil die wackeren Schweden immer wieder irgendeinen Körperteil in die Schussbahn brachten und der sichere Torwart Hellström bei Bällen, die durch die dichten Abwehrmaschen sausten, auf dem Posten war. Nachdem Gerd Müller (bei insgesamt zehn Torschüssen der Deutschen!) zweimal freistehend gescheitert war, folgte in der 26. Minute bei Schwedens zweitem gefährlichen Gegenstoß die Strafe auf dem Fuß. Edström drosch eine zu kurz geratene Kopfballabwehr von Schwarzenbeck volley von der linken Strafraumkante und unhaltbar für Sepp Maier ins Netz – ein Klasse-Tor! Das Spiel der Deutschen verlor in der Folge an Linie, die Bälle flogen meist hoch in den Strafraum, wo die Schädel der schwedischen Abwehrrecken ganze Arbeit verrichteten. Kurz vor der Pause wäre sogar fast das 0:2 durch einen 30-Meter-Knaller von Grahn fällig gewesen, aber Maier rettete im Nachfassen.

Eine Bestnote auf deutscher Seite verdiente sich zu diesem Zeitpunkt nur das Publikum, das Beckenbauer, Müller & Co. auch nach dem Rückstand anpeitschte. Die zweite Halbzeit begann, wie die erste geendet hatte: mit einer Chance für Schweden, aber Sandberg verstolperte. Dann schlug die Stunde der Hausherren, die durch einen Doppelschlag von Overath und Bonhof plötzlich mit 2:1 führten. Die Freude währte indes nur 60 Sekunden, dann traf Sandberg wiederum zum 2:2 – dramatischer, spannender ging es nicht! Nach der zweiten kalten Dusche in diesem Spiel riss Overath jedoch die Zügel im Mittelfeld an sich und setzte mit gekonnten Zuspielen die Stürmer immer wieder in Szene. Und nach Grabowskis Einwechslung fasste sich noch ein weiterer überragender Mittelfeldakteur ein Herz. Uli Hoeneß riss mit einem Spurt über den Flügel – wie schon vor dem Overath-Treffer – die schwedische Deckung auf, Grabowski profitierte von der Aktion und vollendete zum 3:2. Die angeschlagenen Schweden blieben allerdings gefährlich. Beckenbauer rettete für Maier auf der Linie, und erst als Breitner im Strafraum gefoult wurde und Hoeneß seine starke Leistung mit einem sicher verwandelten Elfmeter krönte, war das Spiel entschieden. „Besser als in der zweiten Halbzeit konnte ich kaum spielen", lobte sich der 22-jährige Bayer nach dem Abpfiff.

Noch stärker war nur das Düsseldorfer Publikum. Die «Süddeutsche Zeitung» schrieb: „Gut gebrüllt ist halb gewonnen. Man fühlte sich vom Rheinstadion nach Wembley versetzt. Münchens Fußballfans werden es schwer haben, es den Düsseldorfern gleich zu tun oder sie zu überbieten." Begeisterung statt Fanatismus auf den Rängen. Einzige Ausnahme nach dem 3:2 durch Grabowski: „Hi, ha, ho, Schweden ist k.o."

Drin das Ding:
Uli Hoeneß verwandelt den
Elfmeter zum 4:2

BR Deutschland – Schweden   4:2 (0:1)
30. Juni 1974, 19.30 Uhr, Rheinstadion, Düsseldorf

BR Deutschland: Maier - Vogts, Schwarzenbeck, Beckenbauer (K), Breitner - Hoeneß, Bonhof, Overath - Hölzenbein (83. Flohe), Müller, Herzog (65. Grabowski)

Schweden: Hellström - Olsson, Karlsson, Nordqvist (K), Magnusson - Grahn (G), Tapper, Bo Larsson (34. Ejderstedt) - Torstensson, Edström, Sandberg

ZS: 67.861; **SR:** Kasakov (Sowjetunion); **LR:** Rainea (Rumänien), Sánchez Ibáñez (Spanien); **Tore:** 0:1 Edström (26.), 1:1 Overath (51.), 2:1 Bonhof (52.), 2:2 Sandberg (53.), 3:2 Grabowski (78.), 4:2 Hoeneß (89./FE)

Schweden – Jugoslawien 2:1 (1:1)

Goldene Ananas an Schweden

Die Messe war gelesen. Kurz nach dem Frankfurter Regen-Duell zwischen Deutschland und Polen um den Einzug ins Finale kickten Schweden und Jugoslawien um die goldene Ananas. Weil sich die Konkurrenz aus Argentinien und der DDR im zeitgleich stattfindenden letzten Spiel der Gruppe A unentschieden trennte, durfte sich das Drei-Kronen-Team nach dem 2:1-Erfolg über den inoffiziellen fünften Platz freuen. Die Skandinavier korrigierten mit ihrem insgesamt starken Turnier-Auftritt die Fehleinschätzung der FIFA-Funktionäre, die die Mannschaft zur Auslosung in einen Topf mit den fußballerischen Leichtgewichten Zaire, Haiti und Australien geworfen hatte.

Die „alten Schweden" wollten es noch einmal wissen und traten in Bestbesetzung an. Nur die verletzten Stammspieler Ove Kindvall, Bo Larsson und Björn Andersson fehlten. Das Malheur der bewährten Kräfte war die Chance für den Bayern-Spieler Conny Torstensson, der in die erste Elf rutschte und sich kurz vor dem Abpfiff mit dem Siegtreffer bei Trainer Ericsson für seine Nominierung bedankte.

Der schwedische Coach hatte sich vor der letzten Partie als tadelloser Sportsmann präsentiert: „Wir spielen mit der stärksten Formation. Das sind wir dem Publikum schuldig." Doch das geschätzte Publikum ignorierte in der Mehrzahl die ihm entgegengebrachte Ehrerbietung: Obwohl an die 40.000 Karten verkauft worden waren, säumten höchstens 15.000 Fans die Ränge in der Düsseldorfer Arena. Die wasserscheue Mehrheit (vor dem Anpfiff hatte ein Gewitter getobt) saß, mit Flaschenöffnern bewaffnet, vor der Flimmerkiste und verfolgte das zeitgleich stattfindende Spiel Holland – Brasilien.

Derweil sah die kleine Düsseldorfer Fußballgemeinde die von taktischen Zwängen befreiten und mit dem genesenen Star Dragan Dzajic angetretenen Jugoslawen im Vorwärtsgang. Der Ball rollte, von sanften Streicheleinheiten angetrieben, durch die blau-weißen Reihen, manchmal sogar bis in die Nähe des schwedischen Tores. Doch in diesen Situationen offenbarte sich ein altbekanntes Problem der technisch versierten Fußballkünstler vom Balkan, das Trainer Miljan Miljanic mit freundlichen Worten umschrieb: „Es haperte erneut bei der Chancenverwertung." Allerdings mit einer Ausnahme: In der 27. Minute bugsierte Šurjak den Ball über die Torlinie. Der Rückstand schockte die Schweden allerdings keineswegs. Nur 180 Sekunden später war Edström nach einem Eckball zur Stelle und markierte den Ausgleich. Der jugoslawische Keeper Maric wirkte in dieser Szene indisponiert.

Schweden – Jugoslawien 2:1 (1:1)
3. Juli 1974, 19.30 Uhr, Rheinstadion, Düsseldorf

Schweden: Hellström – Olsson, Karlsson, Nordqvist (K), Magnusson – Grahn, Tapper, Persson – Torstensson, Edström, Sandberg

Jugoslawien: Maric – Buljan, Katalinski (G), Pavlovic (77. Peruzovic), Hadziabdic – Jerkovic, Bogicevic, Acimovic – Vladimir Petrovic (67. Karasi, G), Šurjak, Dzajic (K)

ZS: 37.700; **SR:** Pestarino (Argentinien); **LR:** Barreto Ruiz (Uruguay), Llobregat (Venezuela); **Tore:** 0:1 Šurjak (27.), 1:1 Edström (30.), 2:1 Torstensson (85.)

Nach der Pause ging es weiter wie gehabt: Die Südosteuropäer zelebrierten verschnörkelte Winkelzüge auf technisch hohem Niveau, darunter viele Einzelaktionen, die Nordlichter lauerten auf Konter und wirkten bei ihren blitzschnell vorgetragenen Gegenstößen immer um eine Spur gefährlicher. Auch die schwedische Defensive stand in Halbzeit zwei: Bälle, die die gut gestaffelte Abwehrkette um Nordqvist nicht gleich aus dem Gefahrenbereich beförderte, wurden eine sichere Beute von Schlussmann Ronnie Hellström. Die Akteure lieferten den Zuschauern eine unterhaltsame Partie mit Strafraumszenen auf beiden Seiten, und obwohl der umsichtige Schiedsrichter Pestarino kaum in das faire Spiel eingreifen musste und nur zwei gelbe Karten verhängte, schenkten sich beide Mannschaften nichts.

Am Ende entschieden die größeren Kraftreserven das Spiel. Nachdem die Jugoslawen sich müde gelaufen hatten wie weiland der Hase in Buxtehude, schlug die Minute der stacheligen Schweden. Torstensson überwand Maric mit einem fulminanten Schuss gegen den Innenpfosten, und die ungesetzten Skandinavier verabschiedeten sich als ehrbarer Fünfter von der WM.

Schnelle Antwort: Edström gleicht nur zwei Minuten nach Šurjaks 0:1 für Schweden aus

BRD – Polen 1:0 (0:0)

Regen, Blitz, Donner und ein Müller-Kracher

Am Tag, als der Regen kam… Als die deutschen Spieler ihre Blicke nach dem Unwetter über den Platz im Frankfurter Waldstadion schweifen ließen, kam ihnen der Anblick irgendwie bekannt vor. Sie fanden eine von saftigem Grün umrahmte Seenlandschaft vor – wie in der Holsteinischen Schweiz, in deren Herz sie einige Wochen zuvor noch trainiert hatten. Dem engagierten Einsatz der Frankfurter Feuerwehr war es zu verdanken, dass das Halbfinale zwischen der Bundesrepublik und Polen überhaupt angepfiffen werden konnte. Die Ausgangslage vor dem Spiel: Wer gewinnt, steht im Endspiel. Der Elf von Helmut Schön reichte aufgrund der besseren Tordifferenz sogar ein Unentschieden.

Die Deutschen erwischten den besseren Start. Uli Hoeneß ließ den Ball nach vier Minuten per Freistoß zum ersten Mal in Richtung Tor segeln, doch mit fortdauernder Spielzeit verdeutlichte sich, dass die Polen mit den widrigen Bedingungen besser zurechtkamen. Die schnellen Spitzen Lato und Gadocha, mit dem Berti Vogts reichlich Mühe hatte, überbrückten das Mittelfeld häufiger, als den Deutschen lieb war, und Weltklasse-Libero Franz Beckenbauer mutierte in dieser Phase zu einem klassischen Vorstopper. Die technisch versierten, kombinationsstarken Polen konnten ihr großes Potenzial allerdings nicht ungestört abrufen. Immer wieder stoppten Wasserlachen den Lauf des Balles, oder die Kugel sprang bei Pässen über größere Distanzen so unberechenbar auf, dass die Stürmer sie nicht erreichen konnten. Bei Zweikämpfen spritzte das Wasser hoch wie beim Wasserski. „Das ist englischer Boden", ulkte der greise FIFA-Ehrenpräsident Sir Stanley Rous auf der Tribüne.

Nur gut, dass die Innenverteidigung der Deutschen einen zuverlässigen Eindruck machte. Der kantige Schwarzenbeck stand überraschend sicher, Beckenbauer avancierte zum Turm in der Abwehr. Wurde es gefährlich, war Sepp Maier zur Stelle. Lediglich zu Beginn zeigte der Münchner eine kleine Unsicherheit, als er eine Flanke von Musial durch die Hände gleiten ließ – der Ball landete jedoch im Toraus. Nach einer Spielunterbrechung für eine Gedenkminute aus Anlass des Todes des argentinischen Staatspräsidenten Perón wurden die Deutschen wieder etwas offensiver. Sie stürmten zunächst auf der weniger nassen Seite des Spielfelds, doch trotz aller Bemühungen – gefährlich in Tornähe kamen Hölzenbein, Grabowski und Müller in dieser Spielphase nicht.

Anders die Polen. In der 19. Minute entschärfte Maier einen fulminanten 25-Meter-Freistoß von Gadocha, und nur sieben Minuten später hatten die polnischen Spieler erneut den Torschrei auf den Lippen: Lato tauchte frei vor dem Tor auf, nachdem Beckenbauer über den trudelnden Ball geschlagen hatte, doch Maier hechtete dem Sekundenbruchteile zögernden Angreifer entgegen, verkürzte geschickt den Winkel und wehrte den Schuss mit seiner Brust ab. Von dort prallte die Kugel Gadocha direkt vor die Füße, aber wieder war die „Katze von Anzing" mit einem blitzartigen Reflex zur Stelle und gab eine

Der Fall Hölzenbein: Wenn der Schiedsrichter pfeift, ist es Elfmeter!

BR Deutschland – Polen   1:0 (0:0)
3. Juli 1974, 16.30 Uhr, Waldstadion, Frankfurt

BR Deutschland: Maier - Vogts, Schwarzenbeck, Beckenbauer (K), Breitner - Hoeneß, Bonhof, Overath - Grabowski, Müller, Hölzenbein

Polen: Tomaszewski - Szymanowski, Gorgón, Zmuda, Musial - Kasperczak (80. Cmikiewicz), Deyna (K), Maszczyk (80. Kmiecik) - Lato, Domarski, Gadocha

ZS: 61.249; **SR:** Linemayr (Österreich); **LR:** Scheurer (Schweiz), Palotai (Ungarn); **Tor:** 1:0 Müller (75.); **BV:** Hoeneß verschießt FE (53., Tomaszewski hält)

weitere Kostprobe ihrer Unbezwingbarkeit an diesem Tag. Derweil vermisste die polnische Elf schmerzlich ihren verletzten Goalgetter Szarmach, der die Torschützenliste des Turniers zu diesem Zeitpunkt mit fünf Treffern anführte.

Von dem polnischen Dauerbeschuss wachgerüttelt, dämmerte den Deutschen allmählich, dass sie sich nicht nur auf ihren letzten Mann verlassen durften. Aber mehr als ein Grabowski-Schuss nach 35 Minuten sprang bis zum Seitenwechsel nicht heraus, und Tomaszewski war bei dem tückischen Aufsetzer zudem sicher auf dem Posten. Die erste Halbzeit ging somit klar an die Polen. Die von Kazimierz Gorski hervorragend eingestellte Elf strahlte deutlich mehr Torgefahr aus, und als sich Referee Linemayr nach 45 Minuten den Ball schnappte und zum Pausentee bat, atmeten die ursprünglich favorisierten Hausherren erst einmal tief durch. Was hatte Franz Beckenbauer vor dem Spiel noch gesagt? „Die Polen sind nicht stärker als die Schweden." In der Kabine gab Bundestrainer Schön die Marschroute aus: „Mittelfeld schneller überbrücken und früher attackieren!" Die erste Chance nach Wiederanpfiff besaßen zwar die Polen durch Gadocha, aber die Deutschen setzten sich nun besser in Szene. Vor allem Overath versuchte häufiger, den schnellen Hölzenbein mit langen Bällen ins Spiel zu bringen. Mit Erfolg: Der quirlige Linksaußen brachte seinen Gegenspieler Szymanowski von Minute zu Minute stärker in Verlegenheit. Als der Frankfurter Allrounder bei einer seiner Aktionen auch noch den hüftsteifen Libero Gorgón und Innenverteidiger Zmuda überlaufen hatte sowie von Letztgenanntem im Strafraum zu Fall gebracht wurde, zeigte Schiedsrichter Linemayr sofort auf den Punkt. „Elfmeterschützen sind im Fall der Fälle Hoeneß oder Müller", hatte Helmut Schön vor seinem 100. Spiel als Bundestrainer bestimmt. Hoeneß, der gegen Schweden sicher verwandelt hatte, schnappte sich den Ball und fing an nachzudenken – bei der Ausführung eines Strafstoßes eine Todsünde! Der reaktionsschnelle Tomaszewski ahnte die Ecke und wehrte den kraftlosen Schuss ab – es war sein zweiter gehaltener Elfmeter im Turnier! Hoeneß hatte nicht die im Schwedenspiel bewährte Ecke gewählt, sondern sich im letzten Moment umentschieden: „Ich drehte meinen rechten Fuß. Genau darauf hatte der ‚Fuchs' Tomaszewski nur gelauert."

Wer dachte, dieser Fehlschuss würde die deutsche Elf aus der Bahn werfen, hatte sich indes getäuscht. Die Schön-Schützlinge gestalteten das temporeiche Spiel mit Chancen hüben wie drüben weiterhin offen. Das lag nicht zuletzt daran, dass der junge Bonhof Spielmacher Deyna kaum zur Entfaltung kommen ließ. Nur in der 73. Minute hätte der polnische Kapitän seinem Widersacher fast ein spielentscheidendes Schnippchen geschlagen, als er den Ball plötzlich aus knapp 20 Metern in Richtung des linken Torwinkels zirkelte, aber Maier war zum wiederholten Male nicht zu bezwingen: Der Bundes-Sepp machte das Spiel seines Lebens, sprang ins bedrohte Eck und hielt. Quasi im Gegenzug fiel dann die Entscheidung. Nach einer mustergültigen Kombination über die Schaltstation Hölzenbein, wie man sie von den Deutschen im Laufe des Turniers selten gesehen hatte, passte Bonhof zu Müller. Der fackelte nicht lange und erzielte mit einem scharfen Flachschuss das goldene Tor der dramatischen Finalrundenbegegnung. Müller und Maier, die beiden Kicker mit den Allerweltsnamen, machten an diesem Tag den Unterschied zwischen zwei gleichwertigen Mannschaften aus.

Das Spiel fand als „Frankfurter Wasserschlacht" Einzug in die Fußball-Geschichte. Es war eine „Schlacht" mit einem glücklichen Sieger. Prosaischer drückte es ein zeitgenössischer Kommentator aus: „Die Nation starrte auf die Frankfurter Seenplatte. Fast wäre sie reingefallen. Am Ende schwamm sie wieder im Glück."

Der Kampf gegen die Gewalten: Mit Wasserwalzen versuchen drei Helfer, der Fluten Herr zu werden

Der Schuss ins Finale: Gerd Müller zieht zum 1:0 ab

Gruppe B – Abschlusstabelle

	Sp.	g	u	v	Tore	Punkte
1. BRD	3	3	0	0	7:2	6-0
2. Polen	3	2	0	1	3:2	4-2
3. Schweden	3	1	0	2	4:6	2-4
4. Jugoslawien	3	0	0	3	2:6	0-6

Das Endturnier
- Spiel um den dritten Platz

Polen – Brasilien 1:0 (0:0)

Alle Medaillen gehen nach Europa

Dem Schlusspfiff schlossen sich vehemente Pfiffe des Publikums an. Die Polen jubelten über ihr 1:0, die Brasilianer mochten froh sein, dass das unbefriedigende Turnier für sie endlich ein Ende gefunden hatte. Und die Zuschauer fühlten sich verschaukelt: Sie hatten noch einmal eine Galavorstellung beider Mannschaften in der Partie um den recht unbedeutenden dritten Platz erwartet – doch dafür waren die Akteure sowohl physisch als auch mental zu ausgelaugt.

Begegnung der Kontinente: Henryk Kasperczak (r.) setzt sich schließlich gegen Roberto Rivelino durch

Nur die wenigsten Besucher dürften sich in ihren hoch gesteckten Erwartungen am 5. Juni 1938 orientiert haben, als die Vorfahren der aktuellen Kicker aus Brasilien und Polen in Straßburg ein WM-Achtelfinale ausgetragen hatten.

Im Meinau-Stadion gab es damals ein begeisterndes 6:5 nach Verlängerung für die Brasilianer – ein historischer Erfolg für die „Seleção", war doch zum ersten Mal bei einer Weltmeisterschaft ein europäisches Team besiegt worden und zudem mit dem vierfachen Torschützen Leônidas da Silva der erste weltweit beachtete Samba-Kicker aus dem Match hervorgegangen. Dass die Südamerikaner aber auch eine 3:1-Führung leichtfertig verspielt hatten, brachte ihnen erst einmal ihren Ruf als nicht unbedingt ergebnisorientierte Ballkünstler ein. Frei nach dem Motto: Die tun nichts, die wollen nur zaubern.

Weder historische Bedeutung noch zauberhafter Glanz haftete der Begegnung 36 Jahre nach dem brasilianischen Durchbruch zur Weltspitze an. Die Polen hatten immerhin die Entschuldigungen auf ihrer Seite. „Wir waren müde", räumte Kazimierz Deyna ein. Mit modernem Tempofußball und Siegen über Argentinien, Italien sowie Jugoslawien hatten die Osteuropäer Glanzlichter zur Genüge gesetzt – am Ende des kraftraubenden Parforceritts in den Fußball-Olymp war eben etwas die Luft ausgegangen.

So entging dem Publikum eine letzte Demonstration der gekonnten Mischung aus diszipliniertem Systemfußball, der in der Offensive auf dem herausragenden Sturmtrio Lato-Gadocha-Szarmach fußte, und individueller Kreativität, für die in erster Linie die Mittelfeld-Schaltzentrale Deyna zuständig war. Auf der Basis überragender Kondition hatte Trainer Kazimierz Gorski eine Kombination aus Ordnung und Freiräumen zusammengestellt, die man insbesondere von einem „Ostblock-Team" nicht erwartet hatte. Waren es doch gerade sowjetische Mannschaften gewesen, die in der Vergangenheit an ihrem stocksteifen Schemafußball vom Reißbrett wiederholt gescheitert waren.

Das unkonventionelle Auftreten Polens konnte allerdings nicht verdecken, dass der sensationelle Erfolg der Kicker mit dem Adler auf der Brust Resultat generalstabsmäßiger Planung war. Den Erfordernissen der Auswahlmannschaft wurden alle übrigen Interessen konsequent untergeordnet. Sogar die polnische Liga-Saison wurde drei Runden vor Schluss unterbrochen, weil der Verband wegen der dort gepflegten rustikalen Spielweise um die Gesundheit seiner Elite-Kicker fürchtete. Den bereits gesicherten Titel konnte Ruch Chorzów deshalb erst im August feiern.

In der dreiwöchigen zusätzlichen Schonzeit hatte Gorski seine Schützlinge konsequent auf die bevorstehenden Aufgaben vorbereiten können. Äußerst hilfreich dabei: Die umfassende Datenbank seines Assistenten Jacek Gmoch. Der Diplom-Ingenieur hielt Videos, Filme, Spiel- und Systemanalysen bereit, aus denen Gorski seine Taktik destillieren konnte. Glücklicherweise orientierte er sich dabei nicht an seiner eigenen Karriere. In seinem einzigen Spiel für Polen war der „Fuchs aus Lodz" 1948 mit 0:8 gegen das nicht gerade übermächtige Dänemark untergegangen!

Ein solches Debakel war gegen Brasilien nicht zu befürchten, zumal der gegen die Bundesrepublik fehlende Szarmach sich wieder an Bord befand. Den Brasilianern dagegen fehlte Luís Pereira, der sich mit seinem Brutalo-Foul an Neeskens disqualifiziert hatte. Alfredo ersetzte den Star-Verteidiger, Marinho übernahm dafür das Kommando im Abwehrverbund, und mit dieser zusätzlichen Verantwortung ausgestattet, blühte Letztgenannter geradezu auf und ragte durch zahlreiche Impulse nach vorn aus einer nicht allzu motivierten „Seleção" heraus.

In der Anfangsphase reichte der Elan Marinhos für ein gefälliges Spiel der Südamerikaner, das die Polen nur mit etwas Mühe schadlos überstanden. Bei einem Valdomiro-Schuss (8.) hatte Tomaszewski noch wenig Probleme, zwei Minuten später war der polnische Torwart mit dem Glück im Bunde: Eine sehenswerte Kombination über Rivelino und Jairzinho schloss Ademir – der den Vorzug vor Paulo César erhalten hatte – ab, indem er das Leder laienhaft über das Tor drosch. Als Jairzinho und Valdomiro in den nächsten zehn Minuten zwei weitere Gelegenheiten ausließen, hatte das Zagalo-Team sein Pulver fürs Erste verschossen.

Vor allem über die wuchtigen Flankenläufe Latos setzten sich die Polen nun besser in Szene. Deyna, Lato und Kasperczak besaßen vor dem Pausenpfiff die besten Chancen, Marinho vergab noch eine Möglichkeit für die Brasilianer – doch insgesamt war am Vortag des WM-Finales Schmalhans als Küchenmeister für das Fußball-Menü zuständig. Auch Regisseur Rivelino konnte seinen beschädigten Ruf nicht aufpolieren, ein 40-Meter-Knaller in die Münchener Wolkenpracht gehörte noch zu seinen auffälligsten Szenen. „Statt Regie zu führen, entpuppte er sich als streitsüchtiger und blindwütiger Kampfhahn", brach der große Pelé den Stab über seinen Nachfolger im Trikot mit der Nummer 10.

In der zweiten Hälfte wurde es nicht besser. Polens Deyna (54.) köpfte über das Gehäuse, danach hätten beinahe die Brasilianer das erste Tor erzielt, doch der glücklose Rivelino (61.) donnerte das Leder an den rechten Pfosten. Kurz darauf lief Mirandinha, der nach 65 Minuten für Ademir ins Spiel gekommen war, auf Tomaszewski zu, wurde aber von Kasperczak zu Boden gerissen. Der polnische Mittelfeldspieler sah für seine Notbremse die damals übliche gelbe Karte, die brasilianische Chance war allerdings dahin.

Die Zuschauer begannen verärgert mit „Deutschland, Deutschland!"-Rufen und fürchteten schon eine Verlängerung der zähflüssigen Partie. Doch dann trat Francisco Marinho auf den Plan. Allen leidenden Anhängern Günter Netzers mochte für wenige Momente ihr Herz aufgehen, dass zumindest ein langmähniger Blonder bei der WM brillierte – doch wie Netzer während des gesamten Turniers geriet sein südamerikanisches Double im Spiel um Platz drei zur tragischen Figur. Nach 75 Minuten verloren die Brasilianer durch einen ungenauen Querpass Marinhos den Ball, worauf Lato auf dem rechten Flügel mit dem Spielgerät am Fuß nach vorn stürmte, Alfredo aussteigen ließ und am herauseilenden Leão vorbei ins lange Eck einnetzte – es war bereits sein siebenter WM-Treffer.

Der Goalgetter hätte mit einem weiteren Alleingang sogar noch auf 2:0 erhöhen können, scheiterte dieses Mal aber an einer Fußabwehr des brasilianischen Keepers. Er musste sich über die vergebene Chance Sekunden vor Schluss nicht allzu sehr grämen: Der dritte Platz für Polen geriet ebenso wenig noch in Gefahr wie die Torschützenkrone für Lato selbst.

Alfredo schaut hilflos zu, Unglücksrabe Marinho läuft dem Ball hinterher. Vergeblich – Lato hat Polen auf Platz drei geschossen

Polen – Brasilien 1:0 (0:0)
6. Juli 1974, 16 Uhr, Olympiastadion, München

Polen: Tomaszewski – Szymanowski, Gorgón, Zmuda, Musial – Kasperczak (G/71. 71. Cmikiewicz), Deyna (K), Maszczyk – Lato, Szarmach (71. Kapka), Gadocha

Brasilien: Leão – Zé Maria, Alfredo, Marinho Peres (K), Marinho Chagas – Carpegiani, Rivelino, Dirceu – Ademir (65. Mirandinha), Jairzinho (G/76.), Valdomiro

ZS: 74.100; **SR:** Angonese (Italien); **LR:** N'Diaye (Senegal), Namdar (Iran); **Tor:** 1:0 Lato (75.)

Das Endturnier – Finale

Deutschland – Niederlande 2:1 (2:1)

Deutsches Happyend nach Zitterpartie

Vor dem Anpfiff zum Traumfinale der X. Fußball-Weltmeisterschaft zwischen Gastgeber Deutschland und den Niederlanden spielte die Dorfmusik. 800 Millionen Menschen vor den Bildschirmen und knapp 80.000 Zuschauer im Münchener Olympiastadion wurden zunächst von Knabenkapellen aus Meersburg und Dinkelsbühl scheppernd auf den sportlichen Höhepunkt des Turniers eingestimmt. Nachdem die in Bärenfellmützen, orange-farbene Uniformen und weiße Stiefelchen verpackte „Alberta-all-girls Drum and Bugle Band" etwas internationales Flair und spröde kanadische Erotik versprüht hatte, schwang ein Dirigent aus Stetten im Remstal den Taktstock: der im Deutschland der siebziger Jahre omnipräsente Gotthilf Fischer. Das Gefolge des „Chormeisters" im kanariengelben Anzug bildete eine 1.500 Stimmbandakrobaten starke „Gesangsarmee", die ein „choreografisches Ringelspiel" inszenierte, wie die «Süddeutsche Zeitung» ätzte. Auch 1.300 Journalisten, darunter 100 von Radio und TV, lauschten den vom „größten Chor der Welt" vorgetragenen Volksweisen „Horch was kommt von draußen rein", „Glory, glory, halleluja" und – extra für die knapp 5.000 holländischen Fans im Stadion – „Tulpen aus Amsterdam".

Auf der Ehrentribüne verfolgte reichlich politische und gesellschaftliche Prominenz – angeführt von US-Außenminister und Fußballfan Henry Kissinger, Bundespräsident Walter Scheel und Bundeskanzler Helmut Schmidt – die 250.000 Mark teure Schlussfeier, für die 3.000 Sicherheitskräfte abgestellt waren. Im Vorfeld des von dem Schlagerbarden Freddy Quinn während der WM so besungenen „großen Spiels" gewannen die Holländer das Kräftemessen auf der Ehrentribüne klar mit 12:7. Schmidt hatte nur die Minister Genscher, Maihofer, Leber, Friderichs, Ravens, Vogel und Ertl im Schlepptau, Hollands Ministerpräsident Joop den Uyl brachte dagegen alle zwölf Kabinettsmitglieder mit. Prinz Bernhard von den Niederlanden wollte auf dem Weltgipfel des Fußballsports ebenso wenig fehlen wie die immerschöne Mimin Liz Taylor. Der Fürstenclan aus Monaco machte mitsamt der gelangweilt gähnenden Göre Stéphanie seine Aufwartung. Auf den Ehrenplätzen erstrahlten zahlreiche damals glitzernde, mittlerweile verglühte Sternchen aus der Unterhaltungsindustrie.

Die Spannung stieg, die Choreografie wurde immer gewagter. Während Männer in blauen Anzügen und in rote Tücher gewandete Frauen die Buchstabenkombination „WM" bildeten, ko-

Schlüsselduell: Berti Vogts meistert seine Aufgabe als Bewacher Johan Cruyffs nach anfänglichen Schwierigkeiten mit Bravour

berten vor den Stadiontoren Schwarzmarkthändler vornehmlich Fans im „Oranje"-Outfit. Für Sitzplatzkarten wurden mehr als 1.000 Mark verlangt – und mitunter bezahlt. Derweil saßen die Spieler in ihren Kabinen und scharrten mit den Hufen – besonders die deutschen. Denn die Holländer hatten die Stimmung vor dem Endspiel mächtig angeheizt. „Wir wollen den Deutschen ihr großes Mundwerk im Fußball stopfen. Mit Ajax haben wir Bayern München vom Platz gefegt, aber die fühlten sich dann immer noch als die Größten. Dem wollen wir ein Ende machen", hatte Abwehrspieler Arie Haan getönt. Ruud Krol fühlte sich schon vor den 90 Minuten von München als „wahrer Weltmeister". Von Außenverteidiger Wim Suurbier ist der Satz „Die Deutschen haben doch eine furchtbare Angst vor uns" überliefert. Und Mittelfeldmann Wim van Hanegem verlor keinen Gedanken an taktische Geplänkel: „Wir werden unser Spiel machen, egal, wen Helmut Schön gegen Johan Cruyff stellt."

Im bundesdeutschen Team gab man sich eher kleinlaut. Der als vorsichtiger Zauderer bekannte Bundestrainer Helmut Schön stapelte tief: „Ich betrachte die Holländer als erste Anwärter auf die Krone. Wir brauchen jetzt viel Glück!" Auch der kleine Rechts-Verteidiger Berti Vogts strahlte wenig Optimismus aus: „Wir haben bis jetzt nicht ein einziges Mal gut gespielt, sondern nur gekämpft." Die internationale Fachwelt schätzte das holländische Team in der Mehrzahl ohnehin stärker ein. „Es besteht kein Zweifel, dass Holland der Favorit ist", titelte «L'Equipe». Noch deutlicher wurde Bobby Robson, Ex-Nationalspieler und Manager von Ipswich Town: „Die Holländer werden die Deutschen ermorden." Nur Catenaccio-Erfinder Helenio Herrera meinte: „Deutschland ist unschlagbar. Holland besitzt mit Cruyff und Neeskens nur zwei Weltklassespieler. Deutschland jedoch mit Beckenbauer, Breitner, Maier, Müller, Hoeneß und Bonhof sechs."

Beide Mannschaften liefen in Bestbesetzung auf den Rasen. Bei Holland waren die angeschlagenen Jongbloed und Rensenbrink ebenso dabei wie Uli Hoeneß auf deutscher Seite. Der Jungstar von Bayern München hatte am Tag zuvor unter leichtem Fieber gelitten.

Dummerweise fehlten die Eckfahnen, als Schiedsrichter Taylor anpfeifen wollte. Nach einer zweiminütigen Verzögerung ging es Punkt 16.02 Uhr endlich los. Die Niederländer ließen den Ball nach dem Anstoß unbeeindruckt von dem Pfeifkonzert der deutschen Zuschauer über insgesamt 17 Stationen durch die eigenen Reihen rollen. Plötzlich schnappte sich der antrittsstarke Cruyff wenige Meter hinter der Mittellinie das Leder und setzte zu einem unwiderstehlichen Spurt an. Vogts, der den holländischen Superstar in Manndeckung nehmen sollte, konnte nicht folgen. Das Unheil nahm seinen Lauf, als der zur Unterstützung herbeigeeilte Uli Hoeneß dem „Oranje"-Kapitän an der Strafraumbegrenzung in die Parade fuhr. Nach 63 Sekunden entschied der englische Referee ohne Zögern auf Strafstoß – noch nie war ein WM-Finale mit einem Paukenschlag dieser Güte eingeläutet worden. Als Sepp Maier den von Neeskens knallhart getretenen Ball aus dem Netz holte, berührte ihn zum ersten Mal ein deutscher Spieler.

Nach dem schnellen Tor für die Gäste herrschte für einen Moment Ratlosigkeit in der deutschen Elf. Eine Frage stand plötzlich im Raum: War „Terrier" Berti Vogts („Man muss Cruyff von der Mittellinie an eng decken") mit der Bewachung des schnellen und fintenreichen Holländers doch überfordert? Nur eine Minute später dürften die meisten Experten mit einem eindeutigen „Ja" geantwortet haben. Zum wiederholten Mal stieg der kleine Verteidiger in dem Schlüsselduell des Finales unfair gegen seinen Kontrahenten ein und wurde dafür mit der gelben Karte bestraft. Ob ihm dabei der Orakelspruch von „Katsche" Schwarzenbeck über Cruyff in den Sinn gekommen sein mag? Der Vorstopper hatte gesagt: „Der unterhält sich mit dir während des Spiels, als ob nichts wäre. Oder er schaut eine Minute lang die Eckfahne an und tut gar nichts. Aber alles, was er macht, ist klasse." Vor dem Spiel war neben dem nun akut rotgefährdeten Vogts auch dessen Gladbacher Vereinskamerad Bonhof als Cruyff-Bewacher im Gespräch gewesen. Bundestrainer Schön hatte auf Zureden von Kapitän Beckenbauer von dieser Lösung jedoch Abstand genommen, weil er die Offensiv-Qualitäten des dynamischen Shooting-Stars nicht verschenken wollte.

In der Viertelstunde nach der Blitz-Führung begingen die Niederländer ihren „entscheidenden Fehler", wie Johan Cruyff später einräumte: Sie spielten auf Zeit und versuchten die Deutschen vorzuführen, anstatt weiter ihr Heil im Angriff zu suchen. So schläferte sich die bis dato klar überlegene Mannschaft selbst ein. Der Europameister spürte das, fühlte sich zudem von der lässig zur Schau getragenen Überheblichkeit der Neeskens & Co. provoziert und kam durch einen Freistoß von Bonhof zu seiner ersten Chance. Die Deutschen witterten Morgenluft und drückten immer stärker. Hoeneß und Hölzenbein versuchten es zumeist mit Einzelaktionen, verhedderten sich aber zunächst in der niederländischen Abwehr.

*Bildfolge von oben nach unten:
Hoeneß foult Cruyff. Neeskens verwandelt den Elfmeter. Hölzenbein fällt im Strafraum. Breitner gleicht aus. Jongbloed ist geschlagen. Müller dreht sich und schießt. Deutschland jubelt*

Das Endturnier - Finale

Der Schiedsrichter: „Jack" Taylor

Robert Davidson hatte seiner Frau bereits per Telefon mit Verweis auf das WM-Finale angekündigt: „Schatz, am Sonntag wirst du mich im Fernsehen sehen." Doch im letzten Moment wurde der Schotte wieder zurückgepfiffen: Der Schiri-Kommission war bei der Analyse des Videobandes der Partie Holland gegen Brasilien aufgefallen, dass Davidson als Linienrichter eine direkt vor seinen Augen begangene Tätlichkeit entgangen war. Für den frustriert Abreisenden rückte John Keith („Jack") Taylor nach. Der 44-jährige Schlachtermeister aus Wolverhampton hatte einen Blitzstart als Pfeifenmann hingelegt: Er durfte schon als Teenager (mit 19!) das irische Pokalendspiel leiten. 1962 pfiff er das Cup-Final in Wembley. Der 1,86 Meter große „man in black" kickte in seiner Jugend bei den Wanderers und leitete in 26 Jahren über 1000 Spiele, darunter das Europacupfinale zwischen Ajax Amsterdam und Panathinaikos Athen 1971.

Dramatik unterm Zeltdach: Jongbloed faustet den Ball aus der Gefahrenzone

In der 26. Minute setzte der Frankfurter Linksaußen erneut zu einem Spurt an, drang dieses Mal in den Strafraum ein und nahm Jansens Grätschversuch dankend an, um einzufädeln und mit weit ausgestreckten Armen in Richtung Jongbloed zu fliegen. Ob Hölzenbeins Fall eine „Schwalbe" gewesen ist oder nicht, erhitzt die Gemüter bis heute. In der Bundesliga hatte sich der Allrounder mit spektakulären Stürzen im Strafraum den Ruf des Elfmeter-Schinders erworben und zuletzt im April im Pokal-Halbfinale zwischen Eintracht Frankfurt und Bayern München (3:2) für erhitzte Gemüter gesorgt, als er Sekunden vor Schluss den entscheidenden Elfmeter herausholte. Mit dieser Aktion hatte er Bayern-Coach Udo Lattek zur Weißglut gebracht, der tobte: „Hölzenbein braucht man nur anzuschauen, dann fällt er schon auf den Rasen." In offensichtlicher Unkenntnis des Hölzenbein-Diskurses in Teilgebieten des europäischen Festlandes wertete Schiedsrichter Taylor die Jansen-Attacke gegen „Holz" als strafstoßwürdiges Foul und zeigte zum zweiten Mal auf den ominösen Punkt. Nach Uli Hoeneß' Fehlschuss gegen Polen hatte der Bundestrainer Gerd Müller („Ich habe keine Angst davor") zum Schützen bestimmt. Hoeneß war ins zweite Glied gerückt. Beide muckstens sich nicht und so schnappte sich zur allgemeinen Verwunderung ein dritter Bayer den Ball: der 22-jährige Paul Breitner. Souverän beförderte der Offensiv-Verteidiger den Elfmeter in die linke Ecke des Kastens und ließ Jongbloed keine Chance.

Es war ein Treffer mit Signalwirkung: Die deutsche Elf agierte von Minute zu Minute selbstbewusster und erspielte sich in der Folge gute Torchancen. Nun schaltete sich auch Breitner verstärkt in die Offensive ein, Hoeneß düpierte van Hanegem ein ums andere Mal und der agile Grabowski setzte an seinem 30. Geburtstag immer deutlichere Akzente auf dem rechten Flügel. Hinzu kam, dass Vogts den Motor des holländischen Spiels, Johan Cruyff, immer mehr ins Stottern brachte und bis zur Pause fast völlig zum Stillstand gebracht hatte. Dadurch entwickelte sich ein offener Schlagabtausch mit deutlichen Vorteilen für die Schön-Schützlinge. Nach knapp einer halben Stunde hatte ausgerechnet Vogts, dem noch nie ein Länderspieltor gelungen war, das 2:1 auf dem Fuß, doch der ohne Torwart-Handschuhe (!) faustende Jongbloed vereitelte die Chance mit einer Blitzreaktion. In den letzten Minuten vor der Halbzeit setzten die von Beckenbauer und Overath angetrieben Adlerträger zu einem beherzten Sturmlauf an und wurden 60 Sekunden vor dem Pausentee belohnt. Bonhof tankte sich auf der rechten Seite durch, passte zu Müller, der schüttelte seine Gegenspieler mit einer blitzschnellen Drehung wie lästige Fliegen ab und netzte zum 2:1 ein. Der Treffer traf die Niederländer direkt in das Mark. Cruyff verlor auf dem Weg in die Kabine die Nerven und redete derart heftig auf den Referee ein, bis der ihm die gelbe Karte wegen Meckerns zeigte.

Kurz nach dem Seitenwechsel hatte die deutsche Mannschaft die Gelegenheit, auf 3:1 zu erhöhen, aber Bonhofs Kopfstoß sauste knapp am Tor vorbei. Nun warfen die Holländer, zusätzlich beschwingt durch die Einwechslung von René van de Kerkhof anstelle des indisponierten Rensenbrink, alle Kräfte nach vorne. Cruyff war fast nur noch in der vordersten Reihe zu finden, besser spielte er dadurch allerdings nicht. Setzte sich der Ausnahmestürmer einmal gegen seinen wadenbeißenden Widersacher durch, klärte irgendein deutsches Abwehrbein die Situation. Dennoch kamen die mitunter etwas konfus angreifenden Niederländer zu zahlreichen Chancen. Nach einem Eckball musste Breitner auf der Linie retten, weil Maiers Faustabwehr missglückt war – die nervenstarke Nummer eins knüpfte jedoch bald an die im Polen-Spiel gezeigte Form an und machte den Fehler in der verbleibenden Spielzeit mehrmals wett. Besonders Rep, der einige Hochkaräter auf dem Fuß hatte, verzweifelte an dem Mann im blauen Sweater. Immer wieder klärte die „Katze aus Anzing",

---

BR Deutschland – Niederlande 2:1 (2:1)
7. Juli 1974, 16 Uhr, Olympiastadion, München

BR Deutschland: Maier – Vogts (G/3.), Schwarzenbeck, Beckenbauer (K), Breitner – Hoeneß, Bonhof, Overath – Grabowski, Müller, Hölzenbein

Niederlande: Jongbloed – Krol, Rijsbergen (69. de Jong), Haan, Suurbier – Neeskens (G/39.), van Hanegem (G/21.), Jansen – Rensenbrink (46. René van de Kerkhof), Cruyff (K) (G/45.), Rep

ZS: 77.833; **SR:** Taylor (England); **LR:** Barreto Ruiz (Uruguay), González Archundia (Mexiko); **Tore:** 0:1 Neeskens (2./FE), 1:1 Breitner (26./FE), 2:1 Müller (44.)

Die Bilanz beider Mannschaften vor dem Spiel aus deutscher Sicht: 19 Spiele, sieben Siege, je sechs Remis und Niederlagen, 45:38 Tore. Die letzten drei Spiele (1957, 1959 und 1966) hatte Deutschland gewonnen. Durchschnittsalter: BRD 26,6 Jahre, Niederlande 26,1 Jahre. Die deutschen Spieler kamen zusammen auf 488 Länderspiele, die niederländischen auf 251 – das Finale einbezogen.

auch bei Flanken stets auf dem Sprung, mit großartigen Reflexen. Zum Turm in der Abwehrschlacht avancierte aber vor allem Franz Beckenbauer, der wie ein bayerischer Löwe kämpfte und mit Hilfe seiner überragenden Technik manch brenzlige Situation im Keim erstickte. Die Holländer begingen zum ersten Mal in diesem Turnier den Fehler, immer wieder durch die Mitte anzugreifen und das Flügelspiel zu vernachlässigen. „Was sollten wir tun? Die Zeit drohte uns davonzulaufen", sagte Johan Cruyff später entnervt.

Obwohl der Ausgleich gut ein halbes Dutzend Mal in der Luft lag, musste die Michels-Elf ständig aufpassen, nicht von einem Konter der in der letzten halben Stunde wieder häufiger zu Tormöglichkeiten kommenden Deutschen überrascht zu werden. Wenn einer der beiden Frankfurter Außenstürmer oder der schnelle Hoeneß Gegenangriffe starteten, wurde es vor dem Tor von Jongbloed gefährlich – wie nach gut einer Stunde, als Grabowski Gerd Müller bediente. Der beförderte den Ball zwar ins Netz, doch Schiedsrichter Taylor erkannte auf Abseits – eine Fehlentscheidung, wie die Zeitlupe bewies. Glück und Pech lagen nun nah beieinander. Rund eine Viertelstunde vor Schluss haderten die Niederländer mit ihrem Schicksal, nachdem Sepp Maier in seiner allerstärksten Szene einen Volleyschuss von Neeskens aus kurzer Distanz pariert hatte, in der 84. Minute wiederum durften sie froh darüber sein, dass Taylor ein elfmeterwürdiges Foul gegen den durchgebrochenen Hölzenbein nicht ahndete. Die letzten Minuten gehörten schließlich wieder den verzweifelt anrennenden Gästen, doch als Neeskens kurz vor Ultimo mit der letzten Großchance das Ziel um wenige Zentimeter verfehlte, hatten die Orange-Hemden ihr Pulver verschossen. Die deutsche Mannschaft rettete ihren knappen Vorsprung mit Glück und Geschick über die Runden.

Nachdem der englische Referee seinen finalen Pfiff ausgestoßen hatte, sank Gerd Müller zu Boden und streckte seine Arme dem Himmel entgegen. Berti Vogts rannte auf Sepp Maier zu und warf ihn Boden. Deutschland war zum zweiten Mal Weltmeister, das herausragende niederländische Team hatte trotz „totaal voetbal" ein Debakel erlitten, das die Fans zwischen Amsterdam und Zwolle in ein kollektives Trauma stürzte und sogar für die holländische Post bittere Folgen hatte: Die musste nämlich 100.000 voreilig gedruckte Briefmarken (geplante Auflage: 7,5 Millionen) wieder einstampfen. Die Wertzeichen zierte die Aufschrift: „Holland: Gewinner – Weltpokal 1974."

*Kaisers Krone:
Kapitän Beckenbauer mit dem World Cup*

Der Spielfilm

Erste Halbzeit

1. Minute:
Die Niederlande stoßen an.

2. Minute:
Cruyff lässt seinen Bewacher Vogts am linken Flügel stehen und wird an der Strafraumgrenze von Hoeneß gefoult. Nach 63 Sekunden pfeift Schiedsrichter Taylor Elfmeter. Neeskens tritt beim Strafstoß zwar in den Boden, doch der Ball landet in der Mitte des Tores; Maier ist ohne Chance – 1:0 für die Niederlande.

3. Minute:
Gelbe Karte für Berti Vogts nach schwerem Foul an Cruyff.

10. Minute:
Neeskens überläuft Beckenbauer, wird aber von Abfangjäger Schwarzenbeck gestoppt.

21. Minute:
Van Hanegem schubst Müller, der zu Boden geht. Schiedsrichter Taylor bestraft die Attacke gegen den deutschen Mittelstürmer nach Befragung des Linienrichters mit der gelben Karte.

26. Minute:
Hölzenbein spurtet in den Strafraum und kommt durch Jansen zu Fall. Taylor zeigt auf den ominösen Punkt. Obwohl Müller als Schütze vorgesehen ist, schnappt sich Paul Breitner den Ball und verwandelt den umstrittenen Elfmeter zum 1:1.

29. Minute:
Vogts hat sich ins Angriffsspiel eingeschaltet und steht plötzlich frei vor Jongbloed, der den scharfen, aber unpräzisen Schuss mit einer glänzenden Parade zur Ecke lenkt.

34. Minute:
Holland in Not: Hoeneß überläuft Haan und passt in die Strafraummitte, wo Müller lauert, doch dessen Bewacher Rijsbergen hat aufgepasst und klärt die brenzlige Situation.

36. Minute:
Jongbloed wehrt einen lässig und präzise getretenen Freistoß von Beckenbauer zur Ecke ab.

37. Minute:
Die Niederlande mit der Chance zur erneuten Führung, als Cruyff nur noch Beckenbauer vor sich hat und zu Rep spielt. Der Stürmer scheitert freistehend am reaktionsschnellen Maier.

39. Minute:
Neeskens foult Hölzenbein und erhält dafür die gelbe Karte.

44. Minute:
Bonhof setzt sich auf der rechten Außenbahn mit einem Sturmlauf gegen den langsamen Haan durch und passt von der Torlinie in die Mitte. Dort lauert Müller, der den Ball schon zu verpassen scheint. Doch der Bayer angelt sich die Kugel mit der Fußspitze und schießt nach einer blitzschnellen Drehung in die linke Ecke. Jongbloed, der auf dem falschen Fuß steht, ist machtlos: 2:1 für Deutschland durch ein typisches Müller-Tor!

Halbzeitpause:
Auf dem Weg in die Kabine zeigt Taylor dem meckernden Cruyff die gelbe Karte.

Zweite Halbzeit

46. Minute:
Michels bringt van de Kerkhof für Rensenbrink.

48. Minute:
Eckball durch Hoeneß, Bonhof köpft knapp neben das Tor.

Unterschiedliche Größen: Die Kapitäne Cruyff und Beckenbauer beim Wimpeltausch

51. Minute:
Maier patzt das einzige Mal in diesem Spiel, als er an einem Eckball vorbeihechtet. Doch Breitner ist zur Stelle und klärt per Kopf auf der Linie.

52. Minute:
Die Niederländer drücken. Van Hanegem scheitert nach einem Cruyff-Freistoß mit einem Kopfball an Maier.

60. Minute:
Deutschland kontert. Grabowski flankt auf Müller, der den Ball ins Tor schießt. Doch der Schiedsrichter erkennt eine Abseitsposition – eine Fehlentscheidung!

62. Minute:
Van de Kerkhof flankt auf Cruyff, der auf Rep verlängert. Breitner klärt zur Ecke.

69. Minute:
De Jong wird für Rijsbergen eingewechselt.

70. Minute:
Overaths Fehlpass bringt Neeskens in eine gute Position. Der Schuss wird vom aufmerksamen Beckenbauer erneut zur Ecke geklärt.

72. Minute:
Maier meistert einen Neeskens-Schuss aus neun Metern.

73. Minute:
Konterchance für Hoeneß, der sich festfummelt statt den besser postierten Grabowski anzuspielen.

74. Minute:
Van de Kerkhof tankt sich an Schwarzenbeck vorbei und flankt auf Rep. Der scheitert mit seiner nächsten Großchance: Bonhof köpft den Ball von der Linie.

76. Minute:
Nach einer Suurbier-Flanke taucht Rep frei vor Maier auf und verzieht.

83. Minute:
Jongbloed wehrt einen Schuss von Hoeneß mit dem Fuß ab.

84. Minute:
Hölzenbein fällt erneut im Strafraum, doch Taylor serviert „Regelgulasch" («Hamburger Abendblatt») und pfeift den klaren Strafstoß nicht.

85. Minute:
Ein Neeskens-Kracher verfehlt das deutsche Tor nur knapp.

90. Minute:
Taylor pfeift das Spiel ab. Deutschland ist zum zweiten Mal Weltmeister!

Einzelkritik

Sepp Maier:
Knüpfte im Finale an seine gute Leistung aus dem Polen-Spiel an. Beim Elfmeter ohne Chance – danach hielt er sein Tor 88 Minuten lang sauber. Entnervte vor allem den unglücklich agierenden Rep, dessen Großchancen er mit blitzartigen Reflexen zunichte machte. Mit einer Ausnahme souverän beim Abgreifen von Flankenbällen.

Berti Vogts:
Zunächst mit Startschwierigkeiten gegen Cruyff. Früh mit einer gelben Karte belastet, dann eine Bank in der deutschen Defensive. Beraubte den holländischen Weltklasse-Angreifer mit beharrlichen Attacken seiner Wirkung. „Schade für dich, dass heute der Cruyff nicht gespielt hat", scherzte Bundestrainer Schön nach dem Spiel mit dem wohl weltbesten Wadenbeißer.

Georg Schwarzenbeck:
Nervöser Beginn mit einigen Fehlpässen. Steigerte sich von Minute zu Minute und meldete den angeschlagen ins Spiel gegangenen Rensenbrink bis zu dessen Auswechslung ab. Kämpferisch gewohnt stark, aber später mit Zweikampf-Schwächen gegen den flinken Rep, der die Grenzen der Wendigkeit des kantigen Münicheners schonungslos aufdeckte.

Franz Beckenbauer:
Der Turm in der Abwehrschlacht der zweiten Halbzeit. Behielt stets die Übersicht – auch wenn es im deutschen Strafraum lichterloh brannte. Paarte im wichtigsten Spiel seiner Karriere technische Fähigkeiten mit Kämpfermut – überragend!

Paul Breitner:
Mit Licht und Schatten. Der 22-jährige Jungspund mit eisernen Nerven verwandelte den Strafstoß souverän. Hatte aber einen schwerem Stand gegen den wendigen Rechtsaußen Rep, der die meisten holländischen Chancen besaß und nur mit vereinten Abwehrkräften zu stoppen war.

Uli Hoeneß:
Sein dummes Foul gegen den fliegenden Holländer Cruyff führte zum Rückstand. Machte seinen Fehler aber mit großem Laufpensum wieder wett. Riss mit langen Spurts immer wieder Löcher in die holländische Abwehr und sorgte damit für Entlastung.

Rainer Bonhof:
Die Entdeckung des Turniers hätte per Kopf fast das 3:1 erzielt. Sein Meisterstück hatte der konditionsstarke Mönchengladbacher eine Minute vor der Pause abgeliefert, als er Müllers Treffer mit einem beherzten Solo über den rechten Flügel vorbereitete.

Wolfgang Overath:
Rackerte und ackerte im Mittelfeld, ohne dabei spielerische Glanzpunkte zu setzen. Die Schaltstation im Mittelfeld war stets anspielbereit, schlug einige hervorragende Pässe und agierte ausgesprochen mannschaftsdienlich.

Jürgen Grabowski:
Machte sich zu seinem 30. Geburtstag mit dem Weltmeister-Titel das schönste Geschenk. Auf dem rechten Flügel nach holprigem Beginn stets für eine überraschende Aktion (Dribblings!) gut. Leitete mit seinem Pass auf Bonhof den Siegtreffer ein.

Gerd Müller:
Der Matchwinner! Der dritte und letzte Treffer im Finale war ein echtes Müller-Tor: Obwohl von einer Traube holländischer Abwehrspieler umgeben, reagierte der stämmige Torjäger am schnellsten und schob den Ball am verdutzten Jongbloed vorbei ins Netz.

Bernd Hölzenbein:
Ständiger Unruheherd im holländischen Strafraum. Wenn das Frankfurter Schlitzohr zu einem Spurt ansetzte, war er oft nur durch Fouls zu stoppen. Hob nach der Berührung Jansens in der 26. Minute geschickt ab und landete nach einem Sturzflug fast im Fünfmeterraum – ebenso clever wie elegant.

Weltmeister unter sich: Die Champions posieren fürs Postkartenmotiv

Stimmen zum Spiel

Helmut Schön: „Die Holländer haben uns etwas geholfen, diesen Sieg zu erringen, denn sie hatten sich zu schnell als Weltmeister gefühlt. Es ist eben nicht immer gesagt, dass die beste Mannschaft der Vorrunde auch am Ende vorne steht. Unsere Mannschaft war sehr gut gemanagt, indem man gesagt hat, dass wir nichts mehr zu gewinnen haben. Ich habe den Spielern nur die Zeitungen vorgelesen und gar nichts mehr zu sagen brauchen."

Rinus Michels: „Die deutsche Mannschaft hat in der letzten halben Stunde der ersten Halbzeit von der Schwäche meiner Spieler profitiert. Das 2:1 zur Pause war gerecht. In der zweiten Halbzeit haben die Deutschen gut verteidigt. Der Torhüter hatte das Glück, das man braucht, um ein Spiel zu entscheiden. Nach der Pause haben die Holländer in einem Spiel zweier ausgezeichneter Mannschaften für meinen Geschmack zu stark dominiert. So sollte ein Finale nicht aussehen."

Paul Breitner: „Ich war für den Elfmeter nicht vorgesehen. Ich stand am nächsten am Ball und dachte sofort: 'Den nimmst du dir und gibst ihn nicht wieder her.' Aufgeregt? Kein Stück. Ich war mir meiner Sache wirklich sicher. Vielleicht habe ich nicht so gehämmert wie vorher Neeskens. Der von mir geschossene Ball kam dafür platzierter."

Rainer Bonhof: „Ich musste rennen wie noch nie, um mich zu behaupten. Das lag zweifellos an Johan Neeskens, der Kampfmaschine der Holländer."

Jürgen Grabowski: „Eigentlich bin ich etwas unverschämt. Da hat man nur Geburtstag und wird gleich Weltmeister."

Sepp Maier: „Beim Elfmeter hatte ich Pech, denn Neeskens trat beim Schuss leicht in den Rasen. Wenn er den Ball voll getroffen hätte, hätte ich ihn gehalten."

Wolfgang Overath: „Ja, so is' dat. Da haben sie immer gesagt, mit dem Overath, dat jeht nit. Und et jeht doch."

Gerd Müller: „Was sich Rijsbergen geleistet hat, ging auf keine Hutschnur. Dazu kam noch die Ohrfeige von van Hanegem. Die großen Sprüche, die die Holländer vor dem Spiel gemacht haben, waren das beste Doping für uns."

Berti Vogts: „Ich denke, Johan Cruyff wird sich noch lange in unangenehmer Art an das Spiel erinnern."

Wenn wir schreiten Seit' an Seit' – Berti Vogts ist Johan Cruyff mal wieder einen Schritt voraus

Johan Cruyff: „Vogts war sehr gut, aber nicht mein stärkster Gegner bei diesem Turnier. Wir waren in der letzten halben Stunde sehr stark und hatten sechs oder sieben Chancen zum Ausgleich."

Johan Neeskens: „Der Elfmeter kam viel zu früh für uns. Wir haben dadurch fälschlicherweise unsere Taktik geändert. Entscheidend war außerdem, dass Rensenbrink, der in allen vorangegangenen Spielen überzeugt hatte, wegen einer Verletzung weit von seiner Bestform entfernt war."

Schiedsrichter John Taylor: „Ein erregendes Spiel, das mir gut gefallen hat."

Ex-FIFA-Präsident Sir Stanley Rous: „Die Deutschen sind die wirklichen Weltmeister. Es war ein exzellentes und hartes Spiel, das die Deutschen verdient gewannen."

Brasiliens Cheftrainer Mario Zagalo: „Beckenbauer ist ein genialer Spieler, der den Vergleich mit Cruyff klar gewonnen hat. Den Deutschen hat in der zweiten Hälfte nicht die Kraft gefehlt, ihre Zurückhaltung hatte taktische Gründe. So hätte ich auch gespielt, um Weltmeister zu werden."

Bundeskanzler Helmut Schmidt (SPD): „Beckenbauer ist für mich der weltbeste Fußballer überhaupt. Das hat er wieder bewiesen."

CDU-Chef Helmut Kohl: „Ich hatte 3:1 getippt, bin aber mit dem 2:1 auch zufrieden."

Reporter Tschimpumpu wa Tschimpumpu in Radio Kinshasa: „Deutschland hat sich im Finale noch einmal gesteigert. Vor allem an Schnelligkeit und Einsatz war es den Holländern überlegen."

US-Außenminister Henry Kissinger: „Das war ein großartiges, kampfbetontes Spiel. Das 2:1 für Deutschland ist ein sehr gutes Ergebnis."

De Volkskrant (Amsterdam): „Oranje hat seinen Zoll bezahlen müssen für Mangel an Selbstdisziplin."

L'Equipe (Paris): „Das Endspiel wurde zu einem der mitreißendsten Momente in der Geschichte des Sports – zu einem Abenteuer, das man nie vergisst. Vor allem in der ersten Halbzeit war es ein großes, als die Deutschen nach dem Rückstand gut reagierten. Bonhof war der überragende Spieler."

Neues Deutschland (Ost-Berlin): „Die Mannschaft, die sich in diesem letzten und alles entscheidenden Spiel noch zu steigern wusste, gewann den Titel. Zum vierten Male in der Geschichte der Weltmeisterschaft gelang es damit dem Ausrichter, daheim erfolgreich zu bleiben. Der minutenlange Jubel der BRD auf den Rängen war mehr als verständlich. Der Favorit hatte sich durchgesetzt."

Corriere dello Sport (Rom): „Es war das beste Finale aller Zeiten. Die Deutschen haben im Gegensatz zu 1954 verdient gewonnen. Holland ist der stärkste Vizeweltmeister."

Corriere della Sera (Mailand): „Alle Fabeln enden mit der Krönung eines Prinzen. Dieses Spiel war die endgültige Krönung für Kaiser Franz Beckenbauer."

Gazetta dello Sport (Mailand): „Für den Ausgang des Endspiels war die Kameradschaft der deutschen Elf mitentscheidend."

Il Giorno (Mailand): „Beckenbauer bewies, was er für ein Genie ist. Von Cruyff war nichts zu sehen."

Tuttosport (Turin): „Was für ein großes Spiel. Welch ein großer Gerd Müller, der mit seinem einmaligen Tor alles in den Schatten stellte."

Daily Express (London): „Deutschland gewann, weil es den Charakter und die Hartnäckigkeit hatte, sich dagegen zu wehren, zum Narren gemacht zu werden. Die Holländer waren zu arrogant. Sie vergaßen, dass sie das weltbeste Team hatten."

Daily Mail (London): „Beckenbauers verstörte Mannschaft wurde genug Zeit zum Atemholen gegeben. Und sie hatte genug Willenskraft, einem Sturm zu widerstehen, der keinen Neutralen in Zweifel ließ, dass das bessere Team verloren hat."

Daily Telegraph (London): „Cruyff war schuld an der Niederlage. Er verlor die Kontrolle über sich, weil er den hartnäckigen Vogts nicht abschütteln konnte. Wir können kein Mitleid mit den Holländern haben."

The Times (London): „Größter Aktivposten der Deutschen war ihr schier unzähmbarer Kampfgeist."

Sport (Belgrad): „Die deutsche Mannschaft lieferte ihre beste Partie, den Fußball höchster Klasse. Sepp Maier war der Held des Spiels."

Berlingske Tidende (Kopenhagen): „Kaiser Franz machte seinem Namen alle Ehre. Er rettete gerade unglaubliche Situationen. Besonders seine Kopfbälle waren unglaublich."

Arbeiderbladet (Oslo): „Schöns kleiner Joker Berti Vogts erfüllte aufs Eindrucksvollste seine Aufgabe, den großen Johan Cruyff völlig zu neutralisieren."

O Globo (Rio de Janeiro): „Deutschland war die bessere Mannschaft, aber auch Holland zeigte guten Fußball. Der große Sieger dieses Turniers ist der offensive Fußball, der defensive und mit ihm Brasilien gingen schwer k.o."

Prominenter Endspielbesuch: DFB-Präsident Gössmann (l.) und Organisationschef Hermann Neuberger (2. v. r.) begrüßen Bundespräsident Walter Scheel (2. v. l.) und Bundeskanzler Helmut Schmidt (r.)

„Ich kam aus der dritten Ecke"
Bernd Hölzenbein über Engländer, Elfmeter und Eigendynamik

*Schnell, geschickt, Haken schlagend: Bernd Hölzenbein
Fotos: Michael von Bismarck*

Bernd Hölzenbein im Gespräch mit Folke Havekost und Volker Stahl

Es wird viel über den Strafstoß zum 1:1 diskutiert. Warum wurde eigentlich der Elfmeter zum möglichen 3:1 nach Jansens klarem Foul an Ihnen nicht gegeben?

Der Schiedsrichter war ein Engländer, und der pfeift halt ungern einen Elfmeter für eine deutsche Mannschaft... Das ist auch das, was ich immer wieder sage: Wenn ein englischer Schiedsrichter für eine deutsche Mannschaft einen Elfmeter pfeift, dann muss es auch einer gewesen sein.

Das sehen viele Holländer anders. Sie haben den Ball vor dem Elfmeter zum 1:1 lange im Strafraum gehalten. Musste Jansen foulen, wenn man ihm nur lange genug die Gelegenheit dazu gab?

Es ist doch ganz klar: Wenn jemand schnell und geschickt am Ball ist und Haken schlägt, wird er eher gefoult als jemand, der nie in den Strafraum geht. Im Rotterdamer Goethe-Institut hatte ich im Februar 2004 eine lebhafte Diskussion mit holländischen Journalisten. Ich habe gesagt: Ihr habt nicht verloren, weil vielleicht ein Elfmeter ungerechterweise gegeben wurde, sondern weil ihr überheblich wart. Ihr wolltet uns ausspielen.

Wie reagieren die Holländer auf Sie?

Wie die Holländer allgemein reagieren, weiß ich nicht. Die einzelnen, die ich kenne, etwa die Gegenspieler Suurbier oder van Hanegem, haben gesagt „clever!" und das nicht so bös gesehen, wie es sich ja erst im Laufe der Zeit entwickelt hat. Direkt nach dem Spiel gab es überhaupt keine große Diskussion. Das fing erst Monate später an, als die «Bild»-Zeitung einen Artikel geschrieben hat: „Bernd Hölzenbein: Ich gestehe. Es war eine Schwalbe!" Der Reporter hatte mir den Satz „Ja, ich hab' mich eingefädelt" in den Mund gelegt und ich habe einfach gegrinst statt zu antworten. Das war ein Fehler. Ich bin dann mit einem Anwalt dagegen vorgegangen – das war der größte Fehler: Da hat alles eine Eigendynamik bekommen. Plötzlich meinten die Holländer, sie könnten da noch was rausholen und seien doch die wahren Weltmeister. So wie auch wir das mit dem Wembley-Tor der Engländer 1966 versuchen.

Jürgen Sparwasser sagt: „Hölzenbein sucht die Stelle, wo er getroffen wurde, heute noch." Können Sie uns die zeigen?

Ich weiß gar nicht mehr, ob's rechts oder links war...

Vor dem Endspiel wurde in der Öffentlichkeit sehr tief gestapelt. War intern der Glaube an die eigene Stärke immer vorhanden oder mischten sich da auch Zweifel ein?

Es wurde von Helmut Schön immer wieder darauf hingewiesen, dass die Holländer zwar guten Fußball spielen, aber auch sehr arrogant sind. Wir sollten ihnen schon auf dem Weg zum Platz „tief in die Augen schauen!", sagte Schön: „Duckt euch nicht und geht erhobenen Hauptes raus!"

Sie waren der WM-Aufsteiger: 1973 Länderspieldebüt, der erste Einsatz über volle 90 Minuten aber erst im Quasi-Halbfinale gegen Polen.

Ich bin als Ersatzstürmer mitgefahren. In Malente gehörte ich zu der Gruppe, die in der dritten Ecke gespielt hat, wenn das Training begann. In Ecke 1 die Stars: Beckenbauer, Netzer, Overath und Helmut Schön. Ecke 2 dann Wimmer und Schwarzenbeck, die normalen Mitspieler. Dann gab es noch die dritte Ecke, ganz auf der anderen Seite des Fußballplatzes: Da waren die Ersatztorhüter Kleff und Nigbur, da waren noch Herzog, der Helmut Kremers und der Bernd Hölzenbein. Ich habe das große Glück gehabt, dass wir gegen die DDR verloren haben. Anschließend haben Franz Beckenbauer und Helmut Schön die Mannschaft verändert. Vier neue Spieler kamen rein, darunter ich. Wenn wir damals gegen die DDR gewonnen hätten, wäre vieles in meinem Leben anders gekommen.

„Wahnsinn, wie wir gespielt haben"
Sepp Maier über Fouls, Fehlpässe und Frotzeleien

Hatten Sie sich auf einen Neeskens-Elfmeter vorbereitet?

Ich habe seine Ecke gewusst. Er hat vorher immer vom Torhüter aus nach rechts geschossen – ganz scharf, mit Vollspann. Bei mir hat er ein wenig in den Boden reingehauen, dadurch ist der Elfmeter kerzengerade aufs Tor gegangen. Aber ob ich ihn ansonsten gehalten hätte? Die vorher hat er richtig reingedonnert.

Die Holländer waren vor dem Finale ein wenig großmäulig. Hat man das auch auf dem Platz gespürt?

Nein, da war alles in Ordnung. Das war alles vorher. Vielleicht ist das Taktik gewesen, aber bei uns Deutschen kam es sehr schlecht an, dass vorher gefrotzelt wurde: „Die haben ja gar keine Chance." Das motiviert den Gegner, da braucht der Trainer gar nicht mehr viel zu sagen.

Gab es einen Plan, auf eine schnelle Führung der Holländer zu reagieren?.

Wenn du in einem WM-Finale nach zwei Minuten hinten liegst durch einen nicht berechtigten Elfmeter... Das Foul war vor dem Sechzehner, wie die Zeitlupen zeigen. Aber danach mussten wir etwas vorsichtiger sein, um nur nicht das zweite oder dritte Tor zu fangen. Die Holländer waren damals stark, aber auch etwas zu überheblich. Die haben ja nur den Ball in den eigenen Reihen gehalten, ihn hin und her geschoben. Wir sind dann durch einige Fehlpässe reingekommen, dann hat sich das Spiel ausgeglichen. Im Endeffekt haben wir schon verdient gewonnen. Gut, die letzten 20 Minuten haben die Holländer schon arg gedrängt, aber vorher ist ja noch der Gerd Müller allein aufs Tor zu – und das war nie Abseits.

Bei umstrittenen Szenen würden Holländer eher an den Elfmeter zum 1:1 denken...

Der Elfmeter an Bernd Hölzenbein, der gegeben wurde, war eine Schwalbe. Aber nachher hatte er noch so eine Szene im Sechzehner, das war ein klarer Elfer.

Wenige Wochen vor der WM ist Bayern München nach einem umstrittenen Strafstoß in Frankfurt aus dem DFB-Pokal geflogen...

Ja, der war immer so ein Elfmeter-Schinder. Ich sehe ihn heute noch, wie er im Pokalspiel am Boden liegt und zwinkert. Aber gegen Holland hat er uns ja geholfen – Gott sei Dank!

Die Revanche folgte sozusagen auf dem Fuße?

Im Pokalspiel hätte das natürlich nicht gehen dürfen. Jeder kannte ja den Hölzenbein... Aber der Taylor im WM-Endspiel vielleicht nicht. Der ist aus England gekommen und damals hat es die Fernseh-Aufzeichnungen so nicht gegeben. Da kannte man die Schwalbenkönige nur in Deutschland, aber nicht europaweit.

Sie gehörten auch zum legendären '72er-Team, das gerne als größte deutsche Elf aller Zeiten gerühmt wird. Wird der '74er-Erfolg demgegenüber unterbewertet?

Haben Sie die Mannschaft von 1972 schon mal spielen sehen? Was das für ein Spiel war, zu jetzigen Zeiten? Schlafwagen-Fußball war das!

Das Team wird enorm gewürdigt...

Das ist auch richtig so. Es wird ja auch die '54er-Weltmeisterschaft gewürdigt. Zu dieser Zeit hat's nichts Besseres gegeben. Genauso 1972, als wir Europameister wurden – die Mannschaft war europaweit Spitze. Aber wenn man das 32 Jahre später sieht – das war ja Wahnsinn, wie wir gespielt haben: Ohne Tempo, man hat Freiräume gehabt, in 30 Meter Entfernung hat kein Mensch gestanden. Dann gab es einen 50-Meter-Pass oder einer stand ganz allein vorm Tor...

Also: Unterbewertet sind die '74er nicht?

Ganz und gar nicht. Zu dieser Zeit war das genau das Richtige. Wir haben uns '74 auch gefragt: Wie soll das jetzt weitergehen? Es gibt nichts Besseres mehr! Vom System her oder der Spielanlage – was willst du denn da mehr machen? Heute sieht das nach Katastrophe aus und wir fragen uns: Wie wird 2030 gespielt? Schneller und besser? Besser geht's schon, aber schneller geht's nicht mehr. Aber wie weit ist die Entwicklung in 30 Jahren? Ich kann es mir heute nicht vorstellen, genau die gleichen Gedanken haben wir 1974 gehabt. Aber die Zeit hat's gezeigt: Es ist immer noch Steigerung möglich.

Von Schwalben und Schlafwagen: Sepp Maier
Foto: Michael von Bismarck

Der Weltmeister BR Deutschland

Helmut Schön
(Spitzname: „Beppe") *15.9.1915 †23.2.1996

Der sensible Sachse wäre viel lieber Chirurg als Trainer geworden. Doch das Leben hatte etwas anderes mit dem langen Dresdner vor. Nach einer kurzen, aber erfolgreichen Karriere als Nationalspieler, der Ausbildung zum Bankkaufmann und einem Abstecher in die Pharmaindustrie schlug er bald die Trainerlaufbahn ein. Schön war zunächst in der DDR, dann im Saarland und später als Assistent von Sepp Herberger tätig, dessen Job er 1964 übernahm. Nach Silber und Bronze bei den Weltmeisterschaften 1966 und 1970 sowie dem EM-Sieg von 1972 feierte Schön 1974 mit dem WM-Titel seinen größten Erfolg. In den 90er Jahren erkrankte der erfolgreichste Bundestrainer aller Zeiten an Alzheimer und starb 1996 in einem Wiesbadener Pflegeheim.

Franz Beckenbauer
(„Kaiser") *11.9.1945
(Bayern München)

Bei der WM '74 glänzte der „Kaiser" als Techniker, beeindruckte als Kämpfer und übte als Kapitän großen Einfluss auf die Aufstellung der Mannschaft aus. Ausgestattet mit diesen Fähigkeiten und Kompetenzen stieg der Weltklasse-Libero – neben Johan Cruyff – zur prägenden Spielergestalt des Turniers auf. Mitspieler Berti Vogts brachte die Qualität des Kopfs der Weltmeister-Mannschaft überraschend treffend auf den Punkt: „Der Franz erreicht mit einem Pass, wofür wir zehn Minuten laufen müssen. Er spielt nicht wie ein Deutscher." Damit ist eigentlich alles über die „Lichtgestalt" am Ball gesagt – nicht jedoch über den Beckenbauer nach dem aktiven Fußball. Der Weltmeister-Coach von 1990 war und ist fast alles: Trainer, Präsident, Moderator, Werbefigur, Autor und nicht zuletzt Türöffner für die WM 2006 in Deutschland.

Rainer Bonhof
(„Bonnie") *29.3.1952
(Borussia Mönchengladbach)

„Rainer, Rainer, halt dich zurück!", rief der entsetzte Bundestrainer dem Benjamin im Team zu, als der im Kampf um die Plätze Mittelstürmer Müller rüde attackiert hatte. Doch der unbekümmerte Sonnyboy war nicht zu bremsen und gehörte ab der zweiten Finalrunde zum Stammpersonal. Der gebürtige Holländer, der erst in der Jugend die deutsche Staatsangehörigkeit beantragt hatte, war die Entdeckung des Turniers. Nach dem Karriere-Ende mit 30 Jahren (Herzrhythmusstörungen, Gelenkverschleiß und Muskelriss) schlug Bonhof die Trainer-Laufbahn ein und stand in dieser Funktion lange im Dienst des DFB, bis er seinem ehemaligen Mitspieler Berti Vogts nach Schottland folgte.

Paul Breitner
(„Paule") *5.9.1951
(Bayern München)

„Zwischen Mao und Maserati" – so oder ähnlich begannen vor 30 Jahren Porträts über den selbstbewussten Kicker aus dem katholischen Freilassing. „Deutschlands linkster Verteidiger" hatte aber mehr zu bieten als den Hang zur Provokation. Der Pädagogik-Student verkörperte den Typus des modernen Abwehrspielers: Wenn Breitner über links nach vorne stürmte, wurde es für den Gegner oft gefährlich. Drei Tore bei der WM '74 sind ein eindrucksvoller Beleg für seine offensiven Fähigkeiten. Später schulte der läuferisch und rhetorisch gleichermaßen flinke Breitner („Seit ich im Lamborghini saß, bin ich versessen auf Geschwindigkeit") zum Mittelfeldspieler um und wurde auf dieser Position 1982 noch einmal Vizeweltmeister. Nach seinem Abschied vom grünen Rasen spitzte der geschäftstüchtige Bayer als Kolumnist seine Feder ausgerechnet für die Zeitung, die ihn in jungen Jahren am tiefsten durch den Kakao gezogen hatte…

Bernd Cullmann
*1.11.1949
(1. FC Köln)

Einer von nur vier bundesdeutschen Nationalspielern mit dem Anfangsbuchstaben „C". Vielseitig verwendbarer Allrounder mit enormer Kopfballstärke. Nutzte seinen guten Namen später als Repräsentant einer Sportartikelfirma.

Heinz Flohe
(„Flocke") *28.1.1948
(1. FC Köln)

Das 1.000. DFB-Länderspieltor, das er am 17. November 1976 beim 2:0 gegen die ČSSR erzielte, machte „Flocke" für Statistiker unsterblich. Der Betreiber einer Tennisanlage plagt sich seit seinem vierten Lebensjahrzehnt mit schweren Herzproblemen herum. Das Knie hatte ihm ein gewisser Paul Steiner bereits 1979 zertrümmert.

Jürgen Grabowski
*7.7.1944
(Eintracht Frankfurt)

„Ein Grabowski in seiner jetzigen Form ist als Rechtsaußen nicht mehr tragbar", fällte der «kicker» nach dem DDR-Spiel ein vernichtendes Urteil über den feinnervigen Frankfurter. Doch der technisch versierte „König aller Einwechselspieler" dribbelte sich zurück in die Mannschaft und wurde an seinem 30. Geburtstag Weltmeister. Weniger spektakulär als seine Auftritte zwischen den Strafräumen war der Beruf, den der Agenturinhaber nach seiner Profizeit wieder ausübte: Versicherungskaufmann.

Dieter Herzog
(„Duke") *15.7.1946
(Fortuna Düsseldorf)

Als schneller Linksaußen mit Wiesel-Genen brachte er es zu fünf Länderspielen und sprintete bei Bayer Leverkusen in seine zweite Karriere im Marketing-Bereich.

Josef Heynckes
(„Jupp") *9.5.1945
(Borussia Mönchengladbach)

Der gelernte Stukkateur stand in der Nationalmannschaft stets im Schatten von Gerd Müller, für den er meist auf die Flügel ausweichen musste. Trainierte später in Deutschland, Spanien (Champions-League-Gewinner mit Real Madrid) und Portugal Spitzenklubs mit wechselndem Erfolg.

Bernd Hölzenbein
(„Holz") *9.3.1946
(Eintracht Frankfurt)

Das auf dem Fußballplatz vielseitig verwendbare Schlitzohr hätte nie „auf der Insel" spielen dürfen, wo „Diving" verpönt ist wie anderswo das Zertreten von Fußgelenken. Helmut Schön nominierte den flinken Frankfurter indes wegen anderer Qualitäten: „Er kann links und rechts spielen und im Mittelfeld. Solche Allroundspieler haben im Turnier eine gute Ausgangsposition." Die nutzte er mit überragenden Leistungen. Nach dem aktiven Fußball war „Holz" als Funktionär bei seiner Eintracht tätig und leitete nebenher ein Sportcenter.

Ulrich Hoeneß
(„Uli"/„Foeneß") *5.1.1952
(Bayern München)

„Wenn wir Weltmeister werden, haben wir ausgesorgt." Dieser Satz stammt aus dem Mund des 22-jährigen Uli Hoeneß. Er sollte Recht bekommen – alles, was der ehrgeizige Erfolgsmensch sportlich und geschäftlich anpackte, gelang dem gebürtigen Ulmer: Er wurde Deutscher Meister, Europameister und Weltmeister und scheffelte als Profifußballer, Buch-Autor, Werbefigur, Wurstfabrikbesitzer und Manager Millionen, von denen er immer mal wieder etwas für Spenden abzweigte. In der Öffentlichkeit wurde der blitzschnelle Konterspieler von einst schnell zur Reizfigur, nachdem er im Alter von 27 Jahren als Manager beim FC Bayern angeheuert hatte und zum erfolgreichsten Strippenzieher der Bundesliga aufstieg. Dass seine Mitspieler den Wuschelkopf in seligen WM-Tagen „Foeneß" tauften, ist heute nur schwer nachzuvollziehen: Die Haarpracht, die er mit allerlei Wässerchen und übertriebenen Pflegemaßnahmen panisch zu retten versuchte, hat längst der blank polierten Realität Platz gemacht.

Horst-Dieter Höttges
(„Eisenfuß") *10.9.1943
(Werder Bremen)

Der Stern des Verteidigers mit dem Eisenfuß verblasste nach der Europameisterschaft 1972 langsam. In der Bundesliga noch top, musste er in der Nationalmannschaft Berti Vogts den Vortritt lassen. Lebt seitdem im Bremer Vorort Achim.

Josef Kapellmann
(„Jupp") *19.12.1949
(Bayern München)

Der Ersatzspieler fand Trainingsspielchen, Tischtennis und Flippern in Malente irgendwann zu doof und vertrieb sich die Zeit lieber mit dem Lesen von Büchern. Studierte noch zu Profizeiten Medizin und leitete später eine Klinik bei München.

Wolfgang Kleff
(„Otto") *16.11.1946
(Borussia Mönchengladbach)

„Was sagt Sepp Maiers Hund auf die Frage nach Deutschlands bestem Torhüter: Kleff, Kleff!" Der Witz kursierte in den 1970er Jahren auf Deutschlands Fußballplätzen. Auch heute noch kann Kleff darüber lachen, wenn er sich seine Zeit nicht gerade mit der Organisation von Prominentenspielen vertreibt.

Helmut Kremers
*24.3.1949
(Schalke 04)

„Wer ist Helmut, wer ist Erwin?", fragte die Pop-Zeitschrift «Bravo» nach den Kremers-Zwillingen und lieferte das Unterscheidungs-Merkmal prompt nach: „Erwins Leberfleck auf der linken Wange." Der Verteidiger (bei der WM nur Ersatz) war in den 1990er Jahren kurzzeitig Schalke-Präsident mit hohem Unterhaltungswert und ist laut eigener Aussage „in der Immobilien-Branche sehr erfolgreich".

Josef Dieter Maier
(„Sepp"/„Katze") *28.2.1944
(Bayern München)

„Jetzt ist er an die Spitze der weltbesten Torhüter gerückt", lobte Bundestrainer Helmut Schön seinen Keeper nach dem Polen-Spiel. Im Finale knüpfte Maier an seine überragende Leistung an: Das bayerische Original mit dem früh zerknitterten Gesicht, das an das Konterfei des Komikers Karl Valentin erinnert, pflückte im Finale Flanken und gefährlich angeschnittene Cruyff-Ecken herunter wie reife Früchte („Ein guter Torwart faustet nicht"). Die Fußballerlaufbahn des stets zu Späßen aufgelegten Hobby-Komikers endete im Juli 1979 abrupt nach einem Autounfall, den er unter Alkoholeinfluss verursacht hatte. Zu seinem Glück hatte der gelernte Schlosser frühzeitig an seiner zweiten Karriere gebastelt: Kurz vor der WM '74 eröffnete die „Katze von Anzing" den „Tennispark Sepp Maier". Seit 1987 arbeitet der begeisterte Freizeit-Filmer zudem als Bundes-Torwarttrainer.

Gerd Müller
("Dicker"/"Bomber der Nation") *3.11.1945
(Bayern München)

Seine Quote ist bis heute unerreicht. 365 Bundesligatore wird wohl kein Stürmer jemals wieder schaffen und 68 Treffer in 62 Länderspielen zeugen von einer außergewöhnlichen Begabung auf einem Terrain, das gewöhnlich Strafraum genannt wird. Sein 2:1 im Finale gegen Holland war nicht nur ein typisches „Müller-Tor", sondern der krönende Abschluss seiner Nationalmannschaftskarriere. Nach einem mehrjährigen Abstecher in die USA und seinem erfolgreichen Kampf gegen den Alkohol heuerte der beste deutsche Torjäger aller Zeiten als Jugendcoach bei Bayern München an.

Günter Netzer
*14.9.1944
(Real Madrid)

In den 1970er Jahren als Fußball-Profi und Diskobetreiber erfolgreich, später als Vereins-Manager, Kommentator und Sportrechte-Händler – muss ein Sonntagskind sein.

Norbert Nigbur
*8.5.1948
(Schalke 04)

Während der WM die Nummer zwei im deutschen Tor. Der Pferde-Narr verdiente sein Geld nach der Profi-Laufbahn mit Sportartikeln.

Wolfgang Overath
*29.9.1943
(1. FC Köln)

„Vulkan vom Rhein", „Zigeuner", „Diva" – das sind nur einige Attribute, mit denen der schwarzhaarige Feuerkopf im Dienst des 1. FC Köln versehen wurde. Wolfgang Overath glänzte mit Technik, beeindruckte durch seine Athletik und verfügte – trotz aller Sensibilität – über reichlich kämpferischen Biss. Der ideale Turnierspieler wurde Erster, Zweiter und Dritter bei drei Weltmeisterschaften und arbeitete nach Beendigung seiner Karriere als Repräsentant für einen Sportartikelhersteller. 2004 ließ er sich überreden, Präsident des Geißbock-Klubs zu werden.

Hans-Georg Schwarzenbeck
("Katsche") *3.4.1948
(Bayern München)

„Ich möchte endlich mal in einer Mannschaft spielen, in der alle elf Mann den Ball stoppen können!" Das sagte Franz Beckenbauer 1971, und es war an „Katsche" adressiert. Trotz der Schelte lotste er seinen Mannschaftskameraden vom FC Bayern in die Nationalelf. 1974 erklärte Beckenbauer: „Ich kenne keinen anderen Fußballer, der mit so wenig Talent so viel erreicht hat." Da war der „Ausputzer des Kaisers" längst Weltmeister. Über sich selbst sagte der bescheidene Schwarzenbeck lustige Sachen wie „Solche Spieler muss es auch geben" oder „Für die Werbung bin ich wohl kein Typ." Früh erwarb er sich den Ruf des eisenharten Verteidigers. „Ich tue keinem absichtlich weh. Aber wenn es durch einen dummen Zufall doch mal passiert, dann erwarte ich, dass es akzeptiert wird, weil wir Fußball spielen und nicht Schach", entschuldigte Schwarzenbeck seinen rustikalen Stil. Für den Coach des CSKA Sofia war Katsche nur ein „Schlachter", doch nach seiner aktiven Zeit tötete der Besitzer von Zwerghase „Schnuffi" keine Tiere, sondern eröffnete einen Schreibwarenladen. Dort steht er noch 30 Jahre nach dem Triumph gegen Holland hinterm Tresen.

Hans-Hubert Vogts
("Berti") *30.12.1948
(Borussia Mönchengladbach)

„Ich kann zwar den Ball nicht drei Mal hintereinander hochhalten, aber ich bin Weltmeister", entfuhr es dem großen Kämpfer nach dem Endspiel beim abendlichen Bankett. Lange Abende am Kopfballpendel und enorme Willensstärke begünstigten Vogts' erstaunliche Entwicklung. Trainer Dettmar Cramer hatte über den jungen Berti geurteilt: „Ein ganz Großer wird das nie, weil ihm technisches Rüstzeug fehlt." Jahre später gestand der mittlerweile zum FIFA-Coach aufgestiegene Cramer seinen Irrtum ein: „Nie hätte ich es für möglich gehalten, dass ein Fußballspieler mit so wenig Naturanlage so viel aus sich machen kann." Ein Lob dieser Güte heimste Vogts als Trainer verschiedener deutscher Nationalmannschaften, des Bundesligisten Bayer Leverkusen und der schottischen „Bravehearts" nicht mehr ein. Der gelernte Werkzeugmacher hatte als Coach meist einen schweren Stand und wurde wegen nicht abzustellender rhetorischer und grammatikalischer Mängel und seines verkrampft-zickigen Umgangs mit den Medien zur Witzfigur („Börti"). Nur der überraschende Gewinn der Europameisterschaft 1996 verschaffte dem politischen Freund von CDU-Kanzler Helmut Kohl etwas Anerkennung.

Herbert Wimmer
("Hacki") *9.11.1944
(Borussia Mönchengladbach)

Als „Netzers Rennpferd" war der bescheidene Profi rastlos im Mittelfeld unterwegs. Knüpfte nach seinem Abschied vom Bökelberg an die Tradition der Kuzorra, Morlock & Co. an und eröffnete einen Tabakladen, in dem auch Toto-Scheine abgegeben werden konnten.

„Bessere Zweite"
Warum Holland zauberte – und verlor. Versuch einer Erklärung

„Ernst ist das Leben, heiter die Kunst", stellte Friedrich Schiller einst fest. Bisweilen ist das mit der Heiterkeit in der Kunst aber so eine Sache. Johan Timmers und Leopold Witte ließen 1994 in ihrem Bühnenstück „De Reunie" die holländischen Spielerfrauen nach zwanzig Jahren noch einmal das Finale von München durchleiden. Als Danny Cruyff & Co. Gerd Müllers Drehschuss zum 2:1 sehen, ertönt Johann Sebastian Bachs Matthäus-Passion: „Mein Gott, mein Gott, warum hast du mich verlassen?"

An Pathos mangelt es nicht, wenn man in den Niederlanden auf das verlorene Endspiel von 1974 zurückschaut. Warum hatte der Fußball-Gott „Oranje" verlassen, kurz bevor es den weltmeisterlichen Gipfel erklimmen konnte? War es so, wie Ernst Huberty und Willy Wange in ihrem Buch „Fußball-Weltmeisterschaft 1974" feststellten? „Hier der selbstbewusste, mündige Individualismus von Berufs-Athleten, dort die kurzgehaltene, nur auf ihr Ziel konzentrierte und ausgerichtete Truppe, die alle ihre aufgestauten Aggressionen auf dem Spielfeld loszuwerden hatte."

Zunächst gab es ganz profane Nachteile auf Seiten der Niederländer. Ajax-Architekt Rinus Michels hinterließ bei seinem Wechsel von Amsterdam nach Barcelona 1971 ein Team, das „totaal voetbal" gelernt hatte und sich fortan weitgehend selbst verwaltete. Als der „General" 1974 die Nationalmannschaft übernahm, mussten die Kicker der anderen Klubs erst das Ajax-System einüben.

Das erklärt zum Teil die holprige WM-Vorbereitung der Holländer, die nach einigen mageren Testspiel-Ergebnissen schon als „Haiti Europas" verspottet wurden. Der große Schwachpunkt war die Abwehr: Amsterdams Libero Horst Blankenburg war Deutscher, Barry Hulshoff fiel verletzungsbedingt aus. Michels experimentierte mit Ajax-Mittelfeldspieler Haan auf dem Libero-Posten und vertraute Länderspiel-Neuling Rijsbergen aus Rotterdam. Mit Jongbloed war zudem ein Keeper erste Wahl, der eher wegen seiner fußballerischen Qualitäten als zusätzlicher Stopper nominiert worden war – die Flucht nach vorn entsprach nicht nur dem niederländischen „totaal-voetbal"-Konzept, sie war auch der beste Weg, um die eigenen Defensivschwächen so lange wie möglich zu kaschieren.

In seinem ambitionierten Werk „Brilliant Orange. The Neurotic Genius of Dutch Football" versucht der englische Journalist David Winner, die Art des holländischen Fußballs auf höchster Ebene auf die historisch-kulturellen Gegebenheiten des Landes zurückzuführen. Über Jahrhunderte, in denen es sein Land permanent dem bedrohlichen Wasser abringen musste, habe das Nordseevolk bestimmte Kooperationsmuster entwickelt, um dem naturgeografischen Unbill zu trotzen. Diese Kollektivität des Handelns sei auch ins moderne politische System, das auf Konsens ausgerichtete „Polder-Modell" eingeflossen und habe soziale wie ideologische Unterschiede tendenziell nivelliert. Folgt man Winner, liegt die Besonderheit der holländischen '74er-Elf gerade im Spannungsverhältnis zwischen dem aufeinander abgestimmten Kollektiv und dem individualistischen Lenker Cruyff. Die Nummer 14 wurde respektiert und gefürchtet. „Cruyff ist unser Meister", ordnete sich van Hanegem unter, und Krol gesellte sich zu ihm: „Ohne Cruyff sind wir nichts." Beim „Uhrwerk Orange" griff im Idealfall ein Rädchen harmonisch ins andere – doch dieser Idealfall schien abhängig von einer einzigen Person. Damit war die holländische Maschinerie jedenfalls störungsanfälliger als das zusammengeraufte deutsche Krisen-Kollektiv.

Generell gab man sich im Waldhotel Krautkrämer, dem Hiltruper Trainingscamp der Niederländer, betont leger. Die Spielerfrauen kamen für 48 Stunden zu Besuch (Michels: „So viele Spiele ohne Sex sind einfach nicht möglich"), bereitwillig gaben die Kicker Interviews, gefeiert wurde auch. Mit der guten Stimmung war es allerdings vorbei, als die «Bild» am 2. Juli mit der Schlagzeile „Cruyff, Sekt, nackte Mädchen und ein kühles Bad" aufmachte. Nach dem Sieg gegen die DDR soll ein mit Wodka-Lemon feucht

Gefragter Mann: Johan Cruyff Superstar beim Interview

"Ein bisschen Tennis, ein bisschen Karten spielen, ein bisschen Fischen im See – das war's": Rep, Krol und Rijsbergen bei der Freizeitgestaltung

und fröhlich gestalteter Auftritt des Volendamer Beat-Sextetts The Cats („One Way Wind") in eine Pool-Party mit unbekleideten örtlichen Schönheiten gemündet sein. In den nächsten Tagen redete Cruyff sehr viel – am Telefon mit seiner erbosten Frau Danny – und Michels gar nicht mehr: Jedenfalls nicht mehr auf Deutsch in Pressekonferenzen.

Andere hakten das Turnier bereits ab: „Wir sind die wahren Weltmeister – auch wenn wir verlieren sollten. Was wir in sechs Spielen gezeigt haben, macht uns keiner nach", posaunte Ruud Krol vor dem Finale. Im Nachhinein bereut der Verteidiger diese Einstellung: „Wir hatten Weltmeister Brasilien geschlagen. Vielleicht waren wir damit schon zufrieden. Jedenfalls waren wir im Endspiel nicht mehr so heiß." Der bei der WM fehlende Ajax-Goalgetter Jan Mulder, Vater von Schalkes späterem Stürmer Youri, sieht den Mythos um 1974 gerade in der – vermeintlich unglücklichen – Finalniederlage begründet: „Es hat etwas mit geraubter Unschuld zu tun. Wir reden über die großartige Elf, die verloren hat, eben weil sie verloren hat. Es wäre viel unromantischer, wenn sie gewonnen hätte. Auf einer Stufe mit Puskás und den Ungarn von '54, der besten Mannschaft der Fußballgeschichte: Unvergessliche Zweite. Bessere Zweite."

Bei einem holländischen Sieg wäre wohl in der Tat zwei Jahrzehnte danach kaum Bach bemüht worden. Oder... Bowie. Vielleicht lag alles nur an einem kleinen Tonband, dass Holland kurz vor dem furiosen Schlussakkord aus dem Takt geriet. Während der Busfahrt zu ihren Spielen hörten die „Oranjes" grundsätzlich ein Tape, auf dem die größten Erfolge der erwähnten Cats versammelt waren. Am Endspieltag war die Kassette plötzlich verschwunden. Statt den beschwingten Grooves der Volendamer Katzen lauschten die Kicker den düsteren Klängen David Bowies. Ein Titel von dessen gerade erschienenem Werk „Pin-ups" lautete: „Sorrow" – „Sorge"...

Gegen den Mythos von '74: Hollands Fußball-Historiker Auke Kok

„Es waren keine deutschen Tricks dabei

Warum ist Holland kurz vor dem Gipfel gescheitert?

Der Mythos lautet: Wir waren stärker als alle anderen. Nur durch Tricks konnten die Deutschen uns besiegen. Aber Hoeneß' Foul an Cruyff war vor dem Strafraum, also kein Elfmeter. Die Schwalbe von Hölzenbein war nur eine halbe, den Elfmeter konnte man zumindest geben. Gerd Müller hat noch ein einwandfreies Tor erzielt, das wegen Abseits nicht anerkannt wurde, und Hölzenbein wurde noch einmal – dieses Mal ganz eindeutig – im Strafraum gefoult. Der Mythos ist wirklich Unsinn: Es waren keine deutschen Tricks dabei.

Woran lag es dann?

Die deutsche Vorbereitung war besser. Holland hatte seit 1938 kein solches Turnier mehr gespielt und besaß deshalb zunächst kein Selbstvertrauen. Nach den ersten Erfolgen war alles Hosianna und die Disziplin nicht immer vorhanden. Die '74er-Pioniere haben es nicht geschafft, ihre Spannung über mehrere Wochen aufrechtzuerhalten. Cruyff und Jongbloed schreiben: „Es ist immer dasselbe – ein bisschen Tennis, ein bisschen Karten spielen, ein bisschen Fischen im See. Das war's." Im Endspiel haben sich die Holländer dann dumm angestellt. Nach dem 1:0 wollten sie mit den Deutschen spielen wie die Katze mit der Maus.

Sie schreiben, auch der Zweite Weltkrieg habe in den Köpfen eine Rolle gespielt.

Die holländischen Spieler traten mehr gegen das Phänomen Deutschland an als gegen elf deutsche Spieler. Van Hanegem, aus dessen Familie einige während des Zweiten Weltkriegs umgekommen sind, weigerte sich während der gesamten WM, mit der deutschen Presse zu sprechen. Kulminiert ist das 1988, als nach dem Sieg über Deutschland im EM-Halbfinale neun Millionen Holländer spontan auf die Straße gingen.

Feucht und fröhlich: Oranje-Fans gehen Baden

Das Endspiel am 7. Juli erlebte er als 17-Jähriger in Haarlem bei einem Freund, dessen Familie einen Farbfernseher besaß. Für sein Buch „1974. Wij waren de besten" hat sich Auke Kok die holländischen WM-Auftritte 30 Jahre danach noch einmal intensiv angeschaut und zahlreiche Gespräche mit Spielern und Zeitzeugen geführt. Seine Ergebnisse widersprechen dem Mythos von der Tragik der holländischen Niederlage: Holland scheiterte an selbst verschuldeten Schwächen, nicht an unglücklichen Umständen oder Fehlentscheidungen des Schiedsrichters. So redete Trainer Rinus Michels vor dem Endspiel eher vom Zweiten Weltkrieg, in dem die deutsche Wehrmacht Holland besetzt hielt, als über Stärken und Schwächen von Beckenbauer & Co. Der Spielbeobachter widmete sich mehr dem Champagner als künftigen Gegnern, Regisseur Johan Cruyff rauchte täglich eine Schachtel Zigaretten und steckte die Mitspieler mit seiner Nervosität an. Dazu trat „eine der sieben Hauptsünden" – Hochmut vor dem vermeintlich schwächeren Gegner. Das Fazit des Historikers und Rundfunkjournalisten: „Es war ein sportlicher Wettkampf, und die Deutschen haben die WM vollkommen verdient gewonnen."

Auke Kok: „1974. Wij waren de besten". Verlag De Bezige Bej, Amsterdam, 2004; 367 Seiten; 18,90 Euro; ISBN-Nr. 90-6005-488-1

So etwas hatte es seit der Befreiung im Mai 1945 nicht mehr gegeben.

Hat der «Bild»-Artikel über die Pool-Party das Geschehen beeinflusst? Die empörte Danny Cruyff soll stundenlange Telefonate mit „König Johan" geführt haben.

Man hat Cruyff angemerkt, dass er sich nicht gut konzentrieren konnte. Die letzten Tage vor dem Endspiel hat er eher damit verbracht, seine Ehe zu retten anstatt sich auf Berti Vogts vorzubereiten. Aber die Behauptung, die deutsche Presse hätte eine Kampagne gegen Holland betrieben, ist falsch. Viele deutsche Zeitungen haben positiv, sogar bewundernd über die Mannschaft geschrieben. In Holland sagt man, es sei über eine Sex-Orgie berichtet worden. Aber in der «Bild» stand gar nicht, dass viel geschehen sei, allenfalls wurde ein bisschen geflirtet.

Sie sagen, „Anständigkeit" sei ein zentrales holländisches Merkmal. Inwieweit wirkt sich das auf den Fußball aus?

Holländer denken manchmal gerne, dass sie anderen moralisch überlegen sind und ihre Rolle in der Welt darin läge, das Bessere aufzuzeigen. Das Konzept heißt „nederland gidsland" – die Niederlande als Führungsland, das moralisch die Richtung angibt. 1974 gab es auch eine progressive Regierung, die sich zum Beispiel für höhere Entwicklungshilfe-Ausgaben einsetzte. Dazu kam die Ansicht, dass unser Fußball die Zukunft besäße. Die holländischen Journalisten waren ganz stolz, dass sie täglich die Finessen des totalen Fußballs für das Fernsehen Brasiliens und vieler anderer Länder erklären sollten.

Ist der „totaal voetbal" ein exklusives holländisches Exportprodukt?

Totaler Fußball ist nicht auf Holland begrenzt. Die deutsche EM-Elf 1972 hat auch totalen Fußball mit vielen Positionswechseln praktiziert. Das wirklich Beeindruckende an Holland 1974 war die absolute Orientierung auf Angriff. Als man befürchtete, der Fußball würde immer defensiver werden, kam eine Mannschaft und spielte konsequent offensiv. Das war unglaublich und ist auch heute noch sensationell anzusehen.

Gelenkt von Johan Cruyff. Wie wird er in Holland gesehen?

Cruyff gilt vielen immer noch als linker Rebell. Er war ein Künstler, und holländische Journalisten glauben, dass ein Künstler grundsätzlich links steht. Cruyff war Rebell, aber ein liberaler. Er wollte mehr Geld für Leute, die mehr leisten, und hat das auch gegen die Funktionäre durchgesetzt. Studenten mit langen Haaren, die bis nachmittags im Bett lagen, mochte er nicht. Als einige ihn ansprachen, weil sie dachten, er stünde auf ihrer Seite, hat er ihnen gesagt, sie sollten arbeiten gehen.

Bilderstürmer: Auke Kok widerspricht dem holländischen Mythos von '74

Der Vizeweltmeister Holland

Rinus Michels
(* 9. Februar 1928)

Der „oude meester" des holländischen Fußballs. Als Mittelstürmer der Nationalmannschaft verlor er alle seine fünf Länderspiele, als Coach führte er die „Elftal" zur Vize-WM 1974 und zum EM-Gewinn 1988. Marinus Hendrikus Jacobus Michels erfand bei Ajax Amsterdam den totalen Fußball, führte den FC Barcelona in ungeahnte Höhen und coachte in den achtziger Jahren sogar jenseits des Rheins in Köln und Leverkusen. Anno 2000 fasste der „General" seine Erkenntnisse in dem Buch „Teamcoaching – Der Weg zum Erfolg durch Teambuilding" zusammen.

Johan Cruyff
(* 25. April 1947)

Der erste Fußballer auf dem Cover des US-Wochenmagazin «Time». Verglichen mit der Primadonna unter den Primadonnen, Maria Callas, verglichen mit dem Tänzer unter den Tänzern, Rudolf Nurejew. „Wenn meine Haare bis auf die Schultern gewachsen sind, muss ich wohl lesen, ich hätte einen Glatzkopf", spottete Hollands Nummer 14 einmal über sein Bild in der Öffentlichkeit. Der in Amsterdam geborene Johan Cruyff wuchs in ärmlichen Verhältnissen auf. Seine Mutter arbeitete als Putzfrau beim Ajax FC, der kleine Johan schaute sich derweil die Tricks seiner Vorgänger an. Jahre später brachte er frischen Wind ins Ajax-Spiel – und erwies sich als äußerst geschäftstüchtig. „Nach meiner Karriere kann ich nicht zum Bäcker sagen: Ich bin Johan Cruyff, also gib mir Brot!", hieß ein Leitsatz Cruyffs. Nach seiner Heirat mit Danny wurde er von seinem Schwiegervater Cor Coster gemanagt und wechselte 1973 zum FC Barcelona, bei dem er später als Trainer den auf den vielen Niederländern im Team basierenden „Ajaxlona"-Stil einführte. Der Kettenraucher wusste, was er wert war, kannte aber auch andere Werte: Die „Johan Cruyff Foundation" fördert Projekte für behinderte Menschen.

Theo de Jong
(* 11. August 1947)

Der Mittelfeldspieler konnte als Joker im WM-Finale nichts mehr ausrichten, brachte aber später dem Nachwuchs Flexibilität bei: Als Trainer seines Heimatvereins Cambuur Leeuwarden schulte er den jungen Jaap Stam vom Mittelfeldspieler zum Weltklasse-Offensivverteidiger um.

Ruud Geels
(* 28. Juli 1948)

265 Treffer schoss Ruud Geels in der holländischen Liga – 50 mehr als Johan Cruyff. „Ein großartiger Torjäger, aber er konnte weder passen noch dribbeln", beschrieb Mitspieler Jan Mulder Geels einmal. Bei der WM kam der Goalgetter nicht zum Einsatz, bei Ajax Amsterdam dagegen wurde er von 1975 bis 1978 viermal in Folge Torschützenkönig der Ehrendivision.

Ruud Geels

Arie Haan
(* 16. November 1948)

Der zum Libero umgeschulte Mittelfeldspieler installierte im Trainingsquartier seine eigene Stereoanlage. „Am liebsten höre ich die Hollies", verriet er. Mit Ajax Amsterdam gewann Arie Haan von 1971 bis 1973 drei Europapokale, ehe er nach Auseinandersetzungen mit der Vereinsführung 1975 beim RSC Anderlecht anheuerte. Dort kamen von 1976 bis 1978 drei weitere Europapokal-Endspiele dazu, schließlich noch eines mit Standard Lüttich 1982. Haan ist damit der einzige Spieler, der in sieben Europacup-Finals auf dem Platz stand. Als Trainer folgte sogar noch ein achtes, als er den VfB Stuttgart in die UEFA-Cup-Endspiele 1989 führte.

Rinus Israel
(* 19. März 1943)

Als Verteidiger gehörte er zu den kreativen Vertretern seiner Sorte. Nicht umsonst wurde Rinus Israel 1969 und 1975 zu Hollands Fußballer des Jahres gewählt, ja sogar auf einer Briefmarke verewigt. Seine große Zeit erlebte Israel bei Feyenoord Rotterdam, das er zwischen 1986 und 1988 auch trainierte. Als Coach war sein Aktionsradius noch beeindruckender als auf dem Platz – der Globetrotter war schon in Bukarest, Lagos und Abu Dhabi tätig.

Wim Jansen
(* 28. Oktober 1946)

Das Feyenoord-Eigengewächs bestritt insgesamt 524 Pflichtspiele für den Rotterdamer Vorzeige-Klub. In der Defensive hatte der Mittelfeldspieler beim Finale einige Probleme mit dem quirligen Hölzenbein. Weniger Schwierigkeiten gab es, als Wim Jansen seine Künste bei den Washington Diplomats in der US-Operettenliga vorführte. Gefeiert wurde der Feyenoord- und Ajax-Spieler auch von schottischen Fußball-Fans: Als Trainer von Celtic Glasgow beendete er 1998 eine neunjährige Meister-Serie der Rangers.

Jan Jongbloed
(* 25. November 1940)

Nur einmal hatte Jan Jongbloed vor der WM das Auswahljersey getragen – und das lag auch noch zwölf Jahre zurück! Doch Johan Cruyff setzte sich massiv für eine Nominierung des Oldies mit guten Feldspielqualitäten ein – und betrieb auch den Wechsel des Spätzünders zu Ajax Amsterdam, der während der WM in trockene Tücher gebracht wurde.

Pieter Keizer
(* 14. Juni 1943)

„Cruyff ist der Beste – aber Keizer ist besser", lautete ein Spruch, der die exzellenten Fähigkeiten des Linksaußen würdigte. Doch bei der WM wurde Pieter Keizer nur gegen Schweden eingesetzt und dabei von den Mitspielern geschnitten. Der große alte Mann von Ajax war nicht diszipliniert genug, um sich Leithammel Cruyff widerspruchslos unterzuordnen, aber auch nicht charismatisch genug, um selbst das Team zu lenken. Der in sich gewandte Keizer: 1974 einfach der richtige Mann am falschen Ort.

Ruud Krol
(* 24. März 1949)

Als Ajax-Jugendspieler wurde Rudolf Jozef Krol von Rinus Michels zum Linksverteidiger umgeschult. Der Beginn einer Karriere, an deren Ende 14 Jahre in der Nationalmannschaft, 83 Länderspiele und das Kapitänsamt bei der WM 1978 standen. In Deutschland erwies sich Krol als vielseitig einsetzbarer Defensivspezialist, der in keiner einzigen der 630 WM-Minuten fehlte.

Johan Neeskens
(* 15. September 1951)

Im WM-Quartier in Hiltrup fiel der kampfstarke Mittelfeldspieler durch seine „harmlose" Menüwahl auf: Seine Lieblingsspeise war der Kinderteller „Wiener Schnitzel". Im Gastronomiegewerbe hatte der aus ärmlichen Verhältnissen stammende Johan Neeskens wenig Glück: Mit einer Bar in Zaandam wäre er fast Pleite gegangen. Nach der WM 1974 folgte Neeskens Cruyff zum FC Barcelona. 1978 zog es ihn für kurze Zeit auch zum US-Glamourclub Cosmos New York.

Rob Rensenbrink
(* 3. Juli 1947)

Ausgerechnet ein in Amsterdam geborener „Oranje" erlebte seine größten Erfolge in Belgien. Als Stürmer des RSC Anderlecht war Rob Rensenbrink entscheidend an den beiden Europapokalsiegen der Brüsseler 1976 und 1978 beteiligt. In das Endspiel gegen Deutschland 1974 ging Rensenbrink angeschlagen und wurde zur Pause ausgewechselt. Im Quasi-Halbfinale gegen Brasilien hatte er sich eine Muskelverletzung zugezogen, die ihm sichtlich zu schaffen machte.

Johnny Rep
(* 25. November 1951)

Dass Nicolaas „Johnny" Rep seinem naturblonden Haar noch mit etwas Chemie auf die Sprünge half, hätte auch das deutsche Publikum bewundern sollen. Doch der Ajax-Stürmer aus Zaandam landete nie in der Bundesliga: 1973 verhinderte Amsterdams Ablöseforderung ein Engagement bei Bayern München, und 1977 war der Wechsel zum 1. FC Köln schon perfekt, als Trainer Weisweiler intervenierte: Reps Manager war Cor Coster, gleichzeitig Schwiegervater von Johan Cruyff. Und auf Cruyffs Betreiben war Weisweiler kurz zuvor beim FC Barcelona entlassen worden… Vom FC Valencia, dem er sich 1975 angeschlossen hatte, wechselte Rep so zunächst zum SEC Bastia und später zu AS Saint-Etienne, wo er auf den jungen Michel Platini traf.

Wim Rijsbergen
(* 18. Januar 1952)

Bayern München und der RSC Anderlecht hatten Interesse bekundet, aber Feyenoord gab seinen Verteidiger nicht frei. So spielte Wim Rijsbergen von 1971 bis 1978 in Rotterdam, ehe er einen Sprung zum SEC Bastia unternahm. Nach „einem echten Abenteuer mit viel Vergnügen" bei Cosmos New York hatte Rijsbergen später als Ajax-Jugendtrainer Talente wie Patrick Kluivert unter seinen Fittichen.

Piet Schrijvers
(* 15. Dezember 1946)

Der „Bär vom Meer" trug sein Torwarttrikot 1974 nur auf der Reservebank. Vier Jahre später verletzte sich Piet Schrijvers im Quasi-Halbfinale gegen Italien, so dass im Endspiel wiederum Jongbloed zum Zuge kam. Nach dem Ende seiner 22-jährigen Karriere mit 623 Einsätzen für DWS und Ajax Amsterdam, Twente Enschede sowie Zwolle entdeckte Schrijvers den Golfplatz (Handicap 18) – und betätigte sich als Autor: 2002 erschien sein Buch „Torhüten ist eine Kunst".

Pleun Strik
(* 27. Mai 1944)

Der Mittelfeldspieler wurde bei der WM nicht eingesetzt. Stärker prägte er das Geschehen bei Go Ahead Deventer und dem PSV Eindhoven. Nach seiner Fußballer-Laufbahn eröffnete Pleun Strik in Utrecht ein Versicherungsbüro.

Wim Suurbier
(* 16. Januar 1945)

Vielleicht ist Wim Suurbier, der bereits mit zwölf Jahren zum Vollwaisen wurde, das Musterbeispiel für die holländische Mixtur aus Individualität und Kollektivismus. „Ich sagte immer meine Meinung und auf dem Platz tat ich, was getan werden musste", schaute der Verteidiger auf seine Karriere zurück. Nicht jeder kam damit zurecht: Sein Aufenthalt bei Schalke 04 endete 1978 nach nur einer Saison. Nach endlosem Laufen ohne Ball fragte Suurbier Coach Uli Maslo, ob der „Leichtathletiktrainer" sei – und wechselte im Sommer zum FC Metz.

Eddy Treytel
(* 28. Mai 1946)

Für seinen Heimatklub Feyenoord Rotterdam hütete er 398-mal das Gehäuse. Bei der WM fiel Eddy Treytel die geruhsame Rolle des dritten Torwarts zu. 1979 erhielt er, mittlerweile zwischen den Pfosten des AZ Alkmaar, die Tonny-van-Leeuwen-Trophäe für Hollands Torwart des Jahres. Nachdem er seine Handschuhe an den Nagel gehängt hatte, fungierte Treytel als Direktor einer Reinigungsfirma.

René van de Kerkhof
(* 16. September 1951)

Für den Stürmer unter den Kerkhof-Zwillingen schien es eine ruhige Bankdrück-WM zu sein – bis der angeschlagene Rensenbrink in der Halbzeitpause des Finales passen musste. René kam herein – und ging so doch noch einmal aktiv baden. Bei der ominösen Pool-Party hatten die Zwillinge nämlich angeblich durch Abwesenheit geglänzt: „Wir waren nicht dabei", zwinkerte René einmal: „Wir können gar nicht schwimmen."

Willy van de Kerkhof
(* 16. September 1951)

Für den Mittelfeld-Kerkhof galt noch stärker als für René: Erst 1978 sollte seine WM-Zeit kommen. In Deutschland hatte Michels keine Verwendung für Willy van de Kerkhof, der sich nach seiner Fußballkarriere als Veranstalter von Sporturlauben an der Costa Brava eine berufliche Existenz aufbaute.

Wim van Hanegem
(* 20. Februar 1944)

Der Scherzbold war bekannt für gesundheitspolitische Aussagen wie „Rauchen ist schlecht, vor allem für die Vorhänge" – dabei haben die Holländer doch angeblich gar keine Gardinen vor ihren Fenstern… Als ihm Feyenoord-Trainer Happel einmal eine 100-Gulden-Strafe aufbrummte, zahlte Wim van Hanegem gleich den doppelten Tarif: „Die anderen 100 sind für ihre Frau." Der ehemalige Schornsteinfeger und Möbelpacker ließ sich einen Rekord für die Ewigkeit nicht nehmen: Als am 13. August 1972 die erste gelbe Karte in Hollands Fußball gezeigt wurde, bekam sie van Hanegem. Später – braver geworden – trainierte er die Rotterdamer Vereine Sparta und Feyenoord und war als Assistenzcoach der Nationalmannschaft tätig.

Kees van Ierssel
(* 6. Dezember 1945)

Kees van Ierssel war ein Nikolauskind, das auch bei der WM 1974 seine Stiefel vor die Tür stellen konnte. Michels setzte den Enscheder Verteidiger in keiner einzigen Begegnung ein. Dabei hatte van Ierssels FC Twente 1973/74 die jahrelange Dominanz von Feyenoord und Ajax durchbrochen und war nur knapp hinter Rotterdam Vizemeister geworden.

Harry Vos
(* 4. September 1946)

Der in Den Haag geborene Verteidiger von Feyenoord Rotterdam hatte eine undankbare Aufgabe: Er musste auf einen schwachen Auftritt Krols hoffen, um ins Team zu rutschen. Aussichtslos: Harry Vos kam zu keinem WM-Einsatz.

Die WM-Aufgebote der 16 Teilnehmer

Nachstehend führen wir alle Mannschaftskader der 16 WM-Teilnehmer auf. Die Abkürzungen nach den Rückennummern stehen für die Positionen in der Mannschaft: T = Torwart, A = Abwehr, M = Mittelfeldspieler, S = Stürmer.

Die Mannschaftsaufgebote im statistischen Überblick

Argentinien

Trainer: Vladislao Cap

Nr.	Pos.	Name	Geburtsdatum	Verein		
2	S	Rubén Ayala	08.01.1950	Atlético Madrid	6	1
3	S	Carlos Babington	20.09.1949	Huracán Buenos Aires	5	1
4	S	Augustín Balbuena	01.09.1945	Independiente Buenos Aires	4	
5	A	Angel Bargas	29.10.1946	FC Nantes	3	
6	M	Miguel Brindisi	08.10.1950	Huracán Buenos Aires	4	1
1	T	Daniel Carnevali	04.12.1946	Unión Deportiva Las Palmas	5	
7	A	Jorge Carrascosa	15.08.1948	Huracán Buenos Aires	2	
8	M	Enrique Chazarreta	29.07.1947	San Lorenzo de Almagro	1	
12	T	Ubaldo Fillol	21.07.1950	River Plate Buenos Aires	1	
9	A	Oscar Glaría	10.03.1948	San Lorenzo de Almagro	3	
10	M	Ramón Heredia	26.02.1951	Atlético Madrid	6	1
11	S	René Houseman	19.07.1953	Huracán Buenos Aires	6	3
13	S	Mario Kempes	15.07.1954	Rosario Central	6	
14	A	Roberto Perfumo	03.10.1942	Cruzeiro Belo Horizonte	4	
15	M	Aldo Poy	14.09.1945	Rosario Central	0	
16	A	Francisco Sa	25.10.1945	Independiente Buenos Aires	5	
21	T	Miguel Santoro	27.02.1942	Independiente Buenos Aires	0	
17	S	Carlos Squeo	04.06.1948	Racing Club Buenos Aires	2	
18	M	Roberto Telch	06.11.1943	San Lorenzo de Almagro	5	
19	A	Néstor Togneri	27.11.1942	Estudiantes de la Plata	0	
20	A	Enrique Wolff	21.02.1949	River Plate Buenos Aires	5	
22	S	Hector Yazalde	29.05.1946	Sporting Lissabon	3	2

Australien

Trainer: Zvonimir Rasic

11	S	Attila Abonyi	16.08.1946	St. George-Budapest Sydney	2
12	S	Adrian Alston	06.02.1948	Safeway United	3
20	S	Branko Buljevic	06.09.1947	Footscray J.U.S.T.	3
19	S	Ernie Campbell	20.10.1941	Marconi-Fairfield Stallions Sydney	1
5	A	Colin Curran	21.08.1947	Western Suburbs	3
17	M	Dave Harding	14.08.1946	Pan Hellenic Sydney	0
8	M	Jim Mackay	19.12.1943	Hakoah Eastern Suburbs Sydney	3
22	T	Allan Maher	21.07.1950	Sutherland Shire	0
10	S	Gary Manuel	20.02.1950	Pan Hellenic Sydney	0
21	T	Jimmy Milisavljic	15.04.1951	Footscray J.U.S.T.	0
13	S	Peter Ollerton	20.05.1951	Apia Leichhardt Sydney	2
1	T	Jack Reilly	27.08.1945	Melbourne Hakoah	3
6	M	Ray Richards	18.05.1944	Marconi-Fairfield Stallions Sydney	3
7	M	Jimmy Rooney	10.12.1945	Apia Leichhardt Sydney	3
16	A	Ivo Rudic	25.01.1942	Pan Hellenic Sydney	0
4	A	Manfred Schaefer	12.02.1943	St. George-Budapest Sydney	3
14	M	Max Tolson	18.07.1945	Safeway United	0
2	A	Doug Utjesenovic	08.10.1946	St. George-Budapest Sydney	3
9	S	John Warren	17.05.1943	St. George-Budapest Sydney	1
18	A	John Watkiss	28.03.1941	Hakoah Eastern Suburbs Sydney	0
15	A	Harry Williams	07.05.1951	St. George-Budapest Sydney	1
3	A	Peter Wilson	15.09.1947	Safeway United	3

Brasilien

Trainer: Mário Zagalo

18	M	Ademir da Guía	03.04.1942	Palmeiras São Paulo	1
15	A	Alfredo Mostarda Filho	18.10.1946	Palmeiras São Paulo	1
17	M	Paulo César Carpegiani	07.02.1949	Internacional Porto Alegre	6
9	S	César Aug. da Silva Lemos	17.05.1945	Palmeiras São Paulo	0
21	M	Dirceu José Guimarães	15.06.1952	Botafogo Rio de Janeiro	4
20	S	Jonas E. Edu Américo	06.08.1949	FC Santos	1
7	S	Jair Jairzinho Ventura Filho	25.12.1944	Botafogo Rio de Janeiro	7	2
1	T	Emerson Leão	11.07.1949	Palmeiras São Paulo	7
8	S	João Leivas Leivinha C. F.	11.09.1949	Palmeiras São Paulo	3
2	A	Luís Pereira Edmundo P.	21.06.1949	Palmeiras São Paulo	6
16	M	Marco Antônio Feliciano	06.02.1951	Fluminense FC Rio de Janeiro	0
6	A	M. Chagas das Chaga M.	08.02.1952	Botafogo Rio de Janeiro	7
3	A	Mário M. Peres Ulibarri	19.03.1947	FC Santos	7
19	S	Mirandinha da Silva Filho	16.02.1952	FC São Paulo	4
14	A	M. R. de Matos Nelinho	26.07.1950	Cruzeiro Belo Horizonte	3
11	M	Paulo César Lima	16.06.1949	Flamengo Rio de Janeiro	5
5	A	Wilson da Silva Piazza	25.02.1943	Cruzeiro Belo Horizonte	3
12	T	Renato da Cunha Vale	05.12.1944	Flamengo Rio de Janeiro	0
10	M	Roberto Rivelino	01.01.1946	Corinthians São Paulo	7	3
22	T	Valdir de Arruda Peres	02.01.1951	FC São Paulo	0
13	S	Valdomiro Vaz Franco	17.02.1946	Internacional Porto Alegre	6	1
4	A	José M.R. Zé Maria Alves	18.05.1949	Corinthians São Paulo	4

Bulgarien

Trainer: Hristo Mladenov

12	M	Stefan Aladjov	18.10.1947	Levski-Spartak Sofia	0
8	M	Hristo Bonev	03.02.1947	Lokomotiv Plovdiv	3	1
20	S	Krasimir Borisov	08.04.1950	Lokomotiv Sofia	1
11	S	Georgi Denev	18.04.1950	CSKA Sofia	3
1	T	Rumencho Goranov	17.03.1950	Lokomotiv Sofia	2
16	S	Bojidar Grigorov	27.07.1945	Slavia Sofia	0
19	A	Kiril Ivkov	26.05.1946	Levski-Spartak Sofia	3
3	A	Dobromir Jetchev	12.11.1942	Levski-Spartak Sofia	0
5	M	Bojil Kolev	20.05.1949	CSKA Sofia	3
9	M	Atanas Mikhailov	05.07.1949	Lokomotiv Sofia	3
14	S	Kiril Milanov	17.10.1948	Levski-Spartak Sofia	0
17	A	Asparuch Nikodimov	21.08.1945	CSKA Sofia	2
15	S	Pavel Panov	14.09.1950	Levski-Spartak Sofia	3
6	A	Dimitar Penev	12.07.1945	CSKA Sofia	3
22	T	Simeon Simeonov	25.03.1946	CSKA Sofia	0
10	M	Ivan Stojanov	20.01.1949	Levski-Spartak Sofia	1
21	T	Yordan Staikov	03.10.1949	Levski-Spartak Sofia	1
18	A	Zonjo Vassilev	07.01.1952	CSKA Sofia	3
13	S	Mladen Vassilev	29.07.1947	Akademik Sofia	1
4	A	Stefan Velitchkov	15.02.1949	Etar Veliko Tarnovo	3
7	S	Voin Voinov	07.09.1952	Levski-Spartak Sofia	3
2	A	Ivan Zafirov	30.12.1947	CSKA Sofia	0

Chile

Trainer: Luis Alamos

9	S	Sergio Ahumada	02.02.1947	Unión Española Santiago	3	1
4	A	Antonio Arias	09.10.1944	Unión Española Santiago	3	
20	M	Osvaldo Castro	14.04.1947	América Mexiko-Stadt	0	
7	M	Carlos H. Caszely	05.07.1950	Levante UD Valencia	2	
19	M	Rogelio Farías	13.08.1949	Unión Española Santiago	2	
5	A	Elías Ricardo Figueroa	25.10.1946	Internacional Porto Alegre	3	
15	A	Mario Galindo	10.08.1951	Colo Colo Santiago	0	
2	A	Rolando García	15.12.1942	Colo Colo Santiago	3	
13	M	Rafael González	24.04.1950	Colo Colo Santiago	0	
14	M	Alfonso Lara	27.04.1946	Colo Colo Santiago	1	
12	M	Juan Machuca	07.03.1951	Unión Española Santiago	0	
22	T	Adolfo Nef	18.01.1946	Colo Colo Santiago	0	
21	T	Juan Olivares	20.02.1941	Magellanes San Bernardo	0	
16	S	Guillermo Páez	18.04.1945	Colo Colo Santiago	3	
3	A	Alberto Quintano-Cruz	26.04.1946	Cruz Azul Mexiko-Stadt	3	
10	M	Carlos Reynoso	07.03.1945	América Mexiko-Stadt	3	
6	M	Juan Rodríguez	16.01.1944	Español Mexiko-Stadt	1	
18	M	Jorge Socias	06.10.1951	Universidad de Chile Santiago	1	
8	M	Francisco Valdéz	19.03.1943	Colo Colo Santiago	3	
1	T	Leopoldo Vallejos	16.07.1944	Unión Española Santiago	3	
11	S	Leonardo Véliz	03.09.1945	Colo Colo Santiago	3	
17	M	Guillermo Yávar	26.03.1943	Universidad de Chile Santiago	2	

DDR

Trainer: Georg Buschner

21	T	Wolfgang Blochwitz	08.02.1941	FC Carl Zeiss Jena	0	
3	A	Bernd Bransch	24.09.1944	FC Carl Zeiss Jena	6	
1	T	Jürgen Croy	19.10.1946	Sachsenring Zwickau	6	
9	S	Peter Ducke	14.10.1941	FC Carl Zeiss Jena	3	
22	T	Werner Friese	30.03.1946	Lokomotive Leipzig	0	
5	A	Joachim Fritzsche	28.10.1951	Lokomotive Leipzig	0	
17	M	Erich Hamann	27.11.1944	Vorwärts Frankfurt	2	
20	S	Martin Hoffmann	22.03.1956	1. FC Magdeburg	6	1
16	M	Harald Irmscher	12.02.1946	FC Carl Zeiss Jena	4	
18	A	Gerd Kische	23.10.1951	Hansa Rostock	6	
10	M	Hans-Jürgen Kreische	19.07.1947	Dynamo Dresden	3	
2	A	Lothar Kurbjuweit	06.11.1950	FC Carl Zeiss Jena	4	
13	M	Reinhard Lauck	16.09.1946	Dynamo Berlin	3	
8	S	Wolfram Löwe	15.05.1945	Lokomotive Leipzig	4	
7	M	Jürgen Pommerenke	22.01.1953	1. FC Magdeburg	3	
6	M	Rüdiger Schnuphase	23.01.1954	Rot-Weiß Erfurt	2	
19	M	Wolfgang Seguin	14.09.1945	1. FC Magdeburg	1	
14	M	Jürgen Sparwasser	04.06.1948	1. FC Magdeburg	6	1
11	S	Joachim Streich	13.04.1951	Hansa Rostock	4	2
15	S	Eberhard Vogel	08.04.1943	FC Carl Zeiss Jena	3	
12	A	Siegmar Wätzlich	16.11.1947	Dynamo Dresden	4	
4	A	Konrad Weise	17.08.1951	FC Carl Zeiss Jena	6	

BR Deutschland

Trainer: Helmut Schön

5	A	Franz Beckenbauer	11.09.1945	Bayern München	7	
16	M	Rainer Bonhof	29.03.1952	Borussia Mönchengladbach	4	1
3	A	Paul Breitner	03.09.1951	Bayern München	7	3
8	A	Bernd Cullmann	01.11.1949	1. FC Köln	3	1
15	S	Heinz Flohe	28.01.1948	1. FC Köln	3	
9	S	Jürgen Grabowski	07.07.1944	Eintracht Frankfurt	6	1
18	S	Dieter Herzog	15.07.1946	Fortuna Düsseldorf	2	
11	S	Josef Heynckes	09.05.1945	Borussia Mönchengladbach	2	
14	M	Uli Hoeneß	05.01.1952	Bayern München	7	1
17	S	Bernd Hölzenbein	09.03.1946	Eintracht Frankfurt	6	
6	A	Horst-Dieter Höttges	10.09.1943	Werder Bremen	1	
19	A	Jupp Kapellmann	19.12.1949	Bayern München	0	
22	T	Wolfgang Kleff	16.11.1946	Borussia Mönchengladbach	0	
20	M	Helmut Kremers	24.03.1949	FC Schalke 04	0	
1	T	Sepp Maier	28.02.1944	Bayern München	7	
13	S	Gerd Müller	03.11.1945	Bayern München	7	4
10	M	Günter Netzer	14.09.1944	Real Madrid	1	
21	T	Norbert Nigbur	08.05.1948	FC Schalke 04	0	
12	M	Wolfgang Overath	29.09.1943	1. FC Köln	7	2
4	A	Hans-G. Schwarzenbeck	03.04.1948	Bayern München	7	
2	A	Berti Vogts	30.12.1946	Borussia Mönchengladbach	7	
7	M	Herbert Wimmer	09.11.1944	Borussia Mönchengladbach	2	

Haiti

Trainer: Antoine Tassy

4	A	Fritz André	18.09.1946	Aigle Noir Port-au-Prince	1	
9	M	Eduard Antoine	27.08.1950	Racing Club Port-au-Prince	3	
3	A	Arsène Auguste	03.02.1951	Racing Club Port-au-Prince	2	
19	M	Jean-Hubert Austin	23.02.1950	Violette Port-au-Prince	0	
18	A	Claude Barthélemy	08.05.1945	Racing Club Port-au-Prince	2	
6	A	Pierre Bayonne	11.06.1949	Violette Port-au-Prince	3	
8	M	Jean-Claude Désir	08.08.1946	Aigle Noir Port-au-Prince	3	
5	A	Serge Ducoste	04.02.1944	Aigle Noir Port-au-Prince	1	
1	T	Henri Francillon	26.05.1946	Victoria Port-au-Prince	3	
10	M	Guy François	18.09.1947	Violette Port-au-Prince	2	
12	A	Ernst Jean-Joseph	11.06.1948	Violette Port-au-Prince	1	
22	T	Gérard Joseph	22.10.1949	Violette Port-au-Prince	0	
16	S	Fritz Léandre	13.03.1948	Racing Club Port-au-Prince	1	
17	A	Joseph-Marion Léandre	09.05.1945	Racing Club Port-au-Prince	1	
21	A	Wilfred Louis	25.10.1949	Don Bosco Pétion-Ville	1	
14	A	Wilner Nazaire	30.03.1950	Union Sportive Valenciennes	3	
2	T	Wilner Piquant	12.10.1949	Aigle Noir Port-au-Prince	0	
13	M	Serge Racine	09.10.1951	Aigle Noir Port-au-Prince	2	
11	S	Guy Saint-Vil	21.10.1942	Racing Club Port-au-Prince	2	
15	S	Roger Saint-Vil	08.12.1949	Violette Port-au-Prince	1	
20	S	Emmanuel Sanon	25.06.1951	Don Bosco Pétion-Ville	3	2
7	M	Philippe Vorbe	14.09.1947	Violette Port-au-Prince	3	

Italien

Trainer: Ferruccio Valcareggi

12	T	Enrico Albertosi	02.11.1939	AC Cagliari	0	
19	S	Pietro Anastasi	07.04.1948	Juventus Turin	3	1
14	M	Mauro Bellugi	07.02.1950	Internazionale Mailand	0	
4	M	Romeo Benetti	20.10.1945	AC Milan	3	
20	S	Roberto Boninsegna	13.11.1943	Internazionale Mailand	1	
6	A	Tarcisio Burgnich	25.04.1939	Internazionale Mailand	3	
8	M	Fabio Capello	18.06.1946	Juventus Turin	3	1
22	T	Luciani Castellini	12.12.1945	AC Turin	0	
18	M	Franco Causio	01.02.1949	Juventus Turin	2	
9	S	Giorgio Chinaglia	24.01.1947	Lazio Rom	2	
3	A	Giacinto Facchetti	18.07.1942	Internazionale Mailand	3	
16	M	Antonio Juliano	01.01.1943	SSC Neapel	0	
7	M	Alessandro Mazzola	08.11.1942	Internazionale Mailand	3	
5	A	Francesco Morini	12.08.1944	Juventus Turin	3	
21	S	Paolo Pulici	27.04.1950	AC Turin	0	
17	M	Luciano Re Cecconi	01.12.1948	Lazio Rom	0	
11	S	Luigi Riva	07.11.1944	AC Cagliari	2	
10	M	Gianni Rivera	18.08.1943	AC Milan	2	1
13	A	Giuseppe Sabadini	26.03.1949	AC Milan	0	
2	A	Luciano Spinosi	09.05.1950	Juventus Turin	3	
15	A	Giuseppe Wilson	27.10.1945	Lazio Rom	2	
1	T	Dino Zoff	28.02.1942	Juventus Turin	3	

Jugoslawien

Trainer: Miljan Miljanic

10	M	Jovan Acimovic	21.06.1948	Roter Stern Belgrad	6	
19	S	Dušan Bajevic	10.12.1948	Velez Mostar	3	3
6	A	Vladislav Bogicevic	07.11.1950	Roter Stern Belgrad	5	1
2	A	Ivan Buljan	11.12.1949	Hajduk Split	6	
15	A	Kiril Dojcinovski	17.10.1943	Roter Stern Belgrad	0	
11	S	Dragan Dzajic	30.05.1946	Roter Stern Belgrad	5	1
3	A	Enver Hadziabdic	06.11.1945	Zeljeznicar Sarajevo	6	
12	M	Jure Jerkovic	25.02.1950	Hajduk Split	3	
18	S	Stanislav Karasi	08.11.1946	Roter Stern Belgrad	4	2
5	A	Josip Katalinski	12.05.1948	Zeljeznicar Sarajevo	6	1
1	T	Enver Maric	23.04.1948	Velez Mostar	6	
22	T	Rizah Meškovic	10.08.1947	Hajduk Split	0	
4	A	Drazen Muzinic	25.01.1953	Hajduk Split	2	
8	M	Branko Oblak	27.05.1947	Hajduk Split	5	1
13	A	Miroslav Pavlovic	15.12.1942	Roter Stern Belgrad	1	
14	A	Luka Peruzovic	26.02.1952	Hajduk Split	1	
7	M	Ilija Petkovic	22.09.1945	Troyes AF	5	1
21	T	Ognjen Petrovic	02.01.1948	Roter Stern Belgrad	0	
20	M	Vladimir Petrovic	01.07.1955	Roter Stern Belgrad	2	
17	S	Danilo Popivoda	01.05.1948	Olimpija Ljubljana	1	
9	S	Ivan Šurjak	23.03.1953	Hajduk Split	6	2
16	M	Franjo Vladic	19.10.1951	Velez Mostar	0	

Niederlande

Trainer: Rinus Michels

14	S	Johan Cruyff	25.04.1947	FC Barcelona	7	3
7	A	Theo de Jong	11.08.1947	Feyenoord Rotterdam	4	1
1	S	Rund Geels	28.07.1948	FC Brügge	0	
2	M	Arie Haan	16.11.1948	Ajax Amsterdam	7	
5	A	Rinus Israël	19.03.1943	Feyenoord Rotterdam	3	
6	S	Wim Jansen	28.10.1946	Feyenoord Rotterdam	7	
8	T	Jan Jongbloed	25.11.1940	FC Amsterdam	7	
9	S	Pieter Keizer	14.06.1943	Ajax Amsterdam	1	
12	A	Ruud Krol	24.03.1949	Ajax Amsterdam	7	1
13	M	Johan Neeskens	15.09.1951	Ajax Amsterdam	7	5
15	S	Rob Rensenbrink	03.07.1947	RSC Anderlecht	6	1
16	S	Johnny Rep	25.11.1951	Ajax Amsterdam	7	4
17	A	Wim Rijsbergen	18.01.1952	Feyenoord Rotterdam	7	
18	T	Piet Schrijvers	15.12.1946	FC Twente Enschede	0	
19	M	Pleun Strik	27.05.1944	PSV Eindhoven	0	
20	A	Wim Suurbier	16.01.1945	Ajax Amsterdam	7	
21	T	Eddy Treytel	28.05.1946	Feyenoord Rotterdam	0	
10	S	Renè van de Kerkhof	16.09.1951	PSV Eindhoven	1	
11	S	Willy van de Kerkhof	16.09.1951	PSV Eindhoven	0	
3	M	Wim van Hanegem	20.02.1944	Feyenoord Rotterdam	7	
4	A	Kees van Ierssel	06.12.1945	FC Twente Enschede	0	
22	A	Harry Vos	04.09.1946	Feyenoord Rotterdam	0	

Polen

Trainer: Kazimierz Gorski

8	A	Miroslaw Bulzacki	23.10.1951	LKS Lodz	0	
11	M	Leslaw Cmikiewicz	25.08.1948	Legia Warschau	6	
12	M	Kazimierz Deyna	23.10.1947	Legia Warschau	7	3
19	S	Jan Domarski	28.10.1946	Stal Mielec	3	
1	T	Andrzej Fischer	15.01.1952	Gornik Zabrze	0	
18	S	Robert Gadocha	10.01.1946	Legia Warschau	7	
6	A	Jerzy Gorgón	18.07.1949	Gornik Zabrze	7	1
5	A	Zbigniew Gut	17.04.1949	Odra Opole	2	
15	M	Roman Jakóbczak	26.02.1946	Lech Posen	0	
3	T	Zygmunt Kalinowski	02.05.1949	Slask Wroclaw	0	
20	M	Zdislaw Kapka	07.12.1954	Wisla Krakau	1	
13	M	Henryk Kasperczak	10.07.1946	Stal Mielec	7	
21	S	Kazimierz Kmiecik	19.09.1951	Wisla Krakau	2	
22	S	Marek Kusto	29.04.1954	Wisla Krakau	0	
16	S	Grzegorz Lato	08.04.1950	Stal Mielec	7	7
14	M	Zygmunt Maszczyk	03.05.1945	Ruch Chorzów	7	
10	A	Adam Musial	18.12.1948	Wisla Krakau	6	
17	S	Andrzej Szarmach	03.10.1950	Gornik Zabrze	6	5
4	A	Antoni Szymanowski	13.01.1951	Wisla Krakau	7	
2	T	Jan Tomaszewski	09.01.1948	LKS Lodz	7	
7	M	Henryk Wieczorek	14.12.1949	Gornik Zabrze	0	
9	A	Wladislaw Zmuda	08.06.1954	Gwardia Warschau	7	

Schottland

Trainer: William Ormond

12	T	Thomson Allan	05.10.1946	FC Dundee	0	
6	A	John Blackley	12.05.1948	Hibernian Edinburgh	1	
4	M	Billy Bremner	09.12.1942	Leeds United	3	
14	A	Martin Buchan	06.03.1949	Manchester United	2	
15	M	Peter Cormack	17.07.1946	FC Liverpool	0	
8	S	Kenny Dalglish	04.03.1951	Celtic Glasgow	3	
16	A	William Donachie	05.10.1951	Manchester City	0	
17	M	Don Ford	25.10.1944	Heart of Midlothian Edinburgh	0	
1	T	David Harvey	07.02.1948	Leeds United	3	
10	M	David Hay	29.01.1948	Celtic Glasgow	3	
5	A	James Holton	11.04.1951	Manchester United	3	
18	M	Thomas Hutchinson	22.09.1947	Coventry City	2	
2	A	Sandy Jardine	31.12.1948	Glasgow Rangers	3	
7	M	Jimmy Johnstone	30.09.1944	Celtic Glasgow	0	
9	S	Joe Jordan	15.12.1951	Leeds United	3	2
19	S	Denis Law	24.02.1940	Manchester City	1	
11	S	Peter Lorimer	14.12.1946	Leeds United	3	1
3	A	Daniel McGrain	01.05.1950	Celtic Glasgow	3	
21	A	Gordon McQueen	26.06.1952	Leeds United	0	
20	S	William Morgan	02.10.1944	Manchester United	2	
22	A	Eric Schaedler	06.08.1949	Hibernian Edinburgh	0	
13	T	Jim Stewart	09.03.1954	FC Kilmarnock	0	

Schweden

Trainer: Georg Ericsson

22	M	Thomas Ahlström	17.07.1952	Elfsborg Borås	2	
5	A	Björn Andersson	20.07.1951	Östers IF Växjö	4	
18	A	Jörgen Augustsson	28.10.1952	Åtvidabergs FF	1	
19	M	Claes Cronqvist	15.10.1944	Landskrona BoIS	0	
10	S	Ralf Edström	07.10.1952	PSV Eindhoven	6	4
16	M	Inge Ejderstedt	24.12.1946	Östers IF Växjö	2	
6	M	Ove Grahn	09.05.1943	Grasshoppers Zürich	6	
13	A	Roland Grip	01.01.1941	Sirius Uppsala	3	
17	T	Göran Hagberg	08.11.1947	Östers IF Växjö	0	
1	T	Ronnie Hellström	21.02.1949	Hammarby IF Stockholm	6	
3	A	Kent Karlsson	25.11.1945	Åtvidabergs FF	6	
9	M	Ove Kindvall	16.05.1943	IFK Norrköping	2	
7	M	Bo Larsson	05.05.1944	Malmö FF	5	
12	T	Sven Gunnar Larsson	10.05.1940	Örebro SK	0	
20	M	Sven Lindman	19.04.1942	Djurgårdens IF Stockholm	0	
15	A	Benno Magnusson	04.02.1953	1. FC Kaiserslautern	4	
4	A	Björn Nordqvist	06.10.1942	PSV Eindhoven	5	
2	A	Jan Olsson	30.03.1942	Åtvidabergs FF	4	
21	M	Örjan Persson	27.08.1942	Örgryte Göteborg	2	
11	S	Roland Sandberg	16.12.1946	1. FC Kaiserslautern	6	2
14	M	Staffan Tapper	10.07.1948	Malmö FF	5	
8	S	Conny Torstensson	28.08.1949	Bayern München	5	1

Uruguay

Trainer: Roberto Porta

16	M	Alberto Cardaccio	26.08.1949	Danubio Montevideo	1	
11	S	Ruben Romeo Corbo	20.01.1952	Peñarol Montevideo	2	
7	M	Luis Alberto Cubilla	28.03.1940	Nacional Montevideo	2	
13	A	Gustavo de Simone	23.04.1948	Defensor Montevideo	0	
8	M	Víctor Espárrago	06.10.1944	FC Sevilla	3	
22	T	Gustavo Fernández	26.02.1952	Rentistas Montevideo	0	
4	A	Pablo Forlán	14.07.1945	FC São Paulo	3	
14	A	Luis Garisto	03.12.1945	Peñarol Montevideo	2	
21	S	José Gervasio Gómez	23.10.1949	Cerro Porteño Montevideo	0	
15	A	Mario González	27.05.1950	Peñarol Montevideo	0	
2	A	Baudilio Jáuregui	09.07.1945	River Plate Buenos Aires	3	
17	M	Julio César Jiménez	27.08.1954	Peñarol Montevideo	0	
18	M	Walter Mantegazza	17.06.1952	Nacional Montevideo	3	
3	A	Juan Carlos Masnik	02.03.1943	Nacional Montevideo	3	
1	T	Ladislao Mazurkiewicz	14.02.1945	Atlético Mineiro Belo Horizonte	3	
19	S	Denis Milar	20.06.1952	Liverpool Montevideo	3	
5	A	Julio Montero Castillo	25.04.1944	FC Granada	1	
9	S	Fernando Morena	02.02.1952	Peñarol Montevideo	3	
6	A	Ricardo Pavoni	08.07.1943	Independiente Buenos Aires	3	1
10	M	Pedro Virgilio Rocha	03.12.1942	FC São Paulo	3	
12	T	Héctor Santos	29.10.1944	Nacional Montevideo	0	
20	S	Juan Ramón Silva	30.08.1948	Peñarol Montevideo	0	

Zaire

Trainer: Blagoje Vidinic

4	A	Tshimen Buhanga	05.01.1949	TP Mazembé Lumumbashi	3
11	A	Babo Kabasu	04.03.1950	Amicale Sportive Bilima Kinshasa	0
21	S	Etepe Kakoko	22.11.1950	Imana Kinshasa	2
22	T	Otepa Kalambay	12.11.1948	TP Mazembé Lumumbashi	0
1	T	Mwamba Kazadi	06.03.1947	TP Mazembé Lumumbashi	3
9	M	Kembo Uba Kembo	27.12.1947	Vita Club Kinshasa	3
15	M	Mafu Kibongé	12.02.1945	Vita Club Kinshasa	2
10	M	Mantantu Kidumu	17.11.1945	Imana Kinshasa	3
6	M	Masamba Kilasu	22.12.1950	Amicale Sportive Bilima Kinshasa	3
5	A	Boba Lobilo	10.04.1950	Vita Club Kinshasa	3
8	M	Mambwene Mana	10.10.1947	Imana Kinshasa	3
18	S	Mafuila Mavuba	15.12.1949	Vita Club Kinshasa	0
14	S	Maku Mayanga	31.10.1948	Vita Club Kinshasa	3
19	S	Ekofa Mbungu	24.11.1948	Imana Kinshasa	0
3	A	Mwanza Mukombo	17.12.1945	TP Mazembé Lumumbashi	3
16	A	M. Mwape Mialo	30.12.1951	FC Nyki	0
2	A	Ilunga Mwepu	23.08.1949	TP Mazembé Lumumbashi	3
13	M	Mulamba M. N'Daye	11.04.1948	Vita Club Kinshasa	2
17	M	Kafula Ngoie	11.11.1945	TP Mazembé Lumumbashi	0
20	S	Kalala N'Tumba	07.01.1949	Vita Club Kinshasa	1
7	M	Kamunda Tshinabu	08.05.1946	TP Mazembé Lumumbashi	1
12	T	Dimbi Tubilandu	15.03.1948	Vita Club Kinshasa	1

Stars und Sternchen

Billy Bremner, Schottland
Der kleine Hitzkopf

Vor großen Worten fürchtete sich der kleine Billy nicht. Warum auch, er war ja ein Schotte und hatte mit seinen Landsleuten 1973 gerade ein 1:1 im Testspiel gegen die Bundesrepublik erreicht. „Ich will in Deutschland Weltmeister werden", verkündete Billy Bremner also lauthals, „und niemand wird mich daran hindern." Schon vor dem Ende der ersten Etappe stand er sich dabei aber letztlich selbst im Weg. Bremner spielte ein überragendes Turnier, hielt auch gegen Weltmeister Brasilien alle Fäden in seiner Hand – doch als der Ball kurz vor der Torlinie der Südamerikaner vor seine Füße sprang, setzte der überraschte Beinahe-Held das Leder neben das Gehäuse.

Zweifelhaften Ruhm erntete er aus der Begegnung zuvor, in der er einen Gegenspieler Zaires rassistisch beschimpft haben soll. „And Billy Bremner Shouted 'Nigger'", machte eine Band die Entgleisung zum Thema eines Liedes. Was er Kevin Keegan entgegengeschleudert hat, als er sich beim Charity Shield 1974 im Wembley-Stadion mit dem Liverpooler Stürmer prügelte, ist nicht überliefert. Für Leeds United legte Bremner sich jedenfalls ins Zeug, ganze 17 Jahre zwischen 1959 und 1976. Die Londoner Großklubs Arsenal und Chelsea hatten den gerade 1,66 Meter großen Hitzkopf als „too small" befunden, um ihn in ihre Reihen aufzunehmen.

Bereits 1997 starb Bremner im Alter von nur 54 Jahren. Seit 1999 steht vor dem Leeds-Stadion an der Elland Road eine Statue, die an Schottlands Fußballer des Jahres 1970 erinnert.

Branko Oblak, Jugoslawien
Später Triumph bei Bayern

Dem amtierenden Weltmeister Brasilien hätte der 27-Jährige mit seinem Pfosten-Kopfball im Eröffnungsspiel um ein Haar den K.o. versetzt, gegen den kommenden Champion ging Branko Oblak selbst zu Boden. Zum Auftakt der zweiten Finalrunde sah Jugoslawiens Regisseur keinen Stich gegen Rainer Bonhof, er wurde vom deutschen Newcomer regelrecht niedergekämpft. Nach brillanter Vorrunde war der WM-Traum schon wieder ausgeträumt, Jugoslawiens ballzaubernde Elf einmal mehr nicht strahlende Braut, sondern nur ansehnliche Brautjungfer.

Oblak musste auch nach seinem Wechsel in die Bundesliga länger auf einen Triumph in Deutschland warten. Dabei hätte der Spielmacher aus Split Schalke 04 beinahe zur achten deutschen Meisterschaft dirigiert. Nur haarscharf schrammten die „Knappen" 1976/77 am Titel vorbei, doch nach dem Erfolgsjahr trennten sich die Wege von Oblak und den Königsblauen schon wieder. Um das Trikot mit der Nummer zehn der Schalker war ein erbitterter Kampf mit Hannes Bongartz entbrannt. Oblak wechselte nach München zum FC Bayern, in dessen Trikot er 71-mal in der Bundesliga spielte und 1980 Deutscher Meister wurde, ehe er seine Karriere in Österreich ausklingen ließ.

Als Trainer gab der jugoslawische WM-Star von 1974 sein Wissen später an die slowenischen Vereine Olimpija Ljubljana, Rudar Velenje und NK Koper weiter. Beinahe wäre Oblak sogar Nationaltrainer Sloweniens geworden. Als Srecko Katanec nach der enttäuschenden WM 2002 zurücktrat, wurde der 46fache Auswahlspieler im engeren Kandidatenkreis gehandelt.

Francisco Marinho, Brasilien
Beliebt bei den Mädels, verprügelt von den Kollegen

Brasiliens flotter Offensiv-Verteidiger Francisco Marinho war ein Paradiesvogel, der mit seinen dynamischen WM-Auftritten und seinem smarten Lächeln nicht nur zahlreiche weibliche Teenager verzückte, sondern auch Schalkes Präsident Günter Siebert. Ein Spielervermittler bot dem 04-Chef den Außenverteidiger, der bei Botafogo Rio unter Vertrag stand, für 400.000 Mark Ablösesumme an. Siebert zeigte sich an der vielseitig verwendbaren Defensivkraft „sehr interessiert". Begründung: Der 22-jährige Marinho sei der Einzige, der bei den Brasilianern „europäisch" spiele. Einen Vertrag bekam der blonde Kicker mit Sexappeal letztendlich nicht, weil auf mysteriöse Weise die Wahlurnen verschwanden, in denen sich die Zettelchen mit dem Votum pro oder contra Marinho befanden – wie zuvor beim Bongartz-Transfer hatten die Schalke-Fans darüber abstimmen dürfen, ob sie für die Verpflichtung des Brasilianers bereit waren, einen Zuschlag zu bezahlen. So zog es Marinho nach der WM in die Operettenliga nach Amerika, was ein frühes Ende seiner Nationalmannschaftskarriere zur Folge hatte.

Das am Ball perfekte Laufwunder mit holländischen Vorfahren hatte als einer der wenigen Brasilianer beim Turnier in Deutschland überzeugt. Immer wieder kurbelte er das Offensivspiel seiner Mannschaft an, vernachlässigte dabei aber mitunter seine Defensivaufgaben. Das brachte Coach Zagalo und die Team-Kollegen im Spiel um Platz drei derart auf die Palme, dass die Fäuste flogen: Keeper Leão hatte Marinho, auf dessen Seite Lato durchmarschiert war, die Schuld am Treffer des Polen angelastet und prügelte auf den Blondschopf ein.

Schon vor dem Hahnenkampf war der Einzelgänger im Mannschaftskreis unbeliebt gewesen. Die Mitspieler warfen ihm vor, „abzuheben". Das tat Marinho spätestens in den USA, wo ihm sein Lotterleben zwar reichlich Damenbekanntschaften und Drogenerfahrungen bescherte, aber den Geldbeutel arg strapazierte. 1974 noch Zweiter bei der Wahl zu Südamerikas Fußballer des Jahres, verschwand der begnadete Fußballer bald in der Versenkung. Der einfache Junge aus dem Nordosten Brasiliens hatte den Ruhm nicht verkraftet.

Grzegorz Lato, Polen
Keiner traf häufiger als der Schlosser

An Deutschland hatte Grzegorz Lato gute Erinnerungen. Am 17. November 1971 stürmte der gerade 21-Jährige beim 0:0 gegen die Bundesrepublik zum ersten Mal im Auswahltrikot – Beginn einer großen internationalen Karriere. Der Torschützenkönig der WM 1974 wurde auch „Habicht" genannt, weil er so blitzschnell zuschlagen konnte. Die 100 Meter lief Lato, wenn es sein musste, in 10,8 Sekunden.

Der blonde Oberlippenbartträger, der in seiner Heimat Mielec den Beruf des Schlossers erlernt hatte, knackte die Abwehrriegel der WM-Gegner insgesamt sieben Mal. Auch in der polnischen Liga war kein Tor vor ihm sicher: 1973 und 1975 wurde Lato Torschützenkönig, 1977 und 1981 wurde er zum polnischen Fußballer des Jahres gekürt. Mit 95 Länderspiel-Einsätzen (42 Tore) ist der Olympiasieger von 1972 nach wie vor Polens Rekordinternationaler. Die zwölfeinhalb Jahre währende Länderspielkarriere der Nummer acht endete erst 1984 mit einem Abschiedsspiel gegen Belgien in Warschau.

Das Land der Flamen und Wallonen, wo Lato 1980 beim KSC Lokeren angeheuert hatte, war zunächst eine Art zweite Heimat geworden, doch ab Mitte der 1980er zog es den Goalgetter weit hinaus in die Ferne: Mit Engagements in Mexiko und Kanada versilberte der Superstürmer seine Fähigkeiten. 1992 begann Lato bei seinem Heimatklub Stal Mielec eine Trainerkarriere. Zwischenzeitlich engagierte er sich im Nachwende-Polen auch politisch: Im ostpolnischen Rzeszów kandidierte er für die Demokratische Linke.

Jan Tomaszewski, Polen
Clown mit wunderbaren Reflexen

Vor dem Spiel, das ihn berühmt machen sollte, wurde er noch belächelt. Brian Clough, Manager von Derby County, bezeichnete ihn als „Clown" – doch Jan Tomaszewski brachte England mit seinen Paraden im Londoner Wembley-Stadion nicht zum Lachen, sondern zum Weinen. Die Skepsis der späteren Nottingham Forest-Legende Clough war allerdings nicht völlig aus der Luft gegriffen. In seinen Leistungen galt „Toma" lange Zeit als wankelmütig. Erst sein bravouröser Auftritt in Wembley ließ die Kritiker verstummen.

„Er ist kein Wunderknabe an Beständigkeit, aber ein Torwart mit wunderbaren Reflexen", merkte Polens Trainer Kazimierz Gorski an und schenkte dem 1,92 Meter langen Elektrotechniker aus Wroclaw sein Vertrauen.

Zu Recht: Jan Tomaszewski wurde zum ersten Torhüter in der Geschichte der Fußball-Weltmeisterschaften, der in einem Turnier gleich zwei Elfmeter hielt: den des Schweden Staffan Tapper und den von Uli Hoeneß – Ergebnis seiner ausgezeichneten Beobachtungsfähigkeit, für die der Torwart von LKS Lodz von allen Seiten gerühmt wurde.

Sein berühmtes ledernes Stirnband hatte der 59fache Auswahlschlussmann vier Jahre später in Argentinien dann abgelegt, und auch ansonsten stand ein Tapetenwechsel an. Nach der WM 1978 ging Tomaszewski ins belgische Beerschoot, 1982 ließ er seine Karriere bei Hércules Alicante ausklingen. Danach arbeitete der beste polnische Keeper aller Zeiten als Kommentator und Journalist.

Kazimierz Deyna, Polen
Das schlaksige „Hörnchen"

„Vielleicht kann ich mir mal ein Auto leisten. Vorläufig fahre ich noch mit der Straßenbahn." Als Kazimierz Deyna während der WM 1974 über mögliche Fortbewegungsmittel philosophierte, ahnte noch niemand das traurige Ende der polnischen Nummer zwölf. Am 1. September 1989 kam der Allroundkicker einige Wochen vor seinem 42. Geburtstag ums Leben, als sein Wagen in San Diego in einen Lkw raste. 1981 hatte er bei den San Diego Sockers angeheuert und in den USA eine zweite Heimat gefunden, gerade befand er sich auf dem Rückweg von einem Training mit Jugendlichen.

Als er selbst jung war, wurde der schlaksige Deyna vom tschechoslowakischen Trainer Jaroslav Vejvoda entdeckt. Spitzname des Talents: „Rogal", das polnische Wort für Croissant oder Hörnchen – ähnlich gebogen konnte Deyna seine Pässe schlagen... Der dunkelhaarige Modellkonstrukteur mit dem asketischen Gesicht erwies sich bald als Multitalent im Offensivbereich: Hängende Spitze, Spielmacher, offensives Mittelfeld – auf allen Positionen sah der Träger langer Koteletten gut aus. Die Erfolge ließen nicht lange auf sich warten: Beim Olympiasieg 1972 wurde Deyna Torschützenkönig, in den beiden Folgejahren als Denker und Lenker von Legia Warschau jeweils zu Polens Fußballer des Jahres gewählt.

Bei der WM 1974 war Polens Kapitän nach Johan Cruyff und Franz Beckenbauer der überragende Spieler. Die westlichen Spitzenklubs rissen sich um den Unteroffizier der polnischen Armee, der bei der WM von Journalisten zunächst Geld für Interviews verlangt hatte. Real Madrid bot ein königliches Gehalt, der AS Monaco fürstliche Summen. Doch Polens Verband ließ den Spielgestalter erst nach der WM 1978 – Deyna war inzwischen 31 – in den Westen ziehen. Manchester City wog ihn mit 110.000 Pfund auf, aber der Stil auf der Insel lag dem Filigran-Fußballer nicht. 1981 verschlug es den 83fachen Auswahlspieler (33 Tore) schließlich nach San Diego, wo er bis zu seinem Unfalltod lebte. Als frisch gebackener US-Amerikaner wirkte er zusammen mit Pelé und Bobby Moore im Weltkriegs-Fußballdrama „Victory" („Flüchten oder Siegen") mit. Kein Ruhmesblatt: Der pathetisch-rührselige Film mit Michael Caine und Sylvester Stallone hatte so gar nichts Krumm-Überraschendes, für das man die Pässe Kazimierz Deynas immer bewundert hat.

Ralf Edström, Schweden
Torjäger mit sechstem Sinn

Es war – wider Erwarten – nicht die obere Abteilung der stattlichen 193 Zentimeter des Ralf Edström, die Deutschland beim Aufeinandertreffen in der zweiten Finalrunde schockte – es war die untere: Mit einem satten Volleyschuss bezwang der schwedische Torjäger in seinem 17. Länderspiel Sepp Maier zum 1:0 („Das schönste Tor meiner Laufbahn"), und spätestens zu diesem Zeitpunkt war der Angreifer des PSV Eindhoven allen Fußballexperten ein Begriff. In seiner Heimat hatte der Kicker, der 14-mal in der schwedischen Jugendauswahl gespielt hatte, schon lange einen guten Ruf.

Edström begann seine Karriere beim Provinzverein Åtvidabergs FF, dem auch die Nationalmannschafts-Kollegen Roland Sandberg und Benno Magnusson (beide später beim 1. FC Kaiserslautern unter Vertrag) sowie Conny Torstensson entstammten, der bei Bayern München sein Knäckebrot verdiente. Einige Zeitungen behaupteten vor der WM, Edström sei eher ein Kopfball- als ein Fußballspieler, doch im Verlauf des Turniers widerlegte das vermeintlich reine Kopfballungeheuer seine Kritiker. Zwar herrschte bei Flanken und Freistößen immer Alarm im gegnerischen Strafraum, wenn Edström hochstieg, aber auch auf dem Boden spielte er einen gepflegten Ball. Privat bevorzugte er beim Billard und Tischtennis eher die kleine Kugel.

Für mehr Aufsehen als seine Freizeitbetätigungen sorgte Edströms Haarpracht, die im sonst so toleranten Schweden Anlass zu Kontroversen gab. Das «Idrottsbladet» schrieb vor der WM: „Man sollte meinen, dass ein Spieler alles daran setzt, in möglichst praktischem Aufzug zu erscheinen. Lange Haare an sich sind nichts Schimpfliches. Etwas anderes aber ist es, wenn die langen Strähnen dem Spieler in die Augen fallen, wie es bei Edström zu beobachten ist. Wahrscheinlich war er deshalb auch in den letzten Länderspielen so schwach!" Der Gescholtene konterte: „Mein langes Haar bleibt. Es ist mein sechster Sinn, den ich im Kopf habe und der mir sagt, wann und wo der Ball kommt." Seinen Worten folgten Taten: mit vier WM-Treffern belegte er in der Torjäger-Liste den achtbaren vierten Platz.

Robert Gadocha, Polen
Im Dribbel-Duett mit Szarmach

Der aus Kraków stammende Flügelflitzer war eine der großen Entdeckungen der Weltmeisterschaft in der Bundesrepublik. Zusammen mit Andrzej Szarmach bildete Robert Gadocha das beste Außenstürmer-Duo, das die WM 1974 sah. Nachdem er mit dem roten Adler auf der Brust als Dribbelkünstler und Freistoßspezialist aufgetrumpft hatte, wurde der 28-Jährige sogar vom Europacupsieger Bayern München umworben.

Doch so individualistisch die Mitglieder des polnischen Kollektivs bei der WM auch auftraten – noch war die Zeit nicht reif für den Wechsel eines staatssozialistischen Ballkünstlers in den Westen. Der polnische Verband zögerte, ließ den Transfer zu den Bayern platzen und gab Gadocha erst Monate später frei. „Pilat" wechselte daraufhin 1975 für zwei Jahre zum französischen Erstligisten FC Nantes.

Seiner Karriere in der Nationalmannschaft tat das keinen Abbruch: 1976 stand er in der Elf, die das olympische Finale gegen die DDR verlor, 1978 nahm er an den Titelkämpfen in Argentinien teil. Furioser Schlusspunkt war die Wiederholung des dritten Platzes von 1974 bei der Weltmeisterschaft 1982 in Spanien. Dort kam der mittlerweile 36-Jährige allerdings nur noch zweimal zum Einsatz: Mit seinem 55. Länderspiel im Bronze-Match gegen Frankreich beendete Gadocha seine internationale Karriere.

Ronnie Hellström, Schweden
Blonder Schwede bei den Roten Teufeln

Schwedens Fußballspieler waren Anfang bis Mitte der siebziger Jahre ein Exportschlager. Bei den Länderspielen der Skandinavier saßen reihenweise Spione kontinentaleuropäischer Klubs auf den Tribünen. Beim 1. FC Kaiserslautern hatten die Verantwortlichen einen besonders guten Riecher: Man sicherte sich die Dienste des schwedischen Nationalkeepers bereits *vor* der Fußball-Weltmeisterschaft – nach dem Turnier wäre der blonde Schwede für die Pfälzer wohl unbezahlbar gewesen.

Der Schlussmann vom Hauptstadtklub Hammarby FF hinterließ in allen sechs WM-Partien einen souveränen Eindruck. Hellström verblüffte mit blitzschnellen Reaktionen und enormer Sprungkraft, darüber hinaus beeindruckte er mit sicherem Stellungsspiel. Ausgestattet mit diesen Qualitäten, schaffte es der 25-Jährige als einziger Torhüter, den niederländischen Angriffswirbel ohne Gegentreffer zu überstehen. Für seine Leistung erntete er ein dickes Lob von Hollands Coach Rinus Michels: „Hellström bewahrte seine Elf vor mehreren Toren."

Von 1968 bis 1980 stand der Schnauzbartträger in 84 Länderspielen als Nummer eins im Kasten des Drei-Kronen-Teams. 1971 und 1978 wählten die schwedischen Sportjournalisten den gelernten Kaufmann zum Fußballer des Jahres, und auch in Deutschland brachte er es zu einiger Popularität. Erst 1984 verabschiedete sich der sympathische Skandinavier vom Betzenberg, nachdem er für die Roten Teufel stolze 262 Bundesligaspiele absolviert hatte.

Dragan Dzajic, Jugoslawien
Der roteste Stern Belgrads

Dzajics Stern ging 1968 bei der EM-Endrunde auf, als er mit Jugoslawiens Auswahl ins Finale einzog und letztlich nur unglücklich gegen Gastgeber Italien verlor. Beim 1:0 im Halbfinale gegen Weltmeister England war die Verbindung von Brillanz und Effektivität noch gelungen. Dzajic hatte nicht nur Englands Ausnahmefußballer Bobby Moore in den Schatten gestellt – der gerade sechs Tage zuvor 22 Jahre alt Gewordene war auch noch kurz vor Schluss Schütze des Siegtores gewesen.

Natürlich war Dragan Dzajic auch am größten Erfolg beteiligt, den jugoslawische Fußballer jemals feierten. 1991 saß er auf dem Präsidentenstuhl von Roter Stern Belgrad, dessen Kicker gegen Olympique Marseille den Europapokal der Landesmeister gewannen – auf eine künstlerisch-spielerische Weise, für die Dzajic auch in seiner Kicker-Zeit bekannt war. Kämpferisch hingegen waren seine Aussagen in Deutschland 1974. „Ein Soldat muss auch bereit sein, das Leben für sein Vaterland zu opfern", setzte der Linksaußen zum Vergleich an: „Wir sind moralisch verpflichtet, für unser Land bei dieser WM zu kämpfen. Was wir dabei opfern müssen, ist doch nicht mehr als ein bisschen Schweiß."

Nach seinem glanzvollen Auftritt bei der WM 1974 wurde viel über ein Millionenangebot der Münchener Bayern spekuliert, doch 1975 wechselte der spätere jugoslawische Rekordnationalspieler (85 Spiele, 23 Tore) für zwei Jahre zum korsischen SEC Bastia, ehe er wieder zu seiner alten Liebe Roter Stern Belgrad zurückfand. In der jugoslawischen Rumpfnachfolgerepublik Serbien und Montenegro wird der Linksaußen immer noch verehrt. Dort wurde Dragan Dzajic – vor Dragan Stojkovic und Dejan Savicevic – zum besten Spieler der zweiten Hälfte des 20. Jahrhunderts gewählt.

Luís Pereira, Brasilien
Der Harte mit Herz

Nicht einmal der stärkste Brasilianer der WM '74 spielte „typisch brasilianisch". Immerhin trug Luís Pereira vom Club SE Palmeiras aus São Paulo dazu bei, dass die Defensive des dreimaligen Weltmeisters zumeist einen sicheren Eindruck hinterließ. Pereira ließ im Abwehrzentrum kaum etwas anbrennen und beeindruckte mit Härte, Kopfballstärke und Offensivdrang. Der große, bullige Abwehrrecke, ein wahres Konditionswunder, das den Platz 90 Minuten auf und ab rannte, war immer für ein Tor gut. Darüber hinaus war er ein echter Führungsspieler und eine Persönlichkeit auch außerhalb des Rasenrechtecks.

Pereira hatte nur eine Schwäche: seine Heißblütigkeit und Undiszipliniertheit. In der brasilianischen Liga war er bekannt für seine Platzweise. Auch bei der WM sah er Rot, nachdem er Neeskens im Quasi-Halbfinale gegen Holland mit einer Blutgrätsche zu Fall gebracht hatte. Nach dem Turnier heuerte er zusammen mit seinem Vereinkameraden Leivinha bei Atlético Madrid an. Als Fußballrentner kehrte er später nach Brasilien zurück, wo er lange als Trainer arbeitete – allerdings mit wenig Erfolg.

Zumindest während der WM '74 hatte Pereira einen nachhaltigen Eindruck hinterlassen. „Keiner ist herzlicher, charmanter, freundlicher als Luís, der eisenharte Abwehrchef Brasiliens", schrieb eine Zeitung, und «Bild» wusste: „Seine Attacken bringen Stürmer in Gefahr und erregen die Gemüter von Zehntausenden in den Stadien. Trotzdem ist er ein Mann mit Herz." Auch der deutsche Trainer Hennes Weisweiler war voll des Lobes: „Ein Vergleich zwischen beiden Innenverteidigern jeder Mannschaft (Pereira-Marinho Peres und Rijsbergen-Haan) fällt zu Gunsten der Brasilianer aus."

Beckenbauer riss alle mit
Das bundesdeutsche Team: Als Einheit zum Erfolg

Es war ein Termin mit Symbolkraft. Zwei Tage vor dem Endspiel bat Kapitän Franz Beckenbauer das deutsche Team „zu einem Dämmerschoppen mit Musik" («kicker») in seine Zehn-Zimmer-Villa. Am späten Freitagnachmittag fuhr der Mannschaftsbus in der Münchener Ludwig-Thoma-Straße 13 vor. Sicherheitskräfte eskortierten die Nationalspieler in den „kaiserlichen" Garten, wo sie von Gattin Brigitte in Empfang genommen wurden. Die Gartenparty bei Beckenbauers und die 90 finalen Minuten gegen Holland zementierten den vorläufigen Endpunkt einer symbiotischen Erfolgsbeziehung zwischen dem Spiritus Rector Beckenbauer und seinem Gefolge.

Das Treffen im feinen Stadtteil Grünwald war angelegt als gemütliches Beisammensein unter Geschäftsleuten in kurzen Hosen, die vor allem eines im Sinn hatten: Erfolg! Als Frau Beckenbauer Häppchen servierte, war der Hausherr im Spielerkreis schon lange zum unangefochtenen Boss aufgestiegen, dem die loyalen Mitarbeiter ihre Aufwartung machten. Beckenbauer hatte „in der Krise das Profil gewonnen", schrieb der «kicker» mit Blick auf die vergangenen Tage von Malente.

Nach dem unentschuldbaren 0:1 gegen die DDR in Hamburg war es mit der Ruhe in der beschaulichen Holsteinischen Schweiz erst einmal vorbei gewesen. Beckenbauer hatte seine Kameraden noch auf der Busfahrt in das 80 Kilometer entfernte Trainingslager kräftig zusammengestaucht und Bundestrainer Helmut Schön von der Notwendigkeit einer veränderten Aufstellung zum Start in die zweite Finalrunde überzeugt. Die Reaktion der etablierten Kräfte im Gefüge der Nationalelf zeigte, dass der Kapitän über genug Rückhalt im 22er-Kader verfügte. „Es wurde höchste Zeit, dass der Franz mal ordentlich auf den Tisch haut", pflichtete Torjäger Gerd Müller bei.

Bereits Beckenbauers an seine Mitspieler gerichtetes Machtwort beim unsäglichen Prämienpoker hatte die Ausnahmestellung veranschaulicht, die der Libero im Mannschaftskreis genoss. Mit seinem selbstbewussten Auftreten gegenüber den DFB-Funktionären hatte sich der Kapitän unter seinen Kameraden zusätzlichen Respekt erworben. Beckenbauers Wort zählte. Seine Stellung im bundesdeutschen Tross war so stark, dass auch Bundestrainer Helmut Schön es nicht wagte, sich offen gegen seinen Spielführer zu stel-

Gegen die Laufrichtung: Coach Helmut Schön und sein Assistent Herbert Widmayer beobachten das Training

len. Im Gegenteil: Die meisten Beobachter gewannen eher den Eindruck, dass der zaudernde Dresdner froh war, einen ebenso unbekümmerten wie durchsetzungsfähigen Kapitän an seiner Seite zu wissen, der ihm manch unangenehme Entscheidung abnahm. Hinzu kam, dass Beckenbauer seinen Worten mit überragenden Leistungen Taten folgen ließ. Dabei glänzte er nicht nur mit Technik und Übersicht, sondern überzeugte auch als stets zum Tackling bereiter Kämpfer, der keinem Zweikampf und keinem Kopfball, den er sonst gerne mied, aus dem Weg ging.

Doch ein virtuoser Solist ersetzt noch kein ganzes Orchester, das im Kern aus Spielern des FC Bayern München bestand. Neben Beckenbauer bildeten Maier, Breitner, Schwarzenbeck, Hoeneß und Müller die breite Achse der Weltmeister-Mannschaft, was sich – mit kleinen Abstrichen – positiv auswirkte. Wie 1954 – damals hatte der 1. FC Kaiserslautern das Gerippe gestellt – setzte der Bundestrainer auf Blockbildung. Die förderte zwar die Harmonie und das Spielverständnis auf dem grünen Rasen, hatte aber den Nachteil, dass sich die Nationalelf in den ersten Spielen des Turniers zu stark am Bayern-Stil orientierte und das Spiel über die Flügel vernachlässigte.

Kein Wunder, dass DDR-Goalgetter Joachim Streich bei der „BRD" ein „Flügelproblem" diagnostizierte. Sturm-Genosse Jürgen Sparwasser hatte sich vor Turnierbeginn über die Zusammenstellung des bundesdeutschen Kaders gewundert: „Erwin Kremers, der beste Außenstürmer, ist gar nicht dabei." Trainer-Fuchs Hennes Weisweiler blies nach den mäßigen Leistungen gegen Chile, Australien und die DDR in das gleiche Horn wie die beiden ostelbischen Experten und sprach vom Versagen auf den Außenbahnen. Dort hätten alle Angreifer enttäuscht – von Grabowski über Hölzenbein und Heynckes bis zur Notlösung Flohe.

Ab dem Jugoslawien-Spiel bekam die DFB-Auswahl das Problem besser in den Griff und spielte variabler, dynamischer und mit mehr Einsatz, den bis dato nur Beckenbauer und Vogts ohne Einschränkungen gezeigt hatten. Dem ausgemusterten Hoeneß tat die 70-minütige Zwangspause im ersten Spiel der zweiten Finalrunde spürbar gut. Der junge Münchener sprühte nach seiner Einwechslung gegen Jugoslawien vor Elan, den er bis zum Finale konservierte. Im weiteren Turnierverlauf steigerten sich auch die altgedienten Kräfte wie Wolfgang Overath und Jürgen Grabowski, für frischen Wind sorgten die Newcomer Bonhof und Hölzenbein, die vor dem Chile-Spiel nicht einmal von einem Stammplatz geträumt hatten. „Ich war mir nicht sicher, dass ich überhaupt zum WM-Aufgebot stoßen würde. Für mich war die Teilnahme bereits ein großes Erlebnis", konnte Rainer Bonhof sein Glück kaum fassen.

Als großes Plus der Deutschen erwies sich der Teamgeist, der alle von der Nummer eins bis zur Nummer 22 beseelte. Der „Spirit" waberte aber nicht im 1974 bereits zerschlissenen Gewand der Elf-Freunde-Ideologie über den Rasen – er war der gemeinsame Nenner einer 22-köpfigen Interessengemeinschaft mit großen Ambitionen. Auch die Ersatzspieler scherten nicht aus. Die WM-Touristen Nigbur, Kleff, Kapellmann, Helmut Kremers und die nach der ersten Finalrunde ausgemusterten Cullmann und Heynckes mögen frustriert über ihre Rolle gewesen sein – aufmucken taten sie nicht. „Der Sepp ist so große Klasse, dass kein Anlass besteht, ihn mal aus dem Tor zu nehmen", hielt Keeper Norbert Nigbur der etatmäßigen Nummer eins den Rücken frei. Kollege Kleff hatte sich „schon vorher damit abgefunden, nur dritter Torhüter zu sein". Bei späteren Turnieren ließen die Ersatzkeeper mit ganz anderen Wortmeldungen aufhorchen – es sei nur an Uli Stein erinnert, der Teamchef Franz Beckenbauer in Mexiko 1986 als „Suppenkasper" titulierte und danach die Heimreise antreten musste.

Alle Vertreter der zweiten Garde schienen 1974 ein Stillhalteabkommen unterzeichnet zu haben. Helmut Kremers, der in späteren Jahren nicht mehr gerne an die WM erinnert werden mochte, gab sich nach den beiden ersten Spielen ausgesprochen brav: „Im Augenblick besteht doch überhaupt kein Grund, die Mannschaft wieder zu ändern." Der als 22. und letzter Spieler in das Aufgebot gerutschte Jupp Kapellmann verspürte nach endlosen Wochen auf dem Trainingsplatz und der Tribüne zwar eine „innere Enttäuschung" und kam sich „eigentlich überflüssig vor", fügte sich aber in sein Schicksal. Als einzigen Trost, gab der Ersatzmann offen zu, betrachte er die Aussicht auf die 60.000 Mark Prämie. Sogar ein Querkopf und Meinungsführer wie Stammspieler Paul Breitner hielt sein Mundwerk im Dienst der „Mission Titel" im Zaum. Shooting-Star Bernd Hölzenbein beschrieb den Konsens im Team Jahrzehnte nach dem Triumph von München nüchtern-sachlich: „Wir haben schon zusammen gearbeitet, sonst wären wir nicht Weltmeister geworden."

Bundestrainer Helmut Schön, der Tradition zwar verbunden, dem emanzipatorischen Zeitgeist gegenüber jedoch aufgeschlossen, wusste die kühle Professionalität der neuen, selbstbewussten Fußballer-Generation trotz aller Differenzen durchaus zu schätzen: „Die Spieler haben sich sehr gewandelt, was die Lebenserfahrung anbelangt. Das hat Vor- und Nachteile. Wir haben es erlebt, als es ums Geld ging. Aber es ist eine berufliche Disziplin erkennbar." Über die verfügte auch ein anderer: Schöns Assistent Jupp Derwall. Beide Übungsleiter bildeten ein ideales Tandem. Der harmoniesüchtige Rheinländer war kein Quertreiber, sondern ein zuverlässiger Zuarbeiter, der nicht zuletzt dank seiner Loyalität eine typische DFB-Karriere machte und 1978 selbst zum Bundestrainer aufstieg. Der Sport-Reporter Harry Valérien notierte sechs Jahre nach dem Titelgewinn in seinem Buch „Fußball '80" wenig schmeichelhaft über Derwall: „Er war in den acht Jahren als Schön-Assistent nur als geradezu sklavisch loyaler Untergebener aufgefallen." Auf das '74er-Projekt wirkte sich dieses Verhalten nicht nachteilig aus.

Die neue Fußballer-Generation war aus einem ganz anderen Holz geschnitzt als der von alten Werten geprägte Trainerstab. Das forsche Auftreten der Rebellen am Ball spiegelte die Entwicklung in der Gesellschaft wider. Es hatte sich ein Typus entwickelt, der „reifer, meinungsfähiger, universaler" war als seine Vorgänger, analysierte der Sportsoziologe Günter Lüschen. Bis in die 1960er Jahre wurde der Sportler nicht als Individuum wahrgenommen, sondern als gesichtsloser, soldatischer, asexueller, unpolitischer und stummer Repräsentant der jeweiligen Nation. Den neuen, modernen Stil verkörperten besonders Spieler wie Beckenbauer oder Breitner. Der Kapitän verkündete nach dem Titelgewinn selbstbewusst: „Ich habe sechs Wochen lang geschwiegen. Von nun an rede ich, was ich will." Worte, die einem Fritz Walter niemals über die Lippen gekommen wären. Breitner, gerade mal 22 Jahre alt, bewies Chuzpe und übernahm Verantwortung, als er sich im Finale nach dem Elfmeter-Pfiff respektlos den Ball schnappte, obwohl der Bundestrainer andere Spieler für die Strafstoß-Ausführung bestimmt hatte. Ob der bärtige Bayer dabei an hochschnellende Popularitätswerte im Erfolgsfall gedacht hat – darüber darf spekuliert werden.

Spätestens nach dem Endspiel wurde deutlich, dass die Funktionäre die Emanzipation des Kicker-Fußvolks verschlafen hatten. Beim Bankett spielten sie sich, verheddert in muffigen Traditionsgeboten, als Schulmeister der (Fußball-)Nation auf und wiesen die Frauen und Freundinnen der Weltmeister aus dem Saal. „Hier herrscht Zucht und Ordnung. Wenn Ihre Frau nicht den Saal verlässt, lasse ich sie hinausbringen", herrschte Organisationsleiter Hans Deckert Uli Hoeneß an, dessen Susi peinlich berührt danebensaß. Als schlechter Gastgeber erwies sich auch DFB-Vizepräsident Neuberger, der Johan Cruyff in Gutsherren-Art zurechtstutzte: „Mit Ihnen rede ich doch gar nicht. Wenden Sie sich an Ihren Delegationsleiter. Setzen Sie sich hin, das ist hier offiziell!" Einige Spieler verließen ob solcher Worte die offizielle Feier. Die selbstherrlichen Auftritte der DFB-Oberen brachten den deutschen Kapitän Franz Beckenbauer so auf die Palme, dass er der Funktionärsriege „blutigste Amateurhaftigkeit" vorwarf: „Ich glaube, dass nicht mehr alle Offizielle des DFB noch zeitgemäß sind."

Bonjour, Tristesse:
Die deutsche Trainerbank verfolgt den unansehnlichen Auftritt gegen Australien

„Sieg gegen Polen war Glückssache"
Jupp Derwall,
1974 Co-Trainer der bundesdeutschen Fußball-Nationalmannschaft

Was waren Ihre Aufgaben bei der WM?

Ich habe das Training bestimmt. Dabei habe ich in einer gewissen Selbstständigkeit gehandelt, allerdings in Absprache mit Helmut Schön. Ich kannte alle Spieler schließlich sehr gut, was Spielstärke, Technik und taktische Einstellung betraf. Da wusste ich immer, was zu tun ist.

Hatten Sie auch einen direkten Einfluss auf die Aufstellung?

Schön hat mich immer gerufen und gefragt: Was meinst du? Sollen wir den oder den aufstellen? Wie ist die Form? Ich war auch für die Beobachtung der Gegner zuständig. In diesen Dingen haben wir uns sehr gut verstanden.

Welche Rolle hatte Beckenbauer als Mannschaftskapitän inne? Es wird kolportiert, dass er nach dem DDR-Spiel die Mannschaft aufgestellt hat.

Helmut Schön und ich waren ja keine kleinen Kinder! Schön war von 1964 bis 1978 Bundestrainer. Dem brauchte man so etwas nicht zu sagen. Das Bild von Beckenbauer, der auf den Tisch gehauen haben soll, wurde mehr von den Medien gemalt, als dass es der Wirklichkeit entsprach.

Aber Beckenbauer war doch mehr als ein Kapitän?

Kapitäne sind ja immer die rechten Hände der Chefs. Der Franz war dazu natürlich besonders prädestiniert. Mit ihm konnten wir auch über Mannschaftsaufstellungen reden, ohne dass etwas nach draußen drang. Wir haben Franz in allen Spielen zu uns geholt und ihm erzählt, wie wir uns das vorstellen. Er war als Kapitän in die Entscheidungen mit eingebunden. Das war aber in Bundesliga-Mannschaften nicht anders.

Anders gefragt: Warum sind Grabowski, Hoeneß, Cullmann und Flohe nach dem DDR-Spiel aus der Mannschaft geflogen?

Wir haben in Hamburg schlecht gespielt. Dann rollen immer Köpfe. Wir hatten dabei die Spieler im Auge, die nicht so viel geleistet oder mit dem Turnier Probleme hatten. Zu dieser Gruppe gehörte der junge Hoeneß, aber auch Grabowski, der die Erwartungen nicht erfüllt hatte. Die Ersatzspieler rochen Lunte, hängten sich im Training mehr rein als andere.

Hoeneß war vor der WM von den Medien als der kommende Star mit reichlich Vorschusslorbeeren bedacht worden. Hat er das nicht verkraftet?

Nein, er war selbstbewusst und hat sich dann ja auch reingekniet. Übrigens war er ein ruhiger Spieler – er war ganz anders, als er heute ist!

Einer hat früher gemeckert wie Hoeneß heute: Erwin Kremers. Hätte er das zu Turnierbeginn schwache Spiel über die Flügel beleben können?

In seiner Form von 1972 sicherlich. Aber er fehlte nun mal wegen der roten Karte, die er am letzten Bundesliga-Spieltag vor der WM erhalten hatte. Das war damals Gesetz. Daran gab es nichts zu deuteln!

Mal Hand aufs Herz: Müller oder Beckenbauer wären doch trotz eines Platzverweises dabei gewesen?

Das kann ich jetzt so nicht sagen. Die Entscheidung hatte generell etwas mit dem Fair-Play-Gedanken zu tun. Außerdem hat der Spieler seine Mannschaft mit der Aktion im Stich gelassen. Dass mit roten Karten bestrafte Spieler nicht mitdurften, war eine Erziehungsmaßnahme.

Wie die Niederlage gegen die DDR für die Bundesrepublik?

Da kann man viel hineininterpretieren. Ich kann mich noch an die Szene erinnern, als ich Schön mit hängendem Kopf auf dem Damm des Volksparkstadions zur Pressekonferenz gehen sah. Er hat mir verdammt Leid getan. Er hätte das Spiel sehr gerne gewonnen. Als sich die Ent-

---

Josef („Jupp") Derwall wurde am 10. März 1927 in Würselen bei Aachen als Sohn eines Bahn-Sekretärs geboren. Der Rheinländer war aktiv bei Rhenania Würselen, Alemannia Aachen, Fortuna Düsseldorf sowie den Schweizer Klubs FC Biel und FC Schaffhausen. Im Dezember 1954 bestritt der Stürmer (Sepp Herberger: „Gutes Material, dieser Junge") zwei Länderspiele. 1959 erwarb Derwall das Trainerdiplom und coachte unter anderem Fortuna Düsseldorf (1962-64). Im Anschluss wurde er Verbandstrainer des Saarlandes, 1970 stieg der joviale Jupp zu Helmut Schöns Assistent auf und übernahm am 11. Oktober 1978 dessen Job als Bundestrainer. Mit der deutschen Nationalmannschaft errang er bis Mitte 1984 in 67 Spielen 45 Siege bei jeweils elf Unentschieden und Niederlagen (144:60 Tore) – bis heute die beste Bilanz aller deutscher Cheftrainer. Seine Trainer-Karriere ließ „Häuptling Silberlocke" bei Galatasaray Istanbul (bis 1989) ausklingen. Dort errang er 1987 den Meistertitel. Nach seiner Trainerlaufbahn meldete sich der Ehrendoktor der Universität Ankara gelegentlich als «kicker»-Kolumnist zu Wort.

täuschung gelegt hatte, waren wir natürlich froh. Zu dem Zeitpunkt fingen wir an zu rechnen. Wir hätten sonst in der zweiten Finalrunde gegen Holland und Brasilien spielen müssen. Die drei Mannschaften hätten sich gegenseitig aufgerieben und wären am Ende nicht so gut weggekommen wie geschehen.

Aber das Spiel gegen Polen, quasi ein Halbfinale, war auch kein Zuckerschlecken!

Wir trafen auf eine sehr starke Mannschaft, die in die polnische Geschichte eingegangen ist. Der Spielausgang war reine Glückssache in dem Matsch und Regen.

Auch die Polen hätten gewinnen können...

Ja, ja. Wir haben aber taktisch anders gespielt als sonst: ganz primitiv. Wir haben die Bälle einfach nach vorn geschlagen und sind hinterhergelaufen. Denn Ballführen war überhaupt nicht möglich. Dadurch haben wir Kraft gespart.

Und die Polen sind gelaufen wie die Hasen?

Ja, das war eine spielende Mannschaft. Die behielten ihren Stil bei, Lato und Genossen kamen weiter über die Außen. Am Ende verfügten wir über mehr Reserven.

Die hatten die Spieler einige Wochen zuvor auch beim Feilschen um die Prämien erfolgreich mobilisiert!

Die Spieler haben sich zusammengesetzt und gegenseitig aufgemuntert. Außerdem schaltete Paul Breitner „adidas" in den Prämienpoker ein. Das macht man nicht unter Freunden. Die Firma „adidas" war unser Freund, der uns seit 1954 in jeder Beziehung sehr stark geholfen hat, nicht nur bezüglich Schuhen und Kleidung. Da kann man nicht hingehen und jemanden erpressen – ein Spieler schon gar nicht!

Helmut Schön war das alles zuwider. Es saß ja schon auf gepackten Koffern, oder?

Dann hätte er an meiner Tür vorbeimüssen. (Derwall lacht)

Sie hätten ihn zurückgehalten?

Auf alle Fälle!

Aber die Spieler sind doch mal aus dem knapp vierwöchigen Trainingslager ausgebüxt?

Das war immer so. Das waren junge Leute. Die sind auch mal ins Restaurant gegangen und haben sich, mit wem auch immer, getroffen. Man kann nicht immer den Daumen draufhalten, sondern muss auch mal beide Augen zudrücken.

Wie war das Verhältnis zu den Medien bei der WM. «Bild» titelte zum Beispiel: ‚So nicht, Herr Schön!' War das eine neue Qualität der Berichterstattung?

Glauben Sie, dass das was Neues war? (Derwall lacht lauthals) Das war schon immer so und nichts Besonderes. Wenn man als Trainer auf solche Dinge reagiert, hat man bei den Spielern verloren.

„Man kann nicht immer den Daumen drauf halten": Co-Trainer Jupp Derwall

„Rauschgoldengel des grasgrünen Welttheaters"

Die Tragödie eines Weltstars: Günter Netzer erlebte die WM '74 auf Ersatzbank und Tribüne und konnte nur rhetorisch überzeugen

Trotz aller Quälerei reicht es nur zu einer Einwechslung gegen die DDR

Vor der Weltmeisterschaft skizzierte der «kicker» in seinem Sonderheft die „Achse, um die sich alles dreht". Zu der Elf, die den Titel für die Bundesrepublik holen sollte, zählte die Bibel der Fußballfans die „großen Drei" Beckenbauer, Müller – und Netzer. Die beiden Bayern wurden den hohen Erwartungen gerecht, doch der formschwache, hüftspeckige Netzer erlebte während des Turniers sein persönliches Waterloo: Der Star von Real Madrid musste seinem ewigen Kontrahenten um die Vorherrschaft im Mittelfeld, dem Kölner Wolfgang Overath, den Vortritt lassen.

„Diese Elf und ihren Geist zu erhalten, das ist mein größter Wunsch", hatte Günter Netzer 1972 nach dem Gewinn der Europameisterschaft gesagt. Overath war damals verletzt gewesen – die Leiste des Mittelfeldstars der WM '70 zwickte. Netzer, der in der Nationalelf bis dahin meist enttäuscht hatte, überraschte mit großartigen Leistungen gegen England, Belgien und die UdSSR und schwang sich zum unumstrittenen Dirigenten der spielerisch besten deutschen Mannschaft aller Zeiten („Jahrhundertelf") auf. Die langen Pässe „aus der Tiefe des Raumes", das Streicheln des Balles vor dem Freistoß entzückten Kuttenträger wie feingliedrige Intellektuelle gleichermaßen. „Netzer spielt nicht Fußball, er interpretiert ihn", schrieb der ehemalige HSV-Nationalspieler und spätere Oberstudienrat Jürgen Werner im Bildungsbürger-Wochenblatt «Die Zeit» über die außergewöhnliche Begabung des langmähnigen Balltreters, der in einem Anfall akuten Größenwahns von sich behauptet hatte: „Wäre ich ehrgeizig gewesen, wäre ich ein zweiter Pelé geworden."

Nun, ein zweiter Pelé war der mit vielen Talenten gesegnete Netzer gewiss nicht – zu einem maßgeblichen Beitrag zum Gewinn der Weltmeisterschaft reichte es ebenso wenig. Sein Wunsch, die '72er-Form zu konservieren und die Mannschaft bis zum Turnier 1974 zusammenzuhalten, ging nicht in Erfüllung. Nach seinem Wechsel von Borussia Mönchengladbach zu Real Madrid im Sommer 1973 zeigte Netzers Leistungskurve steil nach unten. Die spanische Zeitung «Nuevo Diario» schrieb über den schwerfälligen Deutschen: „Netzer gleicht einem Luxusauto mit dem Motor eines Rasierapparates." Netzers schwache Auftritte unter Spaniens Sonne blieben auch seinen Nationalmannschaftskollegen nicht verborgen. Der ehemalige Gladbacher Mitspieler Berti Vogts benannte die Ursache des Qualitätsverlustes: „In Spanien fehlt ihm das Tempospiel. Dort wurde er regelrecht eingeschläfert." Hinzu kam ein zweites Problem, ein mentales. Nationalmannschafts-Stopper „Katsche" Schwarzenbeck, der ungeachtet seines Tischtennis-Hobbys selbst in den Händen nicht annähernd so viel Gefühl hatte wie Netzer im großen Zeh, warf dem Rasen-Rastelli nicht zu Unrecht „mangelnden Ehrgeiz und Einsatz" vor. Das Urteil der deutschen Fachpresse im Vorfeld der WM fiel ebenfalls vernichtend aus: kein Biss, angeknabbertes Selbstbewusstsein, fehlende Kondition!

Die Welle der Kritik schien den Luxuskicker im letzten Moment aufgerüttelt zu haben. Netzer sagte auf Anraten von Bundestrainer Helmut Schön, der mit Engelszungen auf ihn eingeredet hatte, seine vorweltmeisterschaftliche Autogramm-Tournee quer durch die Bundesrepublik ab und quälte seinen Körper stattdessen an den Bauch-weg-Geräten der „Folterkammer". Zu erschütternd war allerdings auch der Eindruck gewesen, den die Nummer 10 beim Testspiel gegen Schweden am 1. Mai in Hamburg hinterlassen hatte. „Keine Frage, dieser Netzer ist für die Nationalelf entbehrlich", hatte das vernichtende Urteil des «kicker» gelautet. Netzer habe weder Kondition noch Form, und die «Hamburger Morgenpost» titelte nach dem 2:0-Erfolg über die Skandinavier bereits: „Der neue Netzer heißt Hoeneß!" Da auch Overath außer Form war und auf seinen Länderspiel-Einsatz entnervt verzichtet hatte, war die Mittelfeld-Frage zu diesem Zeitpunkt ungeklärt. Der «kicker» blieb jedoch mit Verweis auf die Länderspielerfolge gegen Schottland (2:1) und Ungarn (5:0) gelassen: „Dass die Nationalelf nicht zusammenbricht, wenn sie fehlen, haben Netzer und Overath ja gesehen."

Doch es keimte Hoffnung auf. Anfang Juni im Trainingslager in Malente hatte es den Anschein, als kämpfe sich Netzer noch einmal zurück ins Team. Er ackerte und rackerte, um die Rest-Röllchen von den Hüften zu schwitzen. Viele Beobachter blieben allerdings skeptisch und traktierten den großen Günter mit kritischen Fragen, doch der beherrschte schon damals nicht nur den langen Pass auf dem Fußballplatz, sondern auch den verbalen Konter am Rand des grünen Rasens. Dreißig Jahre vor den dialektischen TV-Analysen mit Gerhard Delling parlierte der Real-Star souverän – auf Deutsch, Englisch oder Spanisch. Englischen Berichterstattern antwortete er so leichtzüngig, als spiele er für Manchester United oder Arsenal London, und auch wenn es unangenehm wurde, kniff Netzer nicht. Wie ist das mit dem Gewicht? „Gut, dass Sie das fragen", entgegnete er einem Reporter. „Ich bin 1,79 Meter, wenn ich mich groß mache, vielleicht 1,80. Sind da 78,5 Kilo zu viel?" Seine Kondition sei besser denn je, er spüre förmlich den Muskelzuwachs aus dem Krafttraining der vorangegangenen zwei Wochen.

Leider, leider ließ Netzer seinen Worten keine fußballerischen Großtaten folgen. Am Ende reichte es für den charismatischen Passgeber nur für einen 21-minütigen Kurzeinsatz gegen die DDR im letzten Vorrundenspiel, nachdem die Zuschauer im Volksparkstadion nach „Netzer" geschrien und Trainer Schön Volkes Wille umgesetzt hatte. Als Netzer sich warm lief, dachte er laut eigener Aussage: „Um Gottes Willen, was sollst du denn jetzt in diesem verkorksten Spiel?" Alle Fachleute wussten, dass ein Akteur wie Netzer als Dampf machender Joker nicht geeignet war. Es kam, wie es kommen musste: Netzer führte sich mit einem Fehlpass ein und erhielt in der Folgezeit kaum mehr einen Ball. „Franz gab ihm nichts", schimpfte der «kicker». Die Ignoranz der Mitspieler brachte das Sportmagazin auf die Palme: „Einige schneiden Netzer offensichtlich, andere umspielen ihn gar… sie müssten sich die Frage gefallen lassen, ob sie dann lieber nur noch mit zehn Mann gegen elf spielen wollen!" In der Netzer-Kritik hieß es: „Kein Dribbling, nie startete er, schickte nur andere."

Im Duell mit Overath bleibt Günter Netzer im Trainingsanzug stecken

Auch die internationale Presse reagierte mit scharfen Worten. Jean Réthacker schrieb in der Pariser «L'Equipe», das Experiment mit Netzer sei misslungen. „Der Mann ist außer Tritt, schwerfällig, nicht geschaffen für den kämpferischen Einsatz, den eine WM fordert." Und was war mit Wolfgang Overath? „Wenn er sich mehr zu langen Pässen entschließt, ist er gefährlicher." Réthacker sollte Recht bekommen. Der kampfstarke Kölner steigerte sich, mit Ausnahme des verlorenen Bruderkampfes gegen die DDR, von Spiel zu Spiel und avancierte zum unverzichtbaren Mittelfeldmotor des deutschen Spiels.

Nach dem 2:1-Finalsieg gegen Holland streckten elf glückliche Deutsche den neuen Weltpokal in den Münchener Abendhimmel – Netzer erlebte den Triumph nur als Zaungast und weinte bitterlich. „Ich habe mich meiner Tränen nicht geschämt, als Franz Beckenbauer, wenige Meter von meinem Tribünenplatz entfernt, den World Cup mit beiden Händen emporreckte", gestand Netzer kurz nach der WM. Der Mittelfeldgenius streifte nur noch zwei Mal das Nationaltrikot über – 1975 gegen Bulgarien und Griechenland. Die langen Haare wollten mehr, doch Leib und Seele waren längst ermattet.

Das Feuilleton liebte ihn indes immer noch. Die «Frankfurter Rundschau» schrieb salbungsreiche Worte in Netzers Poesiealbum und bezeichnete ihn zum Abschied aus der Nationalmannschaft als „in den Regen gekommenen Rauschgoldengel des grasgrünen Welttheaters".

Das deutsch-deutsche Duell

Als die Deutschen gegen sich selbst verloren: Wo waren Höttges, Vogts und Maier, als das Sparwasser-Tor fiel?

Im Quickborner Sporthotel flossen Rotkäppchensekt und Wodka bis zum frühen Morgen in Strömen. Die feuchtfröhliche Feier der DDR-Delegation nach dem Sieg gegen den vermeintlich übermächtigen kapitalistischen „Klassenfeind" konnte auch der wirre Anrufer nicht torpedieren, der per Telefon viermal ein Attentat angekündigt hatte. Zwischenzeitlich hatte sich ein Trio, darunter Kische und Kreische, abgesetzt und war auf eigene Faust feiern gegangen. Jürgen Croy erzählte die Geschichte 2003 in der MDR-Sendung „Ein Kessel Buntes": „Wir sind nach dem 1:0 mit dem Taxi in die City gefahren, direkt auf die Reeperbahn. In einem Lokal, einer Männerkneipe, haben wir ein bisschen was getrunken. Am frühen Morgen waren wir wieder in Quickborn. Ein Grenzschützer empfing uns mit den Worten: ‚Ihr müsst verrückt sein. Es hat eine Bombendrohung gegeben.' Wir sind dann auf einem Schleichweg zurück ins Hotel und haben uns dort auf die Terrasse gesetzt." Ein Funktionär begrüßte die übernächtigten Ausflügler mit den Worten: „Ach, ich sehe schon: ihr könnt heute auch nicht schlafen." Die Niederlage der hoch favorisierten Bundesrepublik war die erste Sensation der Weltmeisterschaft und wurde auf DDR-Seite fast im Stil der Holländer gefeiert.

Zum Medienereignis geriet bereits die Anreise der Schlachtenbummler aus der DDR. Der «Spiegel» beschrieb die Anfahrt der „Fußball-Genossen" in der Sprache der Besser-Wessis: „Auch im Volksparkstadion hocken die Männer aus den Sonderzügen zackzack allen voran auf ihren Rängen, vereint zu Blöcken stiller Kampferwartung. Dies ist die einzige Nationalitätengruppe bei der Weltmeisterschaft, die Fahnen und Stimmen und Körper in chorischem Gleichmaß bewegt und dabei niemals wirklich in Rage gerät." Auch Herbert Riehl-Heyse von der «Süddeutschen» blies ins gleiche Horn: „Die 1.500 Sportkameraden, die aus zwei Sonderzügen quollen und mit Trompeten in der Hand, die Fähnchen schüchtern unter der Windjacke, ins nächste Restaurant zogen, mussten das Gefühl haben, man wolle sie in Sicherheit wiegen. Kein Bahnbeamter, der ihnen – wie noch vor dem Match gegen Australien – ein ‚Willkommen in der Freiheit' entbot. Kein Fernsehreporter, der – wie beim Spiel in Berlin – von ihnen wissen wollte, ob die DDR hier eigentlich im Ausland spiele." Etwaige Kontaktversuche seien, so der preisgekrönte Reporter, „wieder nur einmal auf der Herrentoilette möglich" gewesen.

Vor dem Spiel hatte bei den Bundesdeutschen noch Optimismus geherrscht. «Bild» sah die Bundesrepublik im Einzel-Vergleich mit 7:4 vorn, und Uwe Seeler assistierte: „Wir haben die weitaus größeren Spielerpersönlichkeiten." Eine Blitzumfrage der Wickert-Institute ergab: Nur 17 Prozent der Interviewten glaubten an einen DDR-Sieg. Auf der Ehrentribüne des Volksparkstadions hatte an diesem denkwürdigen Tag reichlich Prominenz Platz genommen. Bundeskanzler Helmut Schmidt heizte die Stimmung mit der Bemerkung an, dass es bei dem Spiel „um mehr als Fußball" ginge, Verteidigungsminister Hans Apel erwartete gar ein „lockeres 4:0" und «Bild» tönte: „Warum wir heute gewinnen!" Mercedes gegen Trabbi – eine klare Sache, dachten alle selbst ernannten Fußballfans im Westen.

Auf dem Platz sah es aber schon bald anders aus. Grabowski verstolperte nach einer knappen Viertelstunde eine Riesenchance, und das Selbstbewusstsein des kompakten DDR-Kollektivs wuchs von Minute zu Minute, was sich auch in den Dialogen auf dem grünen Rasen zeigte. „Jetzt muss ich dich leider festhalten", sagte der Münchener Beckenbauer zu Irmscher vor einem Eckball. „Das schaffst du nicht!", antwortete der Mann aus Jena dem „Kaiser" – das war nichts anderes als Majestätsbeleidigung.

Im Spielverlauf wurde das enttäuschte Hamburger Publikum zusehends und hörbar unruhiger. Der von Bayern-Akteuren dominierten Nationalmannschaft schallten immer lauter „Uwe, Uwe"-Rufe entgegen. Kein Wunder, dass Gerd Müller nur den Pfosten traf. Für mehr Unterhaltung auf der Ehrentribüne sorgte die Gattin

Hamburg, 22. Juni 1974, 21.04 Uhr

von Michael Kohl, dem ständigen Vertreter der DDR in der BRD. Die Blondine aus Ost-Berlin klatschte eingangs bei den rhythmischen „Deutschland, Deutschland"-Sprechchören begeistert mit – bis ein leichter Stoß in ihre Rippen der unbotmäßigen Verschwisterung ein Ende bereitete. Die zunächst etwas verschüchterten 1.500 DDR-Schlachtenbummler machten derweil mit dem Ost-Klassiker „7, 8, 9, 10, Klasse" auf sich aufmerksam.

Bis zur 78. Minute plätscherte das eher mäßige Spiel der beiden für die nächste Runde bereits qualifizierten Mannschaften vor sich hin. Erst als der Sozialpädagogik-Student Erich Hamann auf den späteren Republikflüchtling Jürgen Sparwasser passte, kam Schwung in die Begegnung. Der schnelle Herr aus der DDR umkurvte die hüftsteif wirkenden Abwehrrecken Höttges, Vogts und Maier wie Slalomstangen und schrieb mit seinem Tor Geschichte: Wenigstens ein einziges Mal hatte der Sozialismus den Kapitalismus überflügelt. DDR-Auswahltrainer Georg Buschner sprach von einem „Sieg der Taktik und der Athletik" und verblüffte die Journalisten: „Wenn Sie noch Fragen haben, kommen Sie zu uns nach Ratingen. Wir stehen Ihnen zur Verfügung, weltoffen wie wir sind."

Verkrampfter hatten die Fernseh-Reporter aus Ost und West auf die besondere Stimmung rund um das Spiel reagiert. DDR-Sprecher Heinz-Florian Oertel war spürbar um korrekte Sachlichkeit bemüht und vergriff sich auch nicht im Ton, als die Sensation perfekt war: „Was für eine Mannschaft. Was für eine Elf." 90 Minuten war kein politisches Wort von dem Mann hinter dem Mikrofon zu hören. Sein Urteil über das Sparwasser-Tor: „Eine meisterliche Leistung." Insgesamt übertrugen 29 TV-Stationen den von vielen Medien zum „Klassenkampf" hochstilisierten Vergleich der Fußball-Systeme. Für das ZDF war Werner Schneider am Ball, der auf den Rat namhafter Wissenschaftler politisch korrekt von „Bundesrepublik Deutschland" und „DDR" sprechen sollte. In der Praxis mutierte der bundesrepublikanische Kapitän Beckenbauer doch wieder zum „deutschen" Spielführer. Auch sonst hielt sich Schneider weniger zurück als sein Konterpart. Kostprobe: „Das Stadion ist eine Orgie in Schwarz-Rot-Gold." Schneider bemerkte auch: „Um Müller herum sah es recht blau aus." Nicht schön seine verächtliche Äußerung über Ankurbler Kreische, den er als „großen Spielmacher vergangener Tage" bezeichnete. Nun ja, an diesem Tag reichte es noch gegen Overath und später Netzer...

Der Sparwasser-Schock saß bei den Westdeutschen tief. Minister Apel glaubte den WM-Titel verloren, FDP-Fraktionschef Wolfgang Mischnick eilte im Sprinttempo zum Tresen im VIP-Raum und spülte seinen Frust mit zwei Halben herunter. Zusätzlichen Trost spendete ihm der Bier-Zapfer, der sich dabei als schlechter Verlierer entpuppte: „Dafür haben die drüben kein so gutes Bier wie wir." Nicht einmal das stimmte. Wer jemals das Bier in der DDR genossen hatte, wusste, dass Radeberger oder Rostocker Gerstensaft den Vergleich mit den in Hamburg kredenzten Marken „Astra" und „Holsten" nicht zu scheuen brauchte.

Eine Hamburger Zeitung begründete den unerwarteten Ausgang des deutsch-deutschen Duells mit der „Arroganz" der „hoch dotierten Professionals" aus dem Westen im Spiel gegen die Staatsamateure aus dem Osten. Als einziger bundesdeutscher Spieler heimste Berti Vogts Lobesworte ein. Der CDU-Anhänger hatte sich neben Franz Beckenbauer wacker geschlagen und gegen die 19-jährige DDR-Angriffshoffnung Martin Hoffmann nichts anbrennen lassen. Torjäger Gerd Müller rüffelte dagegen seinen Bayern-Kollegen Uli Hoeneß: „Er kümmerte sich überhaupt nicht um seinen Gegenspieler." Und Uwe Seeler sagte das, was er vor und nach Niederlagen heute noch fordert: „Es muss gekämpft werden."

Beckenbauer und Bransch kurz vor dem Anpfiff: Noch weiß kein Wimpel, wie's ausgeht...

...aber nach dem Spiel ist zumindest ein Wimpel schlauer

„Uns kann keener" war die Grundhaltung

Der Journalist Dr. Klaus Huhn war bei der WM '74 für das damalige SED-Zentralorgan «Neues Deutschland» als Reporter unterwegs. Heute lebt er als Verleger in Berlin

Wie viele «ND»-Reporter waren bei der WM '74 am Ball?

Zwei.

Welchen Stellenwert hatte die Berichterstattung im Blatt?

Einen der Tatsache angemessenen, dass sich die DDR für die WM qualifiziert hatte.

Gab es Vorgaben aus der Politik?

Nein. Es gab keine zentrale Zusammenkunft, auf der eine Befehlsliste von Punkt 1 bis 24 abgearbeitet wurde.

*„Niemand schrie vom Klassenkampf": Klaus Huhn
Foto: privat*

Wie haben die Fußballfans und die West-Kollegen auf den Reporter des Zentralorgans der SED im Westen reagiert?

Einen Fan interessiert Fußball, aber nicht, woher man kommt. Manche haben vielleicht ein bisschen gestaunt und gefeixt – „Na, Erlaubnis gekriegt? Hö, hö, hö." Und der Kollege Hajo Friedrichs hat mir in seinen Memoiren ein ganzes Kapitel gewidmet. Tenor: Wenn der Huhn den Raum betrat, haben Ossis und Wessis, wo immer sie zusammen Skat gespielt haben, die Karten verschwinden lassen. Ich hätte ihm notfalls eine Liste der Westkollegen geben können, die mit mir Skat gespielt haben.

Friedrichs schrieb also frei nach dem Motto: Jeder «ND»-Mann ist ein Spitzel?

Das ist noch heute so. Ich bin aus dem Verband Deutscher Sportjournalisten (VDS) ausgeschlossen worden, aber Ehrenmitglied der Europäischen Sportjournalisten-Union (UEPS). Das müssen Sie sich mal vorstellen! Die Atmosphäre war schon 1974 so. Die war noch 1990 so. Und die war noch 2002 so, als mich die UEPS nach Istanbul einlud, um mir die Ehrenmitgliedschaft zu verleihen. Alle gratulierten mir, als Erster übrigens der Vertreter Israels. Die Einzigen, die mir nicht die Hand reichten, waren die Funktionäre des VDS.

Auch die DDR-Schlachtenbummler hatten einen schweren Stand. Der «Spiegel» hat sie als gesichtslose, verschüchterte und Bockwurst essende Masse geschildert!

So etwas war Standard. Ob 1972 bei den Olympischen Spielen in München oder 1974 zur WM. Immer die gleiche Brühe! Heerscharen von Journalisten lungerten schon 1972 vor den Quartieren der DDR-Besucher herum, die – aus puren Kostengründen – außerhalb von München wohnten.

Nur Blödsinn, der in den West-Medien stand?

Vielleicht hat da wirklich einer gesagt: „Leute, wir bleiben zusammen", oder ein Reiseleiter hat durchgezählt, aber weil ich nach der Rückwende vorübergehend auch als Reiseleiter mein Brot verdiente, weiß ich, wie wichtig es ist, ständig Ausschau zu halten, ob niemand verloren gegangen ist. Soll ich das dem «Spiegel» erklären? Er weiß es natürlich, nur passte es nicht in seinen Streifen.

Wo waren Sie eigentlich, als das Sparwasser-Tor fiel?

In Frankfurt am Main im Pressezentrum.

Warum hat die DDR gewonnen?

Weil sie an diesem Tag besser war! Hinzu kam eine Konstellation, die kaum jemand bedachte, der in der Vergangenheit über das Spiel philosophierte. Entscheidend dürfte die durch die Gewinnsucht der Veranstalter geprägte Änderung des Spielplans gewesen sein. Ein Schritt übrigens, der genau betrachtet gegen alle Regeln verstieß. Die Spiele dieses Tages – Australien-Chile und BRD-DDR – hätten zeitgleich ausgetragen werden müssen. Die Partie Australien-Chile wurde aber im Berliner Olympiastadion bereits um 16 Uhr angepfiffen, während die deutsch-deutsche Begegnung erst um 19.30 Uhr begann. Die DDR war mit dem Ziel zur WM gereist, unter die letzten Acht zu kommen. Dieses Ziel war durch den Ausgang der Berliner

Begegnung bereits erreicht, ehe das Spiel im Hamburger Volksparkstadion überhaupt begann.

Wenn das deutsch-deutsche Duell auch um 16 Uhr angepfiffen worden wäre – hätte Sepp Maier Sparwassers Schuss um 17.34 Uhr gehalten?

Eine der inzwischen im Sportjournalismus zur Gewohnheit gewordenen „Was-wäre-wenn"-Fragen. Es fragt doch auch niemand, was wohl heutzutage an der Seine stehen würde, wenn Alexandre Gustave Eiffel nicht auf die Idee gekommen wäre, seinen berühmten Stahlturm zu errichten? Fest steht nur, dass die DDR-Mannschaft bereits am Ziel ihrer Wünsche war, als sie in Quickborn in den Bus stieg und ins Volksparkstadion fuhr. Grundhaltung: „Uns kann keener!" Die Mannschaft wäre auch unter den letzten Acht gewesen, wenn sie 0:12 verloren hätte. Das sorgte für enorme psychische Entlastung. Helmut Schön, mit dem ich schon 1948 im Deutschen Sportausschuss der Sowjetischen Besatzungszone an einem Tisch gesessen hatte – wir gehörten beide zu den Gründungsmitgliedern –, ahnte, was auf ihn und seine so selbstbewusste Truppe zukommen könnte. Er ermahnte seine Spieler inständig, die DDR-Elf nicht zu unterschätzen. Niemand nahm das sonderlich ernst, man sagte grinsend zu Schön: „Wir wissen doch, woher sie kommen…"

Und woher wissen Sie das?

Weil es mir Schön später bei einem Kongress des Weltverbandes der Sportjournalisten in Dublin hinter vorgehaltener Hand erzählte. Und auch, dass sich Beckenbauer in der Halbzeit-Pause für diese Bemerkungen entschuldigte und gestand: „Mir ist noch nie jemand so respektlos auf den Füßen rumgetrampelt wie diese Truppe!"

War das 1:0 ein Verdienst von DDR-Coach Buschner?

In gewisser Hinsicht ja. Er verfügte über einen exzellenten Blick. Er fand bald heraus, dass es das Klügste sein würde, mit langen, präzisen Pässen das Mittelfeld zu überbrücken. Solche Pässe beherrschte kaum jemand besser als Erich Hamann aus Franfurt an der Oder. Der hat überhaupt nur drei Länderspiele für die DDR bestritten, aber er sorgte an diesem Tag für die Entscheidung, als Buschner ihn in der 65. Minute einwechselte. Es erwies sich in dieser Situation als geniale Idee, ihn zu bringen. Und er hielt sich strikt an Buschners Weisung und schlug den spielentscheidenden Pass fast millimetergenau auf Sparwasser. Ich kenne manchen, der hinterher zugab, bei sich gedacht zu haben: „Ist der Buschner wahnsinnig, was soll denn Hamann in dem Spiel?" Hinterher erinnerte sich kaum jemand daran.

War das Spiel für die DDR ein „Klassenkampf", den sie siegreich bestritten hat?

Unsinn. Es gab niemanden, der auch nur auf die Idee gekommen wäre, zu verkünden: „Vorwärts! Das ist Klassenkampf." Ich komme auf die Konstellation zurück: Kaum jemand hatte mit einem DDR-Sieg gerechnet. Ich wüsste auch keinen Spieler, der wegen der Losung „Klassenkampf" etwa emsiger agiert hätte.

Der westdeutsche Minister Hans Apel hat vor dem Spiel getönt: „Die putzen wir 4:0 weg!"

Ja, solche Prognosen waren Dutzendware. So war die Stimmung damals. Und auch deshalb wäre es absurd gewesen, das Spiel als „Klassenkampf" zu deklarieren, denn verliere ich, habe ich nicht nur ein Fußballspiel, sondern gleich einen Klassenkampf verloren. Hinterher las man in vielen Berichten: Ein normales Fußballspiel mit überraschendem Ausgang. Von lautem Getöse in den DDR-Medien keine Spur.

Gab es einen Unterschied in der Berichterstattung von West- und Ostmedien?

Das lag auf der Hand. Leider habe ich den größten Teil meines Archivs in den Müllcontainer versenkt, als mich ein Münchener Angeblich-Altbesitzer aus meinem Haus in Kleinmachnow exmittieren ließ. Aber in den 152 Ordnern mit Zeitungsausschnitten, die ich heute noch besitze, fand ich zum Beispiel eine «Bild»-Titelseite mit der fetten Schlagzeile „So nicht, Herr Schön!"

«Bild» hatte ja schon vor dem Spiel in Hamburg aufgemacht mit der Zeile „Warum wir heute gewinnen!" Ein Ausdruck von Überheblichkeit?

Es fiele schwer, das zu bestreiten!

Wäre die Bundesrepublik ohne die Niederlage gegen die DDR Weltmeister geworden?

Noch so eine „Was-wäre-wenn"-Frage… Helmut Schön jedenfalls sagte mir in Dublin: „Im Grunde genommen war ich euch dankbar, denn ihr habt die Truppe wieder auf den Boden zurückgeholt." Das sagt doch alles.

Gesellenstück im eigenen Bus

Weltoffen zum Weltniveau:
Die DDR versuchte, nicht nur auf dem Rasen Akzente zu setzen

Hotel und Küche gut: Das Quartier des Buschner-Teams in Quickborn

Die Liebe zu Quickborn war keine auf den ersten Blick. „Das Hotel ist ausgezeichnet, die Küche allerbestens und die Anfahrt zum Stadion kurz", pries Coach Georg Buschner die Annehmlichkeiten des DDR-Quartiers im Sporthotel vor den Toren Hamburgs. Doch ursprünglich hatten die Funktionäre geplant, im eigenen deutschen Staat zu bleiben. Von Schwerin aus sollten die Buschner-Kicker zu ihren Spielen anreisen, was die FIFA jedoch nicht genehmigte: Alle Mannschaften mussten ihre Zelte im Gastgeberland aufschlagen.

Das größte Ärgernis in Quickborn hatte nichts mit der vor allem durch Torf-Abbau und Mike Krüger bekannt gewordenen Gemeinde zu tun, die die DDR schließlich Alternativ-Quartieren in Scheeßel und Wentorf vorgezogen hatte. Ausgerechnet ein kapitalistisches Musterprodukt „Made in Germany" verhagelte den Offiziellen die Stimmung. Front und Heck des vom Veranstalter gestellten Mannschaftsbusses waren allein in Schwarz-Rot-Gold lackiert, von den DDR-Flaggenwerkzeugen Hammer und Zirkel keine Spur. Der Hinweis der Organisatoren, dass diese Partien auf allen Bussen nur in den Grundfarben der Flaggen unter Verzicht auf jegliche Symbole gehalten seien, stellte die DDR-Verantwortlichen nicht zufrieden. Der Daimler wanderte unbenutzt in die Garage, und „aus prinzipiellen Gründen", wie Teamchef Willi Boldt

Streitobjekt: Die Heckpartie des DDR-Busses mit Tip und Tap, aber ohne Hammer und Zirkel

erläuterte, investierte die DDR 6.000 Mark in ein Ersatzgefährt.

Den Bus-Affront konnten die DFV-Funktionäre kaum unkommentiert lassen. Erst seit den gerade zwei Jahre zurückliegenden Olympischen Spielen in Sapporo und München war die DDR bei weltweiten Sportwettkämpfen mit eigener Fahne vertreten. Das Projekt, dem ostdeutschen Staat über den Sport zu internationaler Anerkennung und Wertschätzung zu verhelfen, befand sich auf einem viel versprechenden Wege – ein Bus sollte sich da nicht dazwischenstellen.

Ansonsten war die DDR-Delegation strikt auf ein gutes Klima bedacht. Als Gegenbild zur bundesdeutschen „Festung Malente" gab man sich in Quickborn offen und gastfreundlich. Während die Massen in der Holsteinischen Schweiz auf der Jagd nach ihren DFB-Idolen weitgehend auf verschlossene Türen stießen, wurde in Quickborn demonstrativ auf das Abschirmen der Spieler verzichtet. „Bei uns sind Autogramme kostenlos", ließ das DDR-Quartier verlauten – was von neugierigen Einheimischen dankbar genutzt wurde. Für die damals durchaus unkonventionelle Idee, ein öffentliches Training samt Autogrammstunde durchzuführen, wäre eine westliche Werbeagentur vermutlich reich honoriert worden.

Die DDR empfing ihren Lohn in einer positiven Außendarstellung, die sie durch gezielte Aktionen noch verstärkte. „In der Öffentlichkeit mussten wir stets die Rolle als Repräsentanten der DDR betonen", resümierte Coach Buschner zwei Jahrzehnte nach der WM. Selten praktizierten die Sportler mit Hammer, Zirkel und Ährenkranz auf der Brust das so gelungen wie in ihren Fußball-Wochen im westlichen Deutschland. Ob eingegangene Spenden an einen Kinderspielzeug-Verleih weitergereicht wurden oder später im Ratinger Quartier der Postberge schleppende Briefträger mit Wimpeln bedacht wurde – die „Diplomaten im Trainingsanzug" taten ihr Bestes, um das Klischee vom emotionslos-stromlinienförmigen Ost-Athleten zu konterkarieren.

Wie der „Westen" seine Western-Klischees bediente, das sahen sich die aufgeschlossenen DDR-Kicker nach ihrem Auftaktsieg gegen Australien an. Im Kino verfolgten sie, wie Bud Spencer und Terence Hill ihre „Vier Fäuste für ein Halleluja" einsetzten. Trotz des ungewöhnlichen geistlichen Beistands blieben teaminterne Querelen nicht völlig aus. „Buschner spricht nicht einmal mit uns", maulte Peter Ducke stellvertretend für die nicht zum Zuge Kommenden. Jenas Altgedienter war in der Vorrunde nur einmal, beim 1:1 gegen Chile, eingewechselt worden.

Auf die Begegnung mit den Bundesdeutschen hatte bereits vor der WM die Ostberliner «Fußballwoche» eingestimmt, die das Bundesliga-Spiel zwischen Eintracht Frankfurt und dem 1. FC Köln unter die Lupe genommen hatte. Ihr Fazit aus dem Aufeinandertreffen von mehreren DFB-Auswahlkickern fiel so medienkritisch wie selbstbewusst aus: „Unser Fußball braucht sich nicht zu verstecken! Wohl sah man ein herrliches Tor von Grabowski, wohl auch gelungenes Doppelpassspiel, einige ausgezeichnete Kombinationen, doch in der später zu beobachtenden Fernsehsendung wurde aus dieser Begegnung mehr gemacht! Auch hoch dotierte Profis sind nicht frei von Mängeln und kochen auch nur mit Wasser."

Am 22. Juni in Hamburg wurden die Mängel der westlichen Wasserköche deutlich. Das 1:0 über die „hoch dotierte" Bundesrepublik markierte den vorläufigen Höhepunkt des DDR-Fußballs. Die zweite Finalrunde war ohnehin bereits erreicht, der Gruppensieg noch vor dem großen Nachbarn sogar Planübererfüllung. „Der Lehrling hat sein Gesellenstück gemacht", stellte Trainer Buschner zufrieden fest: „Keiner erwartet, dass nun gleich der Meisterbrief folgt." Eine freundliche Zurückhaltung, die eher dem diplomatischen Verhalten neben dem Platz als den eigenen Möglichkeiten auf dem Rasen entsprach.

Zu ihrer Meisterprüfung präsentierte sich die DDR-Auswahl dann allerdings schlecht vorbereitet und allzu bescheiden. In der Höhenluft der letzten Acht ging der Überraschungsmannschaft die Puste aus, sogar die schon abgeschüttelt geglaubte Zaghaftigkeit kehrte gegen die großen Namen Brasilien und Holland ins Spiel zurück. Ängstlich und mit verstärkter Defensive angetreten, verzichtete Buschner darauf, nach dem Coup gegen die BRD auch die nächsten Großen des Weltfußballs aussichtsreich herauszufordern.

„Wenn wir mit der gleichen Aufstellung gegen Brasilien angetreten wären wie gegen die Bundesrepublik, hätten wir das Spiel gewonnen", glaubt Jürgen Sparwasser noch heute: „Die Brasilianer waren nicht stark, wir haben zu großen Respekt gehabt. Buschner wollte über Konter zu Toren kommen, aber das war im Prinzip gar nicht nötig. Wir haben in vielen Phasen des Spiels gemerkt, dass wir im vorderen Bereich unterbesetzt und so der Möglichkeit beraubt waren, torgefährliche Angriffe zu fahren."

Gegen Holland setzte sich das zaghafte Auftreten fort, das Abschlussspiel gegen Argentinien nutzte Buschner, um einigen Talenten aus der zweiten Reihe eine Chance zu geben. Mit ihrem sechsten Platz waren die Fußball-Gesellen in der Realität angekommen, ihr Handwerk hatte noch keinen goldenen Boden. Immerhin widmete sich auch ein anerkannter Meister des Fußballs ihrem Spiel. Pelés zeitgenössischer Kommentar fiel allerdings nüchtern aus: „Die DDR muss noch viel lernen."

Kugelschreiber-Offensive: Die Autogrammstunde der Kicker aus dem Osten lockt viele Neugierige an

„Acht, Neun, Zehn – Klasse!" – DDR-Anhänger im Hamburger Volksparkstadion

„Wir waren besser"

Jürgen Sparwasser, quirliger Stürmer des WM-Neulings DDR und BRD-Bezwinger

„Hamburg 74" auf dem Grabstein, das reicht: Jürgen Sparwassser

Herr Sparwasser, Sie haben in 53 Länderspielen 15 Tore erzielt. Welches Tor war Ihr schönstes?

Das schönste? Sie meinen das wichtigste?

Nein, das schönste. Das wichtigste war ja das 1:0 gegen die Bundesrepublik.

Nee, nee (lacht). Das habe ich für den 1. FC Magdeburg im Halbfinale des Europacups im Rückspiel gegen Sporting Lissabon erzielt. Dadurch standen wir im Endspiel gegen den AC Mailand.

Tut mir Leid, jetzt müssen wir doch über das 1:0 von Hamburg sprechen. Sie haben oft gesagt, dass Ihnen das Tor geschadet hat. Inwiefern?

Nach der Rückkehr von der WM wurde das Tor ständig im Fernsehen gezeigt. Die Zuschauer konnten das nicht mehr sehen. Dann kamen die Gerüchte auf, ich hätte dafür einen Haufen Geld, ein Haus und ein Auto dafür bekommen. Obwohl das Unsinn war, glaubten die Leute die Geschichten. Ich befand mich plötzlich in einer Situation, in der ich mir sagte: ‚Hätt' ich das Ding mal nicht gemacht.'

Sind Sie in der DDR angefeindet worden?

Nein, das kann man nicht sagen. Aber bei einigen kam Neid auf – nicht bei denjenigen, die vom Fußball Ahnung hatten, aber bei den normalen Menschen auf der Straße. Aber der Neid war unbegründet.

Vor dem Spiel war die Stimmung anders, besonders im Westen. Dort haben die Medien nur über die Höhe des Sieges spekuliert.

Ich erinnere, dass die Schlagzeile der «Bild» lautete: ‚So werden wir gewinnen!' In dem Artikel wurden die Spieler miteinander verglichen und bewertet. Mein Gegenspieler Schwarzenbeck, der mit 4:2 oder 5:3 Punkten führte, wurde als Techniker, ich als robuster Fußballer beschrieben. Das hat mich natürlich motiviert.

Gab es Unterschiede in der Berichterstattung von Ost- und Westmedien?

Die Journalisten der ehemaligen DDR schrieben zielgerichteter über das Spiel, das Drumherum wurde nicht durchleuchtet. Im Westen beschäftigten sich die Recherchen eher damit, was vor und nach dem Spiel passierte. Das Ergebnis stand zwar in den Zeitungen, eine richtige Analyse gab es aber nie.

Dann erklären Sie doch mal, warum die DDR damals gewonnen hat!

Weil wir besser waren und einen psychologischen Vorteil hatten. Wir wussten schon vor dem Spiel, dass wir nach dem Unentschieden Chiles gegen Australien eine Runde weiter waren. Außerdem stellten die international erfolgreichen Vereine Magdeburg, Jena und Dresden das Gros der Nationalmannschaft. 1974 wurde Magdeburg Europapokalsieger, da braucht man sich nicht zu verstecken. Wir wussten um unsere Stärke: Wir hatten ein physisch starkes Team, das taktische Ineinandergreifen von Abwehr, Mittelfeld und Angriff klappte, keiner war sich zu schade, für den anderen die Drecksarbeit zu machen, und wir kannten auch die Schwächen der bundesdeutschen Mannschaft.

Sportlicher Steckbrief
Jürgen Sparwasser wurde am 4. Juni 1948 in Halberstadt (Sachsen-Anhalt) geboren. Er absolvierte 53 Länderspiele für die DDR, in denen er 15 Treffer erzielte. In der DDR-Oberliga traf der Stürmer in 271 Spielen 111-mal ins Netz. Die größten sportlichen Erfolge: 1972 Bronze bei Olympia, WM-Teilnahme 1974, im selben Jahr Europacupsieger der Pokalsieger (2:0 gegen den AC Mailand) mit dem 1. FC Magdeburg. Mit dem Klub gewann Sparwasser zudem drei DDR-Meisterschaften.

Welche waren das?

Wir wussten, dass wir eine Chance haben, wenn es bei der BRD nicht laufen würde. Deshalb haben wir Overath eng gedeckt und eingekreist. Meine Aufgabe war es, auf den Franz aufzupassen, wenn er in die Offensive ging. Das klappte bis auf ein, zwei Situationen auch. Außerdem hofften wir, dass das kritische Hamburger Publikum, das uns zwar nicht mit Lobeshymnen empfangen hatte, umschwenken würde, je länger wir das Spiel offen halten. Und genauso kam es. Wir hätten das Spiel ja schon in der ersten Halbzeit entscheiden können – der Kreische stand ja ganz allein vor dem Tor.

Einige Beobachter behaupten, dass die überraschende Einwechslung von Erich Hamann, der den Pass zu Ihrem Tor gab, spielentscheidend war.

Das ist natürlich an den Haaren herbeigezogen. Den Pass hätte auch ein anderer spielen können. Wir hatten beispielsweise mit Irmscher im Mittelfeld auch Spieler im Format eines Netzer oder Overath, die einen Pass über 30, 40 Meter schlagen konnten. Dass Hamann ihn gespielt hat, war Glück, aber nicht das Entscheidende. Wichtig war, dass wir uns nicht hinten reingestellt und den Catenaccio herausgeholt, sondern auch das Spiel nach vorne und die Entscheidung gesucht haben. Bei der BRD hat doch auch öfter der Baum gebrannt.

Haben sich die westdeutschen Spieler später für die Niederlage bedankt, ohne die sie wohl kaum Weltmeister geworden wären?

Kürzlich habe ich Bernd Hölzenbein in Frankfurt getroffen. Er zeigte vor versammeltem Publikum auf mich und sagte: ‚Dem habe ich zu verdanken, dass ich Fußball-Weltmeister geworden bin.' Nach dem 0:1 von Hamburg war er in die Mannschaft gekommen. Es gab auch Journalisten, die gesagt haben: ‚Die könnten dir die 23. Medaille geben.'

Meinen Sie, dass die Bundesrepublik in der Gruppe A der zweiten Finalrunde größere Schwierigkeiten bekommen hätte?

Ich muss ganz klar sagen, dass die Holländer die Besten waren und Cruyff der herausragende Spieler dieser WM. Ich kannte ihn seit 1965, als wir im Juniorenbereich gegeneinander spielten. Schon damals deutete er seine Klasse an. Was er dann bei der WM '74 gezeigt hat, war einmalig: Seine Antrittsschnelligkeit, sein Fintenreichtum, seine Fähigkeit, den Ball zu behaupten und dabei in die Vorwärtsbewegung zu gehen. Ich vergleiche ihn heute mit Zidane. Aber Cruyff war noch explosiver und torgefährlicher. Noch nie stand ich so sinnlos auf dem Platz wie bei unserer Niederlage gegen die Holländer. Diese Mannschaft hat uns in Grund und Boden gespielt, wir waren ohne Chance. Ich habe den Schlusspfiff regelrecht herbeigesehnt.

Warum hat die Bundesrepublik dann das Endspiel gewonnen, sind die Holländer an ihrer Überheblichkeit gescheitert?

Das kann ich so nicht sagen. Hölzenbein sucht immer noch die Stelle, wo er getroffen wurde. Er hat sie noch nicht gefunden... Wenn es den zweiten Elfmeter nicht gegeben hätte, wäre in dem Spiel nichts mehr angebrannt.

Der schnelle Herr aus der DDR

Das „Sparwasser-Tor" ist in Deutschland zum geflügelten Wort geworden, übertroffen nur noch vom „Wembley-Tor" und Rahns 1954er-Knaller („Toooooor"). Sparwasser hat in seiner Karriere viele Treffer erzielt, aber die am 22. Juni 1974 in der 78. Minute erbrachte Glanzleistung gegen den Turnierfavoriten Bundesrepublik werde ihn bis ins Jenseits verfolgen, unkte der Torschütze einmal: „Wenn man auf meinen Grabstein eines Tages nur ‚Hamburg 74' schreibt, weiß jeder, wer da drunter liegt." Der Schriftsteller Ror Wolf widmete ihm in seiner Moritat zur WM '74 die Zeilen: „Für etwas Ärger sorgt ein schneller Herr / kurz aus der so genannten DDR." Nicht nur *das* Tor weckte bei West-Vereinen Begehrlichkeiten. Die Bundesliga-Manager standen Schlange und buhlten um seine fußballerischen Dienste. Sparwasser: „Als ich mit Magdeburg Ende 1974 gegen Bayern München im Europacup der Landesmeister spielte, wollten mich drei, vier Vereine verpflichten." Welche Klubs bei ihm anklopften, verrät Sparwasser auch heute nicht. Er blieb in der DDR und wurde später Trainerassistent bei seinem Stammverein. Vor der Wende setzte er sich 1988 zusammen mit seiner Frau in die Bundesrepublik ab. Dort trainierte er Eintracht Frankfurts Amateure, später Darmstadt 98. Im Anschluss war er Geschäftsführer der Vereinigung der Vertragsfußballspieler. Zur Zeit plant Sparwasser eine Schule für den Fußball-Nachwuchs.

Auf dem Weg zur Weltspitze
Zwischen Video-Studium und Planerfüllung:
Der DDR-Fußball in den siebziger Jahren

Die Glückwünsche für das neue Jahr fielen programmatisch aus. Zum 1. Januar 1972 verschickte DFV-Cheftrainer Georg Buschner Neujahrskarten, auf denen einige Männer einen überdimensionalen Ball einen Berg hinauf zu schieben versuchten. Der Weg war noch weit, sollte so signalisiert werden, und der DDR-Fußball von der Qualifikation für eine Weltmeisterschafts-Endrunde ähnlich entfernt wie Albert Camus' Sisyphos mit seinem Stein vom Gipfel. „Mir ging es einfach darum darzustellen, dass wir unseren Fußball nur gemeinsam aus dem Tal den Berg hinauf zu respektablen Leistungshöhen bringen können", erklärte Georg Buschner seine Neujahrsgrüße.

Goldene Jahre: Kurbjuweit, Lauck und Hoffmann gratulieren Sparwasser nach dem historischen Erfolg über die Bundesrepublik

Von seinen existenzialistischen Lesern hatte Camus verlangt, sich den ewig scheiternden Sisyphos als einen glücklichen Menschen vorzustellen. Muss man sich Georg Buschner als einen glücklichen Trainer vorstellen? Zumindest Anfang 1972 wird der Historiker, der seine Diplomarbeit über die Geschichte der antiken Olympischen Spiele verfasst hatte, aufgeatmet haben: Er war nicht gescheitert, sondern hielt mit dem Ball weiter Kurs bergauf. Nach der erfolgreichen Qualifikation für Olympia '72 in München konnte er ohne Anfechtungen den Neuaufbau der DDR-Auswahlmannschaft fortsetzen, mit dem Buschner, seit 1970 Auswahltrainer des Deutschen Fußball-Verbands (DFV), im just zu Ende gegangenen Jahr begonnen hatte. Auf einer Mexiko-Reise 1971 waren die ersten Akzente gesetzt worden. Buschner platzierte den Hallenser Bernd Bransch auf den Libero-Posten und berief mit Rostocks Verteidiger Gerd Kische und Dresdens Stürmer Frank Richter Talente, die mehr versprachen als ein erneutes Scheitern im fünften Anlauf, sich für eine WM-Endrunde zu qualifizieren. Auch Dresdens Mittelfeldspieler Reinhard Häfner feierte noch 1971 sein Debüt für die DDR. Die Europameisterschafts-Qualifikation 1972 stand hinter dem Neuaufbau für das Fernziel WM zurück, so dass das Aus gegen Jugoslawien und Holland verschmerzt werden konnte.

Die Bronze-Medaille beim olympischen Fußballturnier 1972 stärkte Buschner weiter den Rücken und versorgte die DDR-Kicker zudem mit einer gehörigen Portion Selbstvertrauen. In das zuvor oft zaghaft vorgetragene Spiel mischte sich nach und nach das Wissen um die eigenen Stärken und Möglichkeiten – in mancherlei Hinsicht ein Verdienst Buschners. Aus seiner immer stärkeren Position heraus konnte der Auswahltrainer auch auf die Verfehlungen in der DDR-Sportpolitik eingehen. „In der Entwicklung von Spielerpersönlichkeiten gab es einen erheblichen Nachholbedarf", stellte der unbequeme Geraer fest.

Es geht bergauf: Georg Buschner

Das war alles andere als zufällig. Nach dem Vorbild von Politik und Gesellschaft hatte die junge DDR nach der Staatsgründung 1949 auch ihren Fußball geformt. Die bürgerliche Organisationsstruktur „Verein", in der DDR zunächst als „Sportgruppe" wiederbelebt, wurde in den Hintergrund gedrängt: Spitzenfußball war Sache von Betriebssportgemeinschaften oder Kickern von Polizei (Dynamo) und Nationaler Volksarmee (Vorwärts). Diese wurden fleißig von einem Standort zum anderen delegiert, um eine möglichst flächendeckende Präsenz des Spitzenfußballs zu gewährleisten. Die gravierendsten Einschnitte fanden 1954 statt, als die bundesdeutsche Mannschaft in der Schweiz die Weltmeisterschaft gewann. Dynamo Dresden und Vorwärts Leipzig zogen nach Berlin, Empor Lauter wurde nach Rostock delegiert und aus Wismut Aue wurde Wismut Karl-Marx-Stadt, das dominierende Team im DDR-Fußball der fünfziger Jahre. (Die wenig förderlichen Wechselspiele fanden erst 1971 mit dem Umzug von Vorwärts Berlin nach Frankfurt an der Oder ein Ende.) Von der Sowjetunion wurde zudem nicht nur die Parole vom „siegen lernen" übernommen, sondern auch die Organisation des Spielbetriebs: Zwischen 1955 und 1960 lief die Saison nach dem Kalenderjahr – angesichts des durchaus mitteleuropäischen Klimas, das hinter dem „Eisernen Vorhang" zwischen Aue und Stralsund herrschte, ein fataler Schritt.

Nach anhaltenden Misserfolgen wurde Mitte der sechziger Jahre mit einer Revision des „Ebenbild-Modells" begonnen. 1965 entstanden in acht „Leistungszentren" Fußball-Vereine wie Rot-Weiß Erfurt oder der 1. FC Magdeburg, und selbst die Lokomotive aus Leipzig dampfte fortan mit einem „1. FC" an der Zugspitze. In der „Hauptstadt der DDR" wurde eine Leserbefragung angesetzt, um den Namen eines neuen Ost-Berliner Klubs zu finden. Eine Jury entschied über die Vorschläge und gebar den „1. FC Union". 1966 führte mit dem FC Karl-Marx-Stadt einer der jungen Fußball-Klubs sogar kurzzeitig Leistungsprämien ein. Die Chemnitzer wurden prompt Meister, doch den kaum verhohlenen Schritt in Richtung Profitum konnte der Verband so nicht dulden. Staatsamateurismus mit Begünstigungen ja, offizielle Prämien für die Elite-Kicker nein, hieß es aus der Zentrale: Der FC musste sein System zurücknehmen.

Die langsame, immer wieder auch unterbrochene Annäherung an internationale Fußball-Standards schuf indessen die Grundlagen für die goldenen siebziger Jahre des DDR-Fußballs. Gestützt auf das Bronze-Team von München, machte sich Buschner auf einer Anden-Reise 1973 an den Feinschliff. Magdeburgs Olympia-Teilnehmer Jürgen Pommerenke spielte sich kurz vor den entscheidenden WM-Qualifikationsspielen endgültig in die DFV-Auswahl. Die Idee, den technisch versierten Libero Bransch als Manndecker einzusetzen und durch Magdeburgs Manfred Zapf zu ersetzen, misslang allerdings. Und nach einem Spielmacher auf Weltniveau hielt Buschner weiterhin vergebens Ausschau, auch wenn Union Berlins Reinhard Lauck im defensiven Mittelfeld die Entdeckung des Jahres war und mit dem 19-jährigen Erfurter Allrounder Rüdiger Schnuphase ein weiteres neues Gesicht im DDR-Mittelfeld auftauchte.

Auch nach der erfolgreichen Qualifikation mischte Buschner frisches Blut ins Team. Ende 1973 debütierten die beiden Magdeburger Axel Tyll im Mittelfeld und Martin Hoffmann im Angriff, im WM-Jahr erhielten dann Leipzigs Goalgetter Hans-Bert Matoul und Dresdens Spitze Dieter Riedel ihre Chance. Bis auf das 19-jährige Stürmertalent Hoffmann konnte allerdings keiner der Neulinge mehr auf den WM-Zug in die Bundesrepublik aufspringen.

Neben der Integration einer neuen Spielergeneration, für die Hoffmann beispielhaft stand, setzte die DDR auch massiv auf die Karte wissenschaftlicher Erkenntnisse. Man folgte dem Prinzip „Weltspitze im Fußball bedingt Weltspitze im Training", das Alfons Lehnert, Professor an der Deutschen Hochschule für Körperkultur (DHfK), formuliert hatte. Das in Leipzig beheimatete Institut war 1950 als zentrale Forschungs- und Lehranstalt des DDR-Sports ins Leben gerufen worden

Kamerateams der DHfK filmten, was das Zeug hielt, um die Entwicklungen im Weltfußball analytisch aufzubereiten, und bei der WM-Endrunde 1974 wurde die Beobachtungs-Intensität nochmals gesteigert: Der Leiter der „Videogruppe DDR", Günter Horst, betrat in der ersten Finalrunde kein einziges Stadion. Stattdessen sah er sich 20 der 24 Vorrunden-Begegnungen vor dem Fernseher an und fertigte Analysen für die sportliche Führung, auf die diese dankbar zurückgriff. Vor dem richtungsweisenden Spiel gegen Chile dienten Video-Analysen der Partie Niederlande – Uruguay der Vorbereitung. Das schnelle und effektive holländische Flügelspiel sollte die Ostdeutschen gegen die Südamerikaner inspirieren. „Ohne ihre Tätigkeit im Hintergrund wäre vieles nicht möglich gewesen", würdigte DFV-Vizepräsident Kurt Rätz die Ar-

Diplomaten im Trainingsanzug: Die DDR-Elf läuft ins Volksparkstadion ein

beit der Video-Analytiker. Im gleichen Jahr zuckten die Kicker des Europacup-Finalisten Bayern München überwiegend mit den Schultern, wenn sie von Journalisten nach den Eigenschaften ihrer Gegenspieler von Atlético Madrid befragt wurden...

Dem wissenschaftlichen Erkenntnisdrang fielen auch prominente Namen zum Opfer. Athletik, Ausdauer und Kondition würden im zeitgenössischen Fußball immer wichtiger werden, so die durchaus zutreffende Feststellung der Tüftler am Reißbrett. Pech für den Oberliga-Torschützenkönig Matoul, der 1974 für Lok Leipzig 20-mal ins gegnerische Tor getroffen hatte, bei der WM aber zu Hause bleiben musste. „Er bringt nicht die physischen Voraussetzungen mit", urteilte Buschner streng. Nach Ansicht von Joachim Streich wurde die Orientierung am „Cooper-Test" übrigens bisweilen übertrieben: „Mit Dauerrennern allein gewinnt man kein Spiel", monierte der DDR-Rekordinternationale, dem selbst bisweilen ein recht geringer Aktionsradius vorgeworfen wurde.

Autsch! Kapitän Bernd Bransch scheint den Niedergang des ostdeutschen Fußballs in den Achtzigern vorweg zu nehmen

Auch ohne einen Spieler wie Matoul wurde bei der WM im anderen deutschen Staat ein äußerst achtbarer sechster Platz erreicht. Der mächtige DTSB-Präsident Manfred Ewald, nicht gerade ein Fußballfreund, hatte ein zwiespältiges Lob übrig: „Vom Nachholbedarf, den der Fußball gegenüber anderen Sportarten hatte, ist ein Stück abgetragen worden", kalkulierte der oberste Medaillenschmied nüchtern – von der absoluten Weltspitze waren Buschner & Co. ja immer noch fünf Ränge entfernt. Experten machten dafür auch die Defensiv-Taktik verantwortlich, mit der Buschner sein Team bei der WM 1974 gegen Brasilien und Holland ins Rennen geschickt hatte. Doch gerade diese trug in verfeinerter Form zwei Jahre darauf goldene Früchte. Bei den Olympischen Spielen 1976 in Montreal demonstrierte die DDR überfallartigen Konterfußball par excellence und besiegte im Finale der „Ostblock-WM" die favorisierten Polen mit 3:1.

Es blieb der letzte große Triumph des DDR-Fußballs. Zwar wurde 1980 in Moskau noch einmal olympisches Silber gewonnen, doch an Welt- oder Europameisterschafts-Endrunden nahm eine DFV-Auswahl nie mehr teil. Für eine Verstetigung der Erfolge waren die Rahmenbedingungen schlichtweg zu ungünstig. Die Reiseeinschränkungen für die Bevölkerung schlugen sich auch auf die Fußballer nieder. Um internationale Erfahrung jenseits der Europapokale zu sammeln, waren die Vereinsmannschaften weitgehend auf Testspielgegner aus Bulgarien, Polen und Rumänien beschränkt. „Selbst Jugoslawien war für uns tabu", erinnert sich Joachim Streich. So habe das Selbstvertrauen oft gefehlt, wenn es gegen große Gegner gegangen sei.

Wer sich nicht angemessen in das System einfügte, musste zudem schon unverzichtbar sein – oder bekam drastische Sanktionen zu spüren. Heinz Krügel, der den 1. FC Magdeburg zwei Jahre zuvor zum Europapokalsieg geführt hatte, wurde 1976 die Trainerlizenz entzogen. Der 68-fache Auswahlstürmer Peter Ducke wurde Anfang 1980 in Jena ausgeschlossen, weil er sich erdreistet hatte, mit dem Citroen eines Westbesuchs ins Stadion des FC Carl Zeiss zu fahren. Selbst Georg Buschner erwischte es 1981: Der nicht auf den Mund gefallene Trainer hatte sich nach einem 0:0 in Italien schützend vor seinen von der Sportführung kritisierten Assistenten Bernd Stange gestellt. Nach dem Scheitern der DDR in der WM-Qualifikation für 1982 nutzte DTSB-Chef Manfred Ewald Monate später die Gelegenheit, um Buschner abzusägen. Sein Nachfolger wurde – Bernd Stange.

Elf Freunde sollt ihr sein? Eine Weisheit, mit der Funktionäre wie Ewald, der den legendären Ausspruch geprägt hatte „Beim Fußball braucht man elf Kader für eine Medaille", nichts anfangen konnten. Unter dieser nüchternen Kosten-Nutzen-Rechnung betrachtet, sah sich das runde Leder wieder mehr und mehr zum Spielball der Funktionäre degradiert. Fußball wurde in den Achtzigern endgültig eine Domäne des Berliner FC Dynamo, der mit Hilfe offensichtlicher staatlicher Bevorzugung zwischen 1978 und 1988 zehn Meistertitel in Folge einheimste. Bald nach Ende dieser Serie waren die Tage der DDR gezählt. Die Tage einer im Spitzenfußball konkurrenzfähigen DDR waren es schon eher.

Das kreative Krisen-Kollektiv
Kicker im Übergang:
Warum die '74er keine Helden, aber erwachsen wurden

In der Produktion von Erinnerungen waren die Weltmeister von 1974 alles andere als weltmeisterlich. Kein dramatisches „Aus, aus, aus, aus, das Spiel ist aus…" à la Herbert Zimmermann anno 1954 im Ohr, keinen majestätisch-melancholisch über den Rasen schreitenden 1990er-„Kaiser Franz" im Auge.

Stattdessen: eine irritiert aufgenommene Prämien-Diskussion, eine schmähliche Pleite gegen die DDR, ein unwürdiger Eklat auf dem Siegesbankett, zu dem der DFB den Spielerfrauen den Zutritt verwehrte. Das Vorspiel in Malente, das Zwischenspiel in Hamburg, das Nachspiel in München – im Abstand von drei Jahrzehnten mutet der bundesdeutsche WM-Gewinn von 1974 seltsam glanzlos an. Mit den mythenbeladenen „Helden von Bern", den heimlichen Gründern der Bundesrepublik, wird so bald keine Elf konkurrieren können, und die Weltmeisterschaft 1990 lebt von ihrer Eingebundenheit in die Zeit zwischen dem Fall der Mauer und der Wiedervereinigung der beiden deutschen Staaten. Der Titelgewinn durch Andreas Brehmes verwandelten Elfmeter dürfte zudem noch an nostalgischer Bedeutung gewinnen, je länger künftige deutsche Nationalmannschaften einem vierten Triumph hinterherhecheln.

Selbst zu ihrer Zeit mussten die 1974er-Gipfelstürmer damit leben, dass die gerade erklommene Bergspitze schon mit konkurrierenden Fähnchen geschmückt war. Politisch größere Relevanz für die sich langsam „erwachsen" fühlende Bundesrepublik hatten die Olympischen Spiele zwei Jahre zuvor in München besessen. Und auch auf dem Fußballplatz galt 1972 als Maßstab: Die mit Glanz und Gloria gewonnene Europameisterschaft war „fußballerische Erleuchtung", „ein Schwelgen im schönen Spiel", wie Christoph Biermann und Ulrich Fuchs auf ihrem literarischen Parforceritt durch die Taktik-Geschichte („Der Ball ist rund, damit das Spiel die Richtung ändern kann") schwärmen. Das 3:1 gegen England im Wembley-Stadion, das lässig herausgespielte 3:0 im Endspiel gegen die Sowjetunion und nicht zuletzt die erheblich längere Verweildauer von Günter Netzers wild wehendem Langhaar im Turnier reichten für manchen Fußball-Gourmet aus, um den '74er-Erfolg auf der Speisekarte als schnöde Beilage zum köstlichen '72er-Nektar herabzuwürdigen. Hinzu kam, dass die kunstvollen, lang „aus der Tiefe des Raumes" geschlagenen Bälle Netzers auch als fußballerische Entsprechung zu gesellschaftlichen Reformprozessen in Anspruch genommen wurden. Da konnten in späteren Zeiten Skeptiker noch so sehr über den „Zusammenhang zwischen der Länge von Willy Brandts Pässen und Netzers Reformwillen" spotten, wie es das St.-Pauli-Fanmagazin «Unhaltbar!» einmal mit der abschließenden Frage „Oder war das umgekehrt?" tat: Deutschland mit Netzer legte den utopischen Blick aufs Reich der Freiheit offen. Deutschland ohne Netzer schien Plackerei, das bloße Reich der Notwendigkeit.

Das Unternehmen 1974 begann ungünstig. Die Auseinandersetzung zwischen Mannschaft und DFB um die WM-Prämien wurde von der fußballinteressierten Öffentlichkeit mit Unver-

Grübeln: Wolfgang Overath sucht die Einsamkeit der Eckfahne

Gewinnen: Katsche Schwarzenbeck ist auf dem Sprung zu Sepp Maier

ständnis aufgenommen, zumal sich ein Teil von ihr beim „Tag der offenen Tür" im Trainingslager in Malente unter chaotischen Bedingungen ausgesperrt sah. Die Diskussionen über die „Abgehobenheit" der Berufskicker von Bevölkerung und Fans begannen – undenkbar noch bei der ersten Weltmeister-Mannschaft 20 Jahre zuvor.

„Ich bin ein großer Fan der '54er, die habe ich verehrt. Da habe ich die Bücher von Fritz Walter verschlungen. An diese Jungs werden wir nie herankommen", ordnet auch Bernd Hölzenbein sein Team mit einer gewissen Demut in die Galerie der deutschen Fußball-Weltmeister ein: „Bei uns war es nicht so wie bei den '54ern: Das war keine Kameradschaft, sondern eine Sportgemeinschaft. Aus meiner Sicht eine Interessengemeinschaft, die aber sehr gut zusammengepasst hat. Heute trifft man sich mal auf dem Golfplatz, aber ansonsten gibt es kaum Kontakt."

Hölzenbein erweist damit nicht nur den „Wunderknaben von Bern" seine Referenz. Er beschreibt auch eine grundlegende Konfliktsituation, in der sich die zweite deutsche Weltmeister-Mannschaft befand. Fraglos hatte der Fußball sich gewandelt, in weit größerem Maße galt dies allerdings für seine Rahmenbedingungen. Mit dem Start der Bundesliga 1963 hatte das Profitum im Westen Deutschlands Einzug gehalten. „Fußballer" wurde nun auch offiziell zum Berufsbild, die Praxis verdeckter Zahlungen durch ordentliche – und ordentlich steigende – Gehälter ersetzt.

Der zunehmende Wohlstand und das anwachsende Sozialprestige der Kicker beschworen Konflikte herauf. Zur Schicksalsgemeinschaft von „elf Freunden" trat als Gegenbild der „mündige Sportler", der sich als Individuum verstand und nicht mehr in vorausgeklärt-unkritischer Weise seine Dienste Verein, Verband und Vaterland zur Verfügung stellte. 1974 steht für eine Zeit des Übergangs, beide Modelle standen in permanenter Konkurrenz zueinander. Auch die eigene Scholle blieb von den neuen Entwicklungen nicht unangefochten. Elf Freunde hielten und blieben zusammen, elf Angestellte eines Brötchen, Toto-Lotto-Laden und Sportartikelgeschäft bereitstellenden Fußballvereins nicht unbedingt. Günter Netzers Wechsel zu Real Madrid im Vor-WM-Jahr 1973 belegte, dass der Horizont deutscher Fußballer nicht mehr irgendwo zwischen Flensburg, Mönchengladbach und Berchtesgaden enden musste. Selbst den „Bomber der Nation" zog es in den sonnig-lukrativen Süden – den Wechsel Gerd Müllers zum FC Barcelona verhinderte allerdings der durch das Beispiel Netzer argwöhnisch gewordene DFB 1973 mittels einer „Nationalspieler-Klausel", die dem Bayern-Goalgetter eine Freigabe ins Ausland verwehrte.

Das 0:1 ausgerechnet gegen die DDR warf dann auch sportliche Schatten auf den WM-Favoriten, der sich diese Rolle mehr und mehr mit den auftrumpfenden Holländern teilen musste.

Genau hier erwies sich allerdings die Krisenfestigkeit des bundesdeutschen Teams. Die Umstellungen in der Mannschaft nach einer – zumindest spielerisch – verkorksten Vorrunde waren Voraussetzung für den späteren Triumph. Elf Individuen fanden über eine Krise zu ihrer Möglichkeit, erfolgreich im Kollektiv zu agieren.

Selbstverständlich führte kein direkter Weg von der Erdöl-Exportdrosselung arabischer Staaten zum Sparwasser-Tor in Hamburg. Aber wie die Republik waren auch ihre Kicker erwachsen geworden: In der Mobilisierung ihrer knappen Ressourcen, in der Anpassung an neue Gegebenheiten erwies sich das Schön-Team als flexibel genug, um die Schwierigkeiten zu meistern. Hierin lag das kreative Potenzial der 1974er. Auch wenn er bisweilen – man denke an die These von einer absichtlichen Niederlage gegen die DDR – als Musterfall deutscher Organisation und Strategie interpretiert wurde: Der WM-Gewinn der bundesdeutschen Mannschaft war weit davon entfernt, ein kühler, mit maschineller Präzision erwirkter Erfolg zu sein.

Aus der scheinbar mühelosen Ästhetik der 1972er-Elf war eine bewusst-reflektierte Fähigkeit zur Krisenbewältigung geworden, zu der die damals schon gefürchtete Qualität der Bundeskicker als Turniermannschaft trat. Insofern steht der Auftritt der Fußballer 1974 tatsächlich in einem Zusammenhang mit dem Zustand der bundesrepublikanischen Gesellschaft. Der neue Kanzler Helmut Schmidt versprach ganz pragmatisch „Machbarkeit", Franz Beckenbauer immerhin die Emanzipation der Fußballer von den Funktionären, die, wie der „Kaiser" nach dem Bankett-Eklat treffend feststellte, „nicht Schritt gehalten haben mit unserer Zeit". Das mochte, ideell betrachtet, in niedrigeren Sphären schweben als Günter Netzers sich Schwerkraft wie Disziplin widersetzendes flatterndes Haar. Aber es war doch von anderer Qualität als die Hybris eines auf dem Gipfel abtretenden Teamchefs Beckenbauer, der 1990 dem bedauernswerten „Rest der Welt" beschied, gegen ein durch die DDR-Kicker verstärktes Deutschland „über Jahre hinaus" keine Chance mehr zu haben.

Genießen: Heinz Flohe und Gerd Müller stoßen auf dem Festbankett an

In gewisser Weise fand 1974 auch auf dem Fußballplatz ein glorreicher Abgesang auf die Prinzipien widerspruchsfrei funktionierender Rationalität, auf eine komplikationslos sich selbst steuernde Republik statt. Andererseits war es auch die krisengeschüttelte Fortsetzung des angekratzten Erfolgsmodells Wachstumsgesellschaft mit anderen Mitteln. Die „deutschen Tugenden" lassen grüßen. Man wird sich auch weiterhin mit den '74ern schwer tun.

„Grabowski und Hölzenbein haben mich glücklich gemacht"
Ror Wolf, Schriftsteller, über Fußball im Allgemeinen und die WM 1974 im Besonderen

Verwunderung, Begeisterung, gedämpftes Interesse: Ror Wolf
Foto: Jürgen Bauer

Haben Sie früher im Verein Fußball gespielt?
Nur Hinterhof-Fußball. Aber ich war bis zum Abitur Handballer (Feldhandball). Position Mittelläufer.

Sie haben das Buch „Punkt ist Punkt" (1971) der Frankfurter Eintracht gewidmet. „Lieben" Sie die launische Diva vom Main noch heute?
Liebe ist es nicht mehr. Es ist wohl eher eine zuweilen von Entsetzen geschüttelte Anhänglichkeit.

In den siebziger Jahren avancierten Sie zu dem Fußballschriftsteller. Wie haben die Kollegen darauf reagiert?

Meister der finsteren Moritat

Ror Wolf wurde am 29. Juni 1932 in Saalfeld (Thüringen) geboren und gilt als facettenreicher Wort-Künstler mit breit gefächerten Interessen. Der mit reichlich ironischem Talent gesegnete Jazzfan, Hörspielautor, Moritatendichter und Fußballenthusiast hat sich einen Ruf als Meister der finsteren Moritat und der erhellenden Parodie erdichtet.

„Die Prosastücke des studierten Literaturwissenschaftlers sind federleichte Virtuosennummern ohne merklichen Theorieballast", schrieb die «FAZ» über Wolf, der 1971 den Fußball zum ersten Mal mit Worten streichelte („Punkt ist Punkt"). Seine lang währende Liebe zu diesem Sport überrascht etwas, zumal bei einem Schriftsteller, der „Campingplätze vor dem Schlafzimmerfenster" hasst und seinen Traum vom Glück mit den Worten „Ruhe bitte!" umschreibt. Wolfs Interesse an der mitunter bizarren Welt des Fußballs war existenzialistischer Natur. Er begab sich auf die Spur der großen Gefühle: Begeisterung, Wut, Verzweiflung, Entzücken und Entsetzen – all das fand er *auch* auf dem Fußballplatz.

Zum letzten Mal war Wolf vor über einem Jahrzehnt im Stadion, seine Zuneigung zur Frankfurter Eintracht ist erkaltet. „Ich weiß aber, dass am Samstag etwas außerordentlich Wichtiges passiert", vertraute er dem Magazin «11 Freunde» an. Zuletzt erschien von dem Autor „Zwei oder drei Jahre später. Siebenundvierzig Ausschweifungen" (Frankfurter Verlagsanstalt). Mit Fußball haben die skurrilen Geschichten rein gar nichts zu tun, wohl aber mit dem Leben. Und in dem geht es schließlich auch manchmal rund.

Ein sehr berühmter Kollege, dessen Namen ich vergessen habe, schrieb damals (sinngemäß):
„Dümmer als Fußball ist nur noch das Schreiben über Fußball." Aber sonst ist mir nichts Negatives aufgefallen.

Vor großen Turnieren ist die „Fußballisierung" der Feuilletons mittlerweile nicht zu überlesen. Früher schämten sich die Intellektuellen – mit den Ausnahmen Ror Wolf und Walter Jens – ihrer Leidenschaft fürs Kicken. Heute ist das anders. Freut Sie diese Entwicklung?
Sie ist mir nicht unangenehm.

Warum haben Sie sich Anfang der achtziger Jahre vom Fußball literarisch verabschiedet?
Ich hatte zum Thema alles versucht, was ich versuchen wollte: Moritaten, Balladen, Sonette, Stanzen, formal unterschiedlichste Prosatexte, Dialoge, Zitatmontagen, Radio-Collagen und so weiter, sogar einen Film. Es war genug.

Einmal sind Sie aber noch rückfällig geworden. 1990 erschien eine Neuauflage Ihres Werkes „Das nächste Spiel ist immer das schwerste" mit der WM-Moritat „Neunzehnhundertsechsundachtzig". Wie könnte die Moritat zur WM 1990 beginnen?
Wenn ich das Versmaß meiner WM-Moritaten zugrunde lege, vielleicht so:
„Im Juli neunzig, Rom, Andreas Brehme, ich glaube in der achtzigsten Minute."
Zum Weiterdichten empfehlen sich die Endreime: im Blute, Tute, ausgebuhte, Salute, angenehme, Creme, Tantieme.

Haben Sie noch unveröffentlichtes Material zum Thema Fußball in der Schublade?
Erschreckend viel. Es gibt in meinem Archiv ein ganzes Regal voller Material aus den siebziger Jahren, grob geschnitten. Daraus ließen sich vier oder fünf weitere Radio-Collagen herstellen: mit großem zeitlichen Aufwand. Ich bin dieser Aufgabe nicht mehr gewachsen. Außerdem würde man mit Recht sagen: der Mann wiederholt sich. Ich habe im richtigen Moment Schluss gemacht.

Günter Grass las im Frühsommer 2004 im Stadion des FC St. Pauli. Können Sie sich so etwas auch vorstellen?
Ich habe noch nie in einem Stadion vorgelesen. Jetzt ist es zu spät. Öffentliche Lesungen kann ich aus gesundheitlichen Gründen nicht mehr annehmen.

Autor, Ball und Spieler: Moritaten-Dichter Wolf und Weltmeister Grabowski mit dem gemeinsamen Objekt der Begierde

Wo waren Sie, als Gerd Müller zum 2:1 traf?
Vor dem Radio in Mainz. Ich habe die Reportage für eine meiner Radio-Collagen mitgeschnitten. Oskar Klose und Heribert Faßbender waren in großer Form.

Warum haben die Deutschen gewonnen?
Die Radio-Collage sollte einen schönen Schluss haben.

Wie beurteilen Sie die Leistung der beiden Frankfurter im WM-Finale?
Grabowski und Hölzenbein haben mich glücklich gemacht.

Hölzenbeins Fall – Foul oder Schwalbe?
Etwas Entscheidendes zwischen Foul und Schwalbe.

Was faszinierte Sie am Fußball?
Das Spiel allein war es nicht. Es war auch der Spannungszuwachs am Wochenende. Es waren die ausgelösten Emotionen. Der Autor ist immer auf der Suche nach angemessenen Stoffen.
Es war natürlich auch die Sprache: die Sprache der Fans, der Reporter, der Spieler; es waren die Abläufe vor dem Spiel, während des Spiels, nach dem Spiel. Es waren die Nachspiele in den Medien, an den Stammtischen und an den Rändern der Trainingsplätze. Im Grunde war alles das eine Herausforderung für mich: Es gibt kein Thema, aus dem sich nicht auch Literatur machen ließe.

Deutschland wurde 1954, 1974 und 1990 Fußballweltmeister. Was verbinden Sie mit den drei Turniersiegen?
'54: Verwunderung. '74: Begeisterung. '90: Gedämpftes Interesse.

Was unterscheidet die drei Weltmeister-Generationen?
Viel. Aber ich habe aufgehört, mir darüber Gedanken zu machen.

Neunzehnhundertvierundsiebzig

Ein schöner Tag. Die Hymnen sind verklungen.
Am Anfang bläst zunächst die Blasmusik.
Das ist ein feierlicher Augenblick.
Und in uns glühen die Erinnerungen.

Am Anfang Sonne. Später plötzlich Regen.
Die Blasmusik marschiert jetzt auf dem Rasen.
Die Becken klatschen. Die Posaunen blasen.
Es pfeift. Am Wetter hat es nicht gelegen.

Man sieht sich Hoeneß in die Lücken drücken.
Und Overath behält den Überblick.
Und um das Feld marschiert die Blasmusik.
Der Regen schwach und etwas Wind im Rücken.

Das Wetter angenehm. Nun folgt ein Knick.
Für etwas Ärger sorgt ein schneller Herr
kurz aus der sogenannten DDR.
Doch nun Musik und keine Politik.

Auf einer Tuba sieht man Regentropfen.
Die ganze Fußballwelt liegt in Aspik.
Und in der Pause bläst die Blasmusik,
wobei die Tropfen auf die Schirme klopfen.

Der Regen schwillt, und in den schwarzen Sümpfen,
im schweren Schlamm, im Matsch, im dunklen Schlick,
da hört man schmetternd hell die Blasmusik.
Gerd Müller steht sehr stramm in seinen Strümpfen.

Der Regen fließt hinein in alle Schuhe.
Und über alles bläst die Blasmusik:
Paul Breitners Schwung, Grabowskis Hackentrick,
auch über Beckenbauers Riesenruhe.

Doch nun sieht man die Blasmusik verschwinden
und auch Bernd Hölzenbein, den ganz geschlitzten,
und Katsche Schwarzenbeck, den holzgeschnitzten.
Man sieht am Schluß die Blasmusik von hinten.

Am Ende dann mit wehenden Gewändern:
die Fischer-Chöre. Das ist nicht zu ändern.

(Mit freundlicher Genehmigung des Autors entnommen aus: Ror Wolf: „Das nächste Spiel ist immer das schwerste", Frankfurter Verlagsanstalt, Frankfurt 1994, ISBN 3-627-10156-1)

Der Mann mit der Mütze
Helmut Schön ist der erfolgreichste Bundestrainer aller Zeiten

„0:1-Schlappe gegen die ‚DDR' – So nicht, Herr Schön!" Als dieser Satz am 23. Juni 1974 in großen Lettern auf der ersten Seite der «Bild am Sonntag» prangte, wäre der gebürtige Sachse am liebsten im Erdboden versunken. Der Bundestrainer gab später zu, dass ihm der Weg zur Pressekonferenz und zu den Interviews mit Fernsehen und Rundfunk nach den historischen 90 Minuten besonders schwer fiel: „Ein stummes Zähneknirschen wäre mir leichter gefallen als der Versuch, das enttäuschende Resümee in aller Öffentlichkeit in wohlgesetzte Worte zu kleiden." Ausgerechnet unter seiner Verantwortung hatte die Bundesrepublik das erste und – wie sich später herausstellen sollte – einzige Prestige-Duell gegen die Deutsche Demokratische Republik verloren. Es war ein doppeltes Desaster für Helmut Schön: Nach der Niederlage schien nicht nur der Weltmeistertitel in weite Ferne gerückt, sondern auch die Autorität des Trainers untergraben zu sein. Allenthalben wurde (nicht zu Unrecht) kolportiert, Nationalmannschafts-Kapitän Franz Beckenbauer habe das Ruder übernommen. Der designierte DFB-Präsident und WM-Organisationsleiter Hermann Neuberger soll, berichtete «Der Spiegel» noch während der WM, nach dem 0:1 von Hamburg sogar erwogen haben, Schön mitten im Turnier durch Stellvertreter Jupp Derwall zu ersetzen.

Helmut Schön hatte es in seinen 14 Jahren als Bundestrainer von 1964 bis 1978 nie leicht. Dem sensiblen Dresdner eilte stets der Ruf voraus, ein Zauderer zu sein – zumal er sich schon durch seine Feinsinnigkeit und Bildung von den Diktatoren im Trainingsanzug unterschied, die lange Zeit das Bild der Fußballlehrerzunft prägten. „Schön drückte sich vor Entscheidungen", sagte Mittelfeldstar Helmut Haller über die Rolle des „Langen" bei der WM 1970, bei der Deutschland immerhin den achtbaren dritten Platz belegte. Auch so mancher Kollege ließ kein gutes Haar an dem Mann mit der karierten Mütze, der in wichtigen Spielen oft mit Magenkrämpfen und geschlossenen Augen auf der Trainerbank leise litt. „Wenn ich ihm in England die Milch auf sein Zimmer brachte, lag er dort aufgebahrt wie Lenin im Mausoleum", plauderte Schöns ehemaliger Assistent Dettmar Cramer über die Leiden des alten S. Ähnlich muss sich der Bundestrainer nach der Niederlage gegen die DDR gefühlt haben. „Er aß Schleimbrei." – mit diesem Satz begann in der «taz» ein Artikel zu Schöns 80. Geburtstag.

Schön verkörperte den antiautoritären Stil, der auch den Fußball in den bunten siebziger Jahren prägte. Seine Scheu vor Konflikten (oder positiv ausgedrückt: sein Harmoniebedürfnis) verstärkte diese Außenwirkung noch. Wenn er aber doch einmal eine Entscheidung treffen musste, lag er meist richtig. Bei der WM 1970 lautete seine Antwort auf die Frage „Müller oder Seeler?" goldrichtig: „Beide!", und vier Jahre später setzte er bei dem Mittelfeld-Konflikt „Netzer contra Overath" auf den kämpfenden Kölner. Wieder richtig!

Auch wenn Helmut Schön zu Beginn der siebziger Jahre die wohl beste deutsche Fußballer-Generation aller Zeiten zur Verfügung stand, waren seine Erfolge keine Selbstverständlichkeit. Manchmal sind es Details, die über Sieg oder Niederlage entscheiden – die verbale Streicheleinheit zur rechten Zeit, die passende Einwechslung, die richtige Mischung der Kicker-Charaktere. Und da hat Schön stets ein gutes Händchen und eine gehörige Portion Fortune bewiesen. Die sportliche Bilanz des Mannes mit der Mütze, der am 23. Februar 1996 starb, wird weltweit nur von wenigen übertroffen: Als Spieler erzielte er in 17 Länderspielen 17 Tore, als Trainer führte er die deutsche Mannschaft in 139 Länderspielen zu 87 Siegen (bei 30 Unentschieden und lediglich 22 Niederlagen), des Weiteren 1972 zum Gewinn der Europameisterschaft und 1974 zum Weltmeistertitel. Zweite Plätze bei der WM 1966 und der EM 1976 sowie ein dritter Rang bei der WM 1970 sprechen für sich. Diese Bilanz hat vor ihm und nach ihm kein deutscher Nationalcoach erreicht.

Glückskind am Glücksrad:
Der Bundestrainer in Malente

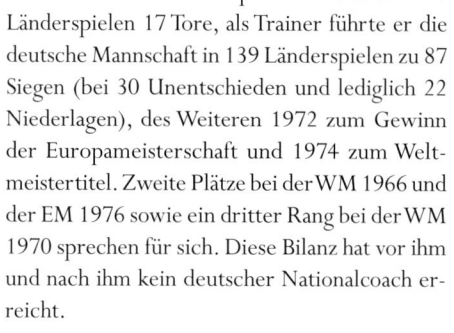

Schön bei der Anprobe des DFB-Freizeitanzuges. Nach der Vorrunde will auch manch Kritiker dem „Langen" ans Zeug flicken

Einer wie ER
Beckenbauer wird Bundestrainer

In den Tagen der Fußball-Weltmeisterschaft 1974 setzte sich „Kaiser" Franz Beckenbauer die Krone auf. Er glänzte nicht nur mit herausragenden technischen und kämpferischen Leistungen, sondern beeindruckte auch abseits des grünen Rasens als Wortführer. Nach der 0:1-Schlappe gegen die DDR schlüpfte er sogar zum ersten Mal in die Rolle des Teamchefs und übernahm das Ruder, das Bundestrainer Helmut Schön aus der Hand zu gleiten drohte.

Bereits fünf Tage vor dem ersten Spiel gegen Chile flogen im Trainingslager die Fetzen. Die Spieler forderten für den Fall des Titelgewinns 100.000 Mark pro Nase, dem DFB war der neue Weltpokal nur 30.000 Mark wert – das Pokerspiel in der langen Nacht von Malente konnte beginnen. Franz Beckenbauer als Kapitän fiel die schwierige Aufgabe zu, mit fünf Verbandsrepräsentanten um die Höhe der Prämie zu feilschen. Dem 28-jährigen Profi im Dienst des FC Bayern München machte es jedoch richtig Spaß, den „Amateuren" vom DFB Paroli zu bieten. Zwar hatte er ab der vierten Verhandlungsrunde die Kollegen Höttges, Overath und Netzer im Schlepptau, doch der Kapitän fungierte weiter als das Sprachrohr der 22 Kicker. „Sprich du", flüsterte der sonst nicht auf den Mund gefallene Netzer dem Franzl ins Ohr – leise Worte, die des Ghostwriters Feder anno 1975 in Beckenbauers Autobiografie „Einer wie ich" genussvoll preisgab. Und Beckenbauer sprach in Malente tatsächlich – nämlich ein Machtwort, als sich die Fronten beim Stand „70.000 zu 75.000" festgefahren hatten und beide Parteien um „Peanuts" stritten. Die Mannschaft war sich mit 11:11 Stimmen uneins, ob sie das Angebot von DFB-Vize Neuberger annehmen sollte oder nicht. „Nun warf ich meine ganze Autorität in die Waagschale und redete auf die Mannschaft ein, das Neuberger-Angebot anzunehmen. Ich setzte mich durch. Die Prämienfrage war entschieden", schrieb der junge Kaiser voller Stolz in seinen Memoiren. Der Ärger war dank Beckenbauer vom Tisch.

Sein Meisterstück machte die „Lichtgestalt" in spe allerdings nach der 0:1-Niederlage gegen die DDR. Erst schimpfte Beckenbauer auf der Rückfahrt nach Malente, warf seinen schweigenden Mannschaftskameraden fehlende Einstellung vor. Der bundesdeutsche Tross zog nach Kaiserau weiter, das erste Spiel der zweiten Finalrunde stand auf dem Programm. Der sensible Sachse Helmut Schön plagte sich wieder einmal mit Magenschmerzen, verbrachte die meiste Zeit in seinem abgedunkelten Zimmer und löffelte Brei. Beckenbauer musste den Prellbock spielen. Er begleitete den ratlos-frustrierten und entscheidungsschwachen Bundestrainer zur Pressekonferenz und redete Klartext: „Einige haben jämmerlich versagt." Das war der Moment, als sich der Kaiser und Kapitän in Personalunion auf die Kommandobrücke schwang: „Nicht alle haben mitgezogen, und das wird Konsequenzen haben. Bedeutende sogar. Es sind Umstellungen auf dem Feld und in den Köpfen nötig!" Schön nickte und segnete Beckenbauers Vorschläge zum Umbau der Mannschaft ab: Hoeneß, Cullmann, Grabowski und Flohe raus – Wimmer, Bonhof, Herzog und Hölzenbein rein.

Nicht nur Goalgetter Gerd Müller spendete Applaus: „Der Uli braucht diesen Schuss vor den Bug." Und der wirkte. Als Hoeneß in der 70. Minute des Jugoslawien-Spiels hereinkam, zerriss er sich förmlich, bereitete das zweite Tor vor und bot bis zum Finale eine tadellose Leistung. Auch die Neulinge Bonhof und Hölzenbein schlugen vortrefflich ein – die Umstellungen waren Meilensteine auf dem Weg zum Titel.

Die Zigarre danach: „Ersatz-Bundestrainer" Franz Beckenbauer gönnt sich eine kleine Braune

„Vogts' Kampfgeist hat entschieden"
Ersatzspieler Horst-Dieter Höttges über die Gründe des Erfolgs

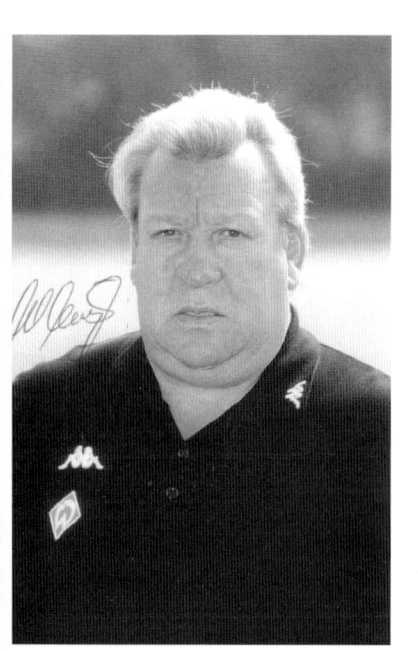

„Mal ein Bierchen mehr trinken": Horst-Dieter Höttges

Herr Höttges, wie wurden Sie zum „Eisenfuß"?
So wurde ich genannt, weil ich mich in den ersten Jahren meiner Karriere nie verletzt habe. Irgendwann brach ich mir mal den Ellenbogen, spielte aber nach acht Tagen wieder mit. Ich habe weder mich noch meinen Gegner geschont.

Viele ehemalige Profis wie beispielsweise Rudi Kargus haben künstliche Hüftgelenke. Woran leiden Sie?
Ich habe überhaupt nichts. Toi, toi, toi!

Sie haben an drei Weltmeisterschaften teilgenommen. Welchen Stellenwert hat für Sie die WM '74, bei der Sie nur kurz gegen die DDR zum Einsatz kamen?
Wir sind als Mannschaft Weltmeister geworden. Da zählt für mich das DDR-Spiel überhaupt nicht.

Sie betonen den Teamgeist. Im Trainingslager Malente soll es auch Streit unter den Spielern gegeben haben.
Es war nicht einfach, vier Wochen miteinander zu verbringen. Es sind auch viele Fehler gemacht worden.

Welche?
Wir Spieler lebten am Anfang nicht so, wie man sich das von Profis vorstellt. Einige schlugen hier und dort auch über die Stränge – bis Franz Beckenbauer auf den Tisch haute und sagte: ‚Jetzt ist Schluss mit allem Scheiß. Konzentriert euch nur noch auf den Fußball.'

Ohne Namen zu nennen – was heißt über die Stränge geschlagen?
Das Gelände abends verlassen, mal ein Bierchen mehr trinken.

Wohin konnte man in Malente überhaupt ausbüxen? Das liegt doch mitten in der norddeutschen Pampa.
Die Jungs sind schon fündig geworden.

Und wie haben die Trainer reagiert?
Wenn Jupp Derwall uns dabei erwischte, dass wir bei DFB-Koch Damker in der Küche saßen und unser Bier tranken, hat er sich umgedreht und ist wieder abgehauen.

Keine gute Vorbereitung auf die Spiele, oder?
Wir haben in der Vorrunde auch nicht so berauschend gespielt, obwohl gut trainiert wurde. Nach dem Spiel gegen die DDR war es zappenduster!

Da wurde Kapitän Beckenbauer eine Art zweiter Bundestrainer?

Er hat die Aufstellung mit Schön und Derwall durchgesprochen, wir anderen Spieler hatten darauf keinen Einfluss. Beckenbauer hatte das Heft ja von Anfang in der Hand, auch im Spielerrat. Als wir nachts mit den Herren vom DFB über die Prämie verhandelten und uns nicht einigen konnten, wollte Helmut Schön seine Koffer packen. Dann sprach Beckenbauer ein Machtwort: ‚Jetzt ist Schluss, wir bleiben bei diesem Betrag.'

Zum Status von Franz Beckenbauer...
... braucht man gar nichts mehr zu sagen. Das wissen Sie doch!

Ja, ja...
Darüber braucht man wirklich nicht zu reden. Überall, wo er hinkommt, ist er eine magische Figur, die alles an sich zieht. Das war schon nach seinen ersten Länderspielen so, das war bei der WM '74 so. Die Mitspieler haben ihn schon aufgrund seiner fußballerischen Fähigkeiten respektiert.

Und dann hat Beckenbauer im Finale gegen Holland noch gekämpft wie ein Löwe!
Die gesamte Mannschaft ist mit einer gesunden Einstellung in das Spiel gegangen. So haben wir den Holländern den Schneid abgekauft. Das konnte man besonders gut am sensationellen Zweikampfverhalten von Vogts gegen Cruyff beobachten. Dieser Kampfgeist hat das Spiel entschieden.

Obwohl die Holländer fußballerisch und technisch überlegen waren...
Zumindest im Endspiel standen wir al pari. Die Holländer hatten zwar die besseren Einzelspieler, aber wir waren das bessere Team.

Waren die Holländer gute Verlierer?
Nach dem Spiel gab es keine Differenzen. Der einzige Ärger war, dass unsere Frauen nicht zum Bankett durften. Da hat der DFB kleinlich gehandelt. Die Funktionäre haben gesagt: ‚Das war früher so, das wir machen wir heute so weiter!'

Der ausgebildete selbstständige Handelsvertreter arbeitete nach seiner Karriere zunächst als Repräsentant für einen Sportschuhhersteller und hat heute mehrere Jobs, u.a. ist er seit dem Jahr 2000 Co-Trainer der U15 bei Werder Bremen.

Grundstatistik

Finalrunde 1 – Gruppe 1
BRD – Chile 1:0 (1:0)
DDR – Australien 2:0 (0:0)
BRD – Australien 3:0 (2:0)
DDR – Chile 1:1 (0:0)
Chile – Australien 0:0
DDR – BRD 1:0 (0:0)

Abschlusstabelle

1.	DDR	3	2	1	0	4:1	5-1
2.	BRD	3	2	0	1	4:1	4-2
3.	Chile	3	0	2	1	1:2	2-4
4.	Australien	3	0	1	2	0:5	1-5

Finalrunde 1 – Gruppe 2
Jugoslawien – Brasilien 0:0
Schottland – Zaire 2:0 (2:0)
Jugoslawien – Zaire 9:0 (6:0)
Brasilien - Schottland 0:0
Jugoslawien – Schottland 1:1 (0:0)
Brasilien – Zaire 3:0 (1:0)

Abschlusstabelle

1.	Jugoslawien	3	1	2	0	10:1	4-2
2.	Brasilien	3	1	2	0	3:0	4-2
3.	Schottland	3	1	2	0	3:1	4-2
4.	Zaire	3	0	0	3	0:14	0-6

Finalrunde 1 – Gruppe 3
Niederlande – Uruguay 2:0 (1:0)
Schweden – Bulgarien 0:0
Niederlande – Schweden 0:0
Bulgarien – Uruguay 1:1 (0:0)
Niederlande – Bulgarien 4:1 (2:0)
Schweden – Uruguay 3:0 (0:0)

Abschlusstabelle

1.	Niederlande	3	2	1	0	6:1	5-1
2.	Schweden	3	1	2	0	3:0	4-2
3.	Bulgarien	3	0	2	1	2:5	2-4
4.	Uruguay	3	0	1	2	1:6	1-5

Finalrunde 1 – Gruppe 4
Italien – Haiti 3:1 (0:0)
Polen – Argentinien 3:2 (2:0)
Polen – Haiti 7:0 (5:0)
Argentinien – Italien 1:1 (1:1)
Argentinien – Haiti 4:1 (2:0)
Polen – Italien 2:1 (2:0)

Abschlusstabelle

1.	Polen	3	3	0	0	12:3	6-0
2.	Argentinien	3	1	1	1	7:5	3-3
3.	Italien	3	1	1	1	5:4	3-3
4.	Haiti	3	0	0	3	2:14	0-6

Finalrunde 2 – Gruppe A
Niederlande – Argentinien 4:0 (2:0)
Brasilien – DDR 1:0 (0:0)
Niederlande – DDR 2:0 (1:0)
Brasilien – Argentinien 2:1 (1:1)
Niederlande – Brasilien 2:0 (0:0)
DDR – Argentinien 1:1 (1:1)

Abschlusstabelle

1.	Niederlande	3	3	0	0	8:0	6-0
2.	Brasilien	3	2	0	1	3:3	4-2
3.	DDR	3	0	1	2	1:4	1-5
4.	Argentinien	3	0	1	2	2:7	1-5

Finalrunde 2 – Gruppe B
BRD – Jugoslawien 2:0 (1:0)
Polen – Schweden 1:0 (1:0)
Polen – Jugoslawien 2:1 (1:1)
BRD – Schweden 4:2 (0:1)
BRD – Polen 1:0 (0:0)
Schweden – Jugoslawien 2:1 (1:1)

Abschlusstabelle

1.	BRD	3	3	0	0	7:2	6-0
2.	Polen	3	2	0	1	3:2	4-2
3.	Schweden	3	1	0	2	4:6	2-4
4.	Jugoslawien	3	0	0	3	2:6	0-6

Spiel um den dritten Platz
Polen – Brasilien 1:0 (0:0)

Finale
BRD – Niederlande 2:1 (2:1)

- Das torreichste Spiel war die Begegnung zwischen Jugoslawien und Zaire (9:0). Mit diesem Ergebnis erzielte Jugoslawien auch den höchsten Sieg.
- Die häufigsten Ergebnisse waren 1:0 und 2:0 (jeweils sechs Spiele) sowie 0:0, 1:1 und 2:1 (jeweils fünf Spiele).
- Es gab insgesamt zehn Remis, die übrigen 28 Partien sahen nach 90 Minuten einen Sieger. Eine Verlängerung wurde nicht benötigt.
- Die BRD (zwei Mal), Italien und Schweden gewannen Spiele trotz 0:1-Rückstands.
- Die Teams aus Zaire und Haiti mussten ohne Punktgewinn wieder nach Hause fahren.

Mannschaftsstatistik

BRD

Qualifikation
Als Gastgeber automatisch qualifiziert

Endturnier
1. Finalrunde
Chile	1:0
Australien	3:0
DDR	0:1

2. Finalrunde
Jugoslawien	2:0
Schweden	4:2
Polen	1:0

Endspiel
Niederlande	2:1

Polen

Qualifikation
Wales	0:2, 3:0
England	2:0, 1:1

Endturnier
1. Finalrunde
Argentinien	3:2
Haiti	7:0
Italien	2:1

2. Finalrunde
Schweden	1:0
Jugoslawien	2:1
BRD	0:1

Spiel um Platz drei
Brasilien	1:0

Schweden

Qualifikation
Ungarn	0:0, 3:3
Österreich	0:2, 3:2, 2:1
Malta	7:0, 2:1

Endturnier
1. Finalrunde
Bulgarien	0:0
Niederlande	0:0
Uruguay	3:0

2. Finalrunde
Polen	0:1
BRD	2:4
Jugoslawien	2:1

Schottland

Qualifikation
Dänemark	4:1, 2:0
CSSR	2:1, 0:1

Endturnier
1. Finalrunde
Zaire	2:0
Brasilien	0:0
Jugoslawien	1:1

Niederlande

Qualifikation
Norwegen	9:0, 2:1
Belgien	0:0, 0:0
Island	5:0, 8:1

Endturnier
1. Finalrunde
Uruguay	2:0
Schweden	0:0
Bulgarien	4:1

2. Finalrunde
Argentinien	4:0
DDR	2:0
Brasilien	2:0

Endspiel
BRD	1:2

DDR

Qualifikation
Finnland	5:0, 5:1
Albanien	2:0, 4:1
Rumänien	0:1, 2:0

Endturnier
1. Finalrunde
Australien	2:0
Chile	1:1
BRD	1:0

2. Finalrunde
Brasilien	0:1
Niederlande	0:2
Argentinien	1:1

Argentinien

Qualifikation
Bolivien	4:0, 1:0
Paraguay	1:1, 3:1

Endturnier
1. Finalrunde
Polen	2:3
Italien	1:1
Haiti	4:1

2. Finalrunde
Niederlande	0:4
Brasilien	1:2
DDR	1:1

Uruguay

Qualifikation
Kolumbien	0:0, 0:1
Ekuador	2:1, 4:0

Endturnier
1. Finalrunde
Niederlande	0:2
Bulgarien	1:1
Schweden	0:3

Brasilien

Qualifikation
Als Titelverteidiger automatisch qualifiziert

Endturnier
1. Finalrunde
Jugoslawien	0:0
Schottland	0:0
Zaire	3:0

2. Finalrunde
DDR	1:0
Argentinien	2:1
Niederlande	0:2

Spiel um Platz drei
Polen	0:1

Jugoslawien

Qualifikation
Spanien	2:2, 0:0, 1:0
Griechenland	1:0, 4:2

Endturnier
1. Finalrunde
Brasilien	0:0
Zaire	9:0
Schottland	1:1

2. Finalrunde
BRD	0:2
Polen	1:2
Schweden	1:2

Bulgarien

Qualifikation
Nordirland	3:0, 0:0
Zypern	4:0, 2:0
Portugal	2:1, 2:2

Endturnier
1. Finalrunde
Schweden	0:0
Uruguay	1:1
Niederlande	1:4

Italien

Qualifikation
Luxemburg	4:0, 5:0
Schweiz	0:0, 2:0
Türkei	0:0, 1:0

Endturnier
1. Finalrunde
Haiti	3:1
Argentinien	1:1
Polen	1:2

Haiti

Qualifikation

Puerto Rico	7:0, 5:0
Niederl. Antillen	3:0
Trinidad/Tobago	2:1
Honduras	1:0
Guatemala	2:1
Mexiko	0:1

Endturnier
1. Finalrunde

Italien	1:3
Polen	0:7
Argentinien	1:4

Zaire

Qualifikation

Togo	0:0, 4:0
Kamerun	1:0, 0:1, 2:0
Ghana	0:1, 4:1
Sambia	2:0, 2:1
Marokko	3:0, x:0

Marokko trat zum Rückspiel nicht an

Endturnier
1. Finalrunde

Schottland	0:2
Jugoslawien	0:9
Brasilien	0:3

Australien

Qualifikation

Neuseeland	1:1, 3:3
Irak	3:1, 0:0
Indonesien	2:1, 6:0
Iran	3:0, 0:2
Südkorea	0:0, 2:2, 1:0

Endturnier
1. Finalrunde

DDR	0:2
BRD	0:3
Chile	0:0

Chile

Qualifikation

Venezuela	x:0
Venezuela zog zurück	
Peru	0:2, 2:0, 2:1
Sowjetunion	0:0, x:0

Sowjetunion trat zum Rückspiel nicht an

Endturnier
1. Finalrunde

BRD	0:1
DDR	1:1
Australien	0:0

Tor-Statistik

Torschützen:

7 Tore	Lato (Polen)
5 Tore	Szarmach (Polen), Neeskens (Niederlande)
4 Tore	Müller (BRD), Edström (Schweden), Rep (Niederlande)
3 Tore	Breitner (BRD), Rivelino (Brasilien), Bajevic (Jugoslawien), Houseman (Argentinien), Cruyff (Niederlande), Deyna (Polen)
2 Tore	Overath (BRD), Jairzinho (Brasilien), Šurjak, Karasi (beide Jugoslawien), Streich (DDR), Jordan (Schottland), Sandberg (Schweden), Sanon (Haiti), Yazalde (Argentinien)
1 Tor	Cullmann, Bonhof, Grabowski, Hoeneß (alle BRD), Valdomiro (Brasilien), Rivera, Anastasi, Capello (alle Italien), Ahumada (Chile), Dzajic, Katalinski, Bogicevic, Oblak, Petkovic (alle Jugoslawien), Hoffmann, Sparwasser (beide DDR), Lorimer (Schottland), Torstensson (Schweden), Heredia, Babington, Ayala, Brindisi (alle Argentinien), Bonev (Bulgarien), Pavoni (Uruguay), de Jong, Krol, Rensenbrink (alle Niederlande), Gorgón (Polen)

Erzielte Tore:

97 in 38 Spielen
- durchschnittlich 2,55 pro Spiel = neuer Minusrekord

3 oder mehr Tore in einem Spiel:

Bajevic (3, Jugoslawien – Zaire), Szarmach (3, Polen – Haiti)

Eigentore:

Curran (Australien, gegen DDR), Krol (Niederlande, gegen Bulgarien), Perfumo (Argentinien, gegen Italien), Auguste (Haiti, gegen Italien)

Elfmeter

8 – 6 verwandelt, zwei gehalten (beide von Tomaszewski, Polen, gegen Schweden und BRD)

- *Das schnellste Tor*
  80 Sekunden: Neeskens (Niederlande - Deutschland)

- *Torgefährlichste Mannschaft*
  Polen: 16 Tore

- *Torärmste Mannschaften*
  Australien, Zaire: jeweils 0 Tore

Spieler- Trainer- Schiedsrichterstatistik

ABC der Akteure

Name, Vorname	Land
Abonyi, Attila	Australien
Acimovic, Jovan	Jugoslawien
Ademir da Guía	Brasilien
Ahlström, Thomas	Schweden
Ahumada, Sergio	Chile
Aladjov, Stefan	Bulgarien
Alamos, Luis	Chile (Trainer)
Albertosi, Enrico	Italien
Aldinger, Heinz	BRD (LR)
Alfredo Mostarda Filho	Brasilien
Allan, Thomson	Schottland
Alston, Adrian	Australien
Anastasi, Pietro	Italien
Andersson, Björn	Schweden
André, Fritz	Haiti
Angonese, Aurelio	Italien (SR)
Antoine, Eduard	Haiti
Arias, Antonio	Chile
Auguste, Arsène	Haiti
Augustsson, Jörgen	Schweden
Austin, Jean-Hubert	Haiti
Ayala, Rubén	Argentinien
Babacan, Dogan	Türkei (SR)
Babington, Carlos	Argentinien
Bajevic, Dušan	Jugoslawien
Balbuena, Augustín	Argentinien
Bargas, Angel	Argentinien
Barreto Ruiz, Ramón	Uruguay (SR)
Barthélemy, Claude	Haiti
Bayonne, Pierre	Haiti
Beckenbauer, Franz	BRD
Bellugi, Mauro	Italien
Benetti, Romeo	Italien
Biwersi, Ferdinand	BRD (LR)
Blackley, John	Schottland
Blochwitz, Wolfgang	DDR
Bogicevic, Vladislav	Jugoslawien
Bonev, Hristo	Bulgarien
Bonhof, Rainer	BRD
Boninsegna, Roberto	Italien
Borisov, Krasimir	Bulgarien
Boskovic, Anton	Australien (SR)
Bransch, Bernd	DDR
Breitner, Paul	BRD
Bremner, Billy	Schottland
Brindisi, Miguel	Argentinien
Buchan, Martin	Schottland
Buhanga, Tshimen	Zaire
Buljan, Ivan	Jugoslawien
Buljevic, Branko	Australien
Bulzacki, Miroslaw	Polen
Burgnich, Tarcisio	Italien
Buschner, Georg	DDR (Trainer)
Campbell, Ernie	Australien
Cap, Vladislao	Argentinien (Tr.)
Capello, Fabio	Italien
Cardaccio, Alberto	Uruguay
Carnevali, Daniel	Argentinien
Carpegiani, Paul César	Brasilien
Carrascosa, Jorge	Argentinien
Castellini, Luciani	Italien
Castro, Osvaldo	Chile
Caszely, Carlos Humberto	Chile
Causio, Franco	Italien
César Augusto da Silva Lemos	Brasilien
Chazarreta, Enrique	Argentinien
Chinaglia, Giorgio	Italien
Cmikiewicz, Leslaw	Polen
Corbo, Ruben Romeo	Uruguay
Cormack, Peter	Schottland
Cronqvist, Claes	Schweden
Croy, Jürgen	DDR
Cruyff, Johan	Niederlande
Cubilla, Luis Alberto	Uruguay
Cullmann, Bernd	BRD
Curran, Colin	Australien
Dalglish, Kenny	Schottland
Davidson, Bobby	Schottland (SR)
Delgado, Omar	Kolumbien (SR)
Denev, Georgi	Bulgarien
Désir, Jean-Claude	Haiti
Deyna, Kazimierz	Polen
Dirceu, José Guimarães	Brasilien
Dojcinovski, Kiril	Jugoslawien
Domarski, Jan	Polen
Donachie, William	Schottland
Ducke, Peter	DDR
Ducoste, Serge	Haiti
Dzajic, Dragan	Jugoslawien
Edström, Ralf	Schweden
Edu América, Jonas Eduardo	Brasilien
Ejderstedt, Inge	Schweden
Ericsson, Georg	Schweden (Tr.)
Eschweiler, Walter	BRD (LR)
Espárrago, Víctor	Uruguay
Facchetti, Giacinto	Italien
Farías, Rogelio	Chile
Fernández, Gustavo	Uruguay
Figueroa, Elías Ricardo	Chile
Fillol, Ubaldo	Argentinien
Fischer, Andrzej	Polen
Flohe, Heinz	BRD
Ford, Don	Schottland
Forlán, Pablo	Uruguay
Francillon, Henri	Haiti
François, Guy	Haiti
Friese, Werner	DDR
Fritzsche, Joachim	DDR
Gadocha, Robert	Polen
Galindo, Mario	Chile
García, Rolando	Chile
Garisto, Luis	Uruguay
Geels, Ruud	Niederlande
Gemert, Arie van	Niederlande (SR)
Glaría, Oscar	Argentinien
Glöckner, Rudolf	DDR (SR)
Gómez, José Gervasio	Uruguay
González, Mario	Uruguay
González, Rafael	Chile
González Archundia, Alonso	Mexiko (SR)
Goranov, Rumencho	Bulgarien
Gorgón, Jerzy	Polen
Gorski, Kazimierz	Polen (Trainer)
Grabowski, Jürgen	BRD
Grahn, Ove	Schweden
Grigorov, Bojidar	Bulgarien
Grip, Roland	Schweden
Gut, Zbigniew	Polen
Haan, Arie	Niederlande
Hadziabdic, Enver	Jugoslawien
Hagberg, Göran	Schweden
Hamann, Erich	DDR
Hanegem, Wim van	Niederlande
Harding, Dave	Australien
Harvey, David	Schottland
Hay, David	Schottland
Hellström, Ronnie	Schweden
Heredia, Ramón	Argentinien
Herzog, Dieter	BRD
Heynckes, Josef	BRD
Hoeneß, Uli	BRD
Hoffmann, Martin	DDR
Holton, James	Schottland
Hölzenbein, Bernd	BRD
Höttges, Horst-Dieter	BRD
Houseman, René	Argentinien
Hutchinson, Thomas	Schottland
Ierssel, Kees van	Niederlande
Irmscher, Harald	DDR
Israël, Rinus	Niederlande
Ivkov, Kiril	Bulgarien
Jairzinho, Ventura Filho Jair	Brasilien
Jakóbczak, Roman	Polen
Jansen, Wim	Niederlande
Jardine, Sandy	Schottland
Jáuregui, Baudilio	Uruguay
Jean-Joseph, Ernst	Haiti
Jerkovic, Jure	Jugoslawien
Jetchev, Dobromir	Bulgarien
Jiménez, Julio César	Uruguay
Johnstone, Jimmy	Schottland
Jong, Theo de	Niederlande
Jongbled, Jan	Niederlande
Jordan, Joe	Schottland
Joseph, Gerard	Haiti
Juliano, Antonio	Italien
Kabasu, Babo	Zaire
Kakoko, Etepe	Zaire
Kalambay, Otepa	Zaire
Kalinowski, Zygmunt	Polen
Kamel, Mahmoud M.	Ägypten (SR)
Kapellmann, Jupp	BRD
Kapka, Zdislaw	Polen
Karasi, Stanislav	Jugoslawien
Karlsson, Kent	Schweden
Kasperczak, Henryk	Polen
Kassakow, Pawel	Sowjetunion (SR)
Katalinski, Josip	Jugoslawien
Kazadi, Mwamba	Zaire
Keizer, Pieter	Niederlande
Kembo, Kembo Uba	Zaire
Kempes, Mario	Argentinien
Kerkhof, René van de	Niederlande
Kerkhof, Willy van de	Niederlande
Kibongé, Mafu	Zaire
Kidumu, Mantantu	Zaire
Kilasu, Masamba	Zaire
Kindvall, Ove	Schweden
Kische, Gerd	DDR
Kleff, Wolfgang	BRD
Kmiecik, Kazimierz	Polen
Kolev, Bojil	Bulgarien
Kreische, Hans-Jürgen	DDR
Kremers, Helmut	BRD
Krol, Ruud	Niederlande
Kurbjuweit, Lothar	DDR
Kusto, Marek	Polen
Lara, Alfonso	Chile
Larsson, Bo	Schweden
Larsson, Sven Gunnar	Schweden
Lato, Grzegorz	Polen
Lauck, Reinhard	DDR
Law, Denis	Schottland
Léandre, Fritz	Haiti
Léandre, Joseph-Marion	Haiti
Leão, Emerson	Brasilien
Leivinha C. F., João Leivas	Brasilien
Lindman, Sven	Schweden
Linemayr, Erich	Österreich (SR)
Llobregat, Vincent	Venezuela (SR)
Lobilo, Boba	Zaire
Loraux, Vital	Frankreich (SR)
Lorimer, Peter	Schottland
Louis, Wilfred	Haiti
Löwe, Wolfram	DDR
Luís Pereira Edmundo P.	Brasilien
Machuca, Juan	Chile
Mackay, Jim	Australien
Magnusson, Benno	Schweden
Maher, Allan	Australien
Maier, Sepp	BRD

Name, Vorname	Land	Name, Vorname	Land	Name, Vorname	Land
Mambwene	Zaire	Pavoni, Ricardo	Uruguay	Staikov, Yordan	Bulgarien
Mantegazza, Walter	Uruguay	Penev, Dimitar	Bulgarien	Stewart, Jim	Schottland
Manuel, Gary	Australien	Pérez-Núñez, Edison	Perú (SR)	Stojanov, Ivan	Bulgarien
Marco Antônio Feliciano	Brasilien	Perfumo, Roberto	Argentinien	Streich, Joachim	DDR
Maric, Enver	Jugoslawien	Persson, Örjan	Schweden	Strik, Pleun	Niederlande
Marinho Chagas das Chaga M.	Brasilien	Peruzovic, Luka	Jugoslawien	Suppiah, Govindasamy	Singapur (SR)
Mário Marinho Peres Ulibarri	Brasilien	Pestarino, Luis	Argentinien (SR)	Šurjak, Ivan	Jugoslawien
Marquès, Armando	Brasilien (SR)	Petkovic, Ilija	Jugoslawien	Suurbier, Wim	Niederlande
Masnik, Juan Carlos	Uruguay	Petrovic, Ognjen	Jugoslawien	Szarmach, Andrzej	Polen
Maszczyk, Zygmunt	Polen	Petrovic, Vladimir	Jugoslawien	Szymanowski, Antoni	Polen
Mavuba, Mafuila	Zaire	Piazza, Wilson da Silva	Brasilien	Tapper, Staffan	Schweden
Mayanga, Maku	Zaire	Piquant, Wilner	Haiti	Tassy, Antoine	Haiti (Trainer)
Mazurkiewicz, Ladislao	Uruguay	Pommerenke, Jürgen	DDR	Taylor, Jack	England (SR)
Mazzola, Alessandro	Italien	Popivoda, Danilo	Jugoslawien	Telch, Roberto	Argentinien
Mbungu, Ekofa	Zaire	Porta, Roberto	Uruguay (Tr.)	Thomas, Clive	Wales (SR)
McGrain, Daniel	Schottland	Poy, Aldo	Argentinien	Tolson, Max	Australien
McQueen, Gordon	Schottland	Pulici, Paolo	Italien	Togneri, Néstor	Argentinien
Meškovic, Rizah	Jugoslawien	Quintano-Cruz, Alberto	Chile	Tomaszewski, Jan	Polen
Michels, Rinus	Niederlande (Tr.)	Racine, Serge	Haiti	Torstensson, Conny	Schweden
Mikhailov, Atanas	Bulgarien	Rainea, Nicolae	Rumänien (SR)	Treytel, Eddy	Niederlande
Milanov, Kiril	Bulgarien	Rasic, Zvonimir	Australien (Tr.)	Tschenscher, Kurt	BRD (SR)
Milar, Denis	Uruguay	Re Cecconi, Luciano	Italien	Tshinabu, Kamunda	Zaire
Milisavljic, Jimmy	Australien	Reilly, Jack	Australien	Tubilandu, Dimbi	Zaire
Miljanic, Miljan	Jugoslawien (Tr.)	Renato da Cunha Vale	Brasilien	Utjesenovic, Doug	Australien
Mirandinha da Silva Filho	Brasilien	Rensenbrink, Rob	Niederlande	Valcareggi, Ferruccio	Italien (Trainer)
Mladenov, Hristo	Bulgarien (Tr.)	Rep, Johnny	Niederlande	Valdéz, Francisco	Chile
Montero Castillo, Julio	Uruguay	Reynoso, Carlos	Chile	Valdomiro Vaz Franco	Brasilien
Morena, Fernando	Uruguay	Richards, Ray	Australien	Valdir de Arruda Peres	Brasilien
Morgan, William	Schottland	Rijsbergen, Wim	Niederlande	Vallejos, Leopoldo	Chile
Morini, Francesco	Italien	Riva, Luigi	Italien	Vassilev, Mladen	Bulgarien
Mukombo, Mwanza	Zaire	Rivelino, Roberto	Brasilien	Vassilev, Zonjo	Bulgarien
Müller, Gerd	BRD	Rivera, Gianni	Italien	Velitchkov, Stefan	Bulgarien
Musial, Adam	Polen	Rocha, Pedro Virgilio	Uruguay	Véliz, Leonardo	Chile
Muzinic, Drazen	Jugoslawien	Rodríguez, Juan	Chile	Vidinic, Blagoje	Zaire (Trainer)
Mwape Mialo, M.	Zaire	Rooney, Jimmy	Australien	Vladic, Franjo	Jugoslawien
Mwepu, Ilunga	Zaire	Rudic, Ivo	Australien	Vogel, Eberhard	DDR
Namdar, Jaffar	Iran (SR)	Sa, Francisco	Argentinien	Vogts, Berti	BRD
Nazaire, Wilner	Haiti	Sabadini, Giuseppe	Italien	Voinov, Voin	Bulgarien
N'Daye, Mulamba M.	Zaire	Saint-Vil, Guy	Haiti	Vorbe, Philippe	Haiti
N'Diaye, Youssoupha	Senegal (SR)	Saint-Vil, Roger	Haiti	Vos, Harry	Niederlande
Neeskens, Johan	Niederlande	Sánchez Ibáñez, Pablo	Spanien (SR)	Warren, John	Australien
Nef, Adolfo	Chile	Sandberg, Roland	Schweden	Watkiss, John	Australien
Nelinho, Manoel R. de Matos	Brasilien	Sanon, Emmanuel	Haiti	Wätzlich, Siegmar	DDR
Netzer, Günter	BRD	Santoro, Miguel	Argentinien	Weise, Konrad	DDR
Ngoie, Kafula	Zaire	Santos, Héctor	Uruguay	Weyland, Hans-Joachim	BRD (SR)
Nigbur, Norbert	BRD	Schaedler, Eric	Schottland	Wieczorek, Henryk	Polen
Nikodimov, Asparuch	Bulgarien	Schaefer, Manfred	Australien	Williams, Harry	Australien
Nordqvist, Björn	Schweden	Scheurer, Rudolf	Schweiz (SR)	Wilson, Giuseppe	Italien
N'Tumba, Kalala	Zaire	Schnuphase, Rüdiger	DDR	Wilson, Peter	Australien
Oblak, Branko	Jugoslawien	Schön, Helmut	BRD (Trainer)	Wimmer, Herbert	BRD
Ohmsen, Klaus	BRD (LR)	Schrijvers, Piet	Niederlande	Winsemann, Werner	Kanada (SR)
Olivares, Juan	Chile	Schulenburg, Gerhard	BRD (SR)	Wolff, Enrique	Argentinien
Ollerton, Peter	Australien	Schwarzenbeck, Hans-Georg	BRD	Yávar, Guillermo	Chile
Olsson, Jan	Schweden	Seguin, Wolfgang	DDR	Yazalde, Hector	Argentinien
Ormond, William	Schottland (Tr.)	Silva, Juan Ramón	Uruguay	Zafirov, Ivan	Bulgarien
Overath, Wolfgang	BRD	Simeonov, Simeon	Bulgarien	Zagalo, Mário	Brasilien (Trainer)
Páez, Guillermo	Chile	Simone, Gustavo de	Uruguay	Zé Maria Alves, José M. R.	Brasilien
Palotai, Károly	Ungarn (SR)	Socias, Jorge	Chile	Zmuda, Wladislaw	Polen
Panov, Pavel	Bulgarien	Sparwasser, Jürgen	DDR	Zoff, Dino	Italien
Paulo César Lima	Brasilien	Spinosi, Luciano	Italien		
Pavlovic, Miroslav	Jugoslawien	Squeo, Carlos	Argentinien		

Spieler
267 eingesetzte Spieler in 38 Spielen
Anzahl eingesetzter Spieler pro Mannschaft

19	Argentinien	18	BRD	16	Chile	15	Italien
19	DDR	18	Jugoslawien	16	Polen	15	Niederlande
19	Haiti	18	Schweden	16	Zaire	15	Uruguay
18	Brasilien	16	Bulgarien	15	Australien	14	Schottland

STATISTIK

Die meisten Einsätze

7 Spiele: 7 Spiele: Leão, Marinho Peres, Marinho Chagas, Rivelino, Jairzinho (alle Brasilien), Maier, Vogts, Breitner, Schwarzenbeck, Beckenbauer, Hoeneß, Müller, Overath (alle Deutschland), Jongbloed, Suurbier, Krol, Haan, Rijsbergen, Jansen, Rep, Neeskens, Cruyff, van Hanegem (alle Niederlande), Tomaszewski, Szymanowski, Zmuda, Gadocha, Gorgón, Kasperczak, Lato, Maszczyk, Deyna (alle Polen)

Platzverweise

Insgesamt 5: Caszaly (Chile, gegen BRD), Montero Castillo (Uruguay, gegen Niederlande), N'Daye (Zaire, gegen Jugoslawien), Richards (Australien, gegen Chile), Luis Pereira (Brasilien, gegen Niederlande)

Gelbe Karten

Insgesamt 83. 10: Brasilien, DDR, Jugoslawien, Niederlande, 7: Argentinien, 5: Chile, Polen, Uruguay, 4: Schweden, 3: Deutschland, Haiti, Schottland, 2: Australien, Bulgarien, Italien, Zaire

Trainer

Argentinien:	Vladislao Cap
Australien:	Zvonimir „Rale" Rasic
Brasilien:	Mário Zagalo
BRD:	Helmut Schön
Bulgarien:	Hristo Mladenov
Chile:	Luis Alamos
DDR:	Georg Buschner
Haiti:	Antoine Tassy
Italien:	Ferruccio Valcareggi
Jugoslawien:	Miljan Miljanic
Niederlande:	Rinus Michels
Polen:	Kazimierz Gorski
Schottland:	William Ormond
Schweden:	Georg Ericsson
Uruguay:	Roberto Porta
Zaire:	Blagoje Vidinic

Schieds- und Linienrichter

(dritte Spalte = Einsätze als Schiedsrichter, vorletzte Spalte = Einsätze als Linienrichter, letzte Spalte = geleitete Partien)

Heinz Aldinger	BRD	0	2	
Aurelio Angonese	Italien	2	2	DDR – CHI, POL – BRA
Dogan Babacan	Türkei	1	2	BRD – CHI
Ramón Barreto Ruiz	Uruguay	2	3	DDR – BRD, POL – SWE
Ferdinand Biwersi	BRD	0	2	
Anton Boskovic	Australien	1	2	NLD – BUL
Bobby Davidson	Schottland	1	3	NLD – ARG
Omar Delgado	Kolumbien	1	2	JUG – ZAI
Walter Eschweiler	BRD	0	2	
Arie van Gemert	Niederlande	1	1	BRA – SCO
Rudolf Glöckner	DDR	1	2	POL – JUG
Alonso González A.	Mexiko	1	4	JUG – SCO
Mahmoud M. Kamel	Ägypten	1	2	BRD – AUS
Pawel Kassakow	Sowjetunion	2	2	ARG – ITA, BRD – SWE
Erich Linemayr	Österreich	2	2	SWE – URU, BRD – POL
Vincent Llobregat	Venezuela	1	3	ITA – HAI
Vital Loraux	Frankreich	1	2	BRA – ARG
Armando Marquès	Brasilien	1	3	BRD – JUG
Jaffar Namdar	Iran	1	2	CHI – AUS
Youssoupha N'Diaye	Senegal	1	3	DDR – AUS
Klaus Ohmsen	BRD	0	2	
Károly Palotai	Ungarn	1	2	NLD – URU
Edison Pérez-Núñez	Peru	1	2	SWE – BUL
Luis Pestarino	Argentinien	1	3	SWE – JUG
Nicolae Rainea	Rumänien	1	3	BRA – ZAI
Pablo Sánchez Ibáñez	Spanien	1	2	ARG – HAI

Zuschauerstatistik (nach Angaben des Veranstalters)

Die Zuschauerbilanz

FIFA-Gesamtzahl:	1.774.022 (46.685)
Veranstalter-Gesamtz.:	1.826.944 (48.077)
Einnahme in US-Dollar:	19.634.154

Stadionauslastung

	Spiele	Kapazität	ø	Auslastung
Berlin	3	85.000	42.089	50%
Dortmund	4	54.600	46.400	85%
Düsseldorf	5	69.600	44.749	64%
Frankfurt	5	62.900	57.990	92%
Gelsenkirchen	5	70.000	48.450	69%
Hamburg	3	60.600	43.027	71%
Hannover	4	58.700	40.891	70%
München	5	78.000	50.487	65%
Stuttgart	4	72.200	53.514	74%

Die Autoren

Folke Havekost

geb. 1973, studierte Politologie und Geschichte, arbeitet als freier Journalist in Hamburg und ist Vorsitzender des Rhönrad-Fanclubs „Vorsicht, Stufe!" von 2001. Berichtet über Fußball unter anderem in Kolumnen für die taz und für die Hamburger Morgenpost. Veröffentlichungen zur Fußballgeschichte: „Fußball in Hamburg zwischen 1933 und 1945", in: „Sport Mikrofon", April/Mai 1999.

Volker Stahl

geb. 1960, studierte Philosophie, arbeitet als freier Journalist in Hamburg und knipste im Stadtpark über 1000 Tore, die in keiner Statistik vermerkt sind. Berichtet für Tageszeitungen und Magazine als Korrespondent aus Hamburg über Politik, Wirtschaft und Sport. Herausgeber (zusammen mit Uwe Ruprecht) der Schriftenreihe „Fußball. Notizen vom Rand des grünen Rasens". Veröffentlichungen zur Fußballgeschichte: „Fußballweltmeisterschaft 1954. Schweiz – Das Wunder von Bern" (zusammen mit Eggers, Jessen, Schlüper).

Danksagung

Uwe Ruprecht
Susann Witt-Stahl
Agentur Phosphor, Hamburg

FUSSBALL

Weil die Welt eben rund ist.

• Die Bundesliga komplett? Kein Problem!

Neue Serie!
4 Bände im Jahr!

In separaten Einzelbänden zu jeder Spielzeit seit 1963/64 werden die Ereignisse der Fußball-Bundesliga Spieltag für Spieltag ausführlich in Wort, Bild und Statistik nacherzählt. Eine einzigartige Informationsfülle, die zum Nachschlagen wie Schmökern gleichermaßen geeignet ist und eine tolle Fundgrube darstellt. Sämtliche Bundesligaspiele sind in statistischer und textlicher Form einzeln aufgearbeitet (selbst eine Benotung der Spieler ist enthalten!). Dazu kommen Sonderstatistiken, Vereinsporträts, Zusammenfassungen sowie Ergebnisse und Tabellen der Regionalligen pro Spieltag. DFB-Pokal-, Europacup- und Länderspiele fehlen ebenso wie die Abschlusstabellen der Amateurligen. Abgerundet wird diese einzigartige Mischung, deren Inhalt einem kompletten "kicker"-Archiv gleich kommt, durch wöchentliche "Zeitfenster", die an die wichtigsten Ereignisse aus Sport, Kultur, Gesellschaft und Politik erinnern.

Band 1: Triumphzug der Geißböcke – Bundesliga Chronik 1963/64
Ulrich Merk, André Schulin

Band 2: Die heißen Tage von Bremen – Bundesliga Chronik 1964/65
Ulrich Merk, André Schulin

Band 3: Aufsteiger machen Furore – Bundesliga Chronik 1965/66
Ulrich Merk, André Schulin

Band 4: 49 Tore zur Meisterschaft – Bundesliga Chronik 1966/67
Ulrich Merk, André Schulin

AGON Sportverlag
Frankfurter Straße 92a
34121 Kassel

www.agon-sportverlag.de
info@agon-sportverlag.de